公共管理硕士(MPA)系列规划教材

政治学概论

主编　许　超

MPA

Zhengzhixue Gailun

中国矿业大学出版社

内容提要

本书共分为十章，按照总论、政治主体、政治行为、政治价值这一逻辑而展开。在第一章总论（政治和政治学）部分，对政治学所涉及的基本问题、基本主题进行了介绍，试图使读者建构起对政治的基本认知框架。在政治主体这一部分，主要对国家、政府、政党、公民、阶级和阶层进行了介绍，尤其是对宗教和民族这两个对政治有着重要影响的关键阶层进了介绍，以便更好地认知这个错综复杂的政治世界。第三部分主要介绍了政治行为，包括政治统治、政治管理、政治发展和政治参与，从宏观和微观两个层面介绍了政治的基本运行规律和政治发展趋势，在此基础上还介绍了公共行政的新发展，将其置于更为广阔的政治视角下进行观察。最后一章是政治社会化，对政治社会化的基本概念、政治文化的基本内容、政治化的途径和影响因素等问题进行了研究。总的来说，马克思主义基本方法原理贯穿本书始终，同时还汲取了政治学发展的最新成果，适合 MPA 教学学习使用，同时也适合本科生教学学习使用。

图书在版编目(CIP)数据

政治学概论/许超主编. —徐州：中国矿业大学出版社，2017.9

公共管理硕士(MPA)系列规划教材

ISBN 978-7-5646-3042-3

Ⅰ. ①政… Ⅱ. ①许… Ⅲ. ①政治学—高等学校—教材 Ⅳ. ①D0

中国版本图书馆 CIP 数据核字(2017)第 224710 号

书　　名　政治学概论
主　　编　许　超
责任编辑　齐　畅
出版发行　中国矿业大学出版社有限责任公司
（江苏省徐州市解放南路　邮编 221008）
营销热线　(0516)83885307　83884995
出版服务　(0516)83885767　83884920
网　　址　http://www.cumtp.com　**E-mail**：cumtpvip@cumtp.com
印　　刷　江苏淮阴新华印刷厂
开　　本　787×960　1/16　**印张** 18　**字数** 343 千字
版次印次　2017 年 9 月第 1 版　2017 年 9 月第 1 次印刷
定　　价　38.00 元

中国矿业大学公共管理硕士(MPA)系列教材编委会

总 序

公共管理硕士(Master of Public Administration)作为一种专业硕士学位，旨在培养在公共部门尤其是政府机构中从事公共事务管理的领导者、管理者、决策者以及中高级管理人员，契合了中国公共管理日益科学化与现代化的需求，能够满足国家和社会对高层次复合型公共管理人才的需要。在20世纪末，国务院学位委员会于1999年5月第17次会议上正式批准在我国设置公共管理硕士(MPA)专业硕士学位。公共管理硕士(MPA)偏重于应用性与实践性，是国际上通行的专业学位，与工商管理硕士(MBA)、法律硕士(JM)并列为文科高层次职业研究生教育的三大支柱。

中国矿业大学顺应我国公共管理学科快速发展的潮流，积极推进公共管理专业建设与学科发展。国家安全生产监督管理局于2004年12月致函国务院学位委员会，推荐在中国矿业大学设立公共管理硕士(MPA)专业学位授权点，并达成委托中国矿业大学每年为其培养一批公共管理硕士(MPA)人才的协议。淮海经济区各级地方政府人事管理部门(如徐州市、连云港市、淮安市、商丘市、宿州市、枣庄市、临沂市等)纷纷与中国矿业大学签订委托培养公共管理硕士(MPA)人才的相关协议。2005年2月，国务院学位办批准我校成为公共管理硕士(MPA)专业学位第三批培养单位。中国矿业大学高起点、高标准开展公共管理硕士(MPA)教育，结合公共管理学科特点及学科特色，设立了区域行政管理、土地(矿产)资源管理、教育经济与管理、社会保障、公共安全与危机管理5个专业研究方向，充分体现了中国矿业大学公共管理硕士(MPA)教育的办学特色和方向。12年来，中国矿业大学MPA教育已经得到了全国MPA教指委、国家安监总局、淮海经济区各级政府部门及非政府公共机构的广泛关注和广大学生的热烈欢迎。在2013年全国第三批MPA培养院校教学合格评估工作中，中国矿业大学MPA教育经过自评、专家匿名评审、专家组实地评估，成绩优秀。为了进一步适应培养更高水平公共管理人才的需要，突出中国矿业大学MPA教育的办学特色，中国矿业大学对公共管理学科有关院系进行重新规划，实现学科与教育资源的优化重组，于2016年11月在文学与法政学院基础上，整合高等教育研究所，成立了“公共管理学院”，打破了院系壁垒，调整完善了专业师资结构，进一步实现教育资源共享，提高了中国矿业大学 MPA 教育的整体实力和教育质量。

为进一步加强中国矿业大学公共管理硕士(MPA)教育的内涵建设和特色发展，2016 年 6 月公共管理学院筹集专项资金，成立公共管理硕士(MPA)系列教材编写委员会，由段鑫星任编委会主任，王超、王义保任副主任，根据 MPA 教指委的课程大纲要求，结合我校多年来 MPA 教育的经验，拟定了公共管理硕士(MPA)系列教材编写方案。

这套教材努力在“专”“精”“实”上突显特色。“专”表现为参与教材编写的教师都是从事 MPA 教学的一线教师，系列教材融入了他们多年专注、专心与专业的教学经验，特别是对于一些概念的阐释，更贴近 MPA 学员的实际，案例选择从课堂中来，从学员的现实生活中来；“精”表现为每一部教材的篇幅都要求短而精，努力以精练、简约、规范的学术语言表达思想，让学员易学易懂；“实”表现为注重实效与实用，努力做到内容“管用”，针对 MPA 学员的学习特点，重视理论与案例相结合、理论与实际相结合，用理论观照现实。

根据这一构思，我们计划编写出版《公共管理学》《公共政策分析》《政治学概论》《公共经济学》《宪法学与行政法学》《非营利组织管理》《公共伦理学》《社会科学研究方法》《电子政务》《公文写作》《领导科学与艺术》《制度分析与设计》《社会主义建设理论与实践研究》等一套 13 本教材。这些教材既有教指委的核心课程教材，也有一些具有特色的方向课教材。期待这套教材能够受到 MPA 学员的喜欢，能够对探索 MPA 教学起到积极的作用。

这套教材的推出，离不开全国 MPA 教指委的指导，离不开中国矿业大学出版社的鼎力支持！

我们期待 MPA 同行、MPA 学员能够对本套教材提出宝贵的意见与建议！我们也会根据大家的批评、建议不断修改、完善，努力为 MPA 教育贡献一份绵薄之力！

编委会

2017 年 8 月

目　录

第一章　政治与政治学

本章重点

1. 政治的含义
2. 政治学的含义
3. 西方政治学的历史发展
4. 制度主义与行为主义

政治是一个历史范畴，它是人类社会特定阶段的一种特殊的历史现象。同人类的其他活动一样，政治现象也有规律可循。政治学就是这样一门学科，它把公共权力的形式及其运作规律作为研究对象。作为社会科学，政治学具有鲜明的阶级性，拥有强烈的意识形态色彩。基于上述思考，本教材对政治学理论的基本概念和范畴进行了科学系统的阐释。在立足于马克思主义基本原理和基本方法的基础上，充分汲取当前学界的最新研究成果，以让读者对政治学有一个比较清晰全面的认识。

第一节　政治的含义

"政治"是政治学中最基本的概念，在政治学理论逻辑体系中居于起始范畴的地位，同时这一概念在整个社会和人类文化活动中的使用频率也相当高。进入文明时代以来，"政治"概念的这一理论地位及其所涉及的各种社会问题的复杂性，都使得对政治含义和内容的阐发与概括成为任何时代政治学理论都不能不首先加以讨论和解决的问题。①

一、如何理解"政治"

在中国古代，"政治"一词在《尚书》《论语》《周礼》等典籍中就已经出现，不过"政"和"治"常常分开使用，合起来使用一般指统治的意思。在西方，"政治"这个概念是从希腊语 polis 一词演化而来的，一般是指古希腊城邦。亚里士多德在其经典名著《政治学》中就是在这个意义上使用"政治"概念的。

---

① 朱光磊：《政治学概要》，天津人民出版社 2008 年版，第 1 页。

在我国，人们对政治的理解相当宽泛。一般民众往往是在“政治课”和“思想政治教育”这一比较泛化的范畴上使用“政治”这一概念。为了在教学和研究工作中清晰地表达政治的含义，可以把上述泛化的政治概念称作“广义上的政治”，而把一般通用的政治概念称作“狭义上的政治”。①

政治学是一个不断发展的学科，现代政治学对于政治概念的理解与古代也有所不同。本书主要从权力观的角度对政治进行定义，认为政治是人们围绕公共权力展开的活动以及政府运用公共权力而对资源所进行的权威性分配过程。对这一定义可以作如下解读：

第一，政治只有因果，没有“对错”。政治实际上是政治参与各方权力博弈的结果。任何一项政治决策一定意义上可以认为是政治参与各方相互妥协的产物。政治结果往往更多反映了政治实力占优势一方的利益。政治参与各方在权力博弈的过程中，政治实力占优势的一方往往会赢得最后的胜利，作出的政治决策就自然会体现他们的利益。从这个意义上来说，政治是权力相互作用的结果，任何基于正当程序的结果人们都应当给予尊重，它并没有“对错”之分。

第二，政治也需要价值观。人们尽管对政治有诸多分歧，但应当存在诸多基本价值共识。缺乏基本共识的民主政治也是可怕的。正是这些共识使现代政治不至于成为丛林社会，不至于弱肉强食。这些共识也成为现代政治的基本底线。任何政治权力的运作都应当在这个价值共识基础之上而展开。所谓政治没有“对错”也是在这个价值共识之上而言的。一旦冲破这个价值共识，政治显然就会呈现出“对错”的可能性。

二、政治的起源和发展

政治是一个历史范畴和概念，它随着人类社会的产生而产生。在原始社会，人们征服自然的能力极其低下，生产极其落后，而劳动越不发展，劳动产品的数量、社会的财富越受限制，社会制度越在较大程度上受血缘关系的支配②。因此，在原始社会中，人们的血缘关系起着决定性作用。人类的血缘关系经过了乱婚、群婚等漫长的发展过程，当它演变和进化到族外婚阶段时，原始社会就进入了氏族公社时期。

在原始氏族社会中，存在着四级组织：氏族、胞族、部族及部落联盟。在这四级组织内部，既有共同利益也存在着利益差别。在氏族组织内部，由于自然的分工以及人们对于社会劳动和生活态度上的差异，在母权制阶段已经有女子和男子地位的差异以及人们的物质和社会需求及其满足的差异和矛盾，这就构成了

① 朱光磊、郭道久：《政治学基础》，首都经贸大学出版社 2007 年版，第 7～8 页。

② 《马克思恩格斯选集》（第一卷），人民出版社 1995 年版，第 2 页。

人们利益差别的萌芽。在父权制阶段,男子在劳动中的主导地位意味着他在财富分配中的主导地位,这种氏族成员之间的地位差别与财产继承的需求一起,使得氏族组织内部的利益差别变得十分明显。另一方面,氏族全体成员在保证和维持原始的生产和生活、抵御侵略和实行"血亲复仇"方面,又存在着共同的利益和要求。不过,由于生产力水平极其低下和原始的公有制,氏族组织内部的利益差别并不具有对抗性质,氏族的共同利益占据着主导地位。在胞族、部落联盟等社会组织中,同样既存在着氏族之间、胞族之间和部落之间的利益差别,又存在着维持和发展生产和生活的共同利益。氏族、胞族和部落之间的利益差别,一般是非对抗性的。不过,在特定情况下也存在着对抗性的利益关系,从而导致了氏族之间的血亲复仇和部落之间的战争。①

为了维护和协调氏族社会中的这些共同利益与利益差别所导致的矛盾,规约氏族成员的社会活动,氏族社会的公共权力及其机关应运而生。在氏族组织中,有氏族议事会和酋长,在胞族团体中,有胞族议事会和胞族长,在部落群中,设立部落首长和军事首领,而部落联盟则组成联盟议事会和最高军事首长。这种氏族社会公共权力及其机关的特点是:各级议事会的个人成员和团体成员均有平等的表决权;议事会选举和撤销酋长、首长和军事首领;氏族社会的首领与其他社会成员权利平等,不能要求任何特权;氏族组织内的权力带有道德强制性,胞族、部族联盟的公共权力一般是有道德强制性的,在特定情况下,也具有暴力强制性。正是在这些强制性的意义上,列宁指出:把强制权力当作国家的特征是完全不对的,因为在人类的任何共同生活中,无论在氏族制度或家庭中都有强制权力,但在那里并没有国家。②

由此可见,这种公共权力是一种"自然形成的共同体的权力"③,是一种与全体社会成员直接结合的权力。原始社会中的这种政治形态,被马克思称为氏族民主制。

在原始社会末的野蛮时期,由于生产力的发展,人类社会发生了畜牧业和农业、手工业以及商业和其他行业的分工。分工使社会生产增长,剩余产品增加,使得氏族社会中的首领和军事首长有可能占有剩余财富,私有制由此产生;分工对劳动力的需求也迅速增加,战俘和穷人则变成财富占有者的奴隶,奴隶主阶级和奴隶阶级由此产生,人类社会的利益第一次以阶级利益的对抗为主要内容。为了维护奴隶主阶级的利益并使社会不至于在阶级利益冲突中崩溃,氏族社会

① 《马克思恩格斯全集》(第45卷),人民出版社1985年版,第418页。

② 《列宁全集》(第1卷),人民出版社1984年版,第380页。

③ 《马克思恩格斯全集》(第4卷),人民出版社1995年版,第96页。

的公共权力和机关已经不适应这种要求，由此产生了新的、与社会相脱离的“特殊的公共权力”①，这就是国家。与此同时，氏族社会全体居民的权利也蜕变成了奴隶主及自由民的特殊权利，占有人口多数的奴隶则不再享有这些权利。

此后，人类社会经历了封建社会和资本主义社会，由于社会生产方式和经济基础的变化，先后形成了地主与农民、资本家与工人等阶级的对立。尽管随着历史的发展和变化，不同社会有着不同的政治内容，可是阶级利益的对立和政治统治仍然是这些社会政治关系的基本特征。

另一方面，在这些阶级社会中，除了对抗阶级之间的利益对立之外，还有着非对抗阶级之间，以及各阶级内部不同的阶层、集团和派别之间的利益差异和对立，比如奴隶主阶级中庄园奴隶主与工商奴隶主、封建地主阶级中门阀豪强与中小地主、资产阶级中不同利益集团之间的矛盾斗争，这就使得社会公共权力还有着协调和管理的一面。

自从无产阶级夺取政权，建立了社会主义公有制以后，社会政治关系的性质发生了根本变化。社会主义公有制的建立，消除了阶级利益对立的基础，不过，利益差别仍然存在。差别即矛盾，如同列宁所说的那样：对抗和矛盾完全不是一回事。在社会主义下，对抗将会消失，矛盾仍将存在。②

利益关系的这种变化，使得社会公共权力再不是原来意义上的政治权力，原来意义上的政治权力，是一个阶级用以压迫另一个阶级的有组织的暴力③。社会主义社会的政治权力是与人民利益结合的权力，实现全体人民的共同利益和根本利益，协调和规制其利益差别和矛盾的政治管理成为其主要特征。政治权利为人民所普遍、真实、平等地拥有。另一方面，由于剥削阶级残余和敌对势力的存在，社会主义社会仍然在一定范围和程度上存在对立的利益关系，因此，社会公共权力仍然有政治统治的性质，政治权利只为人民普遍、真实、平等地享有。

到了共产主义社会，旧式分工和三大差别的消失，社会成为完全意义上的自治社会即自由人的“联合体”④，作为国家权力的社会公共权力即自行消失，人类社会的政治关系亦不复存在。综上所述，就政治的起源和发展而言，人类社会经历了无政治社会、以非阶级利益与公共利益的维护和管理为主要特征的政治社会、以阶级利益对抗和政治统治为主要特征的政治社会，再到无政治社会这样一个螺旋式上升的否定之否定过程，这就是人类社会政治的辩证历史运动。

---

① 《马克思恩格斯全集》(第 4 卷)，人民出版社 1995 年版，第 94 页。

② 《列宁全集》，人民出版社 1990 年版，第 281～282 页。

③ 《马克思恩格斯全集》(第 1 卷)，人民出版社 1995 年版，第 294 页。

④ 《马克思恩格斯全集》(第 2 卷)，人民出版社 1995 年版，第 141 页。

三、政治与相关概念的区分

政治不是一种孤立的社会现象，对政治的理解也不能孤立地去理解，只有把它置于相互关联的概念体系中才能获得更好的理解。

（一）政治与法律

所谓法律者，原是由国家权力来维持的“社会关系之体系”。即当“对社会自立起来的权力”之国家发生之时，现存的生产关系亦即社会关系，便在法律的形式上被裁准，被国家权力所支持了。因而被法律所规制住的人类关系即法律关系，在内容上是生产关系、社会关系。法律既然不外是由国家权力来维持或支持的“社会关系之体系”，则法律就原不过是政治的附庸。① 根据马克思主义的观点，政治和法律都属于上层建筑，必须以一定的经济基础为支撑。马克思认为：法的关系正像国家的形式一样，既不能从他们本身来理解，也不能从所谓人类精神的一般发展来理解，相反，它们根源于物质的生活关系。② 因此可以说，政治和法律常常联系在一起。另一方面，政治与法律又有区别，如前所述，政治是人们根据社会利益，通过政治权力进行政治权力分配的社会关系，而法律则是特定的政治权力制度和认可的对于社会成员在社会和政治社会化中的相互关系和行为的刚性规范，两者从不同的角度，以不同的方式和作用，共同服务于政治统治阶级和集团的利益。③

政治需要接受法律的规范，践行依法治国。法治与人治是相对的，封建社会就是一个人治的社会，法律只是统治的工具。现代社会的法治，就是一切社会活动都在法律范围内进行，统治阶级根据宪法和法律治理国家、管理社会。从而也就体现了法律对于政治的规范作用。

法律应该接受政治的审视，即体现人民意志。法律体现统治阶级的意志，在现代民主国家都遵循主权在民原则，人民就是统治阶级，法律因而也就必须体现人民的意志。法律是为统治阶级服务，它保护统治阶级的权力和利益。

就政治与法律的关系来说，政治是法律产生和发挥作用的前提。④ 首先，法律是由特定的政治权力机关制定和认定的社会规范，未经特定政治权力机关制定和认可的社会规范，如宗教规范、社会习俗和道德规范等，都不成为法律。其次，法律依靠特定的政治权力强制，以社会成员的权利的方式实施，因此，它必须以特定的政治权力作为其力量后盾，以政治权力确定和分配的特定权利为实现

---

① 邓初民：《新政治学大纲》，商务印书馆 2011 年版，第 17～18 页。
② 《马克思恩格斯全集》（第 13 卷），人民出版社 1962 年版，第 8 页。
③ 王浦劬：《政治学基础》（第三版），北京大学出版社 2014 年版，第 14 页。
④ 王浦劬：《政治学基础》（第三版），北京大学出版社 2014 年版，第 14 页。

形式，如同列宁所说的那样：如果没有政权，无论什么法律，无论什么选出的代表都等于零。① 再次，法律必须在相对稳定的社会和政治秩序中发挥作用。换言之，法律只有在政治权力使社会政治矛盾处于自己的有效控制范围内才能发挥作用；超出这个范围，如社会处于混乱、动荡、战争以及局部割据状态中，法律就会失去作用。另一方面，法律对于政治又有重要的影响和作用，法律使政治统治者的利益要求、权力地位和权利和权利资格法规化，使社会政治秩序规则化，使社会政治生活遵循法的精神，以公正、明确和公平的方式有效规范各种政治矛盾和政治活动，维持社会政治秩序，保障统治者及其权力的正常运行，从而实现社会的依法处理。

（二）政治与经济

通常意义上的经济具有两个方面的基本含义，一是指特定的生产力发展水平，二是指特定的生产关系及其实现方式。按照马克思主义学说，生产是社会建立和运行的物质和文明的基础，而与特定生产力相联系的生产关系的总和构成了社会经济基础，在此基础上社会建构起政治等上层建筑。

政治和经济是具有高度关联性的一对概念。一方面，经济决定政治，经济基础决定上层建筑，政治是经济的集中表现，在社会结构的三层因素中，生产力是根本性的因素，其发展水平决定着生产关系的性质、状态、构成方式和实现形式。② 而生产关系决定着社会政治的特性、取向和运作方式。因此，生产力和生产关系共同构成了社会经济，形成了社会政治基础，并且对社会政治起决定性意义。对于社会政治来说，这种前提性和决定性主要体现在：第一，生产力的特性和发展水平规定着生产关系的实现形式即政治的性质和发展水平；第二，生产力的实现方式决定着生产关系的实现形式与社会政治活动和组织的规则和运行方式；第三，生产力的发展，推动着生产关系和社会政治的发展。

另一方面，政治对于社会经济具有强大的反作用，它或者以政治权力和相关规则保护着特定的经济基础，进而推动或阻碍生产力的发展；或者以政治权力的力量改变生产关系及其实现形式，从而推动或者阻碍生产力的发展；或者由于自身的改变推动或者阻碍生产关系乃至生产力的发展。因此，特定的阶级政治力量如果不从政治上正确地看问题，就不能维持它的统治，因而也就不能完成它的生产任务③。

政治与经济的这种关联性使人们在研究中也难以将两者完全区隔开来。首

① 《列宁全集》（第13卷），人民出版社1987年版，第309页。

② 王惠岩：《政治学原理》（第二版），高等教育出版社2006年版，第5页。

③ 《列宁全集》（第40卷），人民出版社1986年版，第280页。

先，政治与经济的紧密联系导致研究经济问题离不开对特定政治关系的分析，同样，研究政治问题也不能不考虑特定经济关系的影响。在当代，新政治经济学作为一个新的研究领域，已经超越了政治学与经济学的分野，在经济学的基础上发展出了政治学的公共选择理论等。其次，政治学与经济学的关系也和“公平”与“效率”这一对矛盾密不可分。通常认为，“效益”主要是经济学解决的问题，“公平”则是政治学关心的问题，即在社会成员中合理地分配社会价值的问题。对任何一个社会来说，公平和效率都是必需的，有效率才有发展，而离开了公平则会积聚社会矛盾，因此，关键是政府如何处理二者的关系。实践证明，单纯追求效率或公平都不能促进社会的稳定和发展，只有在两者之间寻求合理的平衡，才能实现社会发展的目标，而这种平衡是需要经济学与政治学密切配合、共同合作才能实现的，而不是单纯依靠经济学或者政治学所能解决的。

政治学和经济学的密切关系还体现在两者共同关注和研究的现实问题中。如中国的政府职能转变问题最先是在经济体制改革过程中，由经济学的研究者提出来的。从经济体制改革的角度出发，要提高效率、促进经济发展就需要改变计划经济体制下对经济的过度干预，实现政企分开，这就需要转变政府的经济职能，而政府职能转变涉及许多政治学理论方面的问题，如国家的本质和职能、国家职能与政府职能等，需要政治学提供帮助，这样，转变政府职能成为政治学与经济学所面临的共同课题。

四、不同的政治观念

政治的核心是权力，根据对权力来源认识的不同，形成了不同的政治观念。一般而言，主要存在以下几种政治观念。

（一）经济政治观

它是指经济上占统治地位的人掌握公共权力。马克思主义认为，政治的根源是经济，政治是经济的集中体现，政治归根到底是经济基础决定的。这说明政治不是脱离经济而独立存在的，经济基础性质决定了政治性质。作为生产关系综合的经济基础决定着社会的阶级结构、阶级的经济地位以及阶级的经济利益。因此，有什么样的经济关系，就有什么样的政治关系，而各阶级经济上的根本对立，表现在政治上就是政治斗争。强调经济决定政治是马克思主义政治学的根本特征。

（二）民主政治观

它是指选举中获胜的人掌握公共权力。民主的一大特征是少数服从多数，具体运用在政治生活中，就表现为选举或表决的时候，多数人获胜。从理论上讲，获得选举胜利的人会代表多数人的利益行使公共权力，并维护多数人的利益，这就是民主政治。现代民主政治生活的典型方式是代议制，即民众不直接掌握和管理公共权力，只能选择民众中的少数精英分子代行权力。因此，选举领导人是民主政治的第一个核心内涵。民主政治中的选举，必须满足三个条件。首先是自由选举，保障选举人的自由意志，不允许以任何方式强迫选举人。其次，定期更换领导人。再次，选举必须是选择行为，即选举人在两个以上候选人中选择一个人。选举制度是主权在民原则的重要体现。

（三）权力政治观

这种观点认为政治的核心是公共权力，代表人物是马基雅维利，他在《君主论》一书中详细阐明了这一观点。他主张国家的根本问题是统治权，统治者应以夺取和保持权力为目的。

（四）血统政治观

它是指血统纯正者掌握公共权力。这主要是根据我国古代的宗法制传统，规定皇位是世袭，一般遵循嫡长子继承制，这是一种确保君主血统纯正的方式，但是其本质是君主维护其统治秩序的一种手段。

（五）神学政治观

它是指获得神认可者掌握公共权力。认为政治是某种超自然、超社会的神秘意志和神秘力量的外在化，是神意与神性的外在表现。中国古代的“天人感应”、“天人合一”，西方中世纪流行的“君权神授”，都属于这种政治观。① 这种观点主要存在于欧洲中世纪，主张理性服从信仰，理性为信仰服务。信仰的真理是教会所宣扬的上帝创造一切，高于一切的信条和人们对统治者的服从。等级秩序神圣不可侵犯，谁要破坏这种秩序，便是违背上帝的意旨，要遭到上帝的惩罚。论证教权高于世俗权，维护基督教会的神权统治。国家的目的是实现人的理性对生活的要求。教会的目的则是实现人的理性的最高要求。神学政治观的产生有其特有的社会基础，随着社会的发展，神学政治观也就随之弱化。

（六）道德政治观

它是指具有德行者掌握公共权力。这是中国儒家思想的观点，认为那些具有德行者才有资格掌握公共权力。古希腊的柏拉图也持这种观点。他们都把政治和伦理混在一起，甚至把政治等同或归结为伦理道德。各个思想家都用道德观点解释政治，认为政治的最高目的，就是让人和社会到达最高的道德境界。而掌握公共权力的人必须是具有高尚品德的人。把政治视为一种最高的道德活动，认为只有通过有道德、有学问的贤人哲学家来治理国家，才能实现理想的政治目的。从道德和价值出发解释政治，强调了社会政治生活中的价值取向，指出了人们对于政治的期望和价值要求，显示了对于社会政治生活目的的把握，并且

① 王楷模、张师伟、丁韶彬：《政治学原理》（第二版），中国政法大学出版社 2014 年版，第 2 页。

体现了特定历史时期社会成员对于政治生活和活动的道德衡量标准。由于这一政治观很大程度上蕴含着人们对于政治生活超越现实的追求和要求，因此常常被理解为是理性主义的政治观。[①] 但是，这种道德政治观也有其弱点，它从哲学思辨出发而不是从社会现实出发分析政治，仅仅从"应然"的层次和角度解释政治，这就使得它带有浓重的"神秘和思辨的色彩"[②]，而不能现实地反映社会政治生活。同时，它仅仅从抽象的社会伦理价值层次上把握政治，而没有深刻地揭示政治价值背后的社会本质内容。

第二节　政治学概念及其历史发展

一、政治学的概念

由于不同的人对政治的含义看法不同，因而对于政治学的含义的确定也不尽相同。其中有代表性的有如下几种：

王浦朐认为，政治学的研究对象是政治现象及其发展规律，因此政治学就是研究政治关系及其发展规律的科学。认为政治本质上在特定社会经济关系及其所表现的利益关系基础之上，社会成员通过社会公共权力保障政治权利并维护其自身利益的一种社会关系。它以政治关系为研究对象，以探求政治关系的发展规律作为自己的目标和任务。[③]

李剑农认为，政治学的研究对象应该是"国家"或"国家活动"，因此，政治学就是国家问题的科学。如认为政治就是国事，政治学便是以国家为研究的对象的，或竟可称之曰国家学[④]；或认为政治科学以国家为研究的起点和终点[⑤]。

J. W. 迦纳认为，政治学的研究对象是公共事务，政治学就是对众人之事的管理的研究，所谓政治学，就是用科学的方法，研究出关于管理众人的事的原理原则，造成一种精密的有系统的理论，和能够实地应用的政策[⑥]。

还有人认为政治学是对公共决策和公共政策的研究。如戴维·伊斯顿认为，政治学历来自行规定的任务是了解社会政策应当是什么，那个政策应当如何被制定出来并付诸实施[⑦]。

---

① 王浦劬：《政治学基础》(第三版)，北京大学出版社 2014 年版，第 4 页。

② 《马克思恩格斯选集》(第 1 卷)，人民出版社 1995 年版，第 71 页。

③ 王浦劬：《政治学基础》(第三版)，北京大学出版社 2014 年版，第 18 页。

④ 李剑农：《政治学概论》，商务印书馆 1934 年版，第 2 页。

⑤ J. W. 迦纳：《政治科学与政府》，商务印书馆 1934 年版，第 9 页。

⑥ 高一涵：《政治学纲要》，神州国光社 1930 年版，第 1 页。

⑦ 戴维·伊斯顿：《政治体系——政治学状况研究》，商务印书馆 1993 年版，第 123 页。

本书认为，政治学就是研究公共权力的形式及其运作规律的科学。它具有以下特征：

第一，政治学的研究对象以国家政权或国家问题为核心，但政治学又不仅仅限于对国家问题的研究。它的研究对象是以公共权力为中心的政治关系、政治制度、政治思想、政治文化和政治行为及其发生规律。

第二，政治学的研究范围具有广泛性。一般说来，政治学研究范围可分为这六个领域：① 政治学基础理论，包括马克思主义政治学基本原理、中外政治思想史、当代政治学理论和政治哲学、政治学方法论等。② 中国政治，它包括中国政治史、当代中国政治制度、党的领导和建设、地方政府、民族区域自治等问题。③ 比较政治，它包括各国政治制度、政治史、政治过程、比较政治文化、政治发展以及地区研究和国别研究等。④ 公共政策，它包括决策科学、政策分析以及对各类政策的专题研究等。⑤ 行政管理，它包括行政学原理、国家公务员制度、人事行政学、领导科学、市政学以及城市管理学等。⑥ 国际政治，它包括国际法、国际组织、国际关系、中国外交史、现代国际关系以及我国外交政策、外交学与外交及领事事务、现代战争与和平、国际战略学等问题。

第三，政治学与其他学科具有密切的联系。在基本理论方面，政治学与哲学、经济学和法学具有十分密切的联系，正确地理解和把握政治学与这些学科的关系，对于深入地开展政治学研究，特别是对政治学原理的研究十分必要。同时，随着学科的交叉和融合，政治学与其他学科也交叉产生了很多新学科，比如新政治经济学、政治心理学、政治社会学、政治人类学、政治文化学等。

二、政治学的历史发展

了解政治学的历史发展脉络可以从宏观上更好地把握政治学的思想理路，了解各种政治思想和政治观点的历史位置，从而更好地把握和了解政治学知识。

（一）西方政治学的历史发展

西方的政治学最早发端于古希腊社会，其主要代表人物是柏拉图和亚里士多德。柏拉图是古希腊最负盛名的思想家，他的代表作是《理想国》，这本书一直被视为西方政治思想的最初萌芽。亚里士多德是柏拉图的学生，但是，他的观点与柏拉图有很多不同之处，例如，他试图将政治问题与伦理问题加以区分。他认为伦理学研究的是个人的善，政治学研究的是群体的善，因而他试图在理想的政治组织和政治关系中来寻求善的结论。亚里士多德开创了经验研究的先河，他在总结希腊 158 个城邦国家的治国经验和教训的基础上，写下了《政治学》这部对后世影响深远的传世之作。在《政治学》中，他从“人天生是政治的动物”这一命题出发，系统地阐述了他关于国家的起源、性质、目的、任务和活动原则的观点，提出了关于公共权力的性质、国家政体分类以及法治理论。他认为最好的城邦是以中产阶级为基础的民主政治。

中世纪是西欧社会的黑暗时代，前后长达1200余年。在这一时期，基督教神学一直在意识形态领域占据着统治地位，包括政治学在内的任何一门学问都成为神学的附庸。神学政治论的主要代表人物是奥古斯丁和托马斯·阿奎那。神学政治思想的核心是用上帝来解释一切，极力鼓吹人的原罪学说、神创等级理论和君权神授论，主张神权高于王权，世俗王权必须服从教权。这种政治理论实际上反映了当时教会领主企图直接掌握世俗政治的现实利益要求，同时也为中世纪的等级压迫制度罩上了一层神圣的灵光，与古希腊和罗马的政治学说相比，它具有浓厚的蒙昧主义色彩。①

到了欧洲文艺复兴时期，随着欧洲逐渐摆脱神权的统治，个人的欲望逐渐成了构筑政治学的新起点。政治学的研究内容也逐渐从一个虚幻的彼岸世界回到纷繁复杂的现实世界。现实世界是人们认识的起点，政治制度应该构筑在现实世界基础之上。随着科学技术的发展，人们对于世界的认识逐步深入，人们对于虚拟的天上世界慢慢开始疏远，开始转向现实世界，神学政治渐渐淡出政治舞台，世俗政治走向辉煌。世俗政治认为，人的欲望并不可耻，个人的幸福是政治制度的目的。

文艺复兴时期是西方政治学历史的转折阶段。在这一时期，政治学逐步摆脱了宗教神学和传统伦理道德观念的束缚。新时代的政治思想家们开始以理性和经验的目光来观察和阐释政治现象。此后，西方社会的政治思想基本上是沿着两条线索发展的：一条是近代资产阶级政治学说的形成和发展，另一条是近代无产阶级政治学说的形成和发展。资产阶级政治学说更关注抽象人性：提出自由、平等、人权等所谓普世价值，认为这些价值是超越于时代而存在的。无产阶级政治学说关注人的社会性，提出了实现政治价值的社会基础和路径，认为任何政治价值的实现不能脱离具体的时代和社会。

15世纪至16世纪，是西方近代政治学的形成时期。在这一阶段，西欧资本主义的生产方式在封建社会中迅速成长。与此同时，新型资产阶级的政治思想家在为建立资本主义制度锻造理论武器，被马克思称为新时代第一个政治思想家的马基雅维利，在其著作《君主论》中，不仅提出了政治关系的基础是财产关系的著名论断，而且从国家的目的出发，第一次提出了政治问题与伦理问题在性质问题上的根本区别。他认为，为了实现夺取权力和掌握权力这一目的，可以采用一切可以采用的手段和方法。与他同时代的政治思想家布丹则在他的代表作《共和六论》一书中，从人类社会的历史经验出发，考察和解释了国家与主权的关

① 王惠岩：《政治学原理》（第二版），高等教育出版社2006年版，第13页。

系，创立了近代资产阶级国家的主权学说，主张建立脱离教会集权统治的世俗政权和独立统一的民族国家。这些思想主张集中反映了资产阶级反对封建割据，要求建立资本主义制度的利益要求。然而，就在资本主义生产方式开始形成的同时，以莫尔和康帕内拉为代表的早期空想社会主义政治思想，远远超过了早期资产阶级要求反对封建专制和争取政治平等的范围。他们在各自的代表作《乌托邦》和《太阳城》中，不仅抨击了私有制度，而且描绘了一个建立在公有制基础之上的，一切社会成员都享有平等权利的理想社会蓝图。他们揭开了近代无产阶级政治学说史的第一页，并为科学社会主义政治学说的建立提供了直接的思想资源。

17 世纪至 18 世纪，是西方近代政治学的繁荣阶段。在这段历史时期，适应资产阶级革命的需要，在欧美各国产生了许多著名的资产阶级政治思想家。如荷兰的格劳秀斯和斯宾诺莎，英国的霍布斯和洛克，法国的伏尔泰、孟德斯鸠和卢梭，美国的杰斐逊、潘恩和汉密尔顿等，他们所提出的各种政治主张构成了近代资产阶级政治原则的理论基础。如他们根据自然权利与自然法理论提出的天赋人权学说、社会契约理论、分权制衡学说和贯穿于这些思想原则中的自由、平等等近代资产阶级的价值理念，不仅为欧美资产阶级革命提供了直接的思想来源和建立政治制度的根据，同时也奠定了现代西方政治学说的基本原则和理论体系。而这一阶段出现的空想社会主义政治思想，超出了资产阶级狭隘的视野和“整个旧世界秩序的思想范围”，它直接地反映了当时还不够成熟的无产阶级的政治要求和理想。如英国的温布斯坦，法国的摩莱里、马布里和巴贝夫，就是这一阶段空想社会主义政治思想的典型代表。他们要求建立共同劳动、共同分配、废除私有制、实行公有制，实现人人真正平等的社会共和国。这些政治主张，在人类社会政治思想的发展史上，将永远闪烁着不可磨灭的光辉。

18 世纪末至 19 世纪末，是西方近代政治学的发展和变革阶段。这一阶段，随着资产阶级的政治统治地位在欧美各国的普遍确立，资产阶级开始鼓吹自由主义和实证主义的政治学说，开始为资本主义的社会秩序辩护。以孔斯坦、边沁为代表的自由主义政治思想家，在个人主义的基础上提出了近代资产阶级的功利主义原则，抽象地强调个人自由，反对国家对私人经济活动的干预。以孔德、斯宾塞为代表的实证主义政治思想家，则企图用自然科学的方法来论证资本主义制度下阶级“合作”和社会“团结”的必然性，主张用“社会政体”来代替国家；用“社会团体”来调和阶级对立；用资本主义的和平发展观念同无产阶级日益成熟的革命思想相抗衡。在这一时期，无产阶级的政治学说也得到了很大的发展，出现了以圣西门、傅里叶和欧文为代表的空想社会主义学说。他们抨击资本主义制度以及整个近代资产阶级社会的道德文明体系，同时，他们详尽地勾画出了未来社会的理想蓝图。始于莫尔的空想社会主义学说，这时达到了它所能达到的最高点，并构成了马克思主义的思想来源。

19 世纪后期，资本主义世界的范围不断扩大，资本主义社会的内部矛盾也日益加剧，政治、经济矛盾愈演愈烈。随着工业的发展，工人阶级队伍的日益壮大，加上教育的普及和普选权的扩大，不断引发人们对政治问题的关注。资产阶级要维护和巩固其逐渐陷入深刻危机的统治，这个时期，政治学完全成为一个拥有许多学者的专门学科。由此开始一直到目前为止，西方政治学的发展先后经历了三个历史阶段。

第一阶段从 19 世纪末开始至第一次世界大战为止。这个时期的西方政治学主要以国家为研究对象。当时的政治学者认为，国家的起源、性质和类型，政治制度和政府机构与宪法密切相关，又同为一定社会的上层建筑。因此在这个时期，宪法成为政治学理论的主要研究对象。

第二阶段是第一次世界大战之后到第二次世界大战前夜。第一次世界大战以后，十月社会主义革命的胜利和 20 世纪 30 年代所出现的全球性经济危机震动了整个资本主义世界，这对资产阶级政治学也是一个很大的冲击。当时，资产阶级不得不放弃资本主义的自由放任政策，国家开始干预经济，“罗斯福新政”就是其典型的代表。所谓“罗斯福新政”，即运用资产阶级国家政权采取一些改良主义措施：如通过大规模举办公共工程和社会救济事业来刺激经济增长，增加政府开支，维持适当的就业和建立若干社会福利制度，对缓解社会危机起到了一定的作用，并促进了垄断资本主义与国家的结合。适应这个变化，资产阶级的政治学由以研究国家制度为主题，演变为以研究权力为主要方向。

第三阶段始于第二次世界大战以后。这个时期西方政治学的研究方向又从权力逐渐转变为政策制定过程。西方学者这种政治方向的转变，主要由于第二次世界大战以后，资本主义世界的各种社会矛盾的深化与加剧，垄断资产阶级为了维持它的统治，进一步加强了政府的权力，由所谓的“立法国家”转向“行政国家”，它反映了资产阶级对于政治学理论的新的要求。

总而言之，20 世纪以后西方政治学的发展呈现多元化的趋势。首先，研究方法呈现多元化趋势，政治科学与政治哲学两种研究范式并存。政治科学采取经验的研究方法，政治哲学采取规范的研究方法。20 世纪初，行为主义政治学的兴起，使得政治科学占据主导地位。而到了 20 世纪 70 年代，以罗尔斯《正义论》为代表的新自由主义的兴起，标志着政治哲学的复兴。其次，政治思想呈现多元化趋势。左翼与右翼并立，个人主义与社群主义并存。个人主义强调以个人为中心，社群主义强调以集体为中心。保守与自由思想并立，政府与市场之争持续，自由派强调国家干预经济，保守派强调市场自由。第三，政治学科发展的多元化。政治与行政开始分离,公共管理学科开始兴起;从一国研究到比较研究,比较政治学开始兴起,政治学的研究范围从国家研究发展到社会和个人研究,涉及政治社会学、政治心理学、公民文化等。所有这些变化共同推动了政治学的大发展,大繁荣。

(二)马克思主义政治学说的历史发展

马克思主义政治学的出现,是政治学说史上的一个具体划时代意义的转折。19世纪40年代,世界资本主义体系已经形成。随着资本主义的日益发展,资本主义的矛盾暴露,资本主义生产方式引起的社会危机日益严重。无产阶级和资产阶级之间的矛盾也不断激化。无产阶级开始以资产阶级掘墓人的身份登上历史舞台。在这种历史背景下,马克思和恩格斯创立了辩证唯物主义和历史唯物主义学说。马克思主义的出现,不但给无产阶级的政治理论奠定了真正科学的基础,而且也是政治学发展史上的一个重大的转折,它标志着一个新的时代的开始。

《共产党宣言》是无产阶级的第一个政治纲领,它奠定了马克思主义政治学理论体系的基础,对马克思主义政治学的基本原理作了比较系统的阐述。其主要内容是:第一,它提出了国家是阶级组织的观点。第二,它明确指出了有文字记载以来,人类的历史是阶级斗争的历史,阶级斗争的核心是政权问题。第三,它提出了无产阶级专政的理论,这不仅是马克思主义政治学的核心和主要观点,同时,也表明了马克思主义国家学说的阶级性。第四,它强调指出,无产阶级在政治上不是用共和制来代替君主制,不是简单地要求国家形式的改变,而是要同传统的所有制关系实行最彻底的决裂①。第五,它系统地阐述了无产阶级的政党学说。

马克思主义政治学的上述观点表明,它真正地实现了政治学的科学性和阶级性的统一,革命性与实践性的统一。马克思主义以前的政治学之所以不能成为真正反映人类社会历史发展规律的科学,不仅是时代的局限性所决定,更重要的是其阶级的局限性所使然。

《共产党宣言》所阐述的上述基本原理,为马克思主义政治学奠定了科学的理论基础。共产主义的目的是全人类的自由和解放,为了实现人的自由而全面的发展。马克思主义经典作家关于人的自由与发展的论述,是我们在社会主义民主政治建设过程中,树立以人为本的政治观的重要思想资源。

此外,恩格斯在马克思的《人类学笔记》基础上整理和撰写的《家庭、私有制和国家的起源》、列宁的《国家与革命》、斯大林的《论列宁主义基础》、毛泽东的

① 《马克思恩格斯选集》(第一卷),人民出版社1995年版,第293年。

《论人民民主专政》《关于正确处理人民内部矛盾的问题》以及《邓小平文选》中关于政治体制改革的论述等，也都对马克思主义的政治学说作了重要的阐述。这些文献是我们学习和研究政治学、丰富和完善马克思主义政治学体现的理论指南。

当代中国政治学研究的主要课题，是在马克思主义、邓小平理论、"三个代表"重要思想、科学发展观以及习近平总书记治国理政思想的指导下，根据我国社会政治、经济和文化事业发展的需要，认真总结我国社会主义民主建设的宝贵经验，深入挖掘和继承我国历史文化中所蕴含的优秀价值遗产。在贯彻"以人为本"的社会主义政治理念，探索社会主义民主政治模式过程中，逐步建立和完善符合我国国情的、具有中国特色的政治学理论体系。这也是我国政治学界目前所面临的主要任务。

（三）中国政治学的历史发展

1. 中国古代的政治思想

中国古代社会实行的是君主专制的政体形式，是奴隶主阶级、封建阶级掌握政治权力的时代。在政治思想方面，春秋战国时代，奴隶制瓦解，封建制形成，是历史的转折时期。在这种大动荡的条件下出现了"百家争鸣"的局面，出现了各种政治思想的论战，涌现出孔子、孟子、荀子、墨子、老子、庄子、韩非子等许多著名社会思想家。

在先秦时代的诸子百家中，对我国政治社会影响最为深远的是以孔孟为代表的儒家政治思想；以老庄为代表的道家政治思想和以韩非为代表的法家政治思想。儒、道、法三家，在我国的政治思想发展史上具有重要的代表意义。

儒家学派是我国历史上影响最大的学派，长期占据着思想统治地位。儒家的政治学说，概括起来有两个字："礼"和"仁"。法家是与儒家相对立的主要流派。韩非子是先秦法家思想的集大成者，著有《韩非子》一书。他主张"霸道"和"依法治国"。法家的思想概括起来是"法"、"术"、"势"。两千多年来，法家在我国社会虽一直居于儒家之下，但在封建社会和半殖民地半封建社会的政治生活一直发挥着极其重要的作用。老子和庄子的政治思想与法家和儒家的政治思想相反，主张"无为而治"治国思想，就是要求国家尽可能不去干扰人们的社会生活。老子"无为而治"的治国思想，一直被历代统治者作为一种补充性手段，用来缓和阶级矛盾、维持社会统治，并在实际政治生活中与儒法思想一道起着重要的互补作用。

儒、法、道三家的治平之学，各有特点、互相对立、互相渗透。中国两千多年的封建统治，正是这三派思想交错运用、互为表里和互相补充的历史。虽然它们均属于封建统治阶级的意识形态，但从对传统文化的总结、借鉴以及古为今用的角度来说，在目前仍然具有一定的参考价值。

尽量中国古代的政治思想发展十分繁荣，但是没有形成系统化的政治学科，主要表现在：第一，缺乏独立的研究对象，国家研究和个人伦理研究没有分离；第二，缺乏系统逻辑的理论，多是个人感悟的语言片段，缺乏系统的逻辑推理；第三，缺乏理想的政治图景，多是对现实的诠释，缺乏对理想政治社会的建构。

2. 近代中国的政治学

在我国，政治学作为一门独立的政治学科，产生于清末民初，肇始于翻译介绍西方近代政治学著作。1903 年，京师大学堂首次开设了“政治科”，政治学开设进入中国的大学。到 1948 年，当时全国 100 多所大学中已有 40 多所大学设立了政治学系，培养政治学专门人才。①

与此同时，马克思、恩格斯的名字及其学说就开始在中国的一些著作中出现。马克思主义政治学说逐渐成为近代中国政治学的核心内容。“五四运动”时期，陈独秀、李大钊等人通过《新青年》等刊物，大力宣传介绍马克思主义学说，推动了马克思主义的广泛传播。1921 年中国共产党成立后，研究马克思主义逐渐成为一种社会风气。一大批学者以马克思主义方法论为指导，围绕中国社会性质等问题，撰写了许多重要的政治学著作，发展了政治学理论。我国政治学的形成过程，既是马克思主义在中国广泛传播的过程，同时也是马克思主义与中国实际相结合的过程，更是马克思主义中国化的过程。②

3. 当代中国政治学

1949 年新中国成立后，我国开始照搬苏联模式，用马克思主义理论代替政治学，政治学作为一门独立学科的地位在我国日渐衰微。1952 年，高等院校进行院系调整，大学中的政治学系被取消。从 50 年代初直到 70 年代末，作为一门独立学科的政治科学在我国不复存在。③

1978 年开始的“实践是检验真理的唯一标准”大讨论，极大地促进了我国当代政治学的发展。自 1979 年政治学学科恢复重建，政治学的恢复是从翻译介绍西方政治学资料、培养学生、编写教材、组建机构、出版期刊起步的。

1979 年，邓小平明确指出：政治学、法学、社会学以及世界政治的研究，我们过去忽视了，现在需要赶快补课。④ 1980 年底，中国政治学会成立，邓初民、钱

---

① 赵宝煦：《中国政治学百年历程》，载《东南学术》2000 年第 2 期。

② 冯志峰：《政治学方法论》，中国社会科学出版社 2015 年版，第 17 页。

③ 俞可平：《中国政治学进程：一个评论性的观察》，载《学术月刊》2007 年第 11 期。

④ 《邓小平文选》(第 2 卷)，人民出版社 1993 年版，第 180 页。

端升为名誉会长，张友渔为会长，王赣愚等为顾问。中国政治学会的成立使一批分散研究政治学的人员开始组织成一个学术团体，促进了学术交流。北京大学、复旦大学、中国人民大学等利用20世纪60年代保留下来的有限的接近于国际政治领域的教学力量，率先开始发展政治学学科。从1981年起，复旦大学、北京大学、吉林大学、中国人民大学、中国政法大学、南开大学、南京大学、武汉大学、中山大学、天津师范大学等先后建立了政治学本科专业或开始培养硕士研究生；1985年，北京大学在中国教育史上第一次开始培养政治学专业的博士研究生；很多大学开设了政治学方面的课程。中国社会科学院及一些地方社会科学研究院陆续成立了政治学研究所。

自20世纪90年代开始，一批中青年政治学者脱颖而出，其研究成果开始逐渐成为中国政治学的主流，中国政治学才真正成为一门相对独立的科学。中国政治学的成长经历了"取经""效仿""自觉"三个阶段。该时期的政治学研究先是从编译起步，重点是介绍西方政治制度与西方政治学的源流。继而试图将从西方学来的概念、模式、理论、方法创造性地运用于对中国政治现象的深入分析。随后，开始形成中国本土问题意识，致力于梳理和分析中国政治的关键问题，并从"古今中外"的比较视角对它们展开深度考察，形成了一套相对独立于其他学科的学说、概念、范畴、术语、方法。正如罗素所言：假如中国人能自由地从我们西方文明中汲取我们所需要的东西，抵制西方文明中某些坏因素对他们的影响，那么中国人完全能够从自己的文化传统中获得一种有机的发展，并能结出一种把西方文明和中国文明的优点珠联璧合的灿烂成果。①

经过若干年的发展，中国政治学研究取得了长足的进展。其中最大的成就就是，在中国"政治"终于成了可以研究的领域。中国政治学所取得的一切成就和今后一切可能的发展，都与这一变化有着直接的联系。

中国政治学重建以来，另一项突出的理论成就是：重新认识和规定了"政治"的概念，初步形成了中国政治学的基本理论体系。在很长一段时间内，在社会主义国家理论界，"政治就是各阶级之间的斗争"的提法，一直居于主导地位。这个提法是正确，但如前所述，如果把这个定义推向极端，就会导致这样一种误解，即把人们的一切政治活动都等同于阶级斗争，从而在无形之中扩大了阶级斗争的范围，同时又把许多较少与阶级斗争联系的社会现象排斥在政治之外。现在人们则从人们的社会实践的一种基本形式的角度来把握政治范畴。一些学者认为，迄今为止，对阶级关系的处理确实是政治的主要问题，但却不是全部问题。处理各个方面的社会利益关系，加强国家对经济生活、社会公共事务和教科书等

① 波特兰·罗素：《中国人的性格》，王正平译，中国工人出版社1993年版，第22页。

事务的管理，都是重要的政治问题，民族关系和国际关系也都有相对独立于阶级关系的政治意义。特别是在社会主义社会，虽然阶级斗争还存在，有时还可能激化，但更多的政治问题属于不带阶级斗争性质的各个阶层之间的人民内部矛盾和社会主义建设中的种种政策、策略问题。这种对政治概念的较为全面的认识，为我们通过“对话”而不是“对抗”解决各种复杂的问题，为后来强调建设“和谐社会”，清除了一个重要的思想障碍。

不仅如此，政治学还初步实现了政治学研究从人文化向社会科学的转变，方法论建设得到了重视，研究工作的层次有了明显的提高。中国社会科学不发达的一个直接后果就是“人文”与“社科”不分。从某种意义上讲，政治学是社会科学，要避免人文化的色彩过重。而且即使是在政治学内部，也有一个研究模式转换的问题。旧中国的政治学就非常不发达，新中国又停止研究和教学 30 余年，所有刚刚恢复的当代中国政治学总体上具有传统政治学的特点是难以避免的。传统政治学研究侧重于从静态的角度，对政治现象存在的意义及其价值进行系统化、理论化的思考，其目标在于为人类社会建构一个合理的政治秩序，因而关注的焦点多集中在国体、政体、政府、国家结构等宏观领域，集中在法理和制度分析、权利和义务分析等静态领域。可以说，为人类的经济和政治行为框架的终极意义和规范价值，为人类的生存发展建构一个理想的政治秩序，是传统政治学研究的主要目标。这也是它具有典型人文色彩的一个重要原因。这是难能可贵的，但仅仅这样是不够的。

在 20 世纪 90 年代，随着适应时代变迁的需要和学科自身发展规律的作用，中国现代政治学教学与研究终于开始转向了社会科学。这一转变具体表现有：

一是政治学界较为系统地引进了现代政治学的方法论，甚至开出了“现代政治学方法论”的课程。计量政治学、定量分析技术之类的课程，也开始出现于国内著名大学政治学系、行政管理系的课堂上。唯数据主义固然是不必要的，但引进此类方法，使中国的政治学者普遍增强数量观念，还是必要的。

二是对策性研究的水平有了明显的提高。过去的对策研究成果实际上就是机关干部们常说的那种“材料”，不外乎某某事情的起因、表现、对策建议等，表面上是研究实际问题，其实理论框架早已摆好。进入 20 世纪 90 年代以后，“田野”概念的使用越来越普遍了，社会调查、计算机技术等越来越应用于对实际问题的研究，“民调”、“白皮书”、“年度报告”等新的工作形式进入了对策研究领域，相应地，对策的深度以及系统性。

需要指出的是，在重建政治学的过程中，我国引进、介绍了大量西方政治学著作，相对而言，对我国政治的运作机制、中小国家政治的研究等重要问题或领域的开拓还不够。国内对政治体制改革、政治文化的研究小有成果，对政府过程特别是地方政府过程的考察、研究还比较少。介绍美、日政治体制的书国内已有不少，但系统介绍我国政治体制及其运转机制（而不是抄法律条文）的著作还鲜见，有时还不得不请外国人来执教或登载外国专家对我国的政策的评价。这种引进是必要的，但输出未免太少了。确立中国政治学界在国际同行中的地位的，不会是我们对人家制度的阐述，而只能是对我国自己的政治生活、政治体制的创造性研究成果。

最后需要强调的是，政治学重建的近30年，也是与政治体制改革相互促进的近30年，也是为民主和法治奔走呼号的近30年。纵观政治学重建史，可以发现这样一个规律：在国家政治体制改革的有关措施出台比较集中的时期，政治学的发展速度就快些；反之，发展速度也相应慢一些。比如，公务员制度、政府机构改革等措施出台之后，就显著地刺激了公共行政学和官员理论的研究工作及学科建设。又如，在党中央提出建立社会主义市场经济体制的前后，我国政治学界关于转变政府职能和发展社会中介组织的理论和对策研究比较有成效。可以说，80年代初以来，在经济体制改革的推动下，政治体制改革提上日程的时势，在世纪之交，政治活动与管理活动相对区分的趋势，都在客观上为政治学、公共行政学的迅速重建创造了条件。从另一个角度看，政治体制改革工作在起伏中的不断发展，也是与政府机构改革、社会监督、反腐倡廉、政治文化等问题，政治学界都做了大量的调查、研究和舆论工作，开创了政治理论界影响政治生活，而不是单纯为既定政策作注解、找根据的先例。①

第三节 政治学研究方法

顾名思义，政治学研究方法指的是政治学者在他们的研究领域中获取知识所采用的方法。但至少目前在美国政治学界，当学者提到政治学研究方法时，他们基本上说的是科学的研究方法。也就是说研究者必须要有一个明确的、可以证明是错误的假设，要言之有理、论证有据，并要对知识的增长做出贡献。对于大多数政治学者，特别是年轻的政治学者来说，政治学是一门并列于经济学、社会学及心理学的社会科学。

一、马克思主义研究方法

（一）历史唯物主义

马克思主义政治学历史分析方法的首要要求，就是把政治现象和政治事务放到特定的历史范围和背景中去加以考察和研究，如同列宁所指出的那样，马克

① 朱光磊：《政治学概论》，天津人民出版社2008年版，第33～35页。

思的方法首先是考虑具体时间、具体环境里的历史过程的客观内容……①

同时，马克思主义政治学的历史分析方法还要求从历史的因果联系中去把握政治的本质及其发展规律，一方面，它分析政治与特定历史条件下其他社会因素的本质联系；另一方面，它考察不同历史条件下的政治现象之间的因果联系，这就是说，要看某种现象在历史上怎样产生、在发展中经过了哪些主要阶段，并根据它的这种发展去考察这一事物现在是怎样的②。

唯物辩证法是马克思主义思想方法论的精髓。唯物辩证法主张在唯物论的基础上，从事物的内部出发，用全面的、相互联系和发展的观点研究客观事物。这些要求在思想方法上集中体现为对客观事物的矛盾的研究，因此，毛泽东指出：辩证法的宇宙观，主要地就是教导人们要善于去观察和分析各种事物的矛盾的运动，并根据这种分析，指出解决矛盾的方法。③

对于事物的矛盾的研究，首先在于承认矛盾是客观存在的，矛盾即是运动，即是事物，即是过程，也即是思想④。其次，它要求把握矛盾的基本特性，即矛盾的普遍性和特殊性、矛盾的同一性和斗争性。矛盾的普遍性在于矛盾存在于一切事物的发展过程中并贯穿于一切过程的始终；矛盾的特殊性在于矛盾着的事物及其每一个侧面各有其特点。矛盾的同一性在于矛盾的双方互相依存，处于一个统一体中，同时依据一定条件各向其相反方面转化，矛盾的斗争性表现为矛盾双方的不同程度的相互排斥。最后，它要求明确解决不同矛盾的不同形式和方法。

唯物辩证法对于矛盾的研究，是政治学其他一切方法的基础，因而构成了马克思主义政治研究的根本方法。社会存在决定社会意识，生产力决定生产关系，经济基础决定上层建筑，上层建筑一定要适合经济基础发展状况规律。这一规律是我们党制定路线、方针、政策的重要依据，是我们进行社会主义政治体制改革和建设社会主义精神文明的客观依据。

（二）阶级分析方法

这主要是指在政治研究中，用阶级和阶级斗争观点分析考察政治现象的方法。阶级分析法最早是由18～19世纪英、法的资产阶级经济学家和历史学家开始使用的。古典经济学家魁奈在对农业产品进行分析时，最先把资本主义全体成员划分为生产者阶级、土地所有者阶级和非生产者阶级。古典经济学家亚当

① 《列宁全集》(第26卷)，人民出版社1988年版，第140～141页。

② 《列宁全集》(第37卷)，人民出版社1986年版，第61页。

③ 《毛泽东选集》(第1卷)，人民出版社1991年版，第304页。

④ 《毛泽东选集》(第1卷)，人民出版社1991年版，第319页。

斯·斯密则根据地租、利润和工资三种社会基本收入，提出了地主、资本家和工人构成了文明社会三大基本阶级的观点。大卫·李嘉图进一步把阶级利益的对立作为研究的出发点，指出工资和利润是对立的，利润和地租是对立的。

法国历史学家梯叶里在研究法国第三等级的形成和发展时，阐明了物质因素和阶级斗争在封建社会发展和资本主义社会建立的历史发展过程中的作用。历史学家基佐则从土地关系层面研究了阶级形成的原因，并把18世纪法国大革命的历史看作阶级斗争的历史。历史学家、政治学家米涅，则认为阶级斗争贯穿于中世纪以来全部法国的社会历史，法国大革命就是阶级斗争的具体表现。

马克思恩格斯批判地吸收了以往关于阶级分析的成果，建立了科学的阶级分析理论，指出，阶级的存在仅仅同生产发展的一定历史阶段相联系；阶级斗争必然导致无产阶级专政，这个专政不过是达到消灭阶级和进入无阶级社会的过渡。①

马克思主义的阶级分析法是马克思主义政治学的重要研究方法。这种理论和方法认为，在一个特定的阶级社会里，总是存在两个对抗的基本阶级和其他一些非基本阶级，在一个阶级内部又可划分若干阶层，这些阶级和阶层之间存在不同的利益诉求，构成了错综复杂的斗争和冲突，因此，在政治研究中，要从研究和分析社会各阶级的地位、作用及其相互关系入手，分析说明政治现象，揭示政治的本质。江泽民同志在2000年6月28日发表的《思想政治工作面临的新形势新情况》一文中明确指出：我们与国内外各种敌对势力在渗透与反渗透、颠覆与反颠覆上的斗争将是长期的复杂的。这是阶级斗争在我国一定范围内仍然并将长期存在的主要表现。我们纠正过去一度发生的'以阶级斗争为纲'的错误是完全正确的。但是这不等于阶级斗争已不存在了，只要阶级斗争还在一定范围内存在，我们就不能丢弃马克思主义阶级和阶层分析的观点和方法。这种观点与方法始终是我们观察社会主义与各种敌对势力斗争的复杂政治现象的一把钥匙。②

马克思主义的阶级分析方法引出了两个值得关注的问题，它们对政治学研究具有深刻的影响。第一，哪个阶级占据统治地位？这个问题被称为"国体"；与之相应，政权的具体组织形式被称为"政体"。国体与政体的区别可以说是阶级分析方法的特定产物，无论是古希腊时期、17～18世纪的古典自由主义，还是在第二次世界大战后多元主义，都不存在类似的概念区分。第二，自由主义的政治学强调的是妥协和共识，政治被认为是解决冲突的一种手段，一种可能的艺术。

---

① 石永义、刘玉萼、张璋：《现代政治学原理》，中国人民大学出版社2014年版，第18页。

② 中共中央文献研究室：《江泽民论有中国特色社会主义（专题摘编）》，第34页。

这一观念背后存在两个基本假定：一是由于各种各样的原因，利益冲突是不可避免的；二是相信人的理性力量，可以通过对话、讨论、协商等方法，而不是军事手段来解决彼此之间的矛盾和冲突。在西方自由民主国家，政党的轮流执政和利益集团的竞争提供了制度化的妥协渠道。而马克思主义的阶级分析方法则强调斗争与暴力。革命不是请客吃饭不是温良恭俭让，而是一个阶级推翻另一个阶级的暴力行动。

上述三种分析单位为我们提供了关于政治的不同视野。就理论研究而言，如何选择分析单位与所要研究的问题的性质有关，在这一意义上，它有一定的客观性。但另一方面，问题意识的产生却与研究者的价值立场、态度情感乃至意识形态倾向密切相关。虽然社会科学当中的个体主义与政体主义是以方法论的形式出现的，但它们确实与哲学层面的个人主义与集体主义之间存在着某种联系，尽管这种联系是复杂的。①

阶级分析是认识社会矛盾的基本入口，是政治学最基本的分析范畴。但阶级分析是宏观分析、整体分析和历史分析，不能用它替代微观分析和具体分析。当代阶级分析并没有过时，阶级矛盾依然是很多国家的主要矛盾。但阶级的内涵需要重新定义。马克思主义政治学的阶级分析方法把阶级看作经济范畴的人格化②，是经济关系的社会承担者，从这个意义上讲，马克思阶级分析方法，实际是其经济分析方法在社会群体划分和社会力量意义上的延伸。因此，马克思主义认为，阶级首先是一个经济范畴，在此基础上形成的阶级力量构成了阶级社会政治的基本格局和内容。政治研究中的阶级分析，就是要运用阶级学说说明政治现象，要把政治冲突归结于由经济发展所造成的现有各社会阶级以及各阶级集团的利益的斗争③，就是在分析阶级社会中的阶级力量的构成状况、各阶级的基本特性、政治要求和主张等的基础上，把握社会政治的走向和规律。

（三）制度主义分析方法

制度一词是从拉丁动词 instituere 派生而来的，它表明一种已确定的活动形式或者结构。传统的制度分析主要集中于对政党、议会和法庭制度等的研究，主要关注正式的制度。按照历史发展的先后顺序，制度主义可以分为旧制度主义和新制度主义两个发展阶段。④ 旧制度主义的创始人是凡勃伦，康芒斯、米切尔等人将研究推向深入。旧制度主义学派主要从心理习惯方面批判资本主义，以

① 景跃进、张小劲：《政治学原理》（第三版），中国人民大学出版社 2015 年版，第 8 页。

② 《马克思恩格斯全集》（第 23 卷），人民出版社 1972 年版，第 12 页。

③ 《马克思恩格斯全集》（第 22 卷），人民出版社 1965 年版，第 592 页。

④ 冯志峰：《政治学方法论》，中国社会科学出版社 2015 年版，第 160 页。

自然科学中的进化论方法作为自己理论的出发点。新制度主义是从旧制度主义的基础上发展起来的，该学派形成于20世纪50年代。主张以制度分析、结构分析为标榜，并主张在资本主义现存生产资料所有制基础上进行改革，比过去的制度学派更加注意资本主义的现实问题。

根据马克思主义观点，经济决定政治，经济基础决定上层建筑，因此经济制度决定了政治制度，而政治制度决定了人的行为，经济制度最终决定了人的行为。要想改变人的行为就要改变制度，总之，人的行为是被制度所决定的，被时代所塑造的。

制度对于一个国家的影响是巨大的，一个好的制度能够使一个国家兴旺发达；一个坏的制度能够使一个国家走向灭亡。洋务运动失败是封建地主改良派的失败，中国与日本的差距不在坚船利炮，而在于制度。但封建改良派决定了它没能力改变制度。戊戌变法失败是资产阶级改良派的失败，因为封建保守派决定了它不允许变革。辛亥革命失败是资产阶级革命派的失败，证明资产阶级没有能力领导中国革命。资产阶级的保守性和妥协性决定了革命的不彻底。新中国的建立是无产阶级革命的成功，因为无产阶级本身，一无所有，彻底的无所畏惧，所以具有彻底的革命性。

虽然制度可以决定人的行为，但是制度主义并不否认人的行为能动性，人并非完全是制度的奴隶，在某种特定情形下人的行为也具有主观能动性。制度主义是对历史的一种宏观解释，而非对个人行为的微观解释。

二、其他研究方法

（一）公共选择理论

公共选择理论萌芽和发展于20世纪50年代行为主义的高潮时期，七八十年代成为政治学的显学。撰写公共选择理论文章的大部分作者是经济学家，至少已被认为经典名著的作品而言是如此。经济学家不研究经济而来研究政治这是何故？这不是简单的学术帝国主义问题，而是因为在现实生活中政治（国家或政府）对经济的干预太深了，以至于经济学家不得不来研究政治。经济学家研究政治自然与政治学家不同，他们把经济学的一套方法带了进来。于是，政治家、行政人员、公民及利益集团、政党、政府机构等统统被视为具有自利本能而又善于理性算计的“经济人”。与此同时，政治舞台也被视为一个特定形式的市场，其中充满着交易还价和相互妥协。

公共选择理论的代表人物是布坎南，他以此理论获得诺贝尔经济学奖。他的基本思想是用经济学的方法研究政治学的问题。和经济学一样，人的基本假设是：自利、理性、追求效用最大化。人不会到了政治领域就变成天使。和经济市场中的人一样，在政治市场中，官员为了自己利益最大化而向选民推销政策，选民为了自己利益最大化而选择政策。政治家追求的利益包括经济利益、权力、地位、名声、威望。公共选择理论可以很好地解释官员腐败、部门预算最大化、公职选举等。

运用经济学成熟的分析工具,公共选择理论为政治学带来了许多新颖的、富有启发性的研究成果,同时也引发了激烈的争论。这些争论集中表现在这两个方面。第一个方面涉及基本的方法论问题:将经济人模型引入公共领域是否得当?政府机构是否具有区别于私人企业的公共性?政治中的行为真的是理性算计吗?如何对待不同文化中的行为差异?第二个方面是公共选择理论所体现的价值取向,由于公共选择理论与新右派意识形态之间存在着紧密的联系,因此遭到了具有左倾倾向的学者的猛烈攻击。

(二)制度主义与行为主义

旧制度主义认为制度决定了行为。好的制度使坏人变好,坏的制度使好人变坏。行为主义认为行为决定了制度。民众的民主素养决定了民主制度能否稳定运行。新制度主义则认为行为和制度相互影响,民主素养在民主制度下才能得以养成。

柏拉图以来至近代的西方政治学理论都可以说是旧制度主义。旧制度主义的逻辑过程的最典型呈现就是美国的建国过程。从某一个哲学价值和哲学理论出发,提出反对王权,保护自由。以此设想出一个好的政治制度,在费城制宪会议上,提出三权分立的制度设计思路。把该思路以宪法形式固定下来。然后就可以得到一个好的社会。

行为主义认为社会理论应该建立在可观察行为的基础上。行为主义的政治分析方法是由实证主义发展而来,并采纳了它的主张,认为只有以可证实或可证伪的解释性理论为基础,才能获得科学知识。行为分析包括:通过研究调查来收集量化数据,统计、分析与建构具有预测能力的理论。[①] 行为主义研究人的政治行为规律,以及这些规律在政治中的应用,这种方法强调价值中立,主张事实—价值是二元对立的,行为主义是基于个体主义方法论,适合于微观研究。

制度主义认为是制度塑造了行为;行为主义认为是行为塑造了制度。制度主义认为只要建立了民主制度,社会就会变得民主。行为主义认为民主制度的有效运行还有赖于人们对民主的认知心理和认知行为。只有具备了民众的认知心理基础,民主制度才能有效地运转。

制度主义在政治学具有悠久的历史,包括古希腊的遗产与政治学早期的制度研究传统。不过,我们今天谈论的制度主义已不是传统制度分析的简单回归,

① 安德鲁·海伍德:《政治学核心概念》,吴勇译,天津人民出版社2008年版,第105页。

而是具有新的时代内涵。因此，许多人倾向于使用“新制度主义”一词。首先，所谓“重新发现制度”是在特定的学术背景下提出的，它所针对的是用社会—经济等外部变量来解释政治现象，以及只关注人们的政治行为而忽视政治制度的倾向。新制度主义强调“制度是重要的”，并将其置于自变量的解释地位。简要地说，就是强调制度（规则、规范）对人们行为选择的制约作用。在这一意义上，新制度主义复兴了制度研究的传统。但与传统制度研究不同，新制度主义的方法不再是经验描述的，而是基于严格训练的科学方法的。其次，新制度主义是一个复数，亦即存在不止一种制度主义，而且它们源于不同的学科背景。运用新制度主义分析政治，其核心问题有三个：第一，哪一种政治制度最适宜于产生“好”的政府和社会关系？第二，怎样解释政治制度安排的多样性？第三，政治制度的差异对政治行为、政治权力和政治过程的结果产生了哪些影响？其他问题都可以以不同的方式归入这三个核心问题中，第一个问题是规范性的，后两个是经验性的。用制度变量来解释人们的行为，既是因果式的经验研究，又必然导致规范性的制度设计。既然我们知晓某一制度的社会功效，那么对这一功效的利用与规范研究“应该”的问题联系起来，前者成为后者的基础。①

在某种意义上，目前新制度主义的兴盛与这一特点紧密相关。对于人类社会生活的改善来说，制度主义有它特定的吸引力。它既不迷信理性的无所不能，也不对理性完全否定，而是采取中间道路：如何运用人类理性来设计一个良好的、可以运作的、适合国情的制度框架。这一目标使人们有所作为，而且这种作为具有理性改良的基础。

从 20 世纪 80 年代开始，新制度主义在政治学界的声音越来越大。新制度主义指出，行为主义在分析个体行为时忽视了一个重要的事实，即个人的行为是受制度限制的，是制度界定的。因此，新制度主义者提出，我们不仅要研究个人行为，我们还要明白这种行为的场合和情景。这就像我们看球赛，如果不懂得比赛的规则，就很难享受比赛的精彩。球员的素质、技巧和战术配合只有在比赛的规则下才能够展现出来。同理，个人和团体的政治偏好和行为只有在制度的限定下才有意义。

行为主义者在分析政治行为时，通常强调人们的政治行为反映了人们的政治偏好。而新制度主义者则认为行为和偏好之间有很大的距离，因为人们知道什么是可实现的和可行的。有时人们的行为并不代表偏好，只不过是为了避免最坏的结果而已。而且人们有各种各样的偏好，只能从中有所取舍。另外，制度本身是有偏向性的，规则和制度必定推崇某些利益偏好而排斥另外一些利益偏

① 景跃进、张小劲：《政治学原理》（第三版），中国人民大学出版社 2015 年版，第 33～34 页。

好，因此，真实的利益偏好并不能完全从行为反映出来。①

新制度主义的旗下有几个重要分支：历史制度主义、理性选择制度主义以及组织制度主义。组织制度主义是社会学的理论流派，在这里不予讨论。

理性选择制度主义是新制度主义的一个分支，也是理性选择主义的重要支柱。基于对人们选择理性的信念，理性选择制度主义者认为，制度规定了行为的惩罚，人们自然趋利避害并以此为据而行动。拿著名的"囚徒困境"来讲，囚徒并非不想双双获得自由，而是规则使然，为求自立，只好认供。囚徒的认供行为绝对是在规则的制约下的产物。

历史制度主义则坚持从历史的过程来看制度与行为的关系和其间的相互关系。他们注重的是制度如何出现、如何变化、如何终结，以及在所有这些出现、变化和终结的过程中，制度与人们的行为是如何相互作用的。与理性选择主义不同的是，历史制度主义者更注重实质上的分析。他们不仅希望知道人们会尽力把自己的利益最大化，同时还想知道这个利益是什么以及为什么会有这个利益，而不是满足于分析人们的行为策略。②

总体来说，新制度主义的核心思想就是制度影响行为，它可能并不决定行为，但绝对可以解释行为。这个学说强调，政治现象并不是个人利益偏好的总和，而是各种利益的代言在各种制度影响之下、作用之下的结果。最后制定出的公共政策可能和公众的真实偏好相去甚远。③

---

① Ellen Immergut, "The Theoretical Core of the New Institution," Politics&Society26：1(March 1998),5-34.

② Steinmo, Thelen, and Longstreth, eds. Structuring Politics: Historical Institutionalism in Comparative Analysis, Cambridge University Press, 1992.

③ Immergut, "The Theoretical Core of the New Institutionalism".

第二章 国 家

本章重点

1. 国家起源理论
2. 国家的本质
3. 马克思主义国家演变理论
4. 对当代西方福利国家的认识
5. 国家消亡理论

第一节 国家的起源

一、不同的国家起源理论

(一) 古代中国对"国家"的理解

在我国的先秦时代,国家就是一个专门术语。《左传》上说:国家之败,由官邪也;《荀子·修身》说:国家无礼则不宁;《中庸》说:国家将兴,必有祯祥;国家将亡,必有妖孽。在中国古代,"国"字包含了国家的若干要素。在秦汉以前,"国"和"家"被分开使用。诸侯所治为国或邦,其范围是大国地方百里,小国地方五十里。而卿大夫的食邑为家。《左传》有:大夫皆富,政将在家。值得注意的是,尽管中国古代典籍中有"国家"的说法,但并无真正的近代民族国家观念,而只有"天下"观念,权威的源泉和中心则称为"中国",遂有"中国蛮夷戎狄,皆有安居"的说法。中国乃是至晚清戊戌变法前后,才逐渐形成了民族国家观念,并在西学东渐的过程中以"国家"一词来附会西方学说中的 state。

(二) 西方关于国家的理解

在西方,古希腊国家大多为城邦,因而"国家"即指城邦。在古罗马,共和国盛行,"国家"是指这种共和国,意即城市中的公众。1513 年,意大利人马基雅维利在《君主论》一文中用拉丁文 status 指称国家,1538 年英国人斯塔基在《英格兰》一书中以 status 的英文 state 指称国家,从此,state 成为政治意义上的"国家"的专用概念,意指国家的某些要素如土地、人民、政府,以及统治技术。西方观念中的"国家"实际上仅指"国"与"家"之含义,汉语以"国家"称"国",乃是中国国家的传统自发衍生的产物。今天,汉语中的"国家"至少有三种含义:一是领土意义上的“国家”(country),二是民族意义上的“国家”(nation),三是政权意义上的“国家”(state)。在国家理论研究中,人们经常使用的是政权意义上的“国家”。

在政治学发展史上,国家一直是政治学家和思想家们研究的核心内容。因此,关于国家的起源理论是形形色色、多种多样的。总体来讲,在西方具有代表性的国家起源理论有:

1. 社会共同体论

这是亚里士多德最早提出的一种国家起源理论,他认为国家是一种自然产生的、不可避免的及有益的团体。每一个国家都是一种团体,每一种团体都是为了某种善而建立的。作为最高的团体并包括所有团体在内的国家或政治团体,其目的便在于最高的善。亚里士多德的社会共同体论对西方政治学影响很大。格劳秀斯说:国家是一群自由的人民,为了享受法律上的利益和为了他们的共同利益,而结合的一种完善团体。拉斯韦尔和卡普兰对国家的定义是:国家是一种有主权的地域团体。美国最高法院对国家的定义是:国家是自由的人们为了共同利益,安享其所有的一切,并对他人维持公道,而结合在一起的团体。国家社会共同体说在西方比较流行。应该说,国家是一个政治实体,而非一般的社会共同体。社会共同体说未能很好地把国家与其他社会团体区别开来。另一方面,社会共同体说的流行导致了现代西方政治学以“政治系统”、“政治体系”或“政治共同体”等概念取代国家概念。

2. 君权神授论

君权神授论认为神是宇宙和人世间万物的原创者和最高主宰者,国家来源于神,是根据神的意志建立的,统治者的权威是由神授予的,君主依靠神的意志来行使权力,治理国家。人们只能接受和服从,不能怀疑更不能反抗。这种国家起源说历史久远,最早产生于古代奴隶制国家,并在封建社会中得到广泛传播。古埃及法老自称“太阳之子”;巴比伦的汉谟拉比王自称“月神的后羿”;欧洲中世纪的阿奎那宣称“没有权柄不出于神”。君权神授论的代表人物是古罗马帝国时期的圣·奥勒留·奥古斯丁和中世纪经院哲学家托马斯·阿奎那,奥古斯丁宣称:人世间之所以会有私有财产和富人与穷人的不平等的社会地位,是因为这是“上帝的规定”。阿奎那表面上接受了亚里士多德的观点,也认为人是天生的政治动物,国家是人理性的产物,但他同时强调人的理性来源于上帝的理性,因此,从根本上说,国家是上帝的产物,上帝主宰一切。君权神授论把阶级和国家说成是神的意志的体现,是“天意”,给国家蒙上了一层神秘的外衣。君权神授论有利于那时的政治秩序和社会秩序的安定,对统治者和被统治者都有很大影响。但君权神授论往往会成为暴君统治的护身符。借神权而强化君权,常常成为统治阶级论证其统治的合理性和神圣性的便利工具,从而为暴君张目。

3. 社会契约论

这一理论认为国家是通过人民互相缔结契约而建立起来的,国家应该保护签订契约者。社会契约论学说是17～18世纪资产阶级思想家为了适应资本主义经济的发展,铲除神权枷锁,推翻封建君主专制,建立资产阶级共和国的需要而提出的。主要代表人物有格劳修斯、斯宾诺莎、霍布斯、洛克、卢梭等人,其中最具有影响力的是洛克。他认为,在国家产生之前,人们处于原始的自然状态,在自然状态中,人们是自由、平等和欢乐的。但由于人们在自然状态中生活不方便或不安全,因而大家愿意相互订立契约,让渡自己的部分自然权利,由此产生了政府的权力,组成了国家。国家一旦背离契约的宗旨,人民便可以起来推翻政府,并可以通过新的契约建立新的国家。

社会契约论是西方17～18世纪资产阶级用以反对封建"君权神授"理论、争取平等自由的政治地位的思想武器。在此前提下,西方资本主义及其各项相应的制度才得以充分发展,因此,社会契约理论不仅是资产阶级民主共和国家在政治上与法律上获得正当化的基础,同时亦为资产阶级国家以平等、自由为核心理念的法律制度得以确立并发达的先导。

社会契约论中旗帜鲜明地提出"天赋人权"、"人民主权"的观点,认为人是生而自由的,国家只能是自由的人民自由协议的产物,如果自由被强力所剥夺,则被剥夺了自由的人民有革命的权利,以强力夺回自己的自由。这些观点的提出在那个时代无疑是振聋发聩的,同时,社会契约论中提到的法制、权利制约、公民意识等理念,成了后来世界民主发展不可或缺的内在因素。这些理念即使放在今天,仍然闪耀着夺目的光彩。

4. 暴力征服论

这种理论认为国家是暴力征服的产物。其代表人物有德国的杜林、奥地利的巩普洛维奇以及俄国的考茨基等。杜林鼓吹政治暴力的第一性、基础性和经济关系的第二性、从属性。他认为是政治暴力产生了不平等、私有制、阶级和国家。巩普洛维奇认为,国家经常是一个部落对另一个部落施以暴力的结果而出现的,它表现为较强的部落对较弱的土著居民的征服和奴役。考茨基也认为,阶级和国家的产生是由于部落间的战争,强者战胜弱智便建立了国家。我们说,暴力或战争虽在一定条件下对国家的形成起过促进作用,但如果没有内部经济发展的要求,没有阶级矛盾的不可调和,单纯的暴力是不会产生国家的。

二、马克思主义国家起源理论

国家起源问题即国家产生问题,它是从古典政治学到当代政治学一直为人们所关注的涉及社会发展历史、政治缘起以及民族起源等问题的政治学基本问题之一。国家作为一种历史现象,并不是从来就有的,它是社会发展到一定阶段的产物。

国家的产生经历了一个由无阶级社会向阶级社会过渡的漫长历史发展过程。就是说国家的产生与阶级及阶级斗争的产生和发展紧密相连。恩格斯在《家庭、私有制和国家的起源》中的论证以及各国学者研究的成果都表明,在国家产生之前,人类曾长期处在原始社会制度下。在原始社会,生产力水平极为低下,人们共同劳动,平等分配,没有剩余价值,没有私有制,没有阶级分化。与此相适应的社会组织是氏族组织。氏族组织既是原始社会的社会组织,又是生产组织。概括地说,氏族组织的基本特征是:① 它是以血缘关系为纽带而结成氏族成员的联合体,即它还不是地域性的联盟;② 氏族组织作为全体氏族成员的原始民主自治组织,有道德规约,但没有法律规范,也没有同社会脱离并凌驾于社会之上的公共权力;③ 氏族组织是全体氏族成员共同劳动、共同消费的生产单位和经济生活粗陋、经济关系简单的极为初始的经济组织。

氏族制度、氏族组织是适应生产力水平低下和原始共产制生产关系的社会组织。随着生产力的发展,生产关系的改变,氏族制度、氏族组织也逐渐解体。氏族制度、氏族组织的解体是社会内部生产发展的必然结果。随着原始社会生产过程中劳动分工引起的社会分化、分裂,私有制产生了。原始社会末期,生产力水平有了明显提高,由此引起了三次社会大分工,从而促进了私有制的产生。具体来说,三次社会大分工引起了原始社会内部不同程度的变化。

第一次社会大分工是新兴畜牧业和农业的分工。这次社会大分工,使社会生活发生了重大变化:出现了畜群私有现象,财富增加,生产劳动场所扩大,从而出现了家庭奴隶制。财产的个体家庭私有,从根本上冲击了氏族制度,使氏族制度出现了裂口。结果如恩格斯所说,从第一次社会大分工中产生了第一次社会大分裂,即原始社会内部分裂为两个阶级:主人和奴隶或者说剥削者和被剥削者。

第二次社会大分工是手工业和农业的分工。铁制工具的使用和生产技术的进步,促进了农业的发展和劳动生产率的提高,使手工业向多样化发展,如此多样化的活动不可能由一个人完成,于是发生了第二次社会大分工,手工业从农业中分离出来。随着新的分工,还出现了直接以交换为目的的商品生产,以及随之而来的各种贸易活动。通过商品生产和交换的发展,私人占有的财产日益增多。这样,各个家庭之间便产生了财产上的差异,原始社会内部出现了富人和穷人之间的差别,社会又有了新的阶级划分。结果,各个个体家庭家长之间的财产差别促使各地的原始共产制家庭公社解体。

第三次社会大分工的重要社会结果是商业成为独立的部门。由于商品交换的发展,出现了一个不从事生产只从事交换的商人阶层,他们作为生产者之间的中间人，剥削生产者，并取得了生产的领导权。交换发展的需要，产生了金属货币，又出现了货币借贷、利息和高利贷以及土地的买卖和抵押，最后作为劳动力的人本身，也成为商品，变成了买卖的对象。于是，自由人急剧分化，财富集中在奴隶主阶级手中，贫民和奴隶的人数日益增加。至此，奴隶社会私有制完全代替了原始氏族社会公有制，社会的奴隶制终于形成。私有制的最终形成，使氏族制度发生了根本性变化，出现了一系列靠其自身无法、无力解决的矛盾，特别是自由民与奴隶、富人和穷人之间的利害冲突日益尖锐化，这种新的社会矛盾即阶级矛盾，原始社会制度下无法调和。于是社会就需要第三种力量，它似乎站在相互斗争的各阶级之上，压制它们的公开冲突，调和他们之间的矛盾，允许阶级斗争在经济领域内以合法的形式进行。于是，氏族制度被社会大分工及其后果即社会分裂后的阶级所瓦解，氏族制度也被新的机关即国家所代替了。

总之，国家的产生是社会三次大分工带来的自然的结果，而非由外力强加给社会的。国家不是从来就有的，它是社会发展到一定阶段的产物。

三、国家的特征

（一）国家的表征

国家之所以是现代国家，是以它拥有民族和公民、有边界精确划分的领土、享有对内对外的国家主权为基础。国家有三项表征：

1. 人口

人口即国家的居民，居民是构成国家的基本条件，只有存在居民才能构成社会进而形成国家。人口是国家的基本要素，它既是社会生产力的构成要素，又是生产关系的体现者，是国家一切内外活动的基础。在经济与社会发展的意义上，人口是国家活动的出发点和归宿。人口的数量、年龄结构和国民素质是国家综合国力的一个重要的基本要素。

2. 领土

领土是一个国家拥有的确定管辖范围，是构成国家的要素之一，国家总有一定的领土，没有一定的领土就不能成为正常的国家。国家是在相对固定的领土区域内的社会共同体。马克思主义也将领土作为国家的基本要素之一。恩格斯在《家庭、私有制和国家的起源》中，就是将按区域还是按血缘关系划分统治范围，作为国家区别于原始氏族制度的两个基本特征之一。领土是一个国家的陆地、河流、湖泊、内海、领海以及它们的底床、底土和上空的总和。作为一个民族国家综合国力的重要因素，领土以其所承载和蕴含的自然资源，成为民族国家生存和发展的物质基础，是经济繁荣、政治稳定与安全、文化发展、国家长治久安的重要物质生活条件；作为国家发展的一个重要指标，领土表明一个国家发展的潜力，领土面积的大小、地理位置的差异和自然资源的多寡是影响国家生存和发展的重要基础因素。领土是抵御外部势力侵扰的自然屏障，也是国家之间相互交往的平台。一个国家的领土完整性是该民族国家主权和独立的象征，是国家主权和安全的显性表现。

3. 主权

主权即国家主权，是指一个国家的权力的独立性，是一个国家处理国内和国际事务的统一的不可分割的独立自主行使的最高权力，是一国领土内具有最高权威的权力，是国家的生命和灵魂。国家主权表现在对内和对外两个方面。对内主权是指一个国家可以决定国家内部的各种事务，诸如制定或废除法律，决定国家的组织原则，决定国家的政治、经济、文化、教育等事业。对外主权是一个国家有权独立决定自己的外交方针、政策，处理国际事务，享有国际权利和义务，而不受其他国家的干涉和影响。主权是一个独立国家得以存在的不可缺少的条件，是构成国家的重要的基本要素。法国政治思想家布丹最早提出"国家主权"概念并系统论证主权理论。在《国家论六卷》中，布丹提出国家主权是一种绝对的永久的最高权力，他将主权视为国家的最重要的特征。其后，荷兰的格劳修斯考察了主权对外独立的方面，将主权国家视为国际关系的独立主体，发展和补充了布丹的主权理论。19世纪末以后，许多思想家开始怀疑国家主权理论，甚至主张要废除主权。第二次世界大战以后，随着全球化的发展，主权理论也面临着越来越多的挑战。在全球化背景下，国家主权受到许多作用日益强大的各类组织的巨大影响。首先，在全球化过程中出现的各种国际组织在某种程度上对国家主权实施了一定程度的限制和支配。其次，经济全球化塑造了许多富可敌国的大型跨国公司以及规模庞大的各种跨国组织，它们掌握着国家的经济命脉，使国家主权的不可分割性和至高无上性大打折扣。最后，经济全球化使得国家之间的联系日益紧密，相互依赖的关系日益加强，并存在不平衡的态势，特别是强国削弱了弱国国家主权的独立自主性。尽管国家主权理论受到了来自实践和理论两方面的挑战，但是只要有国家就会有国家主权，主权是国家的根本属性，各国主权是平等的。即使在全球化愈演愈烈的当代，国家及其主权的基本功能并不会消失，它仍然在国内、国际政治中处于核心地位，仍然是现代国家的重要基础。

(二) 国家的本质特征

关于国家的本质问题，历史上许多思想家都进行了探讨。但只有马克思主义第一次科学地揭示了国家的本质，使我们对国家的认识趋于科学化。

1. 国家是阶级统治的工具

马克思主义国家观认为，人类有史以来的一切国家都是阶级的国家，国家的实质是阶级专政。国家是阶级矛盾、阶级斗争不可调和的产物和表现，是阶级压迫的机关，是阶级统治的工具，只要存在剥削与被剥削、统治与被统治的关系，不同阶级和社会集团之间就会产生激烈的冲突和斗争。统治阶级经过斗争建立起自己的国家,使得他们对被统治阶级的剥削、压迫能够合理化、固定化,并以“社会”和“法律”的名义来实施。因此,国家对各个阶级不可能“一视同仁”。对于统治阶级内部来说,国家是一种民主;对于被统治阶级来说,国家是一种专政。一般来说,国家的阶级性主要表现为以下几点:第一,统治者在社会经济、政治和精神生活中居于统治的地位。第二,社会对国家的客观需要是以统治阶级及其代表人物的主观要求的形式提出的,而国家的建立这一客观现实也总是表现为统治阶级及其代表人物主观意志的实现。第三,统治阶级在立法时,总是力求使那些有利于自己的经济、政治、社会关系优先确立下来。第四,统治阶级确定下来的法律和政治制度浸透了统治阶级的主观成分,在执行过程中总是要努力贯彻其阶级意图,从而为其阶级利益服务。第五,国家政权都是通过暴力建立的,都是依靠暴力来维持的。

2. 国家是一种“特殊的公共权力”

国家是阶级统治的工具,具有阶级性的一面,同时,国家还具有公共权力的特征。公共权力一般是指以全体成员的共同利益为目标的社会组织所拥有的权力。国家产生以前,“公共权力”为原始社会组织,主要是靠氏族组织来行使公共权力。国家产生之后,国家就成为这种公共权力的行使者。与之前的氏族组织不同,国家同时还是阶级统治的工具,具有阶级性,这决定了国家是一种“特殊公共权力”。国家是一种“特殊公共权力”包含着丰富的内涵:第一,国家与其他社会组织不同,国家只是社会经济发展到一定阶段的产物。第二,国家不同于原始社会那种“自然发生的共同体的权力”,而是社会发展到一定阶段的产物。国家产生之前的原始社会已经存在调节社会秩序和成员利益的“公共权力”,但它是自然发生的共同体的权力。第三,国家产生和存在的根源是社会存在阶级,而敌对阶级之间的矛盾是根本对立的,其冲突是不可调和的,国家就是这种矛盾冲突“不得不调和”的产物。第四,国家为了维持社会存在,缓和社会冲突,使得它表面上“凌驾于社会之上”。第五,国家权力是对原始社会公共权力的批判继承,由于所属的社会阶级不同,使得国家的公共权力与原始社会的公共权力存在本质的区别,国家的公共权力是从属于国家的阶级本质的,它在某种程度上要服务于国家的阶级本质。

第二节 国家的演变

一、国家演变理论

国家是社会发展到一定历史阶段的产物,它的确立不是一成不变的,一劳永逸的，而是一个由低级到高级，一种新的国家代替旧的国家不断演变的过程。

(一) 国家演变的规律

国家的更替是一个由奴隶制国家到封建制国家，到资本主义国家，再到社会主义国家的历史过程，这是国家更替的一般规律。我们之所以确认它为一般规律，首先，是因为它已被世界历史所证明。其次，它本身蕴含着由低级到高级，顺应社会经济发展要求的不可逆转的趋势。每一种类型的国家的出现，都有它历史的必然性和进步性。同样每一种类型的国家又不可避免地被新的国家所取代或发展到更高阶段。

当然国家发展的一般规律无疑会通过各种各样的具体方式表现出来，由于各个国家或地区具体情况不同，国家历史类型的更替又表现出两种特殊性。一是有的国家会出现跳跃式的发展。二是当一种新生的社会制度建立以后，由于旧势力强大和新生力量的弱小，或者自身在建设国家中出现大的偏差，致使各种反动势力勾结起来，推翻新生政权，复辟旧的制度。英国革命 20 年后出现了斯图亚特王朝复辟，而且又经历了多年才以“光荣革命”的形式宣告结束。历史证明：代表社会发展未来的新生制度终究会战胜腐朽落后的制度，尽管在有的国家出现反复，但社会发展的大方向不可逆转。

(二) 国家演变的动力

构成社会演变的因素是多方面的，从最终决定力量这个意义上说是社会生产力的发展。生产活动是人类的生命源泉，它一刻也不能停止，因此，生产力是个世代相传世代相承的关系，生产关系对生产力有巨大的反作用，两者结合构成生产方式，其矛盾运动推动着国家由低级到高级、由量变到质变的演变。马克思认为社会的物质生产力发展到一定阶段，使它们同一直在其中活动的现存生产关系发生矛盾，于是这些生产关系便由生产力的发展形式变成生产力的桎梏，那时，社会革命的时代就到来了。随着经济基础的变更，全部庞大的上层建筑，也或慢或快地发生变革。

(三) 国家演变的力量

国家的演变是必然的，但又不是自然而然形成的，它通过革命的阶级自觉的行动才能形成。任何类型的国家其内部的社会力量都是复杂的，与生产力相结合，代表生产力发展方向的阶级是最积极最革命的力量，是未来国家的希望。在奴隶社会，奴隶和生产力相结合，但它不代表生产力的发展方向，而到了奴隶社会末期，自由民和新兴的地主阶级代表反抗推翻了奴隶制，建立了封建制国家。奴隶制和奴隶主在封建制取代奴隶制的进程中瓦解了。在封建社会，农民和生产力相联系，但它也并不能代表生产力的发展方向，到了封建社会末期，随着商品生产的发展，与商品生产相联系的新兴资产阶级代表生产力的发展方向，因此推翻封建制的革命是由资产阶级领导的，革命胜利后建立了资本主义国家。在资本主义社会，工人同社会化大生产相联系，代表生产力的发展方向，因此，他们是资本主义掘墓人，是社会主义的创造者。在阶级社会，不管是地主阶级还是资产阶级，都曾是生产力的代表阶级，然而当他们取得政权，上升为统治阶级后，就成了生产关系的代表者，不仅丧失其积极性而且顽固地维护过时的制度，甚至成为镇压革命阶级的刽子手。在社会主义社会，工人阶级既是生产力的代表者，同时又是生产关系的代表者，发展生产力，改革生产关系乃至上层建筑都是其利益所在。因此，他们始终充满活动，保持朝气蓬勃、积极进取的精神，成为社会主义和共产主义的积极建设者。

（四）国家演变的手段

不管是封建制国家取代奴隶制国家，还是资本主义国家取代封建制国家，以及社会主义国家取代资本主义国家，没有任何哪个是通过和平手段实现的。这是因为任何统治阶级由于其狭隘的阶级利益都必然靠国家政权来维护，推翻国家政权，就意味着统治的完结，因此都不惜一切代价偏离社会发展方向，顽固地维护国家政权，甚至镇压一切阶级的革命行动。革命阶级与统治阶级利益的根本对立性，决定推翻旧的国家只能采取暴力的手段。至于资本主义国家被社会主义国家所替代的方式是暴力的还是和平的，这完全取决于资产阶级是否愿意自动放弃剥削和压迫，是否顺应时代潮流。无产阶级希望通过和平的不流血的手段实现社会的革命，任何革命行动都是在和平的手段不能奏效的情况下使用的。

二、吉登斯关于国家演变的认识

19 世纪是从传统向现代转型的关键时期，在此期间，英国著名的政治社会学家吉登斯根据国家与社会的融合程度，将国家形态划分为传统国家、绝对主义国家和现代民族国家。

（一）传统国家

吉登斯也将传统国家称为阶级分化的社会，其显著的特征是裂变性。在传统国家时代，城乡阶级分化十分明显，一般上层阶级居住在城市，下层阶级居住在农村。传统国家中城市是阶级分化社会中主要的“权力集装器”，一个城市总是一个市场的中心。国家行政权力的力量与对国家的控制决定了传统国家主要是在城市或者大聚落中得以有效深入。然而，事实上阶级分化社会中只有少数人居住在城市，造成了传统国家对臣民的控制能力是有限的。因此，城乡之别不仅体现了阶级差别，而且还表示传统国家行政力量覆盖面的局限性。即使是在某些学者所认为的“东方专制主义”国家中，其行政控制能力与现代国家相比也是不可同日而语的，吉登斯认为即使是埃及金字塔这样大规模的工程，与产生的主要领域相比，由于其技术的原始性，也使其居于边际地位。除行政能力外，传统国家有边陲而无边界，也没有对军事力量的垄断权，大量的军事力量受制于军阀和民间力量。在行为规范方面，许多规矩只在贵族阶层有效，对一般民众没有约束力。

（二）绝对主义国家

从传统国家向现代国家的过渡时期就是绝对主义国家。在欧洲，绝对主义国家在 16 世纪至 17 世纪出现，是大型帝国主义逐渐蜕变为分立国家的结果。绝对主义国家的行政权力、监控、军事暴力逐步成为现代国家的组成部分。伴随着绝对主义国家的产生，对国家进行反思性监控的基础得以建立，同时，17 世纪的欧洲不再是四分五裂的诸侯国，而是形成了众多国家组成的国家体系，在此之中的每一个单一的国家都是经过几个世纪的战争与领土再分配后得以幸存的国家，其对独立主权乃至领土的控制都达到前所未有的高度。国家在其边界内有至高无上的排他性权力。吉登斯认为，绝对主义国家是欧洲国家的发展开始背离传统国家的发展模式，从而产生的新型的“反思性监控组织”。绝对主义国家的政治理论具有划时代的意义，在全球大多数国家的发展变迁中，都不同地经历了绝对主义国家阶段，尽管其分布于不同的时空领域，但是还是能识别出绝对主义国家的一些特征：① 行政力量的集中和扩张；② 新的法律机构的发展；③ 财政管理模式的交替运用。

（三）现代民族国家

吉登斯认为资本主义产生以后世界上大多数国家都属于现代民族国家形态，民族国家的发展预示着传统国家中基本城乡关系的瓦解，同时也包含着高度密集的行政等级的诞生。现代国家是政治现代化的国家，是世俗化的国家，权威基础已经确立在民主政治的基础上。现代民族国家在本质上是多元政治，政治制度化水平高，具有很强的适应性、自主性、内聚性，这种多元性的特点在于行政的高度集中和由此而至的控制的辩证法特性；国家的结构功能的分化，具有较好的分工协作水平和模式，具有高参政、高制度化的特征。与前现代国家相比，大多数的民族国家内部都实现了绥靖，暴力只是统治者维护其统治的间接手段，现代民族国家的军事暴力统治远不同于传统国家的统治模式，是区别于传统社会的重要特质之一。尽管资本主义与工业对于民族国家的生存以及形塑具有重要意义，但是民族国家体系并不能化约为此二者。现代民族国家体系在形成过程中实际受到的是资本主义、工业主义以及民族国家体系的综合影响。现代民族国家的发展中，行政监控与军事力量起着至关重要的作用。

吉登斯以欧洲历史为线索，勾画出分散型、阶级分化国家向高度统一型、主权型、全民型国家的转型过程。社会的转型过程并不是一个美好的时代成长的历史，而是权力和暴力的控制随着现代性的成长不断对人的活动产生制约力的过程。从本质上讲，制约力本身就是民族国家的制度，它兴起于近代史上国界纷争的欧洲，但是在20世纪已经成为全球化的制度。吉登斯认为国家与社会关系史模式只是一种为了理论说明而建构起的"理想类型"，因而在不同民族国家的实践可能会出现地方性的差异，但是，吉登斯所总结的从国家—社会分离到国家—社会结合的过程，应该是各国的共同历程。

三、马克思主义关于国家演变的认识

（一）奴隶制国家

奴隶制国家是人类历史上第一个出现的剥削阶级专政的国家——奴隶主阶级专政的国家。奴隶制国家是随着原始公社制度的瓦解、奴隶占有制的形成、阶级的出现和奴隶主与奴隶之间阶级矛盾、阶级斗争的不可调和而产生的。奴隶制国家是建立在奴隶主占有制经济基础上的上层建筑。奴隶社会的经济基础是奴隶主不仅占有全部生产资料，而且还占有生产者——奴隶。在这种生产关系中，奴隶主享有一切权力，不仅可以占有和买卖奴隶，而且可以随意杀戮奴隶，而奴隶没有任何反抗的余地，他们不过是奴隶主生产的工具。广泛的使用奴隶劳动使得自由农民和手工业者遭到破产，受高利贷者的剥削，变成了失掉生产资料的自由贫民。奴隶占有制的社会结构就必然形成奴隶主阶级与奴隶阶级之间尖锐的矛盾，自由贫民与奴隶主之间也存在矛盾和斗争，这种斗争就是统治与反抗统治的斗争。

奴隶制国家的职能，在内部是控制奴隶和自由贫民等广大被压迫群众。奴隶主阶级凭借一系列暴力机关，对奴隶实施赤裸裸的极端暴力统治，镇压奴隶阶级的反抗，从而实现对奴隶阶级的经济剥削和政治奴役；同时，奴隶主阶级利用宗教作为统治的精神武器，对奴隶和自由贫民进行精神奴役，以麻痹他们对奴隶主阶级的反抗精神。奴隶制国家的对外职能是扩张领土或势力范围，侵略他国领土或防御外来侵略，以维护国家安全。奴隶制国家的外部职能具有重要意义。历史上的奴隶制国家，由于各国生产力发展水平不同，生产资料占有制的方式不同和阶级力量的对比关系不同，它们所采取的统治形式也各不相同。古代东方的奴隶制国家，如埃及、巴比伦、波斯等国都采用君主制，也被称之为东方暴君制；在希腊的城邦国家雅典，采用奴隶主阶级的民主制；在古罗马和斯巴达这样的奴隶制国家中采取的是贵族制。奴隶制国家所采取的形式，无论是统治权力属于一个人（君主），还是少数人（贵族），还是更多人（民主），它们的实质都是奴隶主阶级实行的政治统治，都是奴隶主对奴隶进行的阶级专政。

奴隶制国家在历史上具有重要的地位和作用。一方面，奴隶制国家对于巩固和发展奴隶主占有制下的社会生产关系和社会生产力起了很大的作用，对人类古典文明和近代文明做出了重大贡献。奴隶制国家就已经有国有经济，特别是在古代东方的奴隶制国家中，流行着土地的国家所有制形式。在那里，拥有无限权力的国王是最高最大的土地所有者和专制政治权力的握有者。大量奴隶的存在使大规模的、简单协作的劳动成为可能，这就比原始公社制度为生产力发展开辟的空间更大更广。另一方面，奴隶制国家举办的公共工程，为古代文化和艺术的繁荣创造了条件。

当然，奴隶制国家对奴隶作为生产力主体的残酷压迫，在相当程度上压制了社会生产力的发展。奴隶制国家作为国家发展史上的一个政治国家形态，由于其制度本身包含着不可克服的矛盾。奴隶制的剥削形式毁坏了社会的基本生产力，致使社会生产力与社会生产关系之间的矛盾激化，大规模的奴隶起义，贫农与奴隶主的斗争，新兴地主阶级与奴隶主的斗争交织在一起，最终推翻了奴隶主阶级的政治统治。奴隶制国家灭亡，封建制国家代之而起。

（二）封建制国家

封建制国家是继奴隶制国家之后出现的又一种剥削阶级类型的国家。封建专制时期在西欧经历了约 1300 多年，在我国则有 2300 多年的历史。在这个历史发展阶段中，由于各个国家的具体社会历史条件不同，各国在经济、政治方面表现的特点不同，封建制国家形成的情况也不相同。但是，就其本质而言，它们都是封建地主阶级对广大农民阶级实行专政的工具。

封建制国家通常是君主专政的国家，国家的最高权力是以国王或皇帝为核心的王朝朝廷或以宫廷为中心组成的官僚机构。封建制国家通常是等级制国家，带有浓厚的等级特权，这是封建制国家的一个重要特征。建立在封建社会经济基础之上的封建国家是以农业为基础，以土地为主要生产资料，从而形成家庭手工劳动的农业经济结构。因此，分析封建社会的土地所有制是我们研究封建社会生产关系、认识封建国家的出发点。

封建社会土地所有制的具体形式主要有四种：领主占有制、地主占有制、国家占有制和自耕农占有制。在西方封建社会，占支配地位的土地所有制形式主要是领土占有制。即土地由国王赐封给封建大地主，然后逐级分封给各级领主，下级领主对上级领主承担一定的义务，领主主管的土地可以世袭，但不能自由买卖。他们利用特权和压榨农奴来经管庄园，把田地分为份地和保有地，农奴通过耕种份地来维持生计，同时要无偿为领主耕种保有地，并上交徭役和贡赋。我国封建社会占支配地位的土地所有制形式是地主占有制，与西方领土占有制不同的是，我国的地主占有制允许土地的买卖，在这种制度下，地主通过购买获得土地，把大量土地出租给佃农，并通过向他们收取地租来榨取农民的剩余劳动，这就是地主占有制经济的剥削本质。封建土地国有制就是以国家的名义占有土地。在西方封建社会，国王只是名义上是全国土地的主人，事实上是由各级领主占有土地，因此，土地所有制是领主占有制而不是国有制。我国封建社会前期曾出现过一些土地国有制形式，但是，当时的国家是地主阶级的代表，国家与农民的关系是一种地主和佃农的租佃关系，其实质上是扩大了的地主所有制。自耕农占有制就是农民自己占有所耕种的土地。自耕农所占有的只能是维持生计而不是用以剥削他人，并且自耕农的地位极其不稳定，他们的劳动力成为佃农、雇农的后备军，同时还要受到官府的剥削。因此，自耕农占有制成为地主占有制的附属和补充。

对于不同的封建制国家，占支配地位的土地所有制是不同的。在西方是领主占有制，在中国是地主占有制，虽然两种土地所有制的形式不同，但是它们的本质相同。土地都是由大土地所有者占有。领主和地主发放土地给劳动者，劳动者要以劳役或实物的方式将剩余劳动无偿交给土地所有者。劳动者有一个独立生产、生活的单位——家庭，他们并不是像奴隶一样依附于主人。同时，劳动者并不是以等价交换的原则从土地所有者那里换回生产资料，而是在超经济强制下受到地主们的剥削和压榨。可见，在封建社会中土地占有者和农民处于剥削和被剥削的对立地位。在这种封建经济基础上建立的国家，必然是在生产关系中占统治地位的土地占有者对农民阶级实行专政、压迫以维护其自身的阶级利益。

但是，由于中国和西方历史上的封建生产关系采取了不同的形式，所以在此基础上形成的封建制国家的特征也必然不尽相同，概括地说，主要表现在以下三个方面：

第一，从中央政权和地方的关系来看，西方采取的是分封割据制，而中国采取了中央集权制。由于西方和中国历史上封建土地所有制形式不同，因此国家政治权力的运行方式，即超经济强制的实施方式也不同。在西方国家所采取的领主占有制形式中，领主的土地是由国王封赐，可以世袭，不允许买卖，领主就是最大的土地占有者；与此同时，劳动者主要以劳役的方式将自己的剩余劳动交给领主，农民对领主具有较强的人身依附。因此，在领主制的封建社会中，领主拥有土地所有权和超经济强制的政治权力，大领主可以在其领土管辖的范围内行使行政、立法、司法、军事等特权，因此形成了封建割据的状态。中国采取的是地主占有制形式，土地允许自由买卖，和西方领主相比，地主作为大土地占有者的身份是不固定的。农民主要以实物和货币的形式向地主缴纳地租，因此，中国地主不可能像西方大领主一样拥有政治特权，地主没有政治权力。在中国，政治力量是游离于土地之外，由国家行政机构统一掌握，农民通过统一的户籍制度和乡里、保甲组织被国家政权束缚在一个行政区域内。自秦始皇以来，地主阶级提出了郡县制,虽然也曾出现过分封制,但多是由中央统一管理。总之,中国的中央集权制是地主经济的产物。

第二,从政治权力的排列组合形式来看,西方实行的是等级制,而中国实行的是官僚制。西方封建社会的领土制是土地所有权与政治特权相结合的制度,是逐级分封的,因此必然就会形成严格的等级制,在这种等级制下,土地所有者也是政治权力的掌控者,而且,阶级划分与等级划分是一致的,即不同等级的土地占有者拥有不同等级的政治特权,没有土地的农民则不享有任何政治权力,他们只能成为统治阶级的被剥削者和被压迫者。这种以领地分封为基础的阶梯式的权力结构,是西方封建制国家的重要特征。中国封建社会的地主制生产关系决定了它不可能形成土地所有制的等级结构,在此基础上,地主阶级在等级划分上很不严格,所以中国不会存在封建等级制,但是中国的地主阶级为了对农民阶级进行超经济强制,建立了一整套庞大复杂的国家机器,形成了中国封建社会的封建官僚制。中国封建社会官僚制具有以下三个特点:首先,它是由专职官吏组成的权力机构;其次,在官僚集团内部,有设置严密的组织来按等级划分官职;最后,封建官僚按官阶高低来享有特权,特权成为官僚制的核心。

第三,从封建统治阶级控制人民思想的手段来看,西方是直接利用宗教,而中国是把地主阶级的思想宗教化。由于西方的领主制经济和分封割据制度,西方封建制国家直接利用宗教垄断政治文化领域,他们利用宗教来毒害、麻痹人民的思想。同时,他们还利用教会组织对抗、削弱王权。在西方封建社会,教会拥有巨大的权力,干涉人们各方面的生活,教会还拥有宗教裁判所,享有广泛的司法权。这样,教会一方面削弱王权,使国王无法统一国家,另一方面加强了对人民的控制,填补了王权削弱所带来的空白。在欧洲封建社会后期,领土制开始瓦解,教会在国家政治生活中的作用减弱。中国封建社会是以地主制经济为基础的中央集权制国家,在这种情况下,它需要一种宗教来禁锢人们的思想,同时又不让宗教直接干涉政治权力。中国历史中的封建国家把孔子的哲学伦理思想宗教化,这不仅因为孔子的儒家思想所倡导的"三从四德、三纲五常"的伦理道德适应统治阶级统治的需要,而且不会产生一个独立于国家政权之外的组织。随着封建社会的发展,统治阶级为了加强对人民的控制,对儒家思想不断赋予新的时代内容,不断提高儒家的地位,到了西汉时期,将儒家思想正式确立为正统思想。在很一段时间内,儒家思想在政治方面起到了和西方基督教相同的作用。由于中国封建社会特殊的政治经济条件,地主阶级并没有建立一个孔教会。

(三) 资本主义国家

资本主义国家是资产阶级在反对封建制度的革命胜利后建立起来的,是资本主义生产关系适应生产力发展以取代封建社会生产关系的结果,是在此基础上产生的新的资本主义生产关系逐步发展和壮大的政治结果。资本主义国家作为最后一个剥削阶级类型的国家，建立在资本主义经济基础之上，反映着资本主义经济基础的性质和特征。资本主义国家是资产阶级专政的国家，是维护资本主义生产关系和资产阶级根本利益的工具。资产阶级对工人阶级及其他劳动者实行政治统治的国家。资本主义生产关系主要是生产资料的资本家占有制，资本家占有生产资料并用以剥削出卖劳动力的雇佣工人，是资本主义社会的经济基础。在资本主义生产关系中占统治地位的资产阶级和受剥削受压迫的无产阶级的对立，是资本主义社会的主要矛盾。随着资本主义经济的发展，虽然在两大阶级内部的阶层有所变化，但它们作为资本主义社会的主要矛盾没有变化。

资本主义制度已经经历了三四百年的历史，资本主义的发展经历了自由资本主义时期和垄断资本主义时期，因而相应就有自由资本主义国家和垄断资本主义国家两种形态。

1. 自由资本主义国家

自由资本主义国家是资本主义上升时期的资产阶级国家，或者称之为资本主义国家的早期阶段。从 17 世纪中叶到 19 世纪后 30 年，资本主义进入自由竞争的发展阶段，这个时代资本主义国家是以自由主义的方法来统治国家，在经济、政治、思想文化上都以自由主义为导向。经济上，国家让企业自主经营，自由竞争，主张对经济实行不干预的自由放任政策，社会经济活动由“看不见的手”即市场机制进行调节，政府起到“守夜人”的作用，维护资本主义的自由竞争。政治上，那一时期资本主义国家普遍采用“国家主权在民”学说和法治主义、宪政体制原则；自由资本主义国家采取民主共和制的政治形式，在三权分立原则的基础上建立代议制民主制。议会制度、普选制度、政党制度是资产阶级民主制的主要支柱。思想文化上，自由资本主义时期，各种学说和文学艺术出现“百家争鸣”的现象，自由发展，相互取长补短。

自由资本主义时期的资产阶级奉行自由主义是由自由资本主义时期经济的特点和当时资产阶级与无产阶级的矛盾尚不尖锐来决定的。自由资本主义时期经济的主要特点是自由竞争，反映在政治上就是自由平等。政治自由是资产阶级初期政治要求的核心，自由主义是指导其政治领导、政治统治的政治哲学。当时，在政治上妨碍自由是封建等级特权，而资本主义市场经济实行等价交换，必然地要求平等，因此，他们提出法治原则和“法律面前人人平等”原则 。自由、平等表现在法律上则是权利，实现权利的形式和保障则是民主。因此，自由，平等、权利、民主是自由资本主义时期资产阶级切实的需要，不能简单地说它是虚伪的、骗人的。但是，从整个社会来说，由于自由资本主义国家是以生产资料的资本家占有制为基础，所以，这些自由、平等、权利、民主，只能为生产资料占有者所享有，对于无产阶级和广大人民来说，宪法和法律规定的公民权利是有限的，有时甚至是一纸空文。

自由资本主义国家，在政治上具有以下一些新的特点：

其一，以国家法律规定所有社会成员地位一律平等，但实际上这种平等得不到普遍的实现。资产阶级国家对公民的基本权利，在法律上作了明确的、普遍的规定，但在实际上，这只是资产阶级统治的一种形式。因为，资产阶级国家依法对社会价值进行权威性分配，主要是实现资产阶级利益的最大化，但人民的地位和人民享有的权利绝对不能危及资产阶级的利益。国家只负责在法律上规定有很大条件限制的公民权利，却不负责其实现的物质保证。因此，在资本主义政治制度和经济制度下，只有那些掌握生产资料、垄断国家政权的资产阶级才真正享有法律上规定的权利。

其二，人们事实上的不平等，是通过法律的上平等形式表现出来的。资本主义国家公民的基本权利本来属于占人口少数的有产者，但在法律上的规定却是普遍的与平等的。在这种普遍平等的权利背后，却掩盖着事实上天壤之别的经济、政治权利的不平等，这是资本主义制度特点所决定的。资本主义的发展，废除了封建特权和人身依附关系，将人们的一切关系都通过商品货币联系起来。按照资本主义国家的法律规定，所有商品生产者和商品所有者，都是平等的和自由的，商品生产者和所有者彼此发生关系，完全是按照等价交换的原则平等地进行，而且，在资本主义社会，不论是资本家还是无产者，都必须是在行动上不受限制的自由人。资本家能够自由地购买劳动力，无产者可以自由地出卖劳动力。而由于广大人民的权利实质上受资本主义限制和缺乏必要的物质保障，资本主义国家人民的地位以及公民的基本权利体系就是在这种所谓的平等和自由的经济关系基础之上，并以这种所谓的平等和自由原则为核心建立起来的。也就是说，少数剥削阶级对广大人民实行的经济剥削和政治压迫，是通过法律规定的普遍平等和自由形式表现和获得保障的。

其三，财富的多寡决定资产阶级国家中个人的权利。在资本主义国家，贫富差距悬殊，资产阶级由于占有巨大财富而在经济上、政治上享有充分的权利，广大人民由于贫困甚至连基本的人权都得不到保障。法律上详细规定的公民基本权利的行使只在资产阶级根本利益容许的范围内，而且这种行使以履行和服从既有的阶级压迫秩序的义务为前提。如果威胁到资产阶级的统治，即使这些权利本来是形式上的，也将受到限制，以至于被取消。

尽管在自由资本主义时期资产阶级主要以自由主义的方式来进行统治，但是，在这一时期，当资产阶级与无产阶级矛盾尖锐，无产阶级的斗争威胁到资产阶级的统治地位时，资产阶级也同样会采用军队、警察、监狱等暴力手段来压制无产阶级以维护自身的统治。不过，总体上，自由资本主义时期的资产阶级统治是以自由主义的方式为主，暴力方式既是自由主义统治方式的后盾，也是其实施统治的补充。

2. 垄断资本主义国家

从19世纪末开始，资本主义的发展从自由资本主义时期进入了垄断资本主义时期，资本主义国家随之从自由资本主义国家发展为垄断资本主义国家。垄断资本主义国家是资本主义发展到高级阶段的资产阶级国家形态，是资本主义社会生产力发展的必然结果，也是资本主义社会生产力的社会化与资本主义生产资料私人占有制之间的矛盾运动的结果。这个阶段，资产阶级国家的本质没有变化，只是成了由垄断资本直接控制、为垄断资本服务的管理委员会。其统治方法转向新自由主义，使用暴力压迫、政治控制、思想软化相结合的方法，这些都是由垄断资本主义的经济特征决定的。资本主义生产迅速发展的动力来自于资产阶级对利润的无限追逐和资本主义的经济竞争。第二次工业革命使人类进入电气时代，使得资本主义生产规模不断扩大，效益不断提高，从而要求资本的扩大和集中。生产力的发展，加剧了资本主义生产的竞争，大资本通过吞噬中小资本来集中资本，资本的集中意味着越来越多的生产资料被集中在一些少数的资本家手中，从而形成了垄断寡头和垄断财团。垄断资本的形成，使得垄断取代了自由竞争，资本家凭借自己的垄断地位获取超额利润，因此，垄断资本阻碍了科学技术的发展，这就表明，资本主义私人占有的生产关系已经阻碍了生产力的发展。综上所述，垄断资本的发展使得资本主义生产的社会化与生产资料的私人占有之间的矛盾进一步加深，由此构成了垄断资本主义国家的基本经济特征。

垄断资本主义国家有以下几个特征：其一，政府积极干预社会经济生活，“消极国家”转变为“积极国家”。其二，逐渐改变以保护个人主义的自由、平等、权力为内容的资产阶级民主制度，建立以保护集体利益的集权制度，表现为削弱议会权力，不断扩张行政权力，政府的官僚机构和军事机构不断地扩大。其三，一些资本主义大国推行霸权主义和强权政治的外交政策，谋求国家利益的最大化和世界霸权。总之，垄断资本主义国家时期，政府成为国家权力的中心，传统的三权鼎力演变为政府权力挺立，垄断资本直接控制政府，通过政府加强国家的对外职能，为垄断资本服务，维护垄断资本的经济和政治统治，把广大人民控制在垄断资本统治之中。

1929～1933年资本主义爆发世界经济危机，面对危机，资本主义各国垄断资产阶级进一步利用国家政权对经济和社会生活进行强制和干预。由于各国的阶级力量对比和政治文化传统的不同，各国在摆脱危机的方式选择上也不同，使得现代资本主义国家在其发展过程中出现了法西斯国家和福利国家的特殊国家形式，法西斯国家是垄断资本主义时期资产阶级实行公开的恐怖统治和专制独裁的国家形式，是一种特殊形式的垄断资本主义国家，它是垄断资本所采取的最残暴、最野蛮的政治形态，是垄断资产阶级在面临经济社会政治危机时，为了维护自己的利益和统治地位所实行的公开的恐怖专政。意大利、德国、日本等资本主义国家相继出现过法西斯国家的统治形式，他们具有形成和建立法西斯政权的特定历史、经济、社会和文化背景。在面临危机时，他们采取了公开的暴力镇压和赤裸裸的恐怖统治的方法来转嫁危机。在经济生活方面，他们采用垄断资本和国家政权紧密结合，国民经济军事化。为了强有力的维持独裁统治，法西斯国家将垄断资本变成了国家垄断资本，控制着国民经济的命脉，同时，法西斯政权还直接通过政府组建经济垄断集团。在此基础上，法西斯国家把国民经济全面推向军事化。在政治生活方面，法西斯统治公然抛弃形式上的资产阶级自由、民主和人权，取消资产阶级的议会制、选举制和多党制，实行法西斯的独裁寡头统治。与此同时，法西斯政权蔑视公民的基本民主权力，以极端和残酷恐怖的手段大肆镇压无产阶级和劳动人民。在对外关系方面，法西斯国家为了转移国内劳动，摆脱经济危机，疯狂的对外扩张，甚至发动大规模的侵略战争，企图以军国主义和战争来侵占更多的殖民地和原料产地。但是法西斯体制作为垄断资本以军事独裁、恐怖统治和对外战争作为摆脱危机的途径，不仅没有解决资本主义的根本矛盾，然而激化了垄断资本的各种矛盾，随着第二次世界大战的结束，法西斯国家也最终瓦解。

第二次世界大战以后，资本主义社会生产力社会化与生产资料私人占有之间的矛盾进一步发展，引起了经济危机与无产阶级和劳动人民的斗争，在这种双重压力下，资本主义国家采取了一系列措施以调节和缓和阶级矛盾，以维护资本主义制度。他们采用了创办并资助社会公共工程和公共事业，实行和完善社会福利政策和制度，扩大就业，并且调节社会分配，对社会经济生活进行干预的方法，从而形成了所谓的“福利国家”。20世纪30年代资本主义大危机之后，美国罗斯福新政是福利国家政策的重要尝试，其政策措施主要有：清理和整顿银行，实现货币贬值以保证财政金融体系的运行；政府干预工业，颁布和实施《产业复兴法》和《公平竞争法》，规范了工业生产；通过政府投资大规模兴办公共工程，扩大就业机会；通过经济计划、立法、税收、货币、金融等多种手段和途径，干预社会经济生活，调节经济关系，通过国家财政收支和社会福利政策，建立社会福利体系，形成一整套社会福利保障制度。这些政策对于缓和当时的经济危机，恢复美国经济起到了很大的作用。但是这种经济运行方式的调整没有消除资本主义固有的矛盾，没有改变资产阶级的国家性质。首先，福利国家没有根本改变资本主义生产资料的私人所有制，资本主义私有制与生产力社会化的矛盾依然存在，这就从根本上决定了福利国家依然是资产阶级国家。其次，福利国家仍然是垄断资本掌握的国家。福利国家采取各种措施来维持经济和生活的正常运行，其根本目的是为了缓和阶级矛盾，维护资产阶级自身的利益和统治。再次，福利国家用于建立社会保障体系所使用的经费实际上是无产阶级和劳动人民所创造的，是福利国家掩盖了资本家对无产阶级和劳动人民的直接剥削。

由此可见，福利国家并不是解决资本主义主要矛盾和困境的灵丹妙药，实际上它只是一种现代形态，是资本维持雇佣劳动关系和政治秩序的一种方式，随着社会生产力的发展和社会各种矛盾的加深，福利国家和政府的政策也逐步失灵。

第二次世界大战以后，资本主义发生了很多新变化：第一，科学技术迅猛发展，为生产力的发展开辟了新的空间。特别是第三次科技革命，是人类认识世界、改造自然进程中的一次巨大的历史性飞跃。20世纪初到五六十年代，核能、半导体化学等技术接踵诞生并得到初步发展；80年代后半期，微电子技术、信息技术、计算机得到迅速发展。所有这一切，把人类从机器大生产提升到以信息技术为核心的自动化生产时代。第二，产业结构的调整，带来就业结构的调整。由于科学技术的发展，西方发达国家的第一、第二产业所占比例大大下降，第三产业迅速上升，带来非知识型工人减少，从事信息处理的知识型工人增多。近年来知识型工人的比例不断提高，工人阶级科技文化水平的提高，直接推动了社会生产力的发展。第三，随着生产社会化程度的提高，企业组织形式发生变化。二战后，银行信用体系膨胀，大量金融组织如雨后春笋；金融资本与工商资本进一步融合，扩大和加深了金融资本的统治。股份公司进一步发展，企业组织管理更加严密。从事高新技术行业的新型公司异军突起。跨部门跨行业的超级企业集团和巨型跨国公司联翩涌起。第四，国家从市场经济的"守夜人"，转变为经济发展的干预者。国家或者利用各种财政和货币政策来调节国民经济的运行；在资本主义允许的范围内实行一定的发展计划，以提高国民经济的总体效益；实施一定的税收政策和社会再分配政策，建立社会福利和保障制度。所有这些自我调节、改良和改善，在一定程度上缓解了资本私人占有对生产力发展的制约。第五，加速推进经济全球化，为资本的扩张和增殖开辟了新的天地，旧的国际经济秩序体制下，西方发达国家利用其自身的优势，把广大第三世界变成它们的廉价资源供应地、获取高额利润的投资对象和推销剩余产品的市场，从而造成了西方财富的不断增加。无偿利用巨额世界资本，是国际资本主义继续发展的重要条件。当今资本主义虽然发生了一系列的变化，但是资本主义的基本矛盾没有改变，经济危机更加频繁，其资本主义私有制的本质没有改变，工人阶级被剥削和奴役的雇佣地位没有改变。

(四)社会主义国家

社会主义国家是在资本主义社会生产资料私人所有和生产社会化矛盾的基础上,由代表新的生产力的无产阶级通过无产阶级革命,在打碎资产阶级国家机器基础上建立起来的以工人阶级为领导,以工农联盟为基础的新型国家。是以生产资料公有制为主体,多种所有制经济共同发展的人民民主专政的社会主义国家,它是人类历史上最高的,也是最后一种国家历史形态。

社会主义国家已经不是原来意义的阶级统治的国家,而是代表全国人民利益的人民民主专政的国家,它是新型民主的国家,这种新型民主是占人口大多数的无产阶级和劳动人民真正享有民主,它不同于实质上只是少数剥削者民主的旧民主。社会主义国家的人民是国家的主人,享有广泛的参与管理的权力,享有参与管理政治、经济、文化、社会各项事业的权力。民主是社会主义制度的本质要求,是社会主义政治制度的基本特征,社会主义与民主是不可分割的,只有不断地发展和完善社会社会主义民主,保证人民真正享有管理国家的民主权利,充分调动人民群众的积极性和创造性,才能保证社会主义国家的长治久安。民主也是社会主义现代化建设的客观需要和根本保证,没有民主就没有社会主义的现代化。社会主义民主是建立在社会主义公有制为主体地位的经济基础上,这种经济基础地位的确立为社会主义民主创设了全新的经济基础条件,它使无产阶级和广大劳动人民共同占有生产资料,为全体公民享有民主权利提供了经济关系保障;它使无产阶级和广大劳动人民实现了经济权利的平等,进而可以在此基础上真正实现政治的平等;它使社会主义国家全体公民形成了本质上一致的共同利益,也为协调人民内部各种不同的利益关系,解决不同的利益矛盾创造了条件。

社会主义社会本质的规定性,决定了社会主义国家具有不同于资本主义国家的基本特征,概括起来,主要有:

(1)社会主义国家以生产资料公有制为经济基础。中国处于社会主义初级阶段,实行以生产资料公有制为主体,多种所有制经济共同发展的经济制度。这一经济制度适应了生产力社会化的需求,从而把社会化的生产力从资本主义私有制的束缚中解放出来,为生产力的发展创造了广阔的空间。同时,它使得工人阶级和广大劳动人民成了生产的主人,确立了生产过程中人与人之间的平等地位,为消除两极分化,实现共同繁荣创造了条件。社会主义生产资料公有制占主导地位对国民经济发展产生积极作用,有利于社会生产力的发展。多种所有制经济共同发展是由社会主义国家生产力水平的实际状况决定的。当前它们有利于生产力的发展,采取这一经济制度还是由我国处于并将长期处于社会主义初级阶段这一基本国情决定的。与此同时,在社会主义初级阶段的基本经济制度决定了社会主义国家必须坚持以按劳分配为主体，多种分配方式并存的分配制度。

(2) 社会主义国家是以工人阶级为领导阶级，以工农联盟作为国家的阶级基础。社会主义国家本质上是工人阶级的国家，是工人阶级掌握国家政权，主导社会政治方向和政治发展，实现其阶级意志和阶级利益的国家。就其阶级性而言，工人阶级是社会化大生产的产物，他们是先进生产力的代表者。工人阶级是最有远大前途的阶级，是成为社会主义国家领导阶级的主观条件。就其历史作用而言，工人阶级不仅是推翻资本主义统治的主导力量，而且是建立社会主义制度的领导力量，这就使得工人阶级作为社会主义国家的领导阶级成为历史的必然。在社会主义国家中，知识分子是工人阶级的一部分，他们是以脑力劳动为主要劳动方式的社会群体，他们不是一个独立的 阶级，而是特定阶级中的阶层，他们也是社会主义建设的劳动者和重要力量。农民阶级和工人阶级一样，他们在反对资本主义和建设社会主义的斗争中有着共同的阶级利益和历史命运，但是由于农民占了人口的大多数，是社会生产的基本劳动阶级，所以，工人阶级要取得社会主义革命和社会主义建设的胜利，就必须联合农民阶级共同奋斗。工人阶级的领导和工农联盟的阶级基础，使得社会主义国家成为无产阶级和劳动群众组成的国家。

(3) 社会主义国家的基本职能在于大力发展生产力，建设社会主义物质文明、政治文明和精神文明，实现全面、协调和可持续发展，推动社会全面进步，建设和谐社会，以满足人民不断增长的物质和文化需求。社会主义国家的基本职能是由社会主义社会的主要矛盾决定的，即生产力与生产关系之间的矛盾，经济基础与上层建筑之间的矛盾。社会主义的政治经济和管理体制等各方面仍然存在着不适应乃至阻碍生产力发展的因素。而生产力发展的落后状况与人民日益增长的物质文化需求之间的矛盾成了社会主义社会的主要矛盾。这一矛盾决定了社会主义国家的基本职能是以经济建设为中心，以全面协调和可持续的科学发展观，推动社会的全面进步，从而满足人民日益增长的物质文化需求。

(4) 社会主义国家是无产阶级政党领导下的国家，无产阶级政党的领导，构成了社会主义国家的政治特征。工人阶级对国家的领导，是通过共产党来实现的。由于工人阶级受教育程度和文化水平较低，因此他们只能通过自己的先进分子来间接实现对国家的领导。另一方面，共产党是工人阶级和劳动人民的核心力量和先进队伍，它以马克思为指导，代表着先进文化的发展方向，代表着先进生产力的发展要求，代表着最广大人民的根本利益。共产党在实践中不断认识和把握社会发展规律，并在此基础上制定正确的路线、方针和政策纲领，引导工人阶级和劳动人民进行社会主义革命和建设。共产党对于社会主义国家的领导,包括政治领导、思想领导和组织领导三个方面。

(5) 社会主义国家以马克思主义作为指导思想。马克思主义是运用辩证唯物主义和历史唯物主义分析了社会和思维的本质及其发展规律而形成的思想理论体系。马克思主义的社会学说是马克思、恩格斯运用唯物辩证法分析人类社会的本质和发展规律,尤其是资本主义社会的本质和发展规律的基础上形成的。它以生产力和生产关系、经济基础和上层建筑的矛盾运动作为基本框架,以阶级和阶级矛盾为基本分析线索,揭示了社会和国家发展、运动的基本规律,揭示了资本主义经济和社会矛盾运动的规律,并在此基础上提出了科学社会主义学说。因此,马克思主义的矛盾运动学说是对于人类社会及其发展规律的科学分析和阐述。同时,马克思主义在揭示资本主义社会内在矛盾和发展规律的过程中,指明了无产阶级的历史地位和作用。因此,无产阶级是马克思主义的物质武器,而作为无产阶级精神武器的马克思主义本质上是无产阶级和广大劳动人民根本利益和要求的理论概括,是无产阶级建立自己的国家,进行社会主义革命和建设的思想指南。

马克思主义并不是一个封闭和停滞不前的理论,而是一个开放的理论体系。在无产阶级革命和社会主义建设过程中,它必然会随着实践的发展而与时俱进、不断发展。在中国革命的过程中,中国共产党人把马克思主义与中国的具体实际相结合,形成了毛泽东思想。

在社会主义现代化建设的历史新阶段,以邓小平为代表的中国共产党人坚持实事求是、从实际出发的马克思主义基本理论,深入分析和把握中国社会的特点,在改革开放的历史进程中形成了邓小平理论。这一理论是当代中国的马克思主义,是马克思在中国发展的新阶段。邓小平理论是中国共产党人探索中国特色社会主义的重大理论成果。在中国共产党人探索中国特色社会主义过程中,这一理论的形成具有划时代的意义,它奠定了中国特色社会主义的理论基础,而且也奠定了中国特色社会主义理论体系的基础,是中国特色社会主义理论体系初步形成的重要标志。邓小平理论立足于现实,面对时代的变化,第一次比较系统地回答了中国这样的经济文化比较落后的国家如何建设社会主义、如何巩固社会主义等一系列基本问题,开拓了科学社会主义在中国发展的新境界,把对社会主义的认识提高到新的科学水平。社会主义本质论、社会初级阶段论、社会主义改革论、社会主义开放论、社会主义市场经济论的提出,使中国特色社会主义理论有了最基本的观点和最核心的内容。这些基本观点,是对科学社会主义的继承和发展,体现了以邓小平同志为主要代表的中国共产党人在新时期对社会主义认识的最高水平,同时也进一步深化了对中国特色社会主义的认识,为中国的社会主义建设提供了坚实的思想理论基础。这些观点和内容全面展开,涵盖着政治、经济、社会、文化和对外关系等多个领域,形成了完备的科学体系。

因此，可以说邓小平理论是当代中国的马克思主义。

以江泽民同志为代表的中国共产党人在社会主义建设过程中，围绕着社会主义现代化建设和共产党的建设主题，提出和论述了共产党必须代表先进生产力，代表最广大人民群众的根本利益，代表先进文化的发展方向的"三个代表"重要思想，阐明了在社会主义现代化建设过程中，共产党应该建设成什么样的政党和怎样建设这样的政党的重大问题。"三个代表"重要思想，是中国共产党人探索中国特色社会主义的又一重大理论成果。"三个代表"重要思想是在进一步把马克思主义同中国改革开放和现代化建设实际相结合的过程中，在实现邓小平构想和设计的中国特色社会主义蓝图的实践过程中，逐步形成和发展起来的，它是对中国特色社会主义的深化，也体现了对邓小平理论的继承和发展。"三个代表"重要思想的形成，是同中国特色社会主义事业的深入发展联系在一起的，是中国特色社会主义走向成熟的重要标志，也是中国特色社会主义理论体系走向成熟的重要标志。

以胡锦涛同志为代表的党中央，在总结历史和现实经验的基础上，深入分析我国经济社会发展的阶段性特征，着眼于新问题、新矛盾的解决，提出了科学发展观等重大战略思想。其中心内容是以人为本、坚持科学发展观、促进社会和谐。在认识上，这是对中国特色社会主义的进一步深化；在实践上，这是对发展中国特色社会主义的新要求。科学发展观拓展了中国特色社会主义的新视野，开创了中国特色社会主义的新局面，也为中国特色社会主义理论体系增添了新的内容，使中国特色社会主义理论体系得到了新的丰富和发展。科学发展观是在邓小平理论和"三个代表"重要思想的基础上提出的，既体现了对邓小平理论和"三个代表"重要思想的贯彻落实，也体现了在贯彻落实中的经验总结和理论升华，同邓小平理论和"三个代表"重要思想具有很强的内在统一性。在建设中国特色社会主义过程中，贯彻落实科学发展观等重大战略思想，实际上是对邓小平理论和"三个代表"重要思想最好的坚持和最好的实践。

邓小平理论、"三个代表"重要思想以及科学发展观等重大战略思想在内的科学理论体系构成了中国特色社会主义理论体系，这一理论体系凝结了几代中国共产党人带领人民不懈探索实践的智慧和心血。它全面、系统、深刻地理解和坚定不移地坚持中国特色社会主义理论体系，对于全党全国各族人民高举中国特色社会主义伟大旗帜，沿着中国特色社会主义伟大道路，万众一心、开拓进取，夺取全面建设小康社会胜利，具有重大而长远的理论意义和实践意义。中国特色社会主义理论体系是伴随着改革开放和社会主义现代化建设的实践逐步形成和发展起来的。改革开放和社会主义现代化建设的实践，是中国特色社会主义理论体系形成的现实基础，为中国特色社会主义理论体系的形成提供了重要经验，也直接推动着中国特色社会主义理论体系的不断发展和完善。中国特色社会主义理论体系，是随着中国特色社会主义实践的发展而不断发展的理论。它既有整体性，又有发展的阶段性，是一个开放的理论体系。在探索中国特色社会主义不同时期，以毛泽东、邓小平、江泽民、胡锦涛等为主要代表的中国共产党人，先后为这个理论的形成和发展作出了重要贡献。邓小平理论、"三个代表"重要思想和科学发展观等重大战略思想，是中国特色社会主义理论体系形成和发展过程中不同阶段的理论成果。实践是无止境的，理论也要与时俱进，不断创新和发展。中国特色社会主义是未竟的事业，是继续发展的事业，还有许多重大课题需要进一步探索和研究，这也意味着中国特色社会主义理论体系也要不断地创新和发展。当前，我们面对的国际环境复杂多变，改革发展任务艰巨繁重，要进一步开创中国特色社会主义事业新局面，就必须深入学习中国特色社会主义理论体系，贯彻落实科学发展观，丰富发展中国特色社会主义理论体系，开拓中国特色社会主义新境界。

需要指出的是，社会主义的发展也并非直接式发展，在其发展历程中也经历了诸多挫折，如东欧剧变、苏联解体等。但是，我们应该正确认识东欧剧变和苏联解体。众所周知，任何事物的发展都不是一帆风顺的，任何事物都有其产生、发展到消亡的规律，同样的，社会主义发展也不会是一帆风顺的，在其发展进程中也会遇到种种困难和挫折，我们应该正确认识和对待社会主义发展进程中的曲折，正确认识东欧剧变：第一，东欧剧变虽然使社会主义事业遭受最严重的挫折，但并不意味着整个社会主义的失败，也不意味着是历史的倒退，它只是宣告背离社会主义基本原则的错误路线的破产。东欧剧变是社会主义苏联模式的失败和灭亡，它并不能改变资本主义必然发展到社会主义的社会发展规律，社会主义是资本主义内在矛盾发展的必然结果。只要世界上还存在着人剥削人、人压迫人的资本主义制度，资本主义的内在矛盾就无法解决，资本主义必然灭亡的历史命运就不会改变。不管历史的发展会出现多大的曲折和反复，社会主义终究要替代资本主义这一历史趋势是任何人也改变不了的。只要善于总结经验和教训，社会主义事业必然会壮大起来。我们只有用马克思主义的立场、观点、方法来分析东欧剧变，才能得出正确的原因和教训。第二，历史从来都是在曲折中前进的，挫折是暂时的，社会主义还处于初级阶段，社会主义理论和实践还不够成熟，大部分社会主义国家经济基础薄弱，社会主义经济建设缺乏经验，加之西方资本主义敌视、遏制乃至颠覆社会主义国家，这些因素使社会主义的发展道路不可能一帆风顺。第三，实践证明，社会主义需要通过不断的改革来逐步改善。社会主义各国应走符合本国实际的道路，不能拘泥于一种模式。

第三节　国家的消亡

剥削阶级的国家学说一般认为国家是一个永恒的现象，因此，除了无政府主义从整体上否定国家之外，马克思主义是唯一预言国家将会消亡并且提出系统的国家消亡理论学说的思想。这是马克思主义运用历史唯物主义观点分析人类社会的必然结论，也是对剥削阶级国家学说构成致命一击的理论环节。

马克思主义的历史唯物主义观点揭示了人类社会发展的规律，揭示了国家是人类社会的一个历史现象，它有发生、发展、灭亡的客观规律。国家的消亡就像国家的产生是一种历史的必然一样，国家最终也必将随着历史的进一步发展而渐趋消亡。马克思主义认为，国家的产生是社会内部基本矛盾运动的结果，同样地，社会基本矛盾的运动也推动着国家朝着既定的方向发展和更替，最终社会基本矛盾的运动将使国家完成一种复归——超越阶级社会，走向没有阶级压迫和阶级差别的社会。国家是阶级出现后，阶级矛盾不可调和的产物，当生产力发展之后，随着阶级的消灭，国家也必然随之消灭。国家的消亡如同国家的产生，是在两重意义上展开的。

一方面，国家的灭亡与阶级的消灭密切相关，国家必然要走向消亡，但国家的消亡是有条件的，他是以阶级消灭为前提的，而且是以敌对阶级之间对立的消除为前提的。这意味着，对立阶级中将有一个首先被消灭。而另一个阶级则能承担起实现生产者平等自由并按新方式来组织生产的任务，在马克思创始人看来，这个任务历史地落到了无产阶级肩上。消灭阶级，当然不仅要消灭剥削阶级，而且要消灭一切阶级，消灭一切阶级差别，彻底铲除阶级产生和存在的一切根源，使阶级及其差别既不能存在，也不能再产生。只有具备了这样的条件，国家才会消亡。而具备这样条件的社会，就是最高级的人类社会——共产主义社会。在共产主义的高级阶段，工农之间、城乡之间、脑力劳动与体力劳动之间的差别已经消除了，阶级的差别也就不存在了。因此，只有共产主义社会，才是国家消亡的条件。

另一方面，国家的产生是公共权力与社会分离的结果，一旦公共权力逐步由少数社会成员手中转到大多数乃至全部社会成员手中并为其自觉地运用时，国家又将实现与社会的结合，国家的政治权力已失去其存在的意义。那时，国家政权对对社会关系的干预将在各个领域中先后成为多余的事情而自行停止下来。那时，对人的统治将由对物的管理和对生产过程的领导所替代。国家不是“被废除”的，它是自行消亡的。可见国家的消亡将使国家重新回归社会。届时，它仅仅作为一个社会管理机关，以服从于社会和服务于社会为其核心内容。

综上所述，国家的消亡，不仅需要具备一定的条件，而且，国家消亡的途径也是有一定规律性的。国家的消亡，不仅表明了过程的渐近性，又表明了过程的自发性。这里所说的渐近性，是指国家消亡是一个相当长的历史过程。随着使国家消亡的经济条件和精神条件的逐渐完备，人们之间关系的逐渐改变，作为强制性暴力机器的国家，才逐渐成为社会所不需要的东西了。所谓自发性是指国家的消亡不是什么人发布命令的结果，是国家在充分发挥了自己职能之后的必然归宿。这是马克思主义关于国家消亡途径的一般原理。关于国家消亡的具体时间和采用什么形式等具体问题，则有待于未来的实践加以说明。

第三章　政　　府

本章重点

1. 政府的含义与特征
2. 政府的结构与功能
3. 当代资本主义国家政府
4. 对联邦制的理解

第一节　政府的含义、特征与构成

一、政府的含义与特征

（一）政府的含义

在一些政治学教科书中，国家机构比政府一词用的更多。实际上，国家机构和政府是同一范畴，之所以最会出现不同的说法，是因为对于政府的定义界定角度不同。我国政府一词起源于唐宋时期的"政事堂"和宋朝的"二府"两名之合称，因此可以看出最早政府是官员们商议国家大事的场所。当前有些中国学者根据马克思基本原理则认为政府是统治阶级行使国家权力和进行阶级统治的工具，阶级通过政府行使自己的意志，具有公共权力的机构和人员组成了政府，并承担政治统治和社会共同管理的功能。①

在西方，"政府"英文 government 一词源于拉丁文 gubinere，原指驾驭、掌舵的意思，后来渐渐引申为统治、管理和指导的意思。英国《大众百科全书》中的政府是这样定义的：由政治单元在其管辖范围内制定规则和进行资源分配的机构。政府的功能有立法、司法、执行行政管理。② 而《美国百科全书》则从狭义的角度给出了政府的定义：政府一词适应于管理团体和国家的机构及其活动。通常它指的是诸如英国或日本这些民族国家或其分支如省、市地方政府的组织机构及法定程序。就这一方面而言，政府对已经确认为某一民族国

---

① 孙关宏、胡雨春：《政治学》，复旦大学出版社 2010 年版，第 59 页。

② 辛向阳：《新政府论》，中国工人出版社 1994 年版，第 3 页。

家中成员的事务进行管理。由此可见,政府就是一个国家或者社会的代理机构。① 有些学者则给出了中观层面的定义:指中央和地方行政机关及其他带有公共性质的机构,这些机构同样具有政府的本质属性,即公共性和服务性。②

在政治学研究中,容易把国家和政府混为一谈,原因在于近代以来国家的功能越来越依靠于政府权力运作和职能履行,政府已然成为国家的化身。政府是国家最为重要的构成要素,也是国家的主权代表和具体形态,更是实现国家目标最为基本的手段。即便如此,政府也不是国家。政府的权力并不等同于国家权力,国家主权是统一、不可分的,政府公共权力是有限的。政府的功能是不能完全代替国家的功能的,政府并不具有国家的政治共体功能,国家的合法性要高于政府。

综合来看,从广义上来讲,政府包括立法、行政、司法等所有国家机构的整体。但是,在实际政治生活提及政府一词,大多数人想到的是政府的狭义定义,仅仅指国家机构中执行行政权力、履行行政职能的行政机关。由于在现实的政治生活中,广义政府与狭义政府的概念交替出现,在理论上强行界定是无效的。③ 本章主要是从政府的广义层面上来介绍政府的。

(二) 政府的特征

1. 阶级性

根据马克思主义基本原理,政府本质上是统治阶级行使国家权力和进行阶级统治的工具。国家的性质决定了政府的性质,所以,政府在执行权利时,最先考虑的是维护特定阶级的经济利益和政治权利,为特定阶级的发展营造出安定繁荣的发展环境。因此,政府的活动有着明显的政治指向,有着鲜明的阶级特点。

2. 公共性

公共性有时也被理解成服务性。经济基础决定上层建筑,政府是为特定阶级服务的,政府的活动渗透到社会生活的方方面面。政府所制定的法律法规对社会成员有着普遍的约束力,这些法律法规既包括公共事务的处理原则,也包括社会成员的公共福利,同时,政府以公共权力来界定自己的身份,保证这些法律法规的贯彻。

3. 合法性

政府是直接面向社会公众执行其法定权力的,换言之,政府是以全社会的

---

① 徐争游等:《中央政府的职能和组织结构》(上册),华夏出版社 1994 年版,第 203 页。

② 黄健荣等:《公共管理新论》,社会科学文献出版社 2005 年版,第 153 页。

③ 朱光磊:《现代政府理论》,高等教育出版社 2006 年版,第 2 页。

名义在进行活动。洛克在《政府论》中反驳“君权神授”的观点，支持社会契约论，主张政府的权威来自人民的拥护，所以政府在对整个社会进行治理或统治，必然要得到广大社会成员的支持和赞同，并通过法律的形式固定下来。否则政府就要失去合法性，政府就会面临更迭的危险，社会也会处于动荡不安当中。

4. 强制性

政府的强制性与权威性是同时存在的。国家是阶级统治的工具，政府作为统治阶级进行统治的一种实体形式，必须通过自己的活动对全体社会成员进行普遍约束，要求社会成员遵循统治阶级所制定出的社会规范。为了保证贯彻这种规范，政府必然会以强大的国家暴力机关作为后盾，例如警察、法院、监狱、军队等。或者不直接使用暴力手段，而是通过制定法律和法令，在不需要暴力机关的参与下执行法令、法规，从而达至政府目的。

5. 系统性

组成政府的各部门不是独立存在的，各部门在各司其职时是还需要相互配合，相互依赖，共同构成有序和谐的整体。一个完整且运行流畅的政府，需要各组成部门认清各自的分工、任务和权力，同时明确自己在政府运行系统中的作用，相互之间互有合作，又相对独立。

以上特征之外，根据政府的特征，人们在政治学上对政府还形成了一些基本的评价体系，其中有两组评价体系最为人们所熟知。

一组是“大政府”和“小政府”的理念。衡量“大政府”和“小政府”有三组变量，分别是：① 政府职能项目的多寡；② 财政规模和机构、人员规模；③ 履行职能、调控社会的方式。① 一般认为，“大政府”是指职能项目多、政府规模大，以直接的、行政的方式管理社会事务的政府，与之相反的，则是“小政府”。随着政府职能的加强和管理负担的加重，政府规模也会相应地扩大，因此三组变量不是相互排斥而是互为因果的。政府的“大”和“小”并不是衡量政府管理水平的唯一标准，实际上，无论是“大政府”还是“小政府”都各有其优缺点。大政府的优势是具有充足而集中的资源，指挥协调能力较强，但同样有组织成本过高，工作效率较低。对比大政府，小政府的优势在于运作成本低、运转灵活而且适应性强，但是同样面临职能目标和管理范围有限等问题。第二次世界大战以来，政府规模随着政府功能的增长而不断扩张，包括一些西方国家在内的各国政府都在朝着“大政府”的方向发展。事实证明，对政府的评价不在于政府规模大小，而在于政府规模与政府职能要求的统一。在保证政府职能的前

---

① 臧志军：《政府政治》，香港三联书店 1994 年版，第 21～22 页。

提下，尽量控制政府规模和运作成本，使两者形成良好的互动过程。

另一组是“强政府”与“弱政府”概念。政府的强弱取决于自身能力的多少，而跟政府规模的大小没有必然的联系。“大政府”不一定是强政府。大政府往往因其规模大，对社会控制范围广泛，从而使得管理成本过高，办事效率低下，导致其对社会公共事务管理质量的下降。相反，“小政府”虽然规模不及大政府，职能的范围也十分有限，但是在有限的管理范围内能够充分高效地发挥自身的职权。所以，政府并不因为其权力大而变得强大，管得多管得广的政府并不一定是管得好的政府。政府的强弱标准在于政府管理质量的高低，在于能不能把公共事务管理好。所以，强政府是一种高效的政府，它具备维持自身功能运作的相应的体制和充沛的财政资源，保证政府各项公共政策能够有效地实施。另一方面，强政府是以公共利益为目标的自主性政府，不受制于社会中的特殊利益团体，而弱政府因为资源不足，尤其是财政资源的短缺，其行为容易被特殊利益集团所左右，政府权力的运用可能会偏离公共利益为目的的轨道，而转为某些特定利益集团服务，从而也为政府寻租腐败提供了更大可能性。

二、政府的结构与功能

无论何种性质的国家，都需要政府活动保证国家政治和社会经济生活的运行。无论各国政府机构设置有多简单或者多么复杂，也不论各国政府对于机构名称的设置有多大差异，依据政府的基本职能，可以把政府机构归结为国家元首、行政机构、立法机构和司法机构四类。

（一）国家元首

国家元首是一个国家的象征，是主权国家最高权力的标志，行使宪法所赋予的权力，履行宪法所规定的义务，是政府结构中不可缺少的部分。国家元首在各国的称谓不完全相同。例如，在君主立宪制国家被称为国王或者女王（有些国家称为“天皇”，“大公”等），在共和制国家则多被称为总统。国家元首对内是政府部门分工的需要，对外代表国家进行交往，根据国家惯例在国家交往中享有最高的礼遇。有时，国家元首还是一个国家或民族的精神支柱。

根据组织构成人数的不同，国家元首可分为个人元首和集体元首。个人元首制是以单个人代表国家行使元首职权，当今国家大多数采用了这种方式。集体元首制是由两个或者两个以上的人集体担任国家元首。集体元首制在世界范围内被采用的较少，仅有瑞士、圣马力诺等屈指可数的国家。

一般而言，国家元首的职能包括公布法律及发布命令；任免政府首脑或者国家机关中的高级官员；宣布戒严、大赦、紧急状态及对外宣战；召集或者解散议会；以国家最高代表的身份对外交往；代表国家颁布荣誉职衔、称号及证书等荣典权;有些国家还拥有全国武装力量的指挥权。在国家元首的众多职能中,赦免权比较特别。赦免权具有以下特征:一是无限制,即可以针对任何犯罪决定赦免,可以在无犯罪行为发生后的任何时间内决定赦免。赦免时不需要考虑立法机关的意见,也不需要考虑司法判决书。如越南连续数年都在农历新年、国庆以及解放日赦免囚犯;二是不回避,即不用避嫌,可以赦免任何对自己有利益关联的人。如韩国年年赦免囚犯,因其赦免得过于频繁而被称为赦免共和国,被赦免的人中多是政界和商界要员;三是不考虑法律,即赦免时不需要做任何法律上的解释。从表面上看,赦免制度与现代法治制度是背道而驰的,但对赦免制度的理解不应仅仅基于法律思维,而应从政治逻辑的角度来思考。美国宪法学者劳伦斯就曾把这种政治上的限制表述为如果总统还在位子上,他得小心被弹劾;如果总统想要谋求连任,他就要小心选民的政治反应;如果总统不再担心被弹劾,也不谋求连任,那么他就要担心历史的评价。由此可见,赦免权虽是国家元首的政治利剑,但使用不当时还会伤到自己,所以使用时,是要十分谨慎小心的。

由于各个国家历史传统和政治制度的不同,国家元首制度也存在差异,表现为国家元首所具有的政治权力也不相同。

1. 君主制的下的国家元首

君主立宪制下的国家元首是皆因世袭而产生,且终生任职。这种现象的产生与这些国家的历史息息相关。这种世袭的国家元首大多数经历过“君权神授”的时代。在那时,国家元首不仅仅是国家最高权力的象征,实际上还是国家事务的最终决策者。当今,虽然有些国家延续着世袭君主的君主制,但是君主的权力和地位则是宪法规定的,也就是说,此时君主权力的来源不再是“君权神授”,而是“君权法授”或是“君权民授”。君主在国家中享有充分的荣耀和尊敬,但是成为一种民族情感的寄托,或是礼仪上的象征,不再具有实权。更多的是“临朝不理政”或是“统而不治”,例如英国、瑞典、丹麦等。值得一提的是,当今一些英联邦国家,例如加拿大、新西兰、澳大利亚等,虽然已经结束了英国殖民统治的时代,但仍然把英国现今的女王伊丽莎白二世奉为国家元首,本国总督任职时仍要向英女王宣誓忠诚,总督代理了部分元首职务,代表女王行使国家元首的部分权力。

2. 共和制下的国家元首

共和制下的国家元首是不同的选举方法产生,任期长短也不同,如美国元首任期为四年,德国元首任期为五年,芬兰元首则为六年。有的则规定连任的次数,如美国宪法规定总统可以连任,但只能连任一次。有的国家则规定不得连任,如菲律宾、韩国等。

议会共和制和总统共和制选出的国家元首职权也有很大差异。一般而言，议会共和制选出的总统是虚设职权，仅具有国家对外象征的作用，与君主立宪制下的国家元首类似，如意大利和德国。总统共和制下选出的国家元首，不仅是国家的象征，而且具有实权，直接参与国家统治与管理。如美国总统不仅是国家元首还是政府首脑，有权否决国会通过的法律，有权对外缔结条约，还有统帅武装力量的实权。法国是半总统制的国家，总统是国家元首，但不是政府首脑，可是总统有权主持内阁决定政府内外政策，任命总理领导行使行政权，负责司法的独立。所以，虽然法国总统权力不作为政府首脑，但是仍具有实权，是“实职”元首。

共和制选举国家元首方式也是不同的，一般通过两种方式，一种是公民直接投票，以法国为例，总统是以公民投票的绝对多数获选，如果达不到有效票数的绝对多数，得票前两名者进入第二轮投票，得票超过半数者当选。另外一种是公民间接投票。很多议会制国家的元首是议会或其他团体投票产生，并非选民直选。意大利总统选举，是由各区议会选出代表和议会两院议员共同选出。德国则是通过设立特殊机构——联邦大会，由联邦议院全员和州议会选出的代表组成，共同选出总统。比较特殊的是美国，实行选举人制度，即先由各州选民根据州议会选举的程序选出各州的选举人，由这些选举人在国会投票选出总统。

3. 中国的国家元首

自 1949 年新中国成立以来，我国的国家元首制度几经波折。自 1949 年到 1954 年期间，我国正处于从新民主主义社会过渡到社会主义社会的时期，根据第一届人民政治协商会议第一次会议通过的、具有临时宪法性质的《共同纲领》和《中央人民政府组织法》规定，由中国人民政治协商会议选举产生的中央人民政府委员会，对外代表中华人民共和国，对内领导国家主权。这表明，中央人民政府委员会集体行使国家元首职权，它是中华人民共和国建国初期的集体元首。

自 1954 到 1975 年期间国家元首制度有了较大变化。1954 年 9 月，中华人民共和国第一届全国人民代表大会召开，颁布了中国历史上第一部社会主义类型的宪法。这部宪法规定：在全国人民代表大会之下设立全国人民代表大会常务委员会和中华人民共和国主席，国家主席对外代表国家。此时的国家主席不是最高权力机关的组成人员，而是一个相对独立的国家机关。国家主席根据全国人民代表大会和全国人大常委会的决定，行使元首权。

自 1975 年到 1982 年为第三阶段。1975 年 1 月，第四届全国人民代表大会第一次会议通过新的宪法，正式取消了国家主席制度，不再设立国家主席。

原属国家主席提名国务院总理人选和统帅全国武装力量的职权，宪法规定由中国共产党中央委员会行使，其他权力职责未作出规定。粉碎“四人帮”之后，第五届全国人民代表大会第一次会议制定了1978年宪法。这部宪法恢复了国家元首的部分职权，如颁布法令、接待外国使节等，但同时规定，国务院总理人选有中共中央委员会向全国人民代表大会提名，国家武装力量仍由中共中央主席统帅。可见，1978年宪法所规定的国家元首制度是不完善的，所以，这段时间国家元首并不明确。

在1982年至今为第四阶段。1982年12月，第五届全国人民代表大会第五次会议通过的现行宪法恢复了国家主席设置，确立了现行的国家元首制度。依据中华人民共和国宪法规定，国家主席是由全国人民代表大会选举产生，任期为五年，且连续任期不得超过两届，国家副主席协助主席工作，受主席的委托可以代行主席部分职权，并在国家主席缺位时继任国家主席。我国学术界对我国是“单一元首制”还是“集体元首制”存在较大的争议。有学者认为我国是“集体元首制”，因为国家主席和全国人大常委会“共同行使”国家元首的职权；有学者认为我国是“单一元首制”，是因为宪法规定国家主席就是国家元首。①

（二）立法机构

法是由国家制定或认可并由国家强制力保证实施的，统治阶级意志通过法的形式上升为国家意志，保证统治阶级利益的实现，对整个社会具有约束力。政府作为国家的统治工具，必然要成立立法机构，保障统治阶级的意志可以上升为国家法律，维护统治阶级的利益。

从狭义的立法权上说，立法机构有制定和修改宪法、制定和修改刑事、民事和其他基本法律等政府力，立法机关所制定的法律不同于一般的社会规范，而是一种具有强制约束力的法律文件。广义的立法权除制定和修改法宪法和法律以外，还指由此引申出对国家重大问题的决定权，包括选举国家元首，决定行政机构首脑，审查和批准国家预算和决算，决定战争与和平问题，罢免国家元首和行政机构首脑。监督财政，批准条约，批准对官吏的任命，监督政府活动等等。由此可见，广义的立法权并不是纯粹的只是立法，而是很多方面涉及行政的活动内容。②

① 浦兴祖：《中华人民共和国政治制度》，上海人民出版社1999年版，第289～292页；谢庆奎：《当代中国政府》，辽宁人民出版社1991年版，第161页；朱光磊：《当代中国政府过程》，天津人民出版社2002年版，第41～42页。

② 孙关宏、胡春雨：《政治学》，复旦大学出版社2010年版，第67页。

由于各国的历史与政治体制形态的不同，立法权也由不同形式的组织机构来行使。就整体组织形式而言，立法机构可分成两类：一院制和两院制。一院制立法机构只设立单一的民选立法机构，如西班牙、以色列、葡萄牙等。两院制是指立法机构由两个议院组成，如英国议会有上议院和下议院，美国国会有众议院和参议院。两个议院在职权的划分上还有所不同，英国上院议员包括王室后裔、世袭贵族、终身贵族、上诉法院法官和教会大主教及主教。上院议员实行终身制，非选举产生，由各政党提名、皇家委员会推举或世袭等方式获得爵位者方可担任。下议院则是由选举产生，有任职期限，下议院有国家财政权力，即使上议院反对的财政方案，下议院连续三次通过，也可生效。内阁对下议院负责，而与上议院不存在隶属关系，下议院是英国政治活动的中心。美国的两院制则代表了另一种情况。美国任何立法均需要两院的通过，参众两院的权力基本相同，但是参议院有任免官员的同意权，而众议院没有，所以参议院稍有优势。还有一种情况是以法国为代表，法国的法案审议虽然要经过两院（国民议会和参议院）审议，但出现歧义且双方都不愿妥协时，国民议会可以对此表决，以多数票通过法案，无须再取得参议院的同意。这说明两院基本平权，下院略占优势。[①]据此来看，与一院制相比，两院制具有以下优点：一是立法权力相互制衡，防止多数统治；二是通过两个议院揭露政府行为失当之处，能更有效地限制行政权；三是通过讨论与公共辩论，能够保证立法受到更加彻底的审查，矫正错误，弥补疏漏。同样，两院制也有其不可避免的缺点：一是效率没有一院制高；二是两院制议会可能会造成立法机构中制度性冲突及政府僵局，为此美国还在两院特设了联席委员会。但特设联席委员会可能做出两院妥协的决策，偏离最初设立的初衷；三是各院各有自己的政治精英维护自身的利益，政治精英把这种政治倾向带入议会，偏离了议会公共性的本质。

（三）行政机构

行政机构是政府体系中的核心部门。行政机构（executive）是依法行使国家行政权力，贯彻落实国家制定的法律法规与国家政策，管理国家对内对外行政事务的国家机关。最高国家行政机关通常是指中央政府。中央政府是国家机构的关键部门，负责制定并实施有关全国的政治、经济、文化、外交、军事等事务和重大政策。

一般来讲，不同政体中行政机构的构成也有很大不同。根据政体的不同，可以分为以下几种：

（1）议会制国家行政机关（parliamentary executive），内阁实际上是国家最

① 薛忠义、吴玉红：《政治学原理教程》，大连海事大学出版社 2010 年版，第 65 页。

高的行政机关。由国家元首任命在议会选举中获得多数席位的政党或政党联盟的领袖出任政府首脑(首相)并组织政府。政府首脑和全体内阁决定所执行的内外政策,并受议会监督,对议会负责。例如,英国首相就是"无冕之王",尽管存在国家元首,但首相才是政府的首脑,内阁阁员也具有议员身份,身份上的兼容使内阁成为议会行使行政权的委员会。

(2) 总统制国家行政机关(presidential executive),总统既是国家元首,又是政府首脑。总统单独选举产生,与议会选举无关。总统组织并领导国家的行政机构,经议会批准,总统任命政府的各部部长,各部部长只对总统负责。总统制政体的国家一个基本原则即是"分权制衡",内阁成员不能兼任议会议员,其目的就是为了立法权和行政权可以相互制衡。美国是典型的总统制国家。

(3) 半总统制国家行政机关(semi－presidential executive),总理是由总统任命的,总理向总统提名其他行政部长名单,请总统任命。但是政府既要对总统负责,还要向议会负责。这种行政机构产生运行的最早实践者是历史上存在过的魏玛共和国,当前的法国也是属于这种形态。

(4) 委员会制国家行政机关。由议会选举产生最高行政机构的成员,选出的成员之间地位相对平等,形成紧密的团体,共同作出重大决策。作为政府首脑的委员会主席,和委员会其他成员具有同等的权力。这种行政机构比较少,瑞士联邦委员会就有这种特征。

(5) 我国的最高行政机关是国务院。它是由全国人民代表大会选举产生,并受其监督,对其负责。国务院是最高国家行政机关,实行总理负责制。国务院总理由国家主席提名,任期五年,可连任一次。其他国务院组成成员则由国家总理提名,均需要经过全国人民代表大会决定后,由国家主席任命。

行政机关是由不同职能的部门组合起来的有机整体,根据工作的性质、内容和工作的不同,可以把行政机构再划分为不同的组成部门:① 领导机构。领导机构是行政机构中的首脑机构,负责统领全局,计划、控制、协调和监督责任,是行政机构的中枢决策机构。② 职能机构。职能机构负责落实行政机关的具体职能,是执行行政管理的机构。职能机构根据政府所赋予的职能设立,如交通部、财政部、外交部等。③ 办公室机构。办公室机构也称为辅助机构,主要的工作就是协助行政领导机构和行政首长处理日常事务、协调行政部门内部的运作。④ 直属机构。直属机构是为了对处理某种特定的行政事务专门设立的,受领导机构的领导,辅助职能机构工作。

行政机构是由宪法和法律规定,受到宪法的限制,并受到司法和议会的制约,其职权概括起来,包括以下方面:① 执行宪法和法律,参与国家立法(即行政立法）；② 决定并实施国家内外政策，处理对外关系；③ 组织和管理国家公共事务和行政事务；④ 编制并向立法机构提出议案，调节和干预社会经济，任免政府官员；⑤ 负责或者协助处理军事力量的编制、调遣和指挥事宜。通过这些职权的履行，行政机构实现其执行和贯彻国家意志、对社会公共事务进行管理的功能。事实上，把行政机关单纯认为是"执行"机关是错误的理念，行政机关已经超越了单纯的执行宪法和法律所规定的基本职责，拥有了自己的相对独立性。行政机构在执行职能时，逐步向立法权渗透，例如自由裁量权就是一个很好的佐证。有些国家，行政机构几乎成了国家的决策中心。①

当前行政机构功能逐渐呈现出全面化、专业化和精致化的趋势。概括起来，现代行政机构功能的扩大主要表现在以下五个方面：① 管制功能。管制也是政府规制功能，主要指政府为了一定的目的，凭借其所具有的法定权力对社会经济主体的经济活动进行约束，弥补市场失灵，建立相应的市场秩序与规则，使社会福利最大化。② 分配功能。政府通过公共事业开支和其他手段在资源和财富上进行分配。社会价值的分配是每个政府必须面临的课题，价值分配的合法性和合理性也关系到国家的政权稳定和发展。③ 生产功能。政府在某些领域直接参与生产或间接组织生产。有些是关系到国家经济命脉的产业，政府在生产和运营上依然采用垄断手段，对其采取绝对控制。对有些涉及公益福利的项目，政府则采取专营或者授权参与组织生产。④（资源）汲取功能。行政职能的发挥必然要有财力、物力、人力等的支持，这就政府具有从社会中汲取资源的行政能力。⑤ 防御功能。强有力的武装力量对内是阶级统治的保障，保障国家政权的稳定，为经济发展创造出安定局面，对外是则是国家综合力量的体现。军事防御与国家对外政策和所处国内外局势密切相关。

（四）司法机构

司法机构是代表国家行使司法权的机关。司法机构有广义和狭义之分。狭义上所讲的司法机构主要是指以法院和法官为主体对各种案件的审判活动。广义上的司法机构不仅指法院这样的审判机关，还包括检察机关、司法行政机关和侦查机关等。不同的司法部门所具有的职责各有不同。

1. 法院

法院是司法组织的核心，各国的法院根据管辖范围或受理案件性质的不同，又把法院分为不同的种类。一般包括以下几类：

（1）普通法院。相对于专门法院而言，普通法院是法院体系中的主体。

---

① 孙关宏、胡春雨、任军锋：《政治学概论》，复旦大学出版社 2003 年版，第 185 页。

在不同法律体系的国家中，普通法院的审判内容大有不同。大陆法系的普通法院仅仅受理民事和刑事案件，英美法系只有一个统一的法院，下级法院既可以受理刑事和民事案件，也可以受理行政案件，以及某些宪法权利的争议。最高法院有司法审查权，对民事和刑事案件有终审权。

（2）行政法院。这种法院主要存在于大陆法系的国家，主要受理公民对行政机关行政行为不当而产生的诉讼，或是行政机构之间行为失和造成的诉讼。行政法院的成员是行政部门的官吏而非法官，行政院享有独立的审理裁决权，行政机构和普通法院无权干涉。

（3）专门法院。它是作为普通法院的补充而设立的，专门审理某些特殊的案件。因为这些案件需要某些专业领域的知识或是审理时需要特殊的手段，如军事法庭等。

（4）宪法法院。宪法法院的主要职责是实行违宪审查，保证宪法的施行。宪法法院可以就宪法规定的权限引起的争议进行裁决。

从纵向来看，各个国家又设立了不同层级的法院，犹如纵向的金字塔一样。这种审级制度，对案件受理进行了不同的分工。同时，也建立了上级对下级的监督。一般国家都设立了三级法院，即初级法院（有时也叫初审法院）、中级法院、高级法院，高级法院是终审法院。

2．检察机关

法院审判属于被动和消极的司法行为，处于一种“不告不理”的状态。司法程序只能开始于一方的控告。检察机关则是主动参与到诉讼过程中，尤其是刑事案件中，同时，对于案件具有起诉权，并可以出庭控诉，从而有效地打击了犯罪活动。检察机关法律监督的职能，对审判、侦查过程、执行行为都有监督的权力。有些国家的检察机关还具有为政府提供法律咨询和参加行政管理等职能。

3．司法行政机关

司法行政机关不直接参与到法院的审判活动中去，但其职权涉及基本法律草案的拟定、法院的设置、监狱和感化设施的设置与管理，以及司法机关的人事、行政、财务等管理，在关系到国家利害关系的诉讼事务时，代表政府提起诉讼。

4．陪审团

陪审团起源于公元前6世纪的雅典，作为当时城邦的最高司法机关负责审理案件。如今的陪审团则发挥着不一样的作用。陪审团不属于审判机关和检察机关，陪审制度作为在一种诉讼程序和审判方式，被赋予了更深刻的政治意义。现代陪审制度受到越来越多的质疑，在一些国家甚至被废除。在各国的司法实践中，两大法系国家的陪审制度也存在很大差别。英美法系国家的陪审制度采用大陪审团和小陪审团形式。大陪审团一般由16～23名陪审员组成，大陪审团不在民事案件中使用，也不出席法庭。职责主要有两个：一是保护公民免受无事实依据的刑事控告，如果大陪审团裁定检察机关控告的证据不足，此案就不能提及诉讼；另一个职能是提出证据证明被告有罪。目前，大陪审制度已经很少使用。小陪审团由12人组成，参与民事和刑事案件的审判，其职能就是根据法院庭审情况对被告作出有罪或无罪的裁决。小陪审团在听取双方辩论和举证后，退入密室，商议投票决议，然后把结果交由法官。如裁定无罪，当庭释放，如果有罪则由法官进行法律判决。大陆法系现行的陪审员制度是在借鉴英美法系的基础上而进行的改进。主要是表现为“参审制”或是“混合法庭制”，陪审员与法官一起共同庭审、共同分析案情，共同作出裁决。

司法机构在政府机构中最为参差不齐，无法一概而论。例如，英国的最高司法机构是上议院，不存在司法部，也不存在于法院并行的检察机关。法国的最高司法会议是最高的司法机构，检察机关不是作为独立的司法机构，而是附设在法院的管辖内。美国最高法院是最高的司法机构，为了体现“三权分立”的原则，法官保障制度是司法机构的特征。大法官虽是由总统提名，在任期届满前非经弹劾，不得被免职、撤职或是命令其提前退休。我国的最高司法机构是最高人民法院，是由全国人民代表大会选举产生，对其负责，受其监督。人民检察院是国家的检察机关，行使法律监督的职能，也对国家权力机关负责。

第二节 国家横向权力结构与政府类型

国家政权组织形式，即政体，主要涉及中央权力机关的设置、权力配置和相互关系等，决定了国家机关设置和权力配置的原则，体现一个国家的横向权力结构和权力分配关系，更多地表现为国家最高统治权力的行使方式和最高国家机关的组成。国体与政体密不可分，国体是指社会各阶级在国家中的地位①，即哪个阶级处于统治地位，哪个阶级处于被统治阶级。国体决定政体，但是除了考虑阶级因素，具体的历史条件、经济发展水平、文化传统、民族宗教等，会使得相同国体具有不同性质的政体。

古希腊著名的政治思想家亚里士多德，提出按照统治者的多寡把政府类型划分为个人统治的政府制度即君主制度，少数人统治的制度即贵族制度，多

① 《毛泽东选集》(第2卷)，人民出版社1991年版，第676页。

数人统治的制度即共和制度。同时，他又根据统治者的价值取向，即是以公共利益还是一个人利益为依据，衍生出三种变态政体：即作为君主政体变态的僭主政治，作为贵族政体变态的寡头政体，作为共和政体变态的平民政体。法国思想家孟德斯鸠根据行使最高权力人数的多寡和政府所具有的性质，把政府类型归结为共和政府制度、君主政府制度和专制政府制度三种。同时他又将共和政府制度分为民主制制度、贵族制制度和国君制制度。孟德斯鸠进一步从价值取向上来划分政体，认为共和政体需要的是道德，君主政体需要的是荣誉，而专制政体需要的则是恐怖。洛克根据掌握立法权的人数多寡和产生的方式，将政体划分为四种类型，即民主政体、寡头政体、君主政体和混合政体。西方学者有的还按照统治方式将政体划分为动员的、神权的、官僚的和妥协的政体。马克思主义经典作家则总结了划分政体的标准，一是最高国家权力机关执掌着人数的多少，二是最高国家权力执掌者产生的方法和任期。依据这两个标准可把国家分为君主制政体和共和制政体。

综上概述，可以看出从不同的角度划分，会有不同的政体存在。本书则是按照国家行政、立法和司法三种权力之间的关系把政府划为三种不同的类型。

一、行政权至上：君主制度

君主制(monarchy)是由君主一人掌管国家最高权力，君主即为国家元首。君主一般由世袭而来，并终身任职。按照君主实际享有的权限，君主制又可以分为以下几种类型：

（一）专制君主制

专制君主制也可以称为绝对君主制(absolute monarchies)，是奴隶制国家和封建制国家最常见的政体。专制君主制的主要特征是君主拥有绝对至上的权力，君主的意志就是国家的意志，君主不受任何人或机关的约束和监督。君主个人享有完全的最高权力，君主的意志就是法律，君主拥有超出一切法律和制度之上的权威。绝对君主制的基础是君权神授原则，即一种君主由神或上天选择并且依靠其权威在人间实施统治的观念。君主专制主要出现在古代的东方和资产阶级革命之前的欧洲。中国封建社会是典型的君主专制制度，历朝的皇帝都是专制君主，宣扬“朕即国家”的思想。

专制君主制还有两个衍生形态，一是等级君主制，主要存在于中世纪以后的西欧，其特点是为了协调社会利益矛盾，在君主之下，由一个由僧侣、贵族、商人代表组成的等级制会议作为咨询机关，该机关一般享有纳税的批准权，而其他会议表决对君主没有任何的约束力。二是贵族君主制，主要出现在早期的欧洲，它与领主占有制经济相适应并与分封割据制的国家结构相结合。国家最高权力名义上还是掌握在君主手上，实际上君主却受到贵族的制约甚至控制。总之，与东方的君主专制相比，欧洲的君主专制中君主的权力从一开始就受到了某一方面的限制。

（二）二元君主制

二元君主制下，君主和议会属于相对独立的两大权力系统，共同掌握国家的最高权力，君主享有行政权，是实际上的国家行政权力中心，其权利受到议会和宪法的限制。这就是与古典的君主专制的不同之处。议会虽享有立法权，但是君主有权任命内阁，行政不受议会的限制，有权否决议会，甚至解散议会。从这个角度来说国家的权力还是掌握在君主手中，行政权力结构是根据君主的意志组织起来的。如今摩洛哥、约旦、尼泊尔、沙特阿拉伯等国就是采用的二元君主制。

（三）君主立宪制

君主立宪制与立宪君主制不是同一概念。立宪君主制（constitutional monarchies）是资产阶级与封建地主阶级政治妥协的产物，所以各个资本主义国家的实际情况也不一样，君主在国家统治中的地位和掌握实权的多少也是有差别的。因此，把立宪君主制分为二元君主制和君主立宪制。

君主立宪制又称为议会君主制。在资本主义比较发达时，资产阶级以和平的方式取得了君主的权力。在这个过程中，君主协助与整合力量必不可少，因此保留了君主制的某些传统，君主仍然作为国家元首，世袭且有终身任职。只是此时的君主并没有实权，君主的权力实质上是象征意义，是形式上的国家元首。议会取代了君主成为国家的最高权力中心，同时具有最高立法权。议员由选举产生，有特定的任期。政府内阁由议会多数党或者政党联盟产生，政府不再向君主负责而是向议会负责，政府首脑也不是由君主任命。内阁如果得不到议会的信任，内阁必须集体辞职，或者解散议会，重新选举。除了存在一个虚设的君主，议会君主制某种意义上已经相当接近于共和制。英国是议会君主制的典型国家，其他国家如荷兰、日本、比利时、西班牙等也实行议会君主制。

二、立法权至上：社会主义国家政府

社会主义国家是新型的国家类型，国家政体形式与以往任何剥削阶级国家政体都不同。社会主义国家实行的是民主共和政权组织形式。社会主义国家的理论是在探索中不断发展、创新和完善的。社会主义国家机构一般实行“议行合一”的原则，即国家的权力属于人民，这个权力是统一的、至高无上的；它由人民选举产生的国家权力机关代表人民行使权力，其他任何机关无权也不能分割这种权力，但这并不排斥国家权力机关在行使权力的过程中实行职能上的分工。

由于历史条件和各国国情不同，社会主义政权也呈现出不同的表现形态，其中主要有公社制、苏维埃制和人民代表大会制。三种表现形态的共同点在于：最高立法权在国家政治权力体系中处于至上地位。

巴黎公社是社会主义共和制的一次伟大尝试，是建立无产阶级政体的雏形。巴黎公社虽然只存在了72天，政权组织形式也不完善，但是为无产阶级政体奠定了基础。公社的一些制度也为后来无产阶级政权的建立提供了宝贵经验。例如国家的一切公职人员，包括警察和法官，均由人民普选选出，受选民监督，对选民负责；公社委员会是公社的最高权力机关，统一行使立法权和行政权；公职人员采用轮换制，使每个公民都有机会成为公职人员。

苏维埃共和国是列宁根据巴黎公社原则和俄罗斯无产阶级在社会主义革命中的组织形式发展起来的苏联国家政权形式。其特点是苏维埃代表大会是国家最高权力机关。大会成员是由人民选举产生或者撤销，有特定任期；苏维埃代表大会拥有制订、修改或废止法律、法规、决议和批准国民计划的权力；最高苏维埃主席是国家元首，最高法院和最高检察机关由苏维埃代表大会选举产生，并对其负责。

人民代表大会制度是我国政体的实现形式，是中国人民在中国共产党的领导下，在长期政治实践的基础上，创造和发展起来的具有中国特色的社会主义共和政体。1954年，第一部《中华人民共和国宪法》规定了人民代表大会制度是我国的根本政治制度。我国宪法规定：中华人民共和国的一切权力属于人民，人民行使国家权力的机关是全国人民代表大会和地方各级人民代表大会；全国人民代表大会是我国的最高权力机关，人民代表由民主选举产生，对人民负责，受人民监督；人民代表大会实行民主集中制原则；国家的行政机关、审判机关和检察机关都是由人民代表大会产生，对它负责并受它监督。

从整体上看，社会主义国家政权的共同组织原则是民主集中制。民主集中制是民主与集中有机结合的组织原则。就其内容来看，它包含民主基础上的集中和集中指导下的民主两个方面。两者相互依存，相互制约，不可分割。民主基础上的集中是指社会主义民主集中制离不开广泛的人民民主，这是民主集中制组织原则运行的前提。从这个角度出发，在政治权力运行中，必须贯彻民主原则，集思广益，广泛听取人民的意见和建议，按照少数服从多数的原则进行决策。集中指导下的民主是指社会主义民主离不开集中，它是民主集中制顺利运行的有力保障。民主集中制下的集中不是少数人的独断，而是集中广大人民群众的智慧，为广大人民的利益服务。民主基础上的集中强调社会主义的民主是在无产阶级政党领导下，在国家法律或是党的纪律的监督和制约下实现的。我国的民主集中制原则主要体现在以下几个方面：

(1) 各级人民代表大会都是由人民选举产生，对人民负责，受人民监督。依据宪法和选举法的规定，全国人民代表大会由省、自治区、直辖市、特别行政区和军队选出的代表组成，各少数民族都有适当名额的代表。省、自治区、直辖市、设区的市、自治州的广大代表，由下一级人大选举。不设区的市、市辖区、县、自治县、乡、民族乡、镇的人大代表，由选民直接选举。除极少数依法被剥夺政治权利的人以外，我国所有年满十八周岁的公民都享有选举权和被选举权。除此之外，宪法还规定，全国人大代表和地方各级人大代表受原选举单位和选民的监督，原选举单位和选民有权依照法律规定的程序，罢免和改选自己的人大代表。

(2) 国家行政机关、审判机关和检察机关都是由国家权力机关产生，对其负责，受其监督。具体而言，全国人民代表大会是我国最高权力机关，全国人大常委会是它的常设机关，在全国人民代表大会闭会期间，行使立法权、监督权、重大问题决定权、重要人事任免权等权力。国家主席、国务院、中央军事委员会、最高人民法院、最高人民检察院都是由全国人民代表大会产生，对它负责，受它监督。地方各级人大是地方国家机关，县级以上地方各级人大设立常委会，讨论和决定本行政区域内重大的问题，地方各级国家行政机关、审判机关和监察机关，都是由同级地方国家权力机关产生，对它负责，受它监督。

(3) 从中央与地方的国家机构职权划分来看，也是依照宪法的规定遵循民主集中制原则。首先，民主集中制保证中央的统一领导地位。全国人大及其常委会制定的法律、决定和决议，国务院制定的行政法规和发布的决定、命令，地方国家机关必须严格遵守和执行。因此宪法规定，全国人大常委会有撤销同宪法、法律和行政法规相抵触的地方性法规和决议，国务院统一领导地方各级国家行政机关的工作。其次，民主集中制考虑到不同地方的特殊情况，允许地方按照宪法和法律的规定，因地制宜，因时制宜，量体裁衣地决定本地区的地方性事务，以充分发挥地方的主动性和积极性。

由此可见民主集中制具有很大的优越性。首先，民主集中制是人民当家做主的体现和保证。我国的一切权力属于人民，人民当家做主，国家权力机构的权力来源于人民，国家机构存在的根本目的是实现、维护和保障人民的要求、利益和权力，全心全意为人民服务。其次，民主集中制能够提高国家机关在立法、执行等环节上的效率。实行民主集中制，它要求立法机关在制定法律时，要集中代表广大人民的意志和利益。行政机关在执行法律的过程中，要严格按照宪法、法律的要求，有效地贯彻国家权力机关制定的法律。司法机关在行使审判权与检察权对，受到严格的问责制的约束。立法机关、行政机关和司法机关职责分明，各司其职。同时，立法机关还统领全局，协调各方，有力地保证了法令畅通，提高了国家机关的运行和效率，体现了社会主义民主与国家机关运行效率的有机统一。最后，民主集中制保证了中央国家机关和地方国家机关职权上的合理划分，有利于充分发挥中央和地方国家机关整体的积极性。按照民主集中制原则，在中央集中统一领导下，适度放权给地方，这既保证了中央权威，使政令通畅，提高整体的效率，又有利于发挥地方国家机关的自主性和积极性。

三、三权分立:资本主义国家政府

当代西方资本主义国家一般按照“三权分立”的原则来组建政府机构。“三权分立”原则又称为“权力制衡”原则。分权制衡的观点在西方由来已久，从思想的萌芽发展成为国家机构组织原则，经历了漫长的历史过程。三权分立的思想萌芽于古希腊和古罗马时期。古希腊的政治哲学家亚里士多德在其著作《政治学》中曾提出“政体三要素说”，认为任何一种政体都由议事机能、行政机能和审判(司法)机能组成。古罗马的西塞罗通过对罗马政体的研究，认为一个优良的政体是由几个独立的要素组成的。到了17世纪，英国和法国都进行了如火如荼的资产阶级革命，在这时间，英国的著名思想家洛克从不同阶级的政治妥协意义上提出了分权学说。他在《政府论》中把国家权力分为立法权、行政权和联盟权(对外权)。实际上是把国家权力一分为二，议会掌握立法权，而立法权是国家的最高权力;执行权和联盟权属于行政权，国王掌握行政权，立法权高于行政权。洛克分权的思想实际上是主张把封建贵族的一部分权利分给资产阶级，即洛克提出的封建领主掌握行政权力，立法权由资产阶级掌握。这种分权思想与当时的资产阶级革命背景是分不开的。到了18世纪，法国的孟德斯鸠在洛克思想基础上发展了分权学说，明确系统地阐述了三权分立的理论。他从权力的属性和功能来论述权力分立和制约理论，提出把国家权力进一步划分为立法权、行政权和司法权，并且主张三种权力之间彼此独立，互相制约。孟德斯鸠的分权思想成了资本主义国家机构设置的指导原则，标志着三权分立学说形成系统政治思想。马克思在分析分权学说时也指出:在某一个国家里，某个时期，王权、贵族和资产阶级争夺统治，因而在那里统治是分享的，在那里占统治地位的思想就会是分权学说。① 可以说，资产阶级所进行的政治革命，使得三权分立原则从思想理论发展为国家的机构组织原则。资产阶级为了逐步巩固国家政权，防止统治阶级中的特殊集团和个人滥用权力，危及资产阶级政体的利益，就用宪法和组织法的形式把三权分立确定为国家机构的组织原则，用其来协调、制约各个国家机关之间的关系，由此三权分立构成了资本主义国家机构设置和制度运行的基本原则。

对“三权分立”思想的理解应从以下几个方面展开:一是分权，即将国家权力

---

① 《马克思恩格斯全集》(第3卷)，人民出版社1972年版，第52页。

分为立法权、司法权、行政权三部分，分别交由议会、总统和法院独立行使权力，形成鼎立之势，这些机构在地位上是平等的，彼此互不隶属。虽然各权力机构之间权力设置上有交错，存在部分共有权力，但不与其独立行使特定职能权力相排斥；二是制衡，即在三个权力部门之间设立一种互相监督与制约的机制，以保持三部门之间的权力平衡。每个国家机关都拥有防止、抵御其他国家机关侵犯其权力的法定手段，从而使得它们互相制约，保持平衡。

孟德斯鸠的分权制衡思想是一种纯粹的分权学说，是一种理想状态的分权学说，与实际的政治运作还是有些差距。在不同的社会体制下由于各个资本主义国家的国情不同，立法、行政、司法之间的关系常常不能像纯粹分权说假设那样分权明确，特别是在议会制和总统制这两种不同的政权组织形式下，三权分立原则的具体实施形态就有一定的差异性，尤其表现在立法权和行政权的关系上。

（一）议会制国家分权制衡

以英国为代表的议会制政府为例：英国国家元首是虚位元首，不负有行政责任。在议会选举中获得多数席位的政党或是政党联盟的领袖出任政府首脑，并组织政府。国家元首并不参与政府首脑（首相）的选举，仅仅只是对被选领袖进行“形式上”的任命。首相组织内阁，内阁全体成员对其所作出的政策向议会负责，受议会监督。内阁能否持续存在与其能否获得议会的支持密切相关。为了制衡议会的权力，当内阁不能取得议会的信任与支持时，内阁会整体辞职或者由首相提请国家元首解散议会，重新进行议会选举。议会具有立法权，但是内阁有立法提案权，而且，首相又是议会选举出来的，所以在一定程度上威胁了议会的立法权。行政官员必须是议会的会员，这种身份上的兼容，造成内阁实际上是代议会行使行政权，便于议会对行政权进行监督。议会至上的英国，法院也不能宣称议会的立法无效。由此可见，英国的立法权和行政权没有绝对的分开，这也是议会制国家比较典型的特征。

（二）总统制国家分权制衡

以美国的总统制政府为例：美国总统由人民选举产生，总统不仅仅是名义上的国家元首，而且是具有实权的政府首脑。与议会制国家不同的是，美国总统不能被立法机关轻易地罢免。美国较严格贯彻了三权分立和制衡原则，立法、行政和司法三种职能分别由不同的部门行使，三者互不隶属，彼此相互制衡。行政人员与议会人员不能具有同一身份，不能参加议会的立法提案、讨论和表决。但是，总统任命的政府部长还是要经过议会的批准后才能任命。如果国会通过的法案，总统表示不同意，总统可以行使否决权，这成为总统干预国会立法的重要手段。司法机关相对独立于其他政府部门，甚至最高法院可以执行与总统以及国会完全不一致的政策。除此之外，最高法院还有审查新政和立法执法令是否合乎宪法的司法审查权。

（三）半总统制国家的分权制衡

半总统制度是一种介于总统制政府制度和议会制政府制度之间，兼有议会制特点和总统制特点的政府制度。法国是半总统制的典型国家，其权力制衡表现为：总统为国家元首，由全民投票选举产生，总统任命产生总理。总理是国家的政府首脑，组织和任命其他政府机关成员，政府不对总统负责，而是向议会负责。议会可以通过不信任投票案或者否决总政策声明，这时，总理要向总统提出辞职。就这一点看，半总统制也有英国议会制政府制度的特点。总统实际掌握着统治权，成为国家权力中心，不对任何机关负责。总统有权解散议会，有权不经过议会同意任命总理，可以相对地否决议会的法案，提交此项法案进行全民公决。由此可见，半总统制的国家，总统处于三权分立体系的首位。半总统制政府制度下的总统权力要比一般总统制下总统的权力还要大。法国是典型的半总统制政府。

三权分立原则作为资产阶级构建政权的组织原则，具有其特定的历史进步意义，同样也有其与生俱来的阶级局限性。因此，在分析这种原则时，应该采取一分为二的态度。三权分立的优越性在于：第一，它具有历史进步性。封建社会后期，资本主义商品经济在西欧得到了快速的发展，新生的资产阶级占据了大量的社会财富，阶级力量的不断壮大，产生了政治上的诉求。随之引发了资产阶级与封建领主阶级和贵族阶级之间的阶级矛盾，这种不可调和的阶级矛盾越演越烈。资产阶级努力试图采用分权的方式，从封建君主和贵族手中获得权力，维护和发展本阶级的利益。权力分立的思想成了资产阶级表达政治诉求的思想武器。在资产阶级革命实践中，资产阶级推翻了封建专制的特权，削弱了君主和贵族的权力和地位，与封建领主阶级进行了政治上的交易，从而形成权力分立的原则。由此可见，相对于封建地主阶级的专制统治来说，三权分立的组织原则有一定的历史进步意义。三权分立是资产阶级在竭力实现本阶级分权要求，是削弱和打破封建统治的手段，它摧毁了封建领主阶级的君主寡头专制统治，是资产阶级政治政治革命的胜利，有着特定的历史进步作用。二是三权分立有利于保持利益的平衡，有利于约束腐败行为的产生。资产阶级夺取政治权力后，为了巩固资产阶级统治，防止权力腐败，采取了三权分立原则。三权分立原则对于平衡资产阶级内部的派系、集团的利益，对于维护资产阶级的整体利益，对于约束资产阶级特定集团及其国家工作人员政治腐败行为，都具有特定的功能和作用。权力分立是分散政府权力以捍卫自由与防止暴政复活的经典方法之一，既能将政府各个分支机构的权力分割到位，又能支起一张内部的牵制网，从而保证权力的运行可以互相监督。

但三权分立也有其内在的缺陷:第一,从其阶级属性来看,三权分立实际上是资产阶级政治统治原则,本质上是资产阶级维护其整体利益和政治统治地位的原则。在资产阶级统治巩固后,资本主义国家机构的三权分立组织原则逐步演变,成为资产阶级内部不同阶层和集团阻止对方滥用权力获得特殊利益,损害资产阶级的整体利益和统治地位的政治设置和组织原则。由此可知,资本主义国家的权力分立和制衡,实际不过是资产阶级为了实现其内部利益和权力分赃相对均衡的国家机构组织原则。所以,资产阶级没有也不可能与无产阶级和劳动人民分权。第二,从其民主属性来看,三权分立具有人民主权的民主后退性。就其国家机构运行的主导价值而言,为了实现资产阶级整体利益,平衡其内部不同阶层和集团的利益,资本主义国家机构的三权分立原则,实际否定了人民主权至上原则,侵蚀、虚化和破坏了资本主义民主政治吹嘘的民意至上原则,把资产阶级的利益和统治地位置于人民主权之上,奉为国家组织机构运行的最高支配性政治价值。第三,从其行为取向来看,三权分立具有决策上的低效性。观察三权分立下的政治决策过程,可以发现资本主义国家机构的三权分立原则使得政治决策成为分立制衡的权力之间讨价还价、进行政治交易的游戏。按照自身阶级利益最大化的原则,不同的阶级和利益集团把持这不同的权力,没有哪个自由民主的政府能够一丝不差完全按照分权设想执行。它向政府的行政和立法机构发出了"斗争请帖"。① 因此,它常常会引发政府机构之间的冲突或者隔阂。政治决策过程经常呈现为不同权力之间的扯皮掣肘,造成国家权力机关运行的低效率,削弱了国家机构的整体功能。例如美国,总统和国会互相独立,两者之间常常互相的抵制扯皮。国会抵制总统提交的法案,而总统也否决国会的议案,从而使美国陷入一种行政权力及其背后不同利益集团和派系相互倾轧的怪圈。从其政治决策的结果来看,在资本主义国家、三权分立原则下的政治决策,往往是资产阶级不同利益集团和阶层竞争、倾轧、妥协和交易的结果,这种情况下做出的决策及其结果常常严重扭曲社会公共意志,损害社会公共利益,它们或是资产阶级不同阶层和利益集团之间的利益妥协,或是这些阶层和集团之间勾结形成的双边甚至多边联盟的利益结合。

第三节　国家纵向权力结构与政府类型

国家结构是指国家的构成方式,即国家整体与部分之间、中央政府与地方政府之间的关系,主要体现在中央权力和地方关系在国家组织结构形式和原则上

---

① [英]安德鲁·海伍德:《政治学核心概念》,吴勇译,中国人民大学出版社 2014 年版,第 151 页。

的体现。国家结构形式要解决的问题是，明确国家领土如何划分以及划分以后如何规范国家整体和组成部分、中央和地方之间的权限范围。一个国家采取何种结构形式，取决于该国的政治、历史、文化、经济、传统、民族、宗教等多种因素。

在古代，曾经出现过两种主要的国家结构形式[①]：第一种是帝国形式。通过军事征服建立起来的疆域辽阔的奴隶制或封建制国家，帝国对被征服地进行了强有力的控制，例如古罗马帝国就是如此；第二种是诸侯割据形式。造成诸侯割据的原因主要有两种，一是自上而下的分封。强大的君主在征服广大地域后广为分封，获得封赏的多近臣或有功之臣，形成诸侯国，如我国的西周和西汉时期，就是基于这种原因采用分封制。二是自下而上的“拥立”。许多诸侯国联合起来共同拥护一位君主，君主一般不能直接管理诸侯国内部事务，各诸侯王在自己的领地内各自为政，形成“国中之国”。国家结构和国家政体作为国家形式的两个主要方面，有着紧密的联系。分封割据形式一般与贵族君主制相联系，帝国形式一般与专制君主制相联系。

国家结构形式比国家政体的历史延续性更强。就当代国家结构而言，单一制和联邦制是最为基本的两种类型。对单一制和联邦制的区分主要看以下几个方面：一是国家主权的归属，是中央政府单独代表主权还是地方政府也享有主权；二是权力的来源，是中央政府授权地方政府还是地方政府授权中央政府，三是如何划分权力，是中央政府独揽全部权力还是地方政府有自治权，不需要中央政府的授权；四是双方划分的依据是以一方的意志为依据还是有一个事先制定的规则（盟约、宪法）为依据。

一、单一制政府

（一）对单一制政府的理解

单一制（unitarysystem）是指由若干行政区域或自治区域构成的单一主权国家的结构形式。单一制主要特点如下：① 从法律体系来看，国家只有一部宪法，具有统一的法律体系；国民具有单一的国籍身份；② 从国家机构来看，国家具有统一的最高国家机关，最高国家权力掌握在中央政权机关。国家有统一的立法、司法、行政体系；③ 从中央与地方的权力划分来看，地方政府的权力由中央政府授予，地方政府要接受中央政府的领导，地方行政区域和自治单位没有脱离中央而独立的权力；④ 从对外关系上看，国家是一个独立的主体，国家主权高度统一。中央权力机关代表国家主权充当国际法主体，统一行使对外交往的事务。个别地区享有一定的自治权，但是这种自治权是被限制在国家主权之内的，是不能享有独立外交权的。由此可见，单一制国家中央机关掌握着主要的和统

① 王惠岩：《政治学原理》，高等教育出版社 2005 年版，第 126～127 页。

一的政治权力，并统辖着地方权力。地方权力与中央权力之间是服从与被服从的关系。

（二）单一制的类型

目前，世界上大约80％以上的国家实行的是单一制国家结构。不同的单一制国家中，中央政府对地方政府事务的控制能力有着一定的差别。根据中央政府与地方政府权力分配的差异程度，单一制又可以分为集权型单一制政府和分权型单一制政府。

1. 集权型单一制政府

集权型单一制政府是指地方政府完全受到中央政府的控制和监督，权力高度集中在中央。地方官员由中央委派或由地方选举，代表中央来管理地方的行政事务；地方居民没有自治权，地方机关被中央机关严格控制，在其监督和控制下行使职责。

法国是典型的集权型单一制国家。法国地方国家机关就是地方行政机关，官员具有双重身份，一方面，他们代表着中央机关，执行着中央的要求，按照中央政府的命令来办事，对国家的内务部负责。同时，中央也有权撤换地方官员。另一方面，他们作为地方长官，管理着地方的一切地方行政事务。

从集权型单一制政府的运行来看，存在一些优势：一是国家权力集中在中央，中央所做的决定更有全局和长远性；二是中央政府可以充分利用资源，集中办理大事；三是通过中央对地方的财政控制和转移支付，有利于平衡各地经济；四是统一指挥，减少地方不必要的财政开支和资源利用，为国家节约资源。但是，集中型单一制政府也会面临一些问题，因为权力高度集中在中央，地方政府事事听从中央，会失去积极性。再者就是层级繁多也会造成命令在执行上的偏差，中央政府管理效率低下；中央政府也容易滋生中央专政和个人独裁主义。

2. 分权型单一制政府

分权型单一制政府是指中央对地方的权力受到某种限制，地方居民可以依法自主组织地方的政府机关，享有较大的自治权和行政自主权，在中央的监督下，依法自主管理本地区事务，而中央一般不干预地方具体事务的管理工作。但是中央政府发现地方机关越权或者违宪时，可以进行司法纠正。

英国是分权型单一制政府的典型。英国中央政府与地方政府之间的关系缺乏明确的法律规定，这与美国完全不同，究其原因，主要源于英国的历史和现实因素。早期的英国中央政府权力比较薄弱，权力无法辐射到管辖的所有范围，即使达到了，其影响力也非常有限，所以，这时的中央政府对地方政府采取有限的限制或是不干预的态度；随着经济发展和社会变迁，中央政府的权力不断增强，开始对地方政府采取一种积极干预的态度，说服甚至强迫地方政府服从中央指令，以便中央政策在全国推行和贯彻。随着经济大萧条时代的来临，中央政府和地方政府权力的博弈更加激化和表面化。现今，地方政府有一定程度的自治权，设置了与中央政府相应的议会和议会任命的执行机关管理委员会，自主地履行属于地方的公共管理职能。地方政府甚至有独立的征税权。但是，地方政府依然受到中央政府的控制。地方政府通过的决议必须经过中央政府的相关部门批准方能生效，法律草案在议会通过前需要事先征求中央政府有关部门的意见；管理委员会仍要执行中央政府的政策。地方政府对于中央政府财政上的依赖足以让中央政府控制和监督地方政府。地方机关所制定的税率，有危及中央政府时，中央政府可以命令其修改税率。总之，中央政府监督和控制地方政府的理由在于国家利益优先于地方利益，地方政府虽拥有较多的自治权，但中央政府可以通过财政手段和立法手段有效地控制和监督地方政府。

与集权单一制政府相比较，分权单一制有以下优点：一是地方政府能够因地制宜、机动灵活地处理本地区事务；二是分工分权，防止中央专断和个人独裁；三是地方政府有了自治权，地方的积极性和创造性更高。当然，地方政府的过度分权可能会形成地方割据和本位主义，加剧地区之间的发展不平衡。

我国是统一的多民族单一制社会主义国家。我国采取单一制既有深远的历史原因，也有深刻的现实因素：首先，我国历史上有着统一的传统和实行单一制的渊源。自秦统一六国以来，除短暂时间内处于分裂状态外，中国一直是中央集权的国家，从未出现复合制的国家形式；二是我国的民族成分和民族分布情况决定了只能实行单一制的国家结构形式。我国有56个民族，在历史上经历了几次民族大融合，在各民族的长期交往中形成了“大杂居、小聚居”的局面，同时各民族之间相互帮助，相互依存，形成了不能分离的关系；三是近代以来，我国各民族团结起来抵御外敌，在长期的反对帝国主义侵略的斗争和反抗国内反动统治着的斗争中结成了深厚的战斗友谊，为单一制国家的建立提供了基础；四是社会主义现代化建设需要单一制的国家结构。各民族有自己的优势和劣势，建立统一的国家，各民族之间可以互通有无、互相学习、互相帮助，实现共同繁荣和共同进步。

我国实行单一制的国家结构，并且基本上属于中央集权单一制。中华人民共和国宪法规定：“中华人民共和国是全国各民族共同缔造的统一的多民族国家。”从宪法上可以看出，中央与地方的关系，是领导与被领导的关系。我国实行的单一制是具有中国特色的单一制，一方面确保中央政府的统一领导，坚持地方服从中央，下级服从上级，另一方面，在中央的统一指挥下，充分发挥地方政府的积极性和创造性。其中，民族区域自治制度和特别行政区制度，是我国人民根据我国的国情独创出来的。民族区域自治地方在国家不可分割的领土之内，在中央政府的统一领导下，以少数民族聚居的地区为基础建立民族自治地方，组织自治机关，可以按照民主集中制的原则，充分行使自治权，自主管理本民族、本地方的事务。特别行政区是在“一国两制”的方针上建立的。一国两制，是指一个国家，两种制度，“一个国家”是中华人民共和国，“两种制度”是指国家的主体坚持社会主义制度，同时照顾台湾、香港、澳门等地的实际情况和当地人民的愿望和利益，允许那里保持原有的生活方式长期不变，原有的社会、经济制度长期不变。香港和澳门的回归祖国，证明了“一国两制”方案的可行性。香港和澳门特别行政区属于中华人民共和国的一部分，属于地方行政区域，享有高度的立法权、行政权，并且享有外交权。我国设立特别行政区，实行“一国两制”，是国家结构问题上的重大理论和制度创新。归根结底，民族区域自治和特别行政区制度只是作为我国单一制的补充形式，并没有改变我国单一制国家结构的基本属性。

二、复合制政府

复合制是和单一制相对的政权组织形式，复合制国家是由若干独立的国家或政治实体（如州、盟、邦）等通过某种协议而组成的联合体。在历史上，出现过君合国和政合国的这样比较特殊的复合制政体类型。在当代，按照联合程度的不同，复合制政府的类型又分为联邦制和邦联制，这也是当代所主要存在的两种形式。本书就按照这种分类进行讲解。

（一）联邦制政府

联邦制是联邦主义的制度体现。联邦主义可以追溯到公元前13世纪，古代的希伯来人为了维护国家的统一，将各个部落统一在一个单一的宪法和几个邦联的联盟的政治机构之下。到了中世纪，经济发展，商业城镇利用联邦主义的原理建立了共同防御和共同互助同盟。为保卫国家独立而提供相互援助，1291年瑞士山区共和国邦联成立。16世纪，宗教改革有着广泛的影响，一些欧洲国家开始把联邦原则运用到国家的建设上，如当时盛极一时的英联邦帝国，推动了作为社会原则的联邦主义的发展。随着民族主义国家的兴起，国家独立运动等历史原因，联邦制被用来解决多民族统一问题和实现国内国际秩序。最终美国人把这种联邦主义变成了一种实用的政府制度。①

世界上实行联邦制的国家只有20多个，仅占主权国家的1/10左右，但是却囊括了大多数的大国、全世界接近1/2的土地和1/3左右的人口。联邦制政府形式被采用，一般基于四种因素：一是历史遗留因素。有些国家是由早先的殖民地组成的，各个殖民地都曾拥有特殊的政治身份，随着社会的变迁和时代的发展，它们都需要一个新的、更集中化的宪法框架。这种新的框架，可以允许它们

① ［美］丹尼尔·J.伊拉扎：《联邦主义探索》，彭利平译，上海三联书店2004年版，第138～172页。

保留某种程度上的自治权和自身的独立性，同时，对外拥有更强大的国际地位。世界上第一个联邦制国家美国就属于这种情况。二是地理因素。一个国家面积越大，地理环境就会差别越大，为了能够包容这种地区间的多样性，联邦制的政体就可能被采用，如印度、澳大利亚、巴西等。三是人文因素。一个国家存在着丰富多样的民族、宗教、语言和文化传统，各种人文元素的交往和碰撞，为联邦制的采用提供了充分条件。四是共同利益的驱使。联邦成员或因为本身弱小饱受外部环境的威胁，或是渴望在国际事务中发挥更大作用，都有着加入更大的政治联盟的强烈动机。

虽然联邦制国家数量不多，但是国家结构形式不同，彼此之间差异极大，很难用同一个标准将这些不同的联邦形式进行统一的概念化。就连联邦制国家的名字也各有不同，例如澳大利亚称自己是“Commonwealth”，加拿大则称自己是“Confederation”，被众所周知的联邦制典型的美国则使用的是“the United States”。尽管如此，仍有些特征是所有的联邦制政府所共有的，根据这些共有的特点，可以认为联邦制国家一般是由两个以上的具有相对独立性的政治实体（如共和国、州、盟、邦）等通过某种协议而组成的联合体。联邦制内部也存在着差异：以美国为代表，是政府的行政和立法权力实行分立的联邦国家，趋向于在领土和功能上都能确保政府权力分散；也有行政权和立法权融合在一起的议会体制，这就意味着两个层次的政府之间有多重接触，所以议会体制产生的联邦制国家常常被称为行政联邦制国家，加拿大和澳大利亚就是如此。在情况之下，联邦的平衡在很大程度上是由各级政府的行政机关之间的关系来决定的。与之相反，如果中央政府是关键的决策者，而省级政府则承担处理政策细节的责任，这种运作方式的联邦制国家被称作管理联邦制国家。尽管各个联邦制国家在具体的权力的运行上有着差别，但并不影响总结联邦制政府具有的共同特点：① 国家有统一的宪法和基本法律，但是，在国家统一宪法和基本法律的前提下，各联邦组成单位又有自己的宪法和法律。② 国家具有最高立法、行政和司法机关，行使国家最高政治权力。各联邦组成单位也有自己独立的立法、行政、司法机关，这些机关与中央机构之间不是隶属关系，它们在联邦宪法规定的范围内、在各自的行政区域内行使政治权力。一般来讲，有关国家的外交（如宣战、缔结条约和媾和、订立联盟）、军事、财政（如征税、货币发行）、立法等事务由中央政府管理，联邦成员在不违背联邦宪法的前提下，管辖地区的财政、税收、文化和教育。③ 国民既有联邦国籍，又有联邦单位的国籍。④ 在对外关系方面，联邦是国际政治中的主权国家，中央政府拥有外交权。不过，各联邦组成单位也有一定的对外交往的独立性。在联邦宪法允许范围内，与外国政府或者组织就某些次要事项签订契约，有些联邦国家的组成单位还可以作为独立成员加入国际组织。

由此可见，联邦制和单一制国家存在着本质区别：第一，地方政府权力来源不同。单一制国家是统一的整体，把全国划分若干行政区域，并建立地方政府，目的是便于中央政府的管理。地方政府的自主权或是自治权由中央政府以宪法的形式授予和规定。各地方行使的权力来源于中央授权，并非地方政府所固有。联邦国家各成员无论原来是不是主权国家，一旦成为联邦成员后，就不再具有国家主体地位，就不再保留完全独立地位和主权资格。它们把各自的权力让渡给了联邦政府，而且这种让渡使得它们不能拒绝和否认联邦的权力，也不能自由退出联邦。因此，联邦政府的权力是来自各成员单位的让渡。第二，国家主权存在时间不同。单一制国家根据国家统治的需要，按照一定的原则划分为若干个地方行政区域，国家主权先于各个行政区域存在。而联邦制国家则由各个联邦成员组成，各成员单位主权先于联邦国家存在。第三，所享有的主权不同。单一制国家只有中央政府能够对外代表国家，具有国际法的主权地位，地方行政区域不是一个政治实体，不具有任何的主权特征。相反，在联邦国家成立之前，各联邦成员国享有完全的主权，是单独的政治实体。在加入联邦以后，虽然让渡了权力给中央政府，不再具有完全独立的主权，但是，在联邦宪法规定的范围内，联邦成员的主权也受到法律保护。例如，联邦成员国的公民有自己国家的国籍；联邦成员国的成员有权制定和修改本成员单位的宪法规定本行政单位的制度，无需经过联邦政府的批准等。

目前，世界上实行联邦制的国家主要有美国、澳大利亚、巴西、德国、苏丹、墨西哥、瑞士等国家。综合来看。联邦制主要优点在于①，与单一制那样把主权集中于单一政治实体不同，它能够给予地方政府很大的发言权。州（省）在一定范围的具有自治权，并在中央政府中有一定的代表发言权。第二个优点是通过地方权力分立，有助于建立一个保护个人自由的制衡网络。如增加了政府层次的同时也增加了公民行使政治权力的层次，人民通过投票箱来民主地表达他们的诉求。三是联邦制提供了一种可以使分裂国家维持团结和一致的制度性机制。就此而言，联邦制可能更适用于种族多样性和区域分离性的一些社会。另一方面，联邦体制的一个弱点是，由于中央权威受到了限制，中央所制定的具有冒险精神的经济方案和社会规划在实施时会遇到更多的困难。还有就是联邦制国家可能引发政府分裂并强化国家内部的离心压力。因此有学者指出，联邦制国家具有内在的不稳定性。它要么趋向于单一制才能够保障统一，要么趋向于更大程度的分权并最终瓦解。事实上，20 世纪以来，联邦制出现了向中央集权发展的大趋势，联邦制国家也在尽力遏制这种趋势，但是收效甚微。如美国在 20 世

① [英]安德鲁·海伍德：《政治学核心概念》，吴勇译，天津人民出版社 2008 年版，第 159～160 页。

纪 60 年代中期，被描述成一种“强制的联邦主义”。中央政府往往先发制人颁布一些法律，把各州的权力纳入联邦法律，并且以授权的形式对各个州和地方加以限制，促使地方政府越来越服从自己。

（二）邦联制政府

与联邦制不同，邦联制国家实际上是一种国家联盟，它是若干独立的主权国家为了特定目的而组成的联盟体。邦联制国家有以下的特点：① 各成员国都是具有独立主权的主权国家，相互之间地位是平等的，不存在彼此的隶属关系或者相互牵制的关系，而且只是在某些有共识方面采取程度不同的一致行动；② 邦联本身并不是一个主权国家，邦联一般不设有统一的最高权力机关，没有统一的军队、赋税和国籍；③ 邦联设有邦联成员国的协商机关，其成员主要由各成员国的政府首脑担任，其职能主要是协商成员国之间的共同事宜；④ 邦联成员国之间的共同活动以各方共同签字的条约为基础。由此可见，邦联制国家实际上并非是完全意义上的国家，而只是一种松散的国际组织。当今的欧盟、东南亚国家联盟等都可被视为邦联的具体形式。

第四章　政　　党

本章重点

1. 政党的含义、特征和功能
2. 政党的类型
3. 现代政党制度的形成
4. 国家类型与政党制度的关系
5. 选举制度与政党制度的关系

第一节　政党的含义

一、政党的含义

政党一词源于拉丁文的 pars 或 partire，本意是划分或分割。Party 一词被赋予政治意义最早是在 17 世纪。早期，政党与派别经常混用，指社会上一部分政治观点和利益相同的人组成的政治集团。到 19 世纪，政党才与派别区分开来，并引申为一种政治组织。在西方国家的政党概念传入东方以后，人们开始借用“党”的称谓表达新的含义。

最早阐述政党问题的英国人柏克在其 1770 年出版的《关于目前不满情绪的根源》一书中驳斥了当时那种认为政党是宗派性质的观念，反复申说政党对于维护自由是不可缺少的。他认为：政党是人们联合的团体，根据他们彼此同意的某些原则，以其共同的努力增进国家民族的利益。①

美国政治学教授赫奇南与哈波德认为：政党是一种自愿之结社，经常关心政府之职权与公共政策，并为自由政府提供如何组成其所需多数之方法。因为政党仅代表一部分政治竞争之一方，所以它必须承认其他政党之存在。②

埃德蒙·柏克认为，政党就是大家基于一致同意的某些特殊原则，并通过共同奋斗来促进国家利益而团结起来的人民团体。③

---

① 乔治·霍兰·萨拜因：《政治学说史》(下册)，商务印书馆 1986 年版，第 684 页。

② D. J. Hitchner & W. H. Harbold, Modern Government, N. Y, pp. 290-291.

③ [英]埃德蒙·柏克：《自由与传统——柏克政治论文选》，蒋庆译，商务印书馆 2001 年版，第 148 页。

政治学者詹伯斯认为：现代意义的政党乃是具有相当持久性的社会集合，它追求政府中的权力与职位，建立起联系政府的中心领袖与政治领域内大批追随者的组织结构，以产生共同的观点或至少效忠的认同符合。

美国政治学家杰斐逊认为：只要有人就会有党；只要有自由的人，他们要表达他们的意见。[①]

这些定义的共同特点是，虽然从不同的角度看到了政党的某些属性，但是其共性是将着眼点放在政党和政党政治的形式和表面形态上，忽视了政党的本质。马克思主义政治学说开辟了政党理论研究的新阶段。它从政党的阶级实质角度，结合政党的组织和活动内容，对政党做了全面深入的阐述。

马克思、恩格斯在《共产党宣言》中就明确指出：无产者组织成为阶级，从而组织成为政党这件事，不断地由于工人的自相竞争而受到破坏，但是，这种组织总是重新产生，并且一次比一次更强大，更坚固，更有力。列宁指出，在通常情况下，在多数场合，至少在现代的文明国家内，阶级是由政党来领导的。党是阶级的先进觉悟阶层，是阶级的先锋队。马克思主义政治学说认为：政党是指一定阶级、阶层或集团的积极分子为维护本阶级、阶层或集团的利益，围绕着夺取政权、巩固政权或影响政府而结合起来采取共同行动的政治组织。

综合以上中外学者对政党的认识，我们认为，政党是代表特定阶级、阶层或集团的根本利益，由一部分成员基于共同的政治主张所组成的，具有明确的政治纲领和组织纪律，为实现掌握和维护国家政权而组成的政治团体。对于政党的概念，可以从以下五个方面进行理解：

（一）政党具有鲜明的阶级性

政党的建立基础是阶级的利益。正是为了实现本阶级的共同利益，人们才组成政党以组织本阶级的力量，这就使得政党带有鲜明的阶级特色。因此，政党的组织和活动集中体现了它所代表的阶级和阶层的利益。政党是阶级的组织，可是，并非有阶级就有了政党的存在。这是因为除了以阶级利益为基础之外，政党的产生尚需一定的条件，这些条件主要包括：阶级成员统一联系的技术可能性；阶级整体意识的形成；阶级成员进行组织活动的政治可能。所以，只是到了近代，大工业把资产阶级成员有机地连为一体，并形成统一的、强烈的阶级意识，资产阶级民主制使资产阶级有组织的政治活动成为可能，资产阶级的政党才得以产生。

（二）政党是由阶级或阶层中的一部分人所组成的

政党一词源于拉丁文词根 Pars，Pars 的主要含义是一部分。从理论上说，

---

① Joyce Appleby & Terence Ball edited，Jefferson：Political Writings，p. 421.

如果全体国民对政治问题意见一致，那么则无政党产生的必要，相反，如果每个人对政治问题的意见都不一致，则无组成政党的可能，所以政党是一部分具有共同政治主张的人所结合的组织。从政党的成员构成来看，政党成员一般由本阶级政治上相对活跃、积极和具有政治能力的人们构成，因此政党凝聚着阶级的政治精英和中坚力量，从而组成了政党的政治核心。

（三）政党有自己的政治纲领

任何政党都有自己的政治目标，且政党区别于其他社会团体和一般政治派别的一个显著标志就是将参与政权、夺取政权和实现本阶级的共同利益作为自己的政治目标，政党的全部活动都服务于这个政治目标。为了有效地组织政治力量，开展政治活动，最终实现自己的政治目标，每个政党都会按照自己的政治原则，制定出符合阶级利益与国家实际情况，体现自己意识形态的政治纲领，即将政治目标上升为特定的政治纲领。列宁曾认为：一个政党如果没有纲领，就不可能成为政治上比较完整的、能够在事态发生任何转折时始终坚持自己路线的有机体。① 政党的政治纲领一般包括政党对于政治局势、社会状况及其发展方向的分析判断，政党的政治社会目标和主张，政党实现自己目标的具体途径和措施。

政治纲领也是政党区别于其他社会团体或政治派别的重要标志之一。恩格斯曾说过："一个纲领就是一面公开树立起来的旗帜，而外界就是根据它来判断这个党"。政治纲领中的政治目标就是政党成员结合的基础，没有这个基础，任何团体都无法成为政党。所以，一个政党的政治纲领是由该党所代表的政治集团的特点，以及该党的历史使命所决定的，反映了该党的政治要求和政治策略。

（四）政党有特定的组织和纪律

政党基于阶级而产生，政党要发挥阶级组织者和领导者的作用，实现本阶级的根本利益，就必须建立起自己的组织体系，并以此将全党的力量集中起来，共同行动，以最终实现政党的政治目标。没有一个有效的组织体系，就很难组织和动员本党成员以及更广泛的追随者，就不可能发挥其组织和领导作用，当然也就不可能实现政党的政治目标。

政党的组织体系一般都具有层级结构，这种层级结构的构成大多与行政区域、行政单位或选举单位的划分有很大关系。从当代世界各国政党组织情况来看，有的政党组织规模庞大、机构完备，有的则规模较小，机构松散。而一个政党的组织是否有效与完善，与这个政党的纪律是否严明有着很大的关系。一般而言，一切政党都具有自己的组织纪律性，只是不同政党的组织纪律性制度化程度

① 《列宁全集》(第 20 卷)，人民出版社 1989 年版，第 357 页。

与表现形式有所不同。

(五) 政党以掌握和维护政权为目标

人们组成政党的目的在于实施政治纲领,只有实施了政治纲领才能维护阶级成员的根本利益。因此,政党只有掌握了政权才能实现其政治纲领,掌握和维护政权是政党的主要目标。这是政党区别于任何其他社会组织的又一个显著特征。如果一个政治团体,不是为了掌握政权而建立,那么它的组织无论多么严密也不称其为政党。政党本身是一个政治性团体,它无法把自己的政见付诸实施,必须在掌握政权之后,凭借执政或参政地位,通过国家的立法机构,把政党的政治纲领通过立法机构或国家权力机关,转化为国家法令和政策,凭借国家的行政权力付诸实施。至于取得政权的方法,革命党必要时采取革命手段夺取政权,民主政党则本着民主政治的原则,以选举的方式,通过参加竞选获得选民的支持。

二、政党的功能

作为阶级利益的代表者和阶级力量的领导者,政党是阶级利益冲突发展到近代的产物,并在当代政治生活中发挥重要的作用。但在不同的政治制度中,政党的作用是不同的。在民主政治中,政党具有"保持政治体制的整体性并使其运转"的基本功能。在社会主义国家政治中,政党往往是政治制度的建构者和改造者,始终处于国家政治生活的核心领导地位。虽然政党在不同的政治环境中有不同的作用,且由于研究视角的差异,对政党的功能认识也不尽相同,但将政党作为一个特殊的政治组织来考察,政党大体具有以下功能:

(一) 集中阶级意志

任何阶级都有自己特定的利益要求和阶级意志,政治统治是按照统治阶级的意志进行的统治。政党是阶级利益的集中代表者,是实现政治统治的工具,它的重要作用之一就是在集中阶级意志的过程中发挥重大作用。任何一个阶级社会,统治阶级的成员在维护其阶级利益和对被统治阶级进行统治这个根本点上是一致的,但在制定和实施具体的政策方面,却往往存在着分歧。这是由统治阶级内部的阶层、集团以及个人的不同利益所决定的。但是,统治阶级的意志在总体上应该而且是一致的。

在资本主义社会,资产阶级政党的作用就是反映本阶级的利益和意愿,制定自己的纲领和政策。一个政党能在多大程度上集中整个阶级的意志,要通过竞选活动来验证。因此,资产阶级政党的竞选活动实际上就是一个阶级意志的活动。政党在竞选活动中对其纲领、政策进行宣传,争取本阶级群众对其政纲的支持和采纳。在竞选活动中获胜的政党,则可以通过执掌政权、制定法律和政策把统治阶级的意志集中起来,上升为国家意志。

在社会主义社会,工人阶级和广大人民当家做主,但是人民群众在根本利益一致的基础上也存在着各种矛盾。为了发展生产力，为了建设社会主义，就需要形成统一的意志。无产阶级政党代表工人阶级和广大人民群众的根本利益，在集中人民意志的过程中起着决定性的作用。因为共产党没有广大人民利益之外的自身利益。党制定路线、方针、政策的过程，就是集中人民意志的过程。

（二）行使国家权力

政党集中了本阶级或阶层的意志后，须借助于国家政权来使阶级或阶层的意志转变为国家意志，即通过国家政权的强制性力量来实现政党所代表的阶级或阶层的意志。因此，政党为了实现它所代表的阶级或阶层的整体利益，必然会把政治活动的目标指向国家政权，掌握政权，行使国家权力。在近现代国家里，政治权力的行使，在正常的情况下都是通过政党政治实现的。政党在组织政府、制定法律和政策、施政等方面都起着重要作用。

在现代西方国家中，国家权力通常是由在大选中获胜的政党来具体运作的。在大选中获胜的政党一般会通过以下两种途径来执掌其政权：一是控制议会，即在选举中获胜的政党主要通过议会立法的方式，使本党的政治纲领经过法定程序上升为国家意志，以国家权力向社会推行。同时，政党还可以派遣党员担任国家要职、直接参与国家政策执行过程等方式支配和影响着国家政治生活的发展中方向和实际过程。在社会主义国家中，无产阶级政党是社会主义国家政权的领导核心，党通过对各种社会力量和国家机构的领导来实现自己的政治纲领。

（三）政治社会化

政治社会化是指个体形成某一特定社会所要求的政治信仰、态度和行为的过程。它体现在如何对待政治制度、政治生活方式、政策制定，以及个体政治观念的发展等问题上。具体而言，政治社会化是指社会个体在社会政治互动中接受社会政治文化教化，学习政治知识、掌握政治技能、内化政治规则、形成政治态度、完善政治人格的辩证过程，是社会政治体系的自我延续机制和功能运行机制。[①] 政治社会化是政党的重要功能之一，它通过多方式、多渠道、多手段的社会政治互动，在政治社会化组织、群体与社会个体之间传播政治文化信息，以延传政治文化，教育社会个体，巩固政治统治，推动政治发展。

在一些议会民主国家，政党的政治社会化功能在选举时表现得最为突出。因为，选举过程的特性以及选举独具的合法性功能，政党往往扮演政府与人民之间的桥梁。在选举过程中，政党需要向选民传达政治观点，争取政治支持，进而获得选民选票。而在平时，由于资讯传播的发达、人民教育水平的提高以及成人政治态度的定型，使得政党在政治社会化过程中所发挥的影响力相对减少。在发展中国家，

① 李元书：《政治社会化的含义、特征、功能》，载《政治学研究》2008年第2期。

政党在政治发展中的政治社会化功能远大于西方议会民主国家。对于发展中国家而言，由于政党肩负着社会重建的重大政治任务，它在政治社会化过程中所扮演的角色至关重要。政党肩负一切政治教育的使命，包括社会教育与政治动员，从政治训练到集会活动，从民族历史观念的培养到爱国思想的培育，甚至包括政府政令的宣传引导，都体现出政党培育和塑造人们政治态度的功能。

（四）培育精英和政治录用

政党反映民意、代表和表达本政治集团利益的组织保证便是政党对政治精英进行培养和录用。现代社会是不可能通过一两个人来治理的，社会规模的巨大也使得民众的直接治理没有可能。这就要求有一个能够代表人民的政治集团来直接掌握政权，治理国家政治事务，政党符合了这样的社会发展要求。政党要在政治运作过程中培养和训练本党党员的参政能力，政党以特定的理论、组织原则和活动方式创造着特定的政治文化氛围，并且在这个氛围中教育党员，提高党员的政治素质，培养党员的政治能力，进而培育出政党的政治精英与中坚分子，进而取得党内成员支持，成为党内精英人物，代表本党参加竞选。

（五）影响国际政治事务

在当代，由于全球一体化趋势的发展，政党不仅是一国内部政治的重要因素，也是国际政治中的重要力量。许多政党跨越国界，组成跨国政党联盟，成为国际政治舞台的特定主体和活跃的政治力量；政党之间的关系也成为国际政治关系的重要内容。有些政党还以特定的方式进行各种政治活动，在国际政治舞台上积极发挥其作用，以实现和维护其所代表的阶级或阶层利益。

19 世纪到 20 世纪上半叶，无产阶级国际性政党组织——共产主义者同盟、第一国际、第二国际、第三国际等组织在进行国际无产阶级的政治斗争、维护国际无产阶级利益、推动人类历史的进步和正义事业的发展中均发挥了重要作用。20 世纪 70 年代以后，随着国家间和地区性经济、政治、文化的发展，西方国家各类政党之间加强了国际性的联合，相继建立了一些国际政党组织，如欧洲人民党、欧洲民主联盟、基督教民主党国际、国际民主联盟、欧洲绿党等。拉丁美洲一些国家的民族主义政党也组成了拉丁美洲政党常设会议，呼吁拉美各国加强团结，实现拉美地区一体化。第三世界的民族主义政党如巴勒斯坦解放组织、南非人国民大会等也在国际政治中发挥着重大作用，影响着国际政治的发展。

三、政党的类型

（一）组织形态与政党类型

从组织形态来研究政党类型的视角，早期出现在欧美，其特征是是以少数精英为主体，被称为“精英党”或“干部党”(Cadre Party)。随着产业革命的开始，经济市场的运行逻辑向社会运行逻辑的渗透，出现了以大众成员为主体的大众政党(Mass membership Party),并从20世界60年代开始萌发于欧洲各国。比如20世纪60年代的学者基尔海默提出的“全方位党”(catch-all Party),20世纪90年代梅尔·卡茨提出“卡特尔政党”等。

本书根据传统的政治学理论,把世界各国政党划分为以下几种类型:

1. 刚性政党

所谓的“刚性政党”,即都有明确的政治理念,都有一定的入党标准和程序,都有较为严格的纪律,并且都有层级分明的各级党部以及分工明确的各类专业工作部门。在刚性政党中主要是非竞争性的政党制度,主要包括霸权党制和一党制。霸权党制主要是指一个政党长期地占据政权,原则上其存在着其他政党,但这些政党只能作为第二等级而存在;一党制则指只允许有一个政党存在的政党制度。

刚性政党政纲与党章规定严谨,长期具有一贯性。党纪较为严格,党员实行登记制度,有时进行考察筛选,较难随意参加。其中央与基层组织架构较为清晰,具有明确定义的日常业务,行政领导职权明确。中国共产党,欧洲资产阶级民主国家政党,特别是倾向工人阶级的政党多属于此类。

以入党程序为例,《中国共产党章程》中明确规定年满十八岁的中国工人、农民、军人、知识分子和其他社会阶层的先进分子,承认党的纲领和章程,愿意参加党的一个组织并在其中积极工作、执行党的决议和按期交纳党费的,可以申请加入中国共产党。入党程序有填写入党志愿书,需要两名正式党员做介绍人,要经过支部大会通过和上级党组织批准,并且经过预备期的考察,才能成为正式党员。介绍人的职责、党的支部委员会、上级党组织的职责等都有着具体规定。入党以后,每名党员都要以党章为依据、标准、规则,将党章作为党组织和党员的思想自觉和行动自觉。

2. 柔性政党

所谓的“柔性政党”,即没有明确的政治理念,入党标准和程序对于一般党员来说具有象征性。一般说来,各层级之间的联系较为松散,只有作为选举工具而执行选举任务时,各个层级之间才高度配合,安排选举任务,动员选举活动。按照萨托利对政党体制的分类,柔性政党将对应其笔下的竞争性政党。竞争性政党制度主要包括两党制、主导党制、温和多党制和极限多党制,而极限多党制由于其动员程度和竞争性之大,我们倾向于把它放到“刚性政党”中去考虑。

柔性政党政纲与党章内容较为模糊,随着选举情势保持较大弹性,因选情与领导人政见而常有变异。党纪松散,甚至没有党员登记制度,政党机构不清楚其党员人数与身份,出入自由不需考察。柔性政党中央与基层组织具有很大随意性,大多只在选举期间活动,平时仅是俱乐部与谈话会性质,中央领导只是候选人的竞选总干事,没有实质的政党领导权。美国民主党、共和党与加拿大、新西兰等国政党就属于此类政党。

以美国民主党和共和党为例，美国两大党并没有全国统一的党员登记制度。美国公民在参加选举之前，需要在自己居住地的选民登记机关注册。在大多数州，公民可以在选民登记的时候注册自己为某党成员。也就是说，美国选民的“党籍”是自己宣布的，你愿意登记为哪个党就登记为哪个党。如果你以后改了主意，也只要去选民登记处或者交通管理局（交管局在美国负责发放驾照和身份证，选民也可以在那里做选民登记）重新填一张表即可。更重要的是，注册为某党党员之后，不交党费，没有党员义务，没有党员纪律；当然，相应的也就没有什么党员权利。因此，加入政党的门槛是很低及宽松的，除了在选举投票时在选民登记表上注明自己属于某个党，就自动成为该党党员外，如果选票上没有政党选择这一栏，但投票给某个政党候选人的话，就会被该党视为党员。此外，网上登记也是成为党员的途径之一。民主党的入党网站，只要填写电子邮件信箱与邮政编码，就可以成为党员。此外，参加民主党的活动、捐款给民主党，都可以成为党员。

对于绝大多数普通党员来说，入党就这么简单：不需介绍人、不必经过组织考察、没有批准手续，更没有入党宣誓仪式。不过，一个政党要在社会中发挥巨大的功能，光靠普通党员的松散结构还是不够，政党还需要许多活动积极分子以及组织管理机构。尤其是像民主党与共和党这样的大党，除了全国委员会统筹全国性选举实务外，各州与地方也都有自己的委员会负责指导本党在当地的运作，因此，各级党章中对党员资格没有什么要求，但却详细规范了如何选举、辞退专职党工的步骤。需要特别指出的是，无论是全国委员会还是州委员会或县市委员会，由于各有自己的章程，相互间不存在上下级的统属关系，在这些委员会中，有经过党员选举出的专职党工，比如全国委员会主席、秘书长、州委员会主席、财务部长等，各级党工只对本级委员会负责。美国政党的政党纪律与组织架构一般呈现相对松散的状态。

美国政党纪律松散，这表现在：一是在政府内进行决策投票时，政府内政党成员的投票行为不受本党严格控制，他们完全可以不与本党保持一致而改投本党不支持的政策；二是在候选人竞选时他们投票也是高度自由的，既可以把票全部投给本党候选人，也可以有选择地投票，如在州长竞选时，他可能投票支持共和党的候选人，但在州议会或某些地方议会选举时，他又可能转而投票支持民主党的候选人，反之亦然，无人干涉；三是美国政党只有竞选纲领而没有固定的基本党纲，没有统一的党章和党规，没有集中统一的、强有力的全国组织，没有统一的组织原则和严格的管理法规，正如曹绍镰教授所说，美国政党是“无足轻重的党籍”、“若有若无的党纪”。所以，党员不需要遵守自己党的纪律，也没有党内纪律的奖惩，而且政党党员本来就不需要交纳任何党费，不必一定要为党工作，很少参加由政党组织的讨论与活动，只是在竞选投票期间党内党员才表现出一定程度的统一性。

美国政党的组织松散与美国的国家结构形式有关。美国是实行联邦制的国家，在这种体制下，从中央到地方，各级政府实行层层分权。州、县地方高度自治，国家政府对州政府、州政府对县政府无随意干预的行政权力。美国就是在这种分权的行政区划基础上设置了各级选区，而两党就是以各类选区为基础建立自己的各级党组织。各级选区独立进行选举，各级党组织也就不得不独立进行工作，这就造成了两党在组织上形成层层独立管理的体制。美国学者指出：为什么我国的政党一直如此分散？主要原因是我国的联邦体制宪法决定了我国的政治制度，政治制度又决定了政府结构。政党则是这种循环关系的最好例证。它们往往是围绕着选举和担任公职者组织起来的。因为我国的联邦制是依照全国—州—地方这种体制办理选举和设置官员的，而我国的政党也是以同样的体制组织起来的。① 两大政党的组织是美国独特的政治体制的产物。只要州的主权、联邦制、本地习惯、立法机构自主和区域自治以及分权等既定原则普遍地保持着，强有力的，高度集中的政党组织就难以在美国建立起来。②

（二）意识形态与政党类型

欧洲是现代政党的发源地，人们通常以“左”或“右”来区分政党的政治色彩，把世界各国政党国家治理的政策路线，分为左翼政党和右翼政党两大类。一般来说，左翼政党在意识形态上较为激进，右翼政党在意识形态上则较为保守。

政治上左、右派的划分开始于法国的大革命。在1789～1794年法国大革命时期，国王召开三级会议，贵族和僧侣坐在国王的右边，第三等级坐在国王的左边。紧接着在召开国民会议时，赞成革命的成员坐在演讲台的左边，反对革命的成员坐在右边。从此形成了一种习惯。1818年法国君主制复辟以后，左派表示支持革命；右派表示反对革命。左派认为主权在民，赞成共和制，反对教会特权；而右派则维护教会特权和君主制政权。19世纪欧洲国家的议会也以议长的座椅为界，分左、右两派就座，沿袭至今。所以，左、右派就成了政治名词，并以此为基础把议会内的政党分为左翼政党和右翼政党。

具体而言，左翼或左派一般是指政治上激进或革命的政党或派别。西方学者一般习惯将强调民权、社会平等、进步、改革和福利国家等的信仰视为左派主张。左翼政党一般对现实社会政治生活不满或比较不满，要求对其进行改革，左翼政党在传统意义上更多的是指代表中小资产阶级利益的政党。把主张消灭私

① James Mac Gregor Burns and J. W. Peltason and Thornas E. Cronin. Government By the People (Englewood Cliffs, NewJersey, 1985), (P. 225).

② 哈罗德·F.戈斯内尔等：《美国政党和选举》，上海译文出版社1980年版。

有制，以暴力推翻西方现行制度的观点视为极左派观点。右翼或右派一般指观点与主张和左派对立的、反对激进变革或革命的政党或派别（如英国的保守党、德国的联盟党、美国的共和党等）。在传统意义上，一般将老牌的资产阶级政党称为右翼政党，主要是指他们更多的代表垄断资产阶级利益，右翼政党往往对社会政治生活采取比较保守的立场，希望能保持和维护现状。那些主张取消一切政党活动自由和公民权，实行公开的、恐怖的、独裁统治的政党被称为极右翼政党。在现实生活中，各国国情不同，左、中、右的含义也不尽相同，意识形态和实用主义兼容的政党也是存在的。

1. 左翼政党

在不同的历史时期，左、右翼政党各有不同的内涵。在 19 世纪后半叶工业革命后，左翼政党追求的治理价值的核心是社会公平，强调社会公平等重于经济增长，在政策手段上强调干预经济发展和重新分配社会财富。在政治上赞成变革和革新，主张最大限度地扩大公民自由以及政治上的平等权利，推崇博爱和各民族平等的国际主义。在经济上追求产业工人和无土地农民的利益，主张国家干预市场，国家为经济地位低下的人和弱势群体提供社会福利保障，建立人人平等的社会。左翼政党一般信仰马克思主义，反对资本主义，是由无产阶级和劳动者组成的信仰社会主义或共产主义的政党，如欧洲各国的社会党、社会民主党等。传统左翼运动是无产阶级革命运动的主体，目标是通过变革资本主义的生产关系来解放被束缚的生产力，消灭经济剥削，实现财富的公平分配。

当前左翼政党主要有南非非国大、巴西劳工党等；社会主义国家政党包括中国共产党、朝鲜劳动党、越南共产党、古巴共产党、老挝人民革命党；拉美左翼政党包括阿根廷左翼联盟“胜利阵线”、委内瑞拉社会主义统一党、秘鲁民族主义党、智利社会党、乌拉圭广泛阵线等；欧洲左翼政党包括爱沙尼亚社会民主工党、法国共产党、希腊左翼运动和生态联盟、意大利重建共产党、卢森堡左翼党、奥地利共产党、斯洛伐克共产党、西班牙联合左翼、捷克和摩拉维亚共产党、捷克民主社会主义党、德国民主社会主义党等；相对意义上的左翼政党包括美国共和党、英国工党、加拿大新民主党、墨西哥民主革命党等。

2. 右翼政党

右翼政党的追求目标重在经济增长，并把经济增长置于社会公平之上，追求总体经济成就和个人自由的最大化。右翼政党信仰古典自由主义和保守主义，维护资本主义的社会制度、政治制度和道德秩序，反对人民主权。在经济方面提倡自由竞争和自由市场经济，主张国家尽量减少对市场经济的干预，不赞成由国家提供社会保障。右翼政党一般是由资产阶级和社会上层人士组成的政治组织，如英国保守党，美国的共和党等传统的资产阶级政党。

第二节 政党制度

一、现代政党制度的形成

（一）政党制度的含义

政党制度是一个国家通过政党进行政治活动的方式或状态，是现代国家政治制度的重要组成部分。广义的政党制度是指由国家法律规定或在实际生活中形成的关于政党的社会地位和作用，特别是政党执掌、参与或影响国家政权的具体体制和运行机制，包括与其他政党的相互关系的制度性规定。它是现代国家政治制度的重要组成部分。狭义的政党制度指政党章程中规定或实践中形成的政党内部的机构和职务设置、职权划分及活动准则。

政党制度的形成和发展受到多方面因素的影响和作用，其中影响政党制度的形成的主要因素：① 国内各阶层和集团之间力量的对比；② 国家政权组织形式；③ 选举制度。

就国内各阶层和集团之间力量的对比而言，在不同阶级利益和政治利益基础上会形成各种政治力量，不同政治力量的对比就进一步体现为各个政党政策主张。新兴集团会努力寻求国家的支持，并试图进入到国家部门之中，以寻求政治价值的权威性分配。集团如何进入到国家中去，本身就是一个值得思考的话题，而当其化身为政党时，其性质更是发生了迭变。

就国家政权组织形式而言，不同国家政体规定着政党在不同的国家政治生活中有着不同的作用。我们主要考察单一制和复合制两种政权组织形式对政党制度形成的影响。在单一制条件下，自上而下的垂直管理必然要求其政党具有相当程度的凝聚力，全国性的政党常常需要一套严格的纪律以及严格的准入门槛来要求各层级的党员，以便获得支持，谋求在竞选中的胜利；在复合制条件下，成员资格的获得以及整个政党体系就显得较为松散，而没有单一制政党下较高的要求。

就选举制度而言，西方政党制度与其关系最为密切。选举制度不仅直接塑造了国家的政权形态，进而影响社会成员的心理状态，还在更深层次上影响了政党制度的形成和现有的政治格局。选举制度又分为单一选区制和复合选区制，在单一选区制下，选区划分相对较小，每个选区只选出一名议员，所以又称“小选区制”。在复合选区制下，在一个选区内选出多名议员，选区划分较大，又称“大选区制”。在单一选区制下，每个选区只有第一名才能当选，小党的空间就被大大压缩，大党的候选人容易当选，容易形成两党制。在复合选区制下，得票较少者也可能当选，小党候选人当选的可能会更大，容易形成多党制。除此之外，还有许多影响政党制度的因素，比如萨托利的《政党和政党体制》中谈及的意识形态派别的数量以及结构机会对于小派别的奖励等等都将直接影响政党制度的形成。

（二）现代政党制度的形成

1. 资产阶级政党的产生和发展

政党作为连接政府和社会的桥梁，其产生经历了一个复杂的过程。这里需要区分“政党”和“政党制度”的概念，政党作为之中组织而存在，而政党制度则作为一个政党参与政权的一种结构化方式为人们所知，并且政党制度的形成确立了一套游戏规则，所有的政党都围绕政党制度而运作。因此在讨论现代政党制度的形成时，就不能不研究“政党”的产生。我们将政党制度分为一党制、霸权党制、两党制、有限多党制、极限多党制、粉碎性体制（萨托利，1976）。机缘巧合的是，世界上最早产生政党和形成政党制度的国家都是英国。那么我们主要从英国开始研究，继而转向法国与美国，仔细分析其于萌芽和形成状态的发展，关注现代政党制度的形成过程。

（1）英国政党的产生和演变

英国的政党制度形成时间较早：在斯图亚特王朝复辟时期，形成了最早的政党：托利党和辉格党。1679 年，就詹姆斯公爵（后来的詹姆斯二世）是否有权继承王位的问题，议会展开激烈争论。一批议员反对詹姆斯公爵的王位继承权，被政敌讥称为“辉格”，即“马贼”。他们也渐渐以此自称。辉格党人是指那些反对绝对王权，支持新教徒宗教自由权利的人。那些赞成的人则被政敌称为“托利”，意为“不法之徒”。托利党人是指那些支持世袭王权、不愿去除国王的人。辉格党代表新兴资产阶级和新贵族的利益，主张限制王权，提高议会权力；托利党代表地主贵族的利益，维护君主特权。1688 年两党由于共同反对詹姆士二世而走向合作，发动“光荣革命”，这个时期并没有产生政党制度。

“光荣革命”以后，辉格党成为执政党。随着资本主义的发展，辉格党内部发生了分化，原有辉格党中的一部分人加入了托利党，而辉格党因为分裂而逐步丧失了统治地位。19 世纪 30 年代，英国完成了工业革命，统治阶级内部也发生变化，形成了代表土地贵族、金融贵族和大商人利益的保守势力与代表工业资产阶级利益的改革势力。前者以土地贵族为核心，在原托利党的基础上组成了保守党；后者以热心于自由贸易的工厂主为核心，在原辉格党的基础上组成了自由党。

1832 年选举改革以后，扩大了普选权。为争夺选民，获取议会多数，两党竞相发展自己的议会外组织，建立选区协会作为竞选机构。随着议会和两党制的确立及发展，两党在 19 世纪中叶都成为有严密的中央和地方组织的全国性政党,19 世纪末 20 世纪初,自由资本主义被垄断资本主义代替后,保守党逐步由土地贵族的党变为垄断资产阶级的党。与此同时,自由党逐步衰落,该党主张的自由贸易政策使英国丧失了“世界工厂”的垄断地位,大批工业资本家转向保守党。

20 世纪初随着工业革命的发展和工人队伍的不断壮大,工党崛起。从 1924 年开始,工党取代自由党,与保守党轮流执政。到 80 年代末,英国除保守党和工党两大政党外,还有社会自由民主党、社会民主党、英国共产党、合作党、威尔士民族党、苏格兰民族党、民族阵线以及英国革命共产主义同盟等。从 19 世纪末 20 世纪初开始,两党制逐步完备。保守党于 1907 年首创影子内阁,以后凡在大选中获得下议院多数议席的政党则成为法定的反对党。反对党在议会中有可能通过不信任投票取代执政党的地位。

(2) 法国政党的产生和演变

前面我们已经论及,“政党”和“政党制度”属于两个不同的概念范畴,从时间上来看,“政党”一定是在“政党制度”之前形成的,法国也不例外,法国的现代政党制度是在 1875 年后第三共和国建立以后出现的。但是在此之前,我们需要考察一下,法国各政党的发展情况。法国政党制度的起源可以追溯到法国大革命时期,第二共和国时期、第三共和国前期的政治派别和团体的发展。

法国政党的前身可以追溯到 14 世纪由国王召开的,由贵族、僧侣和第三等级参加的三级会议。这个会议基本上呈现出了当时国内的主要派系,并且形成了主要的利益格局。这个时候的三级会议所起的作用比较小,而且主要作为国王开征新税的工具,曾经停开 175 年之久。但是,它和英国一样,显示了一种限制国王权力的框架,为以后政党制度的形成做了铺垫。

在政党出现之前,法国已经产生了许多政治团体,其中最著名的是雅各宾俱乐部,它是法国政党的雏形。雅各宾派起源于凡尔赛的布列塔尼俱乐部,它在 1789～1792 年之间称为宪政之友社,1792～1794 年称为雅各宾自由和平等之友社。该俱乐部旨在保护革命免受可能发生的反动贵族的侵害。后来该俱乐部在处理国王路易十六的问题上发生分歧,许多温和派加入斐扬俱乐部,1792 年之后其成为领导大革命的主要团体,罗伯斯庇尔是其中的一员。之后法国的政党之间就充满了各种竞争,长期难以形成有效的政党制度。

在 1789～1792 年君主立宪时期,关于建立何种政体上,贵族派和爱国派展开了斗争;在 1792～1799 年共和时期,法国在内忧外患的情况下,吉伦特派和山岳派之间又展开了一场血腥的权力斗争。热月政变以后,热月派又分为两翼,一侧较为宽容,一侧较为激进。在 1830～1848 年君主立宪时期,关于政体问题再次展开了斗争,主张共和制的共和派与主张君主立宪制的自由反对派展开争夺,后者取胜。到了1848～1852年第二共和国时期，围绕共和制问题又发生了权力斗争。这一时期，政治团体和派别组织有了较快的发展。总的说来，这一段时期的派别斗争比较激烈，但大多属于“零和博弈”且非常复杂，基本上处于清洗异类的范畴，总的说来，这时期的派别并不是现代意义的政党，也难说有现代意义的政党制度。

法国的现代政党制度到20世纪以后才得以最终确立。法国的现代政党是在1875年第三共和国建立以后出现的，1900年之际是法国政治党派积极活跃时期，也是党派的政治体制的形成时期。当时克勒芒梭领导的激进社会党在此方面领先，该党在制度设置和组织结构的形成上更具有现代意味。该党每年召开代表大会，并制定了正式纲领，不过政党组织结构严密性仍不高。

自20世纪80年代以来的法国，有30多个政党活跃于政治舞台，其中主要的左翼政党主要有法国社会党和共产党，右翼政党主要有人民运动联盟，另外还有极右翼政党国民阵线。左翼和右翼政党均有较强的实力；而中间势力则比较薄弱。不过近些年来，极右翼政党国民阵线逐渐崛起，在选举中获取了较多的选票，在一定程度上改变了法国的政治格局和走向，对其将来的可能的发展很值得关注。

(3) 美国政党的产生和演变

美国政府内部形成的政治派别则是围绕着1787宪法批准问题而展开的争斗过程中形成的。在讨论和批准1787年宪法时，政府内部形成了联邦党和反联邦党人两个派别。以汉密尔顿为首的联邦党人主张建立起一个强有力的联邦政府，因而主张批准联邦宪法；而以杰斐逊为首的反联邦党人则反对给联邦政府以太多的权力，主张在宪法中应加上保障人民权利的条款后再批准宪法，因此他们自称为是民主共和党，联邦党人则讥称其为“反联邦党人”。

此后的联邦宪法虽然得到批准，但是政府内部围绕着有关政府体制的争论仍未完全消除，两派在一系列政策问题上激烈争论。从1800年民主共和党人杰斐逊当选为总统开始直到1828年，美国政府权力一直由民主共和党人所把持。从1828年到1852年，民主共和党内部又分成了民主党和辉格党两派并轮流执政，但是占据主导地位的仍然是民主党。南北战争以后，美国开始出现民主党和共和党轮流执政的局面。

南北战争后，1868年通过的第14条宪法修正案赋予了黑人与白人同样的选举权。选举权的不断扩大对政党所产生的重要影响就是，各党派要在轮流执政的格局中取胜，就不能光在议会中斗争，而要走向社会，在社会中获得更多公民的支持才能上台执政。这样，政党之间的斗争就从狭小的政府内部扩大到了整个社会。获得选票的压力使原来在议会内活动的派别性政党开始走向社会而建立起赢得选举的全国性组织。诚如政治社会学家奥罗姆所言:直到 19 世纪 20 年代和 30 年代,现代政党才充分具备了它的外部标志——强有力的组织和公众卷人。①

从以上早期政党的产生历史中我们可以看出,早期政党在其产生初期往往都围绕某些重大的政治原则,由政府内部的各种政治派别分化组合而成,早期政党一般都是在议会和政府的舞台活动的体制内政党,其活动只局限于议会和政府内部,并没有将触角伸到社会的各个层面。早期政党最早产生于英国,现代大众性政党则最早出现在美国,促使其出现的直接原因是现代选举制度的确立。

英美法等早期资本主义国家的政党一般都是在资产阶级夺取政权之后,在资产阶级内部因为某些原则和政策分歧而产生出的现代政党。相对于早发资本主义国家,德、意、日等后发资本主义国家的政党产生则是资产阶级先在旧的体制内建立起政党,然后利用政党作为政治斗争的工具,从而建立起资产阶级国家政权。这些国家由于走上法西斯道路,它们真正建立起现代政党是直到第二次世界大战以后。

2. 无产阶级政党的产生和发展:

工业革命的深入发展,促使了现代资产阶级和无产阶级的产生和对立。随着资本主义制度在各发达国家的确立,资产阶级与无产阶级的矛盾也在不断加深。1836 年,英国宪章运动中成立了第一个工人政治团体——伦敦工人协会。自此之后,在各国的工人运动不断深入开展过程中产生了各种工人政治团体。1847 年 6 月,在马克思和恩格斯的领导下,各国工人组织在伦敦建立了第一个无产阶级的国际共产主义组织——共产主义者同盟。1850 年夏,共产主义同盟发生内部分裂。1852 年 11 月,同盟根据马克思的建议而宣告解散。

马克思和恩格斯在领导国际性工人运动的同时,也于 1847 年在布鲁塞尔创立过德意志工人协会,但是该协会在 1848 年后即停止活动。1866 年,德国工人运动的领袖倍倍尔和卡尔·李卜克内西在德国创立了萨克森人民党,并于 1869 年与德意志工人协会等组织中的民主派代表合并建立了德国社会民主工党。1975 年,该党又同全德国工人联合会合并成为德国社会主义工人党。1890 年,该党又改称为德国社会民主党,从而转向了社会民主主义。

1879 年,法国也成立了法国工人党。1882 年,该党内部分裂为马克思主义派和可能派,后者另行组建了法国社会主义工人协会。1901 年法国工人党与革命社会党等联合组成了法兰西社会党。1905 年 4 月,上述各党中的社会党派别

① [美]安东尼·奥罗姆:《政治社会学导论——对政治实体的社会剖析》,浙江人民出版社 1989 年版,第 277 页。

合并组成了法国社会党。

自此之后，欧美各资本主义国家内部一般都出现过工人党或共产党，并在第二次世界大战后有所复兴。但是这些政党要么在其发展过程中转向了社会民主主义，要么则被各国的政治体制吸纳为体制内的政党，即在认同现行制度的基础上放弃了暴力革命和无产阶级专政。有的国家的共产党，如法国和意大利在第二次世界大战期间也曾经与其他政党联合组阁而上台执政，但是都没有成为西方国家的主导性政党。

与资本主义国家内部政党的兴起状况相比，在由传统专制社会向现代社会转型的部分落后国家中，首先出现了一大批以民族振兴为目标而带有资产阶级改良性质的政党。但是由于这些国家的资本主义发展尚不够充分，资产阶级政党的力量非常软弱。在社会矛盾的进一步激化和政治力量的分化改组过程中产生了落后国家的无产阶级政党，并很快取代了资产阶级政党而走上了推翻旧制度的革命道路。由于历史和现实当中的各种原因，这些国家的革命性政党在建国以后大都实行了共产党一党执政或以执政党为核心的多党合作制度。

1898 年 3 月，俄国社会民主工党第一次代表大会在明斯克召开。在 1903 年 7 月召开的第二次代表大会上，社会民主工党内部分化为布尔什维克和孟什维克两派。列宁领导下的布尔什维克正式产生。1904 年，列宁在《退一步，进两步》中系统阐述了该党的组织原则——民主集中制。在布尔什维克党的建立和发展过程中，列宁根据俄国实际情况提出了布尔什维克党在俄国革命中的先锋队性质和靠先锋队的灌输来提高无产阶级意识的政党发展道路。1917 年 10 月，布尔什维克以武装起义的方式取得俄国革命的胜利，并建立起了世界上第一个社会主义国家和共产党一党执政的政党制度。俄国布尔什维克党从 1925 年开始改名为全苏联共产党(联共布)，1952 年又改称为苏联共产党(苏共)。第二次世界大战结束以后，在苏联所控制的东欧国家也纷纷建立起来了共产党或工人党，并先后确立了共产党或工人党一党执政的政党制度。

俄国革命在中国所带来的影响是马克思主义开始和中国工人运动相结合。一批先进的知识分子于 1921 年 7 月成立了中国共产党。自 1927 年共产党和国民党分裂之后，中国共产党确立了党对军队的绝对领导。在中国革命过程中，中国共产党按照农村包围城市和武装夺取政权的发展战略，取得了中国革命的胜利，确立了中国共产党在中华人民共和国的执政党地位。由于在内战时期的中国共产党已经与各民主党派确立了一定的合作关系，在新的政党制度下，中国共产党与各民主党派一道形成了共产党领导下的多党合作体制。这一合作型政党制度体现为：中国共产党是执政党，各民主党派是参政党，共产党领导、多党派合作，共产党执政、多党派参政。中国共产党与各民主党派的关系是协商合作、相互监督的关系。根据这些特点,中国共产党提出"长期共存、互相监督、肝胆相照、荣辱与共"作为中国共产党领导的多党合作制的基本方针,这也成为中国共产党与各民主党派关系的基本准则。

二、国家类型与政党制度

资本主义国家是在资本主义生产关系形成和发展的基础上,资产阶级经过经济政治斗争,推翻封建地主阶级政治统治或者与封建地主阶级政治妥协后建立起来的,是资产阶级维护其政治地位和资本剥削关系的工具。资本主义国家以资本主义私有制为经济基础,以资本主义市场经济为经济运行方式,以普选制、议会制等形式为政治统治和治理社会方式,以共和制或君主立宪制为基本政权组织形式。

资本主义国家政党制度又称为政党政治,它是资本主义国家中的政党进行社会政治活动的合法规则、程序和方式。按照轮流执政的政党数目,通常把资本主义国家政党制度划分为两党制、多党制和一党制。

社会主义国家是无产阶级通过革命,在打碎资产阶级国家机器基础上建立起来的新型国家。社会主义国家以生产资料社会主义公有制为经济基础,在社会主义初级阶段,坚持以公有制为主体、多种所有制经济共同发展的基本经济制度。社会主义国家是以工人阶级为领导(通过共产党)、以工农联盟为基础的无产阶级政权,是多数人对少数人的统治。

社会主义国家政党制度是无产阶级掌握国家政治权力,领导无产阶级和全体人民进行社会主义革命和建设,镇压敌对阶级反抗的基本途径和方式。从社会主义国家的发展的历史过程来看,其政党制度主要有两种类型,即无产阶级政党领导制和无产阶级政党领导下的多党合作制。

传统政治学在政党体制上采用最多的一种方式是依据政党数量的多少,将政党体制模式分为一党制、两党制、多党制,有时也加上无党制作为补充。随着政治学研究的发展,单纯以数量作为划分标准的方法受到越来越多的批判,萨托利等人摆脱按政党数量的分类法把政党制度分为"无竞争性"和"竞争性"两类。他们把一党极权制、一党权威制和一党多元制的各种一党制列入无竞争性政党制度;而把两党制和多党制列入竞争性政党制度。根据马克思主义关于政党制度的基本性质的论述,我们首先把政党制度的体制模式分为资本主义国家的政党制度和社会主义国家的政党制度,结合执政党的执政方式,参照萨托利关于政党制度"无竞争性"和"竞争性"的划分,我们在此基础上进一步将当代政党制度的体制模式划分为竞争型政党制度与合作型政党制度两种类型。

(一)竞争型政党制度

竞争型政党制度是指一国的政党通过竞争选票或议席的方式而上台执政的

政党体制模式。从政党的产生与发展规律中我们可以知道，一旦政党产生于议会之内，政党一般都会伴随着议会的发展而比较平稳地过渡到一个竞争性的政党制度之中。对于后发国家而言，竞争性政党制度的形成则往往会经历一定的曲折。由于竞争型政党制度也有着产生与发展的不同轨道，因而在竞争性政党制度内部也有着不同的类型。

萨托利结合一国政党数量与竞争性程度两个标准，将竞争型政党制度又分为极端多党制、有限多党制、两党制和一党独大制四种主要类型。

极端多党制指有五个以上政党存在并且都在整体力量格局中扮演着重要角色。在这种政党制度中，由于政党之间的意识形态差距非常大，以至于极左党和极右政党之间很难达成妥协，政党之间的分布格局呈分散化态势和离心化竞争。不管哪一个政党或政党联盟执政，都面临着两个以上的反对派。所以多政党联盟执政和政局不稳是其最大特征。极端多党制的典型代表有德国的魏玛共和国、法兰西第四和第五共和国、意大利（1948～1972 年）、挪威（1945～1969 年）、芬兰（1951～1972 年）、瑞士（1947～1971 年）和以色列（1949～1973 年）等。

有限多党制的政党数量一般在三至五个，政党之间的意识形态差距也不是很大，因而政党之间的竞争力是一种向心力作用下的竞争，比较容易形成政党联盟执政和政党集团的两极化分布态势。其典型代表有德意志联邦共和国、比利时、爱尔兰、冰岛和 1970 年以后的挪威和瑞士等国。

两党制一般是指由两个势均力敌的大党相互竞争选票或席位而轮流上台执政。在这里，两党仅指轮流执政的政党数目，而并不是国家的政治生活中实际只存在着两大政党。事实上，在实行两党制的国家中，除了轮流执政的两个大党外，往往还存在着其他若干小党。只是其政治基础弱小而一般不可能成为主要的政党单独上台执政，而只能以其他方式影响国家的政策。两党制起源于英国，目前比较典型的两党制国家有英国（保守党和工党）、美国（民主党和共和党）、加拿大（保守党和自由党）和新西兰（工党和国家党）等。

在一党独大制下，虽然各政党之间仍然存在竞争，但是有一党占有绝对优势而长期执政。其他政党虽然也是合法而正当的政党，也可以与大党角逐选票或席位，但是大党的超强地位使得其他小党很难单独上台执政，也只能以其他方式影响国家的政策。此时，党与党的竞争也就在很大程度上内化为大党内部各派系之间的竞争。实行过一党独大的国家有 1952 年以后的印度，1955 年至 1993 年的日本、1950 年和 1965 年至 1970 年的土耳其等。

一些西方学者对竞争型政党制度的研究比较注重在两党制和多党制之间进行比较。其方式是将政党制度、选区制度和投票制度联系起来研究，认为小选区制、多数代表制比较容易导向两党制；大选区制、比例代表制则比较容易导向多党制。两党制比较容易导致竞争之后的一党单独执政，因而政局一般比较稳定；多党制比较容易出现几党联合执政，因而政局比较动荡。这种研究的结论就是，两党制是一种最好的政党制度，多党制不是一种最好的政党制度。但是达尔等人通过对政党进行统计，却发现世界上真正实行两党制的国家非常少，只有 8～21 个国家实行两党制。① 同时，深入的研究也表明，两党制及其选区制度也限制了选民的选择范围，使选民的民主权利行使地很不充分。还有学者也通过统计表明，目前世界上最多的政党制度是多党制而不是两党制。所以，两党制并不具有普适性，在现实世界中，实行多党制的国家远远多于实行两党制的国家。

（二）合作型政党制度

在政治力量的互动状态中，除了存在着竞争关系外，还有可能存在着合作、冲突和互助等多种状态。在内战时期，一国的政党可能会凭借军队而处于相互斗争和冲突之中；而一旦某种政治制度得以建立和巩固之后，则非竞争性政党制度就只能要么是一党制，要么是一党领导制。以合作关系为基础的政党关系可以称为合作型政党制度，合作型政党制度主要是执政党加参政党合作的政党制度，因此，谈及合作型政党制度主要是指一党领导制。

一党领导制主要发生在苏联与东欧国家和越南、朝鲜、古巴等国。在这种体制下，共产党或工人党是唯一存在的合法政党，国家政权由单独存在的政党来领导，同时，社会内部的各种矛盾也通过共产党或工人党领导下的妇女、工人和青年组织等政治性社会团体来加以协调和综合。也就是说，共产党不仅是国家政权的领导力量，而且还是各种政治性社会团体的领导力量。

一党领导下的多党合作制的典型代表是中国。在这种体制下，共产党既是国家政权的领导力量，也是各种政治性社会团体的领导力量，同时还与多个参政党展开合作。与纯粹的一党领导制所不同，参政党在国家政治生活中也发挥着参政议政和民主监督的作用。

中国的政党制度的基本点是坚持共产主义政党的长期稳定领导，同时发挥多党合作的作用。这一政党制度的载体是中国共产党领导的多党合作和政治协商制度，中国是一个多党派的国家。除了执政的中国共产党外，还有八个民主党派。分别是：中国国民党革命委员会、中国民主同盟、中国民主建国会、中国民主促进会，中国农工民主党、中国致公党、九三学社、台湾民主自治同盟。这些民主党派在中华人民共和国建国之前就已存在。它们在政治上拥护共产党的领导，这是它们在与共产党长期合作、共同奋斗过程中作出的历史选择。中国共产党

① ［日］冈泽宪芙：《政党》，经济日报出版社 1991 年版，第 34 页。

与各民主党派合作的基本方针是"长期共存、互相监督、肝胆相照、荣辱与共"。各民主党派不是在野党,也不是反对党,它们是参政党。共产党领导、多党派合作,共产党执政、多党派参政,这是我国政党制度的显著特征。中国共产党和各民主党派都必须以宪法为根本活动准则。各民主党派在组织上都是独立的,享有宪法规定范围内的政治自由、组织独立和法律地位平等。

中国共产党和各民主党派合作的首要前提和根本保证是坚持中国共产党的领导。民主党派参政的基本内容是:参加国家政权,参与国家大政方针和国家领导人人选的协商,参与国家事务的管理,参与国家方针、政策、法律、法规的规定执行。在国家采取重大措施或决定国计民生的重大问题时,中国共产党都事先同民主党派和无党派民主人士进行协商,取得统一认识,然后再形成决策;民主党派和无党派人士在国家权力机关人民代表大会及其常委会、常设专门委员会中,在地方各级人大中,均有一定比例的代表,以更好地参政、议政并发挥监督作用;在人民政协中充分发挥民主党派和无党派人士的作用;举荐民主党派和无党派人士在各级政府及司法机关担任领导职务。这就是中国共产党领导的多党合作和政治协商制度。

这一制度创立了一种崭新的执政方式。与资本主义社会性质相适应,两党制和多党制国家的执政党通常主导和独占国家权力,并为其所代表的利益集团谋取最大的政治和经济利益。其他政党作为在野党或反对党,由于不能直接参与政府管理国家事务,往往对执政党采取对立的态度和做法,使执政党的执政效果受到很大的牵制和影响。在一党制国家,主要是执政党一党长期独揽国家一切权力。在我国,中国共产党作为执政党,依法长期执政,这是历史的选择、人民的选择,是宪法明确赋予的。民主党派作为中国共产党的亲密友党,参加国家政权,参与国家大政方针和国家领导人选的协商,参与国家事务的管理,参与国家方针政策、法律法规的制定和执行,在国家政治社会生活中发挥着重要作用,是参政党,不是在野党,更不是反对党。同时,中国共产党的执政既接受宪法和法律的监督,又接受各民主党派、无党派人士和社会各方面的民主监督,有利于科学执政、民主执政、依法执政。这些都确保了中国共产党在建设中国特色社会主义的历史进程中,始终成为坚强的领导核心,始终为人民执好政、掌好权,始终团结带领全国各族人民不断取得各项事业的胜利。

三、选举制度与政党制度

(一)选举制度与政党制度

政党制度与选举制度同属于国家政治制度的重要组成部分,共同反映着一个国家的国家本质和政权组织形式,二者有着非常密切的关系。在民主政治的社会中,政党与选举几乎是无法分离的。政党在民主政治中所扮演的角色与功能，很难被其他团体或组织所取代。政党是政府与民众间的桥梁，也是民众意见表达的渠道。政党通过选举提名候选人，以期获得执政的权力，控制政府的组织、部门、人事等，以达成其政治理念、利益与目标。政党仅代表部分阶层民众的利益与理念，但要获得选举的成功，一般说来必须在全体民众的利益与国家发展问题上表明自己的立场，接受民众的甄选。选举制度以选举和选举权为核心内容，选举是现代民主政治实践中制度化了的公民控制政府最为有效的行为，选举是现代国家中公民以选民资格表明自己国家公共权力基本立场的行为，它以制度化的方式实现对于国家权力的制约，选举体现的是人类社会试图把自身的命运交到自己手中的努力①。政党只有通过一国的具体选举制度的运行才能参与、执掌或影响国家政权。选举制度、议会制度和政党制度是现代国家宪政制度的三大支柱，而选举制度是议会制度和政党制度实现其制度目的的基石。政党的组建，目的在于执政或参政，议会制度为政党执政或参政提供了平台；而选举制度提供政党执政的合法途径。一个国家的选举制度的类型、地位和作用与本国的政党制度有关，同时作用于政党制度。

单一选区制，又称单记名选区制，即每个选区只选出一名代表，得票相对多数者当选。由于只选出一名代表，选区划分相对较小，所以又称小选区制。在这样的情况下，政党的分裂必然导致选举的失败，团结的政党往往能够取得竞选的胜利。因此，在这种选举制下，往往是两个庞大的政党促成一个相互交替、轮流执政的局面。美国、英国、加拿大、法国等国家议员的选举都采用这种选区制度。通常在一个选区内，每个政党提出一名本党候选人角逐议员名额，获得多数选民投票者当选。单一选区制度示意见表 4-1。

表 4-1 单一选区制度示意

	甲选区	乙选区	丙选区	丁选区
A 党候选人	40%	36%	30%	36%
B 党候选人	35%	33%	36%	40%
C 党候选人	25%	31%	34%	24%
当选者	A 党	A 党	B 党	B 党
在单一选区制中，只有第一名才能够当选，小党难以在选区获得第一名，因此单一选区对大党有利。				

复数选区制，每个选区可以选出 2 名以上的代表。德国、意大利等国家的议员选举都采用这种选区制度。在采用复数选区的选举中，政党进行选举通常有

① 韩大元：《比较宪法学》，高等教育出版社 2003 年版，第 253 页。

两种方法：一是选人不选党，政党提名候选人或个人自行参选，由选民针对候选人个人投票，参选人以个人竞争能力赢得选民选票，候选人按得票次数多少依次当选，这一选举方式也可称为“相对多数制”。另一种方式是选党不选人，由合法政党提名候选人一揽子名单（名单需要排序），个人不得参选，选民投票不是投给某个候选人，而是投给政党，按政党得票比例分配议席。政党按分得议席数依名单顺序依次当选，这一选举方式又称“比例代表制”。选人不选党示意见表 4-2。

表 4-2 **选人不选党示意**

复数选区：该选区需要选出 6 个议员											
	A	B	C	D	E	F	G	H	I	J	K
得票率（%）	10	6	8	14	17	1	25	3	2	9	5
从上表可以看出，在复数选区中，不需要很高的得票率就可以当选，从而有利于小党生存。候选人只要知名度高，主张一些极端观点，引起人们的注意，就可以把支持率抬高，从而当选											

选党不选人示意见表 4-3。

表 4-3

复数选区：该选区需要选出 10 个议员										
	1	2	3	4	5	6	7	8	9	10
A 党	A1	A2	A3	A4	A5	A6	A7	A8	A9	A10
B 党	B1	B2	B3	B4	B5	B6	B7	B8	B9	B10
C 党	C1	C2	C3	C4	C5	C6	C7	C8	C9	C10
得票率	A 党 50%			B 党 30%			C 党 20%			
分配议席	5			3			2			
小党获得 20%的支持率也可以获得两个议席										

比例代表制对促进多党制形成的作用十分明显。因为它是按照各个党派所得的选票比例来分配议席的，只要一个有组织的政治力量能在选举中得到一定数目的选票，它便有可能获得若干议会席位。因此，在比例代表制下，没有任何力量能使倾向相近的政党进行合并，因为政党的分立不曾使他们有所损失，即使有的话也是微不足道的。同时，也没有任何力量阻止政党的内部分裂，因为分裂出来的派别也可以按比例得到席位。可见，比例代表制有力地消除两党制发展趋向的重要因素。不过，比例代表制的性质使政党居于重要地位，有助于建立有严密组织，有严明纪律的政党，一些个人的、散漫的、缺乏组织力的小政党由于不适应要求往往会被淘汰，客观上对政党数目有一定限制作用。也就是说，比例代

表制促使多党制的产生，但也不会出现政党多至无数的局面。

选举制度对政党政治的影响表现在选举规则和投票制度的选择，如胜者全得的多数选举规则会增加多数的力量，尤其是在大选区中更是如此。莫里斯.迪韦尔热在20世纪50年代初出版的《政党概论》中提出：一轮投票多数选举制有助于促成两党制，在一轮投票多数选举制和两党制直接存在着差不多一致的共通性，即两党制的国家都是多数选举制度，多数选举制的国家又都是两党制的。[①] 迪维尔热定律的主要内容就是多数选举制导向两党制。比例代表制则给小党和少数派保留了一定的政治空间，这样会使众多小党对政局施加影响。两轮多数选举制或比例代表制则促成了多党制。到20世纪90年代，以选举为重点的美国政治学者李帕特的《选举制度与政党体系》艺术，观察分析了27个欧美国家1945～1990年的议会选举，他提出研究选举制度最基本的三个属性：① 选举公式。选举公式包括三种类型：多数决制（相对多数决制、两轮投票制、选择投票制）、比例代表制（进一步区分为最大余数法、最高平均数法、单记可转让投票制）和半比例代表制（积累投票制和限制连记法）；② 选区规模；③ 当选门槛，即一个政党为取得代表权所需的最小支持限度，它通常适用于全国性的层级。德国“5%条款”就是政党进入议会的当选门槛。

（二）西方国家的选区划分

选区划分关系到选举产生代表的广泛性，同样也关系各个政党团体的利益，因此，不论社会性质如何，只要是实行民主制的国家，选区划分都是选举中首要的和十分重要的一个因素。西方国家议会议员的选举多是直接选举产生的，因此，这些国家在选举中首先要解决的问题是如何划分选区。同时，由于西方国家大都实行的是多党政治，各个党派斗争的焦点是千方百计使得本党在选举中获得更多的选票，从而使本党能够执掌或参与执掌国家政权。而选区的划分在很大程度上可以左右选举的结果，因此，如何划分选区更加有利于本党或本政治集体的利益，当然也成为各个政党关注的焦点。

例如，美国国会议员选举中有关选区的划分就比较复杂。美国国会分为参众两院。按照美国的联邦宪法和选举法的规定，美国的众议院人数是法定的，即435名。其名额按各州人口比例分配，每州至少需有一个名额。但最初，众议院议员的选举方法由各州自行决定，有的州实行大选区制，甚至有的州不划分选区，统一在全州选举议员，使议员的选举极不平等。1942年，美国国会通过一项选区选举法律，从而在美国确立了小选区制。目前，除少数城市的市议员选举是在全市范围内统一选举的外，美国的众议院议员及州和地方议会议员的选举都

① [法]莫里斯·迪韦尔热：《政党概论》，雷兢璇译，香港青文文化事业有限公司1991年版，第198页。

是实行小选区制。

美国国会参议院议员的选区划分则和众议院议员选区的划分原则不同。由于美国参议员名额是州分配的，各州不论大小，都有2个参议员议席。这是美国制宪者们设计的体制框架，是将参议员作为各州的代表，因而最初参议员都是由州议会选举产生的。随着民主运动的发展，到20世纪，越来越多的选民要求改变参议员选举的现状。1912年国会通过了《宪法第十七条修正案》，规定参议员也改由各州的选民直接选举产生。但是由于参议员不是按人口比例而是按州分配议席，因此，美国的参议员选举是以州为单位，一个州就是一个选区。然而由于州作为地理区域被看作有同等的代表权，使得参议员所代表的选民人数相差悬殊，人口不同的州拥有相同的议席，有人将这种情况称之为“宪法规定的选区划分不当”。

英国是西方代议制民主的发祥地，是世界上较早实行普选制的国家。英国议会分为上院和下院，而选举则主要是指下院议员的选举，因此，英国选举中选区的划分只是指下院议员选举中的选区划分。英国选区的划分也是经历了一个历史发展过程。虽然英国一直采用的是按地域划分选区的方法，但在第二次世界大战以前，各个选区的人口与议员数的比例相差很大。直到1944年，为了确保各选区享有平等的代表权，丘吉尔政府在全国设立了包括英格兰、苏格兰、威尔士和北爱尔兰四个常设的议会边界委员会。1949年通过一项(下院)议会席位重新分配法，规定全国选区总数不得过分超过或少于613个，并对苏格兰、威尔士和北爱尔兰的选区数额规定了一个下限。目前，英国下院选区总数已经扩大到615个。因为英国实行的是小选区制，每个选区只能产生1名下院议员。这意味着英国的下院议席为615个。

在法国的历史上，曾实行过小选区和大选区两种形式。例如法兰西第三共和国时期，曾频繁交替使用这两种选区制。法兰西第四共和国时期，大多数的省采用的是大选区制，少数省采用的是小选区制，到1985年社会党执政时，改用大选区制度。1986年议会选举中取胜的多数派政府上台后，声言要保持法兰西第五共和国选举法的传统和维持法国政党两极化的格局，重新恢复了小选区制。这种形式一直沿用至今。

德国虽然也是按照地域划分选区，但实行的却是一种特殊的混合选区制。德国的选举法规定，德国的每位选民在一次选举中必须投两张票，一张选票投给他支持的议员，即每个选区只产生一名议员；另一张选票投给他所支持的政党，政党按得票多少的比例获取议席。这实际上存在小选区制与大选区制共存的混合局面。

从西方国家选区划分的实践和历史发展过程来看，在经过两百多年的历史发展，特别是近现代民主运动的影响，西方各国在选区划分上都注意到公平性，即普遍接受了“一人一票”原则，选区划分一般都是根据人口变化作出调整，以使代表与选民人数的比例大致相等。但是，由于选区本身与选举结果的密切联系，西方各国的政党为了在选举中获取胜利，仍围绕选区划分大做文章。但他们不再是简单地在选区边界划分上做手脚，而是在选区的实质内容方面，即实行单名制或复名制，或实行简单多数制还是比例代表制等方面大动脑筋。一般而言，实行两党轮流执政的国家，为了保持大党的统治权，多实行的是小选区制，而多党制国家则往往实行大选区制或混合制。

第五章　公　　民

本章重点

1. 公民的含义
2. 公民权利
3. 公民社会及特征
4. 我国公民社会的发展

公民是一个法律概念，也是一个政治概念。从法律上说，公民指的是具有一国国籍，并依据该国宪法和法律的规定，享有权利和承担义务的人。在现代社会，将国籍视为确定公民身份的基本依据，进而在个人与国家之间的关系中把握公民的权力与义务，乃是一个基本的共识。然而从政治学的角度出发，仅仅辨析出以上几个概念是远远不够的。因此在本章中我们将着重探讨以下几个问题：公民的最初原型在哪里？公民与“私人”有何分别？与公民相对的“臣民”有何特征，公民是如何摆脱“臣民”的羁绊而进入现代政治生活领域当中的？公民这个概念中所蕴含的政治意涵是什么？在公民社会中公民如何正视自己的权利和义务？“公民社会”应该具有的特征是什么，我们又该如何建立这样一个公民社会呢？

第一节　公民的含义

一、历史中的公民概念

（一）古希腊时期的公民概念

“公民”一词最早出现在古希腊。柏拉图认为：“公民作为履行国家职责的自由人，应该具备节制、勇敢、大度、高尚等美德，护卫者是最好的公民，他们经过严格选拔，通过音乐教育和体操训练而陶冶心灵和强健体魄，并由共产主义体制培育其为为国服务的国民体质。”①对于古希腊人来说，城邦和自由是公民存在的条件。按照亚里士多德的经典概括，城邦不是一个地域概念而是一个“政治社团”。② 公民身份意味着对城邦这一共同体的义务。亚里士多德较全面地论述

① 柏拉图：《理想国》，郭斌和、张竹明译，商务印书馆 1995 版。

② 亚里士多德：《政治学》，吴寿鹏译，商务印书馆 1995 年版，第 118～119 页。

了古希腊城邦国家的公民形态，他认为：公民的通常含义是参与统治和被统治的人。不同的政体有不同的公民，但在最优良的政体中，公民指的是为了依照德性的生活，有能力并愿意进行统治和被人统治的人。① 即“凡有权参加议事和审判职能的人”，即可成为公民。

在古希腊，公民的概念是与奴隶制相对应的存在，因此古希腊的公民的概念呈现出以下几个特点：第一，公民是构成城邦的基本要素，他们表现为献身公共事业和追求身份，即享有政治权利的人。雅典公民具有强烈的公共意识，在他们的观念里，城邦利益远远大于公共利益。第二，由于城邦实行的是直接民主，公共权力与个人权利还未完成分离，国家权力与公民权利密不可分，公民所表征的是个人与个人之间的关系，而不是公法上的国家权力与个人权利的关系。第三，公民概念与政治生活密切相关。公民原意是“属于城邦的人”，优良的政治生活是古希腊人的政治理想，公民是指一部分能够参与公共政治生活的人。第四，只有公民集体而无公民个体。高尔斯顿说，公民身份只是“大家分享和接受的一包好处和负担”，古希腊并没有过具有独立个体地位的公民概念。

（二）古罗马时期的公民概念

罗马人有着强烈的法律意识和行政管理能力，他们发展的一种公民身份模式在运用中是务实的，又是不断向外延伸的。② 然而，古罗马的公民仍然是一个特权概念。起初指享有公民权，有资格选举或被选举为国家官吏来行使国家权力的人。而外邦人或外来移民，不享有公民权，只享有市民权。其国家公民内部的血缘关系不如古希腊紧密，社会成分和社会关系比起希腊城邦更为复杂。公民范围一再扩大，它不再是在单一部落和氏族基础上形成。在共和国初期，有大量外国人和归化者移入罗马。罗马人出于两个原因接纳外来移民：一是对外战争的需要，人口的增加就是军事实力的增强；二是商业的需要，外来移民带来了劳动力和财富。外来人与罗马公民发生了大量商事、民事的交往，但是在这个移民过程中外邦人可以获得市民身份却无法获得市民权力。

共和国后期，征服行为极大地刺激了罗马人的贪欲。他们在征服世界的同时，亦被贪欲所征服，掠夺在当时成为比生产更体面的物质生产方式。公民品德的失落是罗马从共和国走向帝国的根源，从此政治变成为了不得不忍受的事情。③ 如果说在古典政治学中，人只有通过政治即参与公共生活才能实现其本

---

① 亚里士多德：《政治学》，吴寿鹏译，商务印书馆 1995 年版，第 99～100 页。

② 德里克·希特：《公民身份——世界史、政治学与教育学中的公民理想》，郭台辉、余慧元译，吉林出版集团 2010 年版，第 27 页。

③ 浦兴祖、洪涛：《西方政治学说史》，复旦大学出版社 1999 年版。

质，那么，在专制状态下，参与政治只能使一个人堕落，变得无耻。罗马共和国公民内部的关系同古希腊一样，人民大会按等级组织，按等级表决。但到了帝国时期，公民的政治权利只剩下空壳。公民地位远不如古希腊崇高。

（三）黑暗的中世纪——淹没的公民精神，泛滥的臣民意识

市民阶层悄然兴起于中世纪，一般是指从公元 5 世纪西罗马帝国灭亡到 14 世纪文艺复兴之间这段历史时期。公元 476 年日耳曼人攻陷罗马后，欧洲历史进入了漫长的中世纪。这种较低文明征服较高文明的第一个后果就是城市的衰落乃至消失，欧洲中世纪进入了神学统治阶段。

古希腊和古罗马的公民身份传统为其自身传统、法律和教育所强化，并且要求一种对国家集权的忠诚。几个世纪以来更为复杂的中世纪关系模式抑制了一个可比较的公民概念的发展。教会和王权都要求忠诚。结果，作为基督徒，个人发挥着一个教会权威所要求的角色；而作为一个君主的臣民则有被要求服从统治和行政管理的义务。在这种情况下，教会和封建君主成为国家和人民的主宰，个人只是上帝的子民和封建君主的臣仆，而不是公民。君主主宰一切，其他社会成员只能对君主尽义务，不能同君主分享国家权力。反映平等关系的公民概念被黑暗中世纪的权力附庸网扼杀了，这一时代所衍生的更多的是一种群畜意识和臣民意识。反映平等的公民概念为反映不平等的臣民概念所取代。在这样的臣民意识中，“个人”这个词也是不存在的。等级身份的政治特性和神学原则仍主导着一切。自 11 世纪末起，随着航海贸易和商品经济的发展，一些通过自身财富积累而摆脱领主的实际控制的阶层被称为“新人”——及独立的自由人，也就是我们以后所说的市民阶级。以城市手工业者、商人、自由民、学徒等组成的新兴市民阶层逐渐成为独立于王权贵胄和僧路使徒的第三种力量阶级，正是这种市民阶级的诞生，为公民意识的再次回归做足了充分的铺垫。

（四）近代资产阶级革命时期公民的概念

近代资产阶级革命时期的公民概念的形成经历了一个“个人”的觉醒和市民阶级的扩大并冲击原有公民概念的等级观的过程。首先，15、16 世纪的“文艺复兴运动”和 17、18 世纪的“启蒙运动”，使“个人”得以发现。启蒙作为一场思想运动，是人类史上的一次思想大解放、大觉醒。在这当中，人第一次发现了人自身。人不再是上帝的羔羊，或某种保护人的臣仆，人就是人自身，就是人自己的主人。而这一切的全部根据或理由就是：人是有理性的存在者。换句话说，启蒙思想家是以理性来确定人的合法身份，以及人与世界的关系，最终人与上帝的关系也必须由理性来处理。每个人都能够也必须由自己的理性去理解自己与上帝的关系，而无须也不能通过其他途径。于是，启蒙思想的光芒照亮了这个世界的真相：世界本没有什么主人，作为理性存在者，人就是自己的主人，他是独立自主

的。因此,人的存在是自由的。这是启蒙运动最重要,也是最根本的一个结论。

其次,正如孟德斯鸠在《论法的精神》第二十卷第七章中说道,英国人在世界上所有民族中取得了三项最为长足的进步:那就是虔敬、贸易和自由。[①] 在这些关键词的背景下逐渐扩大的市民阶级在逐步冲击原有的公民的等级观念。在这种冲击的影响下"一种独特的资产阶级经济伦理"已经形成,只要在形式上正确的界限之内,只要道德品行白璧无瑕而且在财富的使用上无可指责,资产阶级实业家就可以随心所欲的追求金钱利益,同时感到这是一项必须完成的任务。[②] 在这种清教徒的资产阶级精神的影响下,市民概念起由相对于公民而言的一个下位概念逐步发生转变。起初,复兴的城市不同于城邦,城市以商业生活为基础,城邦是一些行政中心。在这样的城市存在着复杂的阶级关系,如卢梭的祖国日内瓦,自16世纪加尔文时代以来,就把人口分为五等:公民、市民、居民、土著与臣民。卢梭在《社会契约论》的扉页自己的姓名下写上"日内瓦公民",这也许是他引以为豪的身份象征,但由于其在十六岁时由于改信天主教而丧失了日内瓦公民权,以后再也没有得到恢复。而米兰的上层阶级就是资本家、武士和公民。这时候存在一个地位比市民阶层高的"贵族"阶级,即公民阶级。所以早期的市民地位仍不及公民地位。但近代市民阶层源于中世纪形成的市民阶层,不同于古罗马时期的市民,亦非古代拥有地产的地主、非古罗马的异邦人。近代的市民起初是地道的城市人,是自由人,是彼此平等的人,甚至是外来人,是移民等等。一些新生的享有自由的、与过去的农奴相对立的农民,也在许多特许状中被称为"市民"。在这里,市民成了"自由"的同义词。在这样一种语境下市民的概念开始泛化,并逐渐由城市传播到农村。与其说近代公民概念受到市民概念价值理念的强烈冲击,毋宁说二者之间相互交融,衍生了一个全新内涵的公民。自由、权利、独立、平等逐步渗透到公民概念之中,在资产阶级取得胜利、建立国家后,新的公民概念开始普及。

因此在这个意义上,近代资产阶级革命时期的公民概念就包含了这样一种理念:只要具备法定资格,每个人都可以是公民。过去的财产差别、性别差别、血缘不同等等确定公民资格的标准不断被摒弃。所以尽管近代公民仍以政治权利为核心,但却不再具有特权阶层的含义,并且强调人与人之间的平等关系;亦强调公民私人财产及经济活动自由的平等保护。

(五)现代国家中的公民概念

在现代国家,公民概念的外延逐渐法定化,内涵也逐渐泛化。首先,公民已

---

① 孟德斯鸠:《论法的精神》,北京大学出版社2007年版。

② 马克斯·韦伯:《新教伦理与资本主义精神》,北京大学出版社2012年版。

经成为一个相对稳定的法律概念。由于现代国家多追求民主、法治，公民不再是统治阶级随意划定的范围，而是由国内法加以确定。公民概念获得明确的外延和内涵。任何人可以藉法定标准判断一个人是否是该国的公民。公民概念成为一种法律体系内的基础性概念，它保持着相对稳定性，以便法律顺利地调整各种不同主体之间的权利义务关系，而不至于因为概念的混乱导致权利义务的频繁纠纷。在公民权有着特殊规定的国家里，争取公民权的活动大多遵循既定规则，以和平方式进行。

其次，公民的资格更加宽泛。由于平等观念深入人心，确定公民资格中的一些不公平的差别资格或歧视资格不断被摒弃。国籍的出现使公民资格的确定变得宽泛，公民逐步指称一国之内的全体社会成员。这时，公民人数相对于过去急剧增长。面对这种人数庞大的公民，不再可能以过去的管理方式治理自己的政治共同体了。间接民主的方式成为大多数国家的首选，这个时候，由于公民资格的宽泛，使公民阶层早先的地位优越性不复存在。

再次，公民成为与国家相对应的一方。公民范围的扩大，使国家利益与全体公民的利益保持完全一致变得困难，而以间接民主方式联系起来的国家和公民之关系逐渐变得对立。这种对立，既有显性的和平与安定，也有潜在的冲突和不信任。公民作为共同体的主人，在支持、维护国家权力的同时，倍添了一份监督职责一监督国家权力在既定的规范内运行，防止国家权力的滥用。国家权力行使的最终目的是为了保障公民的个人权利，而公民参与和监督的最终目的，同样是为了实现自己的个人权力和利益。这也是一国宪法所应调整的基本社会关系。

二、公民的政治意涵

从人在公私领域中的四种自由状态来审视公民的政治意涵。公民意味着在公共领域和私人领域都获得了自由。

人类以两种方式构成了相互联系的存在：一个是人的单独存在；二是个人聚合成社会共同体的类存在。相应地，个人就拥有着两种共同的身份：一方面，他以个体方式与他人相对独立地存在；另一方面，他又是与他人一起作为社会共同体的成员。与个人的双重性相关联，社会生活中也存在着两种事务：纯粹的个人事务和公共事务。① 个人事务构成了社会生活中的私人领域，公共事务形成了社会生活中的公共领域。正是社会中的个体在公私领域的自由，构成了公民的政治意涵的演变。

在古希腊的城邦民主政治体制下，公民扮演着积极主动的角色，在公共领域具有相当大程度的自由，但是在私领域却不那么自由。雅典公民具有强烈的公

① 陈振明：《政治学——概念、理论和方法》，中国社会科学出版社 2004 年版，第 149 页。

共意识，在他们的意识里城邦的利益是凌驾于个人的利益至上的，雅典的公民将参与城邦的公共事务看作是无上的光荣和使命，至于家庭生活、朋友交往以及财富的获得，都只作为这种最高幸福的组成部分，才能充分发挥其本质作用并使人体验到其中的乐趣。① 一个有公民身份的人，如果沉溺于私人事务而放弃公共权力的行使的话，会被看作极其荒谬的行为并颠覆了城邦的基本价值标准。因此，将私领域的生活带到公共生活当中是断然不被允许的，这就给古希腊的城邦民主体制带来了公共生活异常繁荣自由，而由个人事务构成的私人领域却发展得很不充分。

进入中世纪以后，“积极公民”的理想逐步失落了，在基督教推崇的对“天父”的敬畏与顺从的威压下带来的是对“自我”以及“公民”的贬低与否定。社会生活进入了无论是公共领域还是私人领域都不自由的状态。随着超验的宗教信仰同世俗的政治秩序融构，并为君主集权披上一层合法的外衣，在这样的背景下古希腊民主背景下的“公民”逐渐被“臣民”这一概念所取代。“臣民”不仅在政治生活中丧失了处理公共事务的自由，并且在经济上也完全或半完全的依附于领主的统治。另外，专制君主不仅通过暴力机器对臣民进行全面的奴化教育。在这种刚柔并济的持久的政治统治下，臣民逐渐丧失了自身无论在公共领域还是私人领域的自主性和独立性，形成了一种卑躬屈膝的奴性性格。

臣民转化为公民，是从传统到现代的总体性社会变革的结果。商品经济的发展是臣民转化为公民的前提，在这个过程中市民首先应运而生。在中世纪晚期的欧洲，商品经济在封建社会的母体中滋生，并以城市为依托，在航海贸易的背景下得到快速的发展。商品经济的一个突出特点，在于超越地域和身份的限制，使人们在不断扩大的范围内和不断膨胀的规模上从事生产与经营。② 随着越来越多的财富掌握在这些新兴的市民手中，市民阶层的壮大逐渐瓦解了臣民对于封建领主的依附关系，并且在宗教方面，越来越多的清教徒注重用自己勤劳的双手换取现世的安稳，而不是去追求来世的幸福。但是，新兴的市民阶层也仅仅是在私人领域的自由逐步得到拓展，他们参与公共事务管理的渠道依旧没有被疏通。

在现代宪政背景下的民主国家，按照“法律面前人人平等”的原则，将公民权扩展到每一个相关社会成员身上。无论是公共领域还是私人领域，现代公民都拥有了相当程度的自由。现代社会通过宪政建立起来的契约性集合，在此基础上建立起来了宪政民主制度，优先保障公民个人的正当权益，并努力拓展公民个

① 张凤阳等：《政治哲学关键词》，江苏人民出版社 2014 年版，第 132 页。
② 张凤阳等：《政治哲学关键词》，江苏人民出版社 2014 年版，第 136 页。

人的自主活动空间，并通过政治团体来反映个人参与公共生活的诉求。由此，在现代语境下的公民意涵即在公领域和私领域都获得自由的个体。

接下来，我们将分别分析公民在私人领域和公共领域中的自由状态。

（一）私人领域中的自由状态

普通公民并非职业政治活动家。他们的主要活动不在公共领域，而在私人领域。对普通公民来说，其在私人领域的行为不受他人，特别是政府的无端骚扰、干涉和侵犯才是最主要的问题。公民在私人领域中的自由状态集中表现为这种免于干涉的自由。这种公民在私人领域的自由状态为代表的公民自由主义成为公民身份的理论传统之一。

洛克的《政府论》下篇是这么描述公民在私人领域的自由状态的：在政治权利出现以前，人类处于一个完备无缺的自由和平等状态。在这一状态中，每一个人都拥有与生俱来的、不可剥夺的权利，他们是生命权、自由权和财产权。人民联合成为国家和置身于政府之下的重大和主要目的就是保护他们的财产。[①] 洛克的这种自然法学说奠定了公民自由主义的基调：公民身份即个人权利，权利为个人提供自主的空间，使之能够免于他人或共同体的干预，国家的功能仅在于保护个人权利，个人权利优先于国家。在洛克的自然法学说的基础上，美国革命的先贤们将公民身份兑现为“生命权、自由权和追求幸福的权力”。数年之后，法国革命的“公民”则进一步将他们塑造为“自由、财产、安全和反抗压迫的权力”。古典自由主义的公民身份理想在两次革命所颁布的文件中得以集中反映。

随着社会历史的逐步发展，公民身份权力的种类和内容逐步得到拓展，公民在私人领域的自由被发展到了选举权、被选举权、受教育权、最低生活保障权等领域。1949 年英国社会学家 T. H. 马歇尔的《公民身份与社会阶级》出版，旋即在全球学术界引起了轰动，在这本书中马歇尔将公民身份看作由民事的要素、政治的要素和社会的要素构成。其中民事的要素由个人自由所得所必需的权力组成：包括人身自由、言论自由、思想自由和信仰自由，拥有财产和订立契约的权利以及司法权力；政治要素是指公民作为政治实体的成员或这个实体的选举者，参与行使政治权力的权利；社会的要素指从享有某种程度的经济福利与安全到充分享有社会遗产并依据社会通行标准享受文明生活的权利等一系列权利。[②] 20 世纪末叶，公民自由主义在全球范围内得到进一步拓展。与此同时，公民身份的种类得到进一步的发展。除原来民事权利、政治权利和社会权利的经典划分之

① 约翰·洛克：《政府论》（下篇），商务印书馆 1996 年版，第 77 页。

② 郭忠华：《公民身份的核心问题》，中央编译出版社 2016 年版，第 71 页。

外，诸如环境公民身份、性别公民身份、亲密公民身份、网络公民身份等"第四代"权利被纳入公民权利的范畴。

在一个法制的社会中，公民个人对自由权的行使是有条件的，即不能损害其他公民的正当权益、不损害公共利益和国家利益为前提。对此，现代法治国家一般都有明确的法律规定。这些法律规定构成了公民自由活动的合法边界。但是，在宪政的制度下，这道边界不仅是限制公民的更是限制政府的。只要法律不明文禁止，公民即可作为；相反，政府的任何作为，特别是进入公民私人生活领域的作为，却一定要有明确的法律依据。从这个角度来看，自由权给公民归设了一个依法免于干涉的自主活动空间。①

（二）公共领域中的自由状态

自由的代价是永恒的警惕。自由主义一直将基本义务视为国家对个人的压迫及对基本权利的最强侵害，②其特征是敌意、怀疑和防御。基于公民身份，共和主义认为义务是对人权的保护，其特征是效忠、信任和热爱。公民共和主义作为公民身份理论的另一主要来源，主要揭示了公民在公共领域中的自由状态：从属于无支配的自由，而不是免于干涉的自由。

我们可以看出共和主义的范式很大程度上是作为自由主义范式的对立面存在的。公民在公共领域的自由状态也表现出如下几个特点：首先，在公民身份的目的上，与公民自由主义所追求的个人领域中的自由不同，共和主义公民身份追求的是个人在共和国中的自由。在它看来，个体只有生活在共和国中，才能获取真正的自由，共和国优先于个体。同时，共和国的存在又以公民的热爱、参与和奉献为前提。

其次，在公民身份的形式上，自由主义的公民身份建立在个人主义的基础上，把公民身份看作是一种法律地位，具有明显的法理色彩。共和主义公民身份则强调在个人之间建立友谊、和睦和兄弟般的爱、把美德置于公民身份的核心地位，认为只有在具备公民美德的前提下，才能谈得上共和国的维持和公民自由的实现。

再次，在公民的角色活动方面，自由主义倡导的是一种消极的公民角色，共和主义则反其道而行之，它把关心国家大事，积极参与公民事务看作是理想公民的表现。与此之外，理想公民还要求承担起保家卫国的军事义务，并且在公民的教育上把军事、宗教、军事手段提到及其重要的位置，强调通过严格的军事训练、宗教较好和教育措施来形成公民美德。

---

① 哈耶克：《自由秩序原理》（上），邓正来译，三联书店 1997 年版，第 6 页。

② 郑贤君：《基本义务的宪法界限：法律保留原则之适用》，载《长白学刊》2014 年第 3 期。

第二节　公民权利与公民义务

在政治生活中，公民既是特定的关系载体，又是活跃的行为主体。当公民通过实际行为将自己负载的政治—法律关系动态地展现出来的时候，便是公民的角色扮演。这种角色扮演包括行使权利和履行义务两个方面。

一、公民权利

贡斯当在《古代人的自由与现代人的自由》中曾经给出过这样一种观点：现代社会是平等独立的个人契约性集合，在此基础上建立起来的宪政民主制度，优先保障公民个人的正当权利，并努力拓展公民个人的自主活动空间，至于公共权力的组织和运作，不仅在法理层面，而且在愈益广泛和深入的现实层面，都是围绕和保障公民的权力与自由这一终极目的来进行的。[①] 柏林在贡斯当的基础上发展了著名的二分自由，即消极自由和积极自由。他认为，消极自由是一种摆脱干涉的自由，积极自由是一种自我控制的自由。[②]

在现代社会，公民的地位通常是以国家根本大法—宪法的形式得以确认的。从总体上来看，宪法规定的公民权利大致有“消极”和“积极”的表现形式。消极的权利的意义在于禁止他人或政府的不法干涉，对种种外在的无理强制说“不”，因而具有强制性特征。“积极权力”则能够使公民走上管理社会生活的前台，主动参与公共权力的行使和国家意志的构成，因而具有能动性的特征。两个方面相互支持、紧密结合，共同体现了公民在现代生活中的主人公地位。

（一）公民的消极权利

随着资本主义市场经济的发展，导致了自由主义公民资格的现代形式的出现，集中体现为自由主义的个体主义，主要特征为：个体在本体论、认识论乃至道德上都有优先的权利，个体的地位是至高无上的。对于一个公民个体而言，他的至高无上性受到两种力量的威胁，一种是其他个体，一种是社会（特别是国家）。因此，如果坚持公民的权力就必须认可他们有免受他人和国家对他们的威胁、自由而安全地追求其他生活的权利。

例如在霍布斯看来，权利意味着每个人都有按照正确的理性去运用他的自然能力的自由，自然权利的首要基础是每个人都尽其可能地保护他的生命。[③]洛克进一步将这种自保的权利拓展为财产权利。在他看来，人们在公民社会之

---

① 贡斯当：《古代人的自由和现代人的自由》，阎克文、刘满贯译，商务印书馆 1999 年版，第 24～46 页。

② 以赛亚・柏林：《自由论》，胡传雄译，译林出版社 2011 年版，第 180 页。

③ 霍布斯：《论公民》，应星、冯克利译，贵州人民出版社 2003 年版，第 7～8 页。

前就拥有了财产,他们之所以进入公民社会是为了保全和维护他们在自然状态下所取得的财产。

因此,不是社会,而是个人—全然由其自身利益所驱动的个人—才是财产的创始人,“人类乃是他自身的主人和他的人身及其活动和劳作的所有者,在他的自身之中就有着财产的重大基础”。个人并不必须要为他人负责,也并不必须为共同体负责,只要是个体追求私利的行为不违反自然法的规定,就是合理的、正当的行为。

在此基础上,私利和贪欲的合理性以及国家的最低限度的功能被进一步论证。例如洛克指出:劳动是富足的必要条件,却不是充分条件,真正创造富足的动机是贪欲。公民社会的主要目的就是“保护财产”。这里所说的并非仅仅要求保护那些“每个人微不足道的财产的狭小边界”,或者说“静态的”财产,而是要求保护“动态的”财产,即获取财产的不同和不平等的能力。①

也就是说,国家在经济上中立,其功能只在于为个体私利和财产提供消极的保护,而不主张过多干涉私人行为。在个体和共同体的关系上,强调个体性对于共同体之先在性,主张特体不受共同体的过多限制,共同体的存在应该以满足个体的权利的需求为目的,国家被期望只是在最小的限度上影响公民的生活。正如马克思认识到的,资本主义国家个体权利知不是市民社会的成员的权利,是和他人以及共同体分离开来的人的权利。② 人的权利是消极的,许可个人追求他自己的、个人的生活,并不将他约束在作为一个共同体成员及公民的生活中。

伴随着资本主义的发展,古代希腊那种军事上的个人英雄主义不再被期望和需要,只要努力工作,就可以获得经济方面的利益,推动经济繁荣的商人和劳动者由于其对经济义务的承担而被接受为公民。在私人领域中的松散的个体联系取代了对政治的热情投入。绝大多数公民失去了亚里士多德意义上的那种美德,即通过积极参与政治事务所获得的美德。

在这种传统中,公民的形象是持有各自偏好的精明人,个体总是倾向于最大化他们自己的利益,不论何种选择,都是由公民计算他们自己的利益得失后做出,公民资格和其他的政治制度只是被有条件地加以接受的一些手段,也就是说,在个体的计算中,只有当公民资格和其他的政治制度能够为他们带来最大化的私人利益的时候,他们才会接受。这就构成了公民的消极权利的要旨。

(二)公民的积极权利

显然,我们在一个民主社会中可能会对高水平的公共参与抱有希望。这些

---

① 列奥·施特劳斯:《自然权利和历史》,彭刚译,生活·读书·新知三联书店 2003 年版,第 240～241 页。

② 《马克思恩格斯全集》(第 1 卷),人民出版社 1956 年版,第 182～183 页。

原因都是基于这样一种观念，即认为民主包含着公民以一种符合根本民主价值观的方式来实施统治。第一个原因是，我们认为只有通过公民的积极参与才能够最有可能达到最佳的政治效果，这些最佳的政治结果不仅反映了公民作为一个整体的广泛判断或特定群体经过深思熟虑的判断而且符合民主的规范。第二，通过参与，我们可以实现“获得满足最大多数公民利益需求的规则和决策”。通过对公民事务的广泛参与，公民们能够帮助个人利益和集体利益不断地得到官员的倾听和关注。并防止统治者侵犯公民利益的情况出现。并且，民主参与还可以增强政府的合法性。参与决策的人民更有可能支持哪些制定与执行那些决策的机构。这些过程都显然必不可少的要强调公民在社会公共治理过程中的积极权利。

1. 决定公共事务的权利

决定公共事物的权利是公民的积极权利当中最为基本的一项权利之一。在现当代的民主政治中，由公民决定的公共事务有三个方面，相应地有三项决定公共事务的具体权利：

(1) 选择公共权利的行使者（即国家权力主体）的权利，即选举权。在还没有形成完全的社会自治之前，公共权力必须相应地采取少数人具体行使的形式。基于人民主权的政治理念，少数人对公共权力的行使必须得到公民共同体的同意，因此对公共权力行使者的选择成为一项公共事务，并且是全部公共事务中最基本的一项。

(2) 分配利益的权利。由于个体利益相互之间、个体利益与整体利益之间存在着差异，利益矛盾总是存在，从而使社会生活处于冲突、无序状态。这就需要在个体利益相互之间、在个体利益与整体利益之间划定界限，确定什么利益是被承认和保护的，什么利益是不承认甚至受到抑制的。这就是社会生活中的利益分配。在民主社会，利益的分配大多数情况下采用了法律的形式：宪法对社会生活中的根本利益加以分配，普通法律则基于宪法的基础性分配而做延伸性分配和派生性。相应地，公民分配利益的权利具体化为对宪法及其修宪案的通过权（及制宪权和修宪权）和对普通法律的直接创制权。全民公决是公民行使这几项权利的具体方式。

(3) 资源增益的权利。利益的实现离不开作为客观对象的资源（这一术语是对能够满足人的需要的一切有利的外部环境或条件的总称，它的存在形式是极为多样的，如有行物、知识产权、宏观经济稳定、治安秩序等），是对资源的占有与支配，并且以资源的充足为前提的。由于现实生活中资源的稀缺性，因此只有不断地增加社会的资源总量才能使利益得到最大程度的实现。所以资源增益成为一项重要的公共事务。通常决定资源增益是代议机关与行政机关的职责，属国家机关对公共事务的决定。在现当代的直接民主制下，有一部分重大资源的增益与否是由公民直接投票决定的，如将是否加入某一国际组织进行全民公决。但是，需要注意的是，公民拥有公共事务的决定权并不意味着所有的公共事务都是由公民投票来决定的，比如战争与和平的判断不可能依靠公民的投票作为决定的基础。

2. 担任国家公职的权利

公民参与政治生活并不应该限制于参与公共事务的决定，还应该包括参与公共事务的处理过程。这种公共事务的处理的一般形式是采用少数人具体行使的形式。在广义上，国家公职就包括代议机关、行政机关和司法机关的职务。公民的担任国家公职权是指公民根据自己的意愿获取国家机关的职位，也就是使自身成为国家权力主体，从而直接地参与国家权力体系的运行，参与对公共事务的处理。通常说的选举权就是公民担任国家的公职权。选举之外任命是产生国家公职的另一方式。因此，公民还可以通过任命这一途径来获得国家公职。诞生于法国大革命的《人权和公民权利宣言》第六条称：不平等地根据其能力担任一切与公务相关的职位。这一原则为后来的民主政治所遵循，例如《白俄罗斯共和国宪法》的规定就很具有代表性："白俄罗斯公民根据自己的能力和专长享有平等地获取国家机关任何职务的权利。"由于担任国家公职使公民能够直接地参与国家权力的运行、参与对公共事务的处理，它使公民能够直接地参与国家权力的运行、参与对公共事务的处理，它使公民能够更具体也更深入地参与到公共事务中来，因此，它区别于公民决定公共事务的政治权利。

3. 对国家权力的监督与制约权

国家权力是公共权力的一种特定形态，即由国家机关及其公职人员所行使的公共权利，是基于公民对公共权力行使者的选择而产生的。因此，在民主政治中国家权力的运行必须符合人民的意愿和利益。但是，国家权力的运行存在着背离人民的意愿和利益的可能。这一点已经成为政治学上的常识。这就需要使公民权能够对国家权力的实际运行加以监督和制约，以更好的预防国家的公共权力运行受到损害或者在损害发生之后进行及时的救济。下列各项权利即属于公民监督与国家权力的政治权利。

(1) 罢免权。对公职人员实行任期(轮换制)是现代政治的基本做法。如果遇到公职人员平庸无能甚至渎职枉法却依然担任行政机关的主要岗位并依然担任公职至任期结束才离职，显然是不合适的。这种情况下需要及时剥夺特定公职人员的任职资格并相应地选择新的国家定权利主体。公民的这项以共同意愿剥夺特定国家公职人员作为国家权利主体资格的权利及罢免权。当然，并非所有的公职人员都可以由公民罢免。一般情况下，只有那些由公民选举产生的公职人员才由公民进行罢免。

(2) 复决权。这是针对法律而行使的政治权利，具体情形有二：一是经由代议机关通过的宪法法案或普通法律案，通过公民投票以最终决定该宪法或普通法律是否具有法律效力；二是经由代议机关否决的宪法法案或法律案，通过公民投票以最终决定该宪法或普通法律是否具有法律效力。显然，复决权具有否定和纠正代议机关的立法行为的性质，能使由代议机关通过的法律丧失效力或使被代议机关否决的法律获得效力，可见是一种制约代议机关职权运行的政治权利。

(3) 请愿权。这是公民向国家机关及其公职人员就其权力的行使提出异议并希望其改进或提出建议并希望其采纳的权利。具体来说，请愿权是公民请求国家机关及其公职人员积极地采取某一行为或停止某一行为，以实现某一公共利益或个人利益，或避免某一公共利益或个人利益受到损害。要求国家机关及其公职人员的行为可能涉及法律或公共政策的制定、修改、废除，公职人员的弹劾、罢免，损害的救济等。

4. 联合行动权

联合行动是指具有共同目标或利益的行为人采取同一的或相互关联的行动。其要素包括：多数目的行为人、为了共同的目标或利益、实施同一的或相互关联的行动。联合行动依其目的，可区分为经济性的联合行动、精神性的联合行动和政治性的联合行动。相应地，联合行动权并不完全属于政治权利。联合行动之形态包括结社、集会、游行示威、罢工和表达意见。

(1) 结社。结社因其目的的不同可分为经济性（物质性）结社、精神性结社和政治性结社。政治性结社有两种形态，即政党和利益集团。政党作为政治性结社的一种形态是极为直观的。利益集团则具备了联合行动的三要素：一个利益集团的成员有一些共同的政治目标，他们齐心协力尽力要对如何制定有关这些目标的政策产生影响。① 托克维尔就曾明确地区分了三种结社并认为不同目的的结社各有其重要性：我认为，最值得我们重视的，莫过于美国的智力活动和道德方面的结社。美国人的政治结社和实业结社，最容易被我们注意，而其他的结社，则常被我们放过。必须承认，这类结社对于美国人的重要性，并不亚于政治结社和实业结社，甚或过之。②

(2) 游行示威。游行示威是不特定的多数人为了对外表达其共同意愿而采取的联合行动。经由游行示威所表达的共同意愿常常是政治性的，但显然游行

① 雷蒙德·塔塔洛维奇等：《美国政治中的道德争论》，吴念等译，重庆出版社 2001 年版，第 178 页。

② 毛寿龙：《政治社会学》，中国社会科学出版社 2001 年版，第 233～242 页。

示威也可用于精神性的目的。集会与游行示威的重要区别在于：后者是不特定的多数人向他人尤其是国家机关表达共同意愿即对外表达意愿；前者则并不对外表达意愿，而是参与集会者在相互间即对内表达意愿。这一区别显示游行示威以影响他人为目的，集会则重在相互间的沟通。《中华人民共和国集会游行示威法》称：本法所称集会，是指聚集于露天公共场所，发表意见、表达意愿的活动，本法所称示威，是指在露天公共场所或者公共道路上集会、游行、静坐等方式，表达要求、抗议或者支持、声援等共同意愿的活动。这一表述以示威包含集会。当将集会与示威相并列时，集会应仅限于集会者相互间的意愿表达，因此，这样的界定显然不当。

(3) 表达意见。意见的表达常常是个人行动，直观上与联合行动无关。但是，一个人将意见表达于外往往是希望自己的观点能为他人所赞同并接受，甚至因此而采取相同的行动。表达意见由此具有了(至少是潜在地包含了)形成联合行动的目的，从而成为不以直观形态表现出来的、隐态的联合行动。其他的联合行动则是显态的联合行动。将表达意见作为联合行动的前提和手段的观点，已经包含在托克维尔的论述中了：当人们之间不再有巩固的和永久的联系时，除非说服每个必要的协作者，叫他们相信自己的个人利益在要求他们将自己的力量与其他人的力量自愿地联合起来，是无法使许多人携起手来共同行动的。只有利用报纸，才能经常地和顺利地做到这一点……如果没有报刊，就几乎不能有共同的行动。

5. 政治中的知情权

政治中的知情权即获得政治生活信息的权利。政治生活信息可以理解为与公共事务直接或间接相关的信息，如将要加入某一国际组织的基本情况、某一公共工程的，必要性和科学根据等，其中尤其指与国家权力的运行相关的信息，如议会的讨论与表决情况、政府决策的依据及相关的反对意见等。现当代政治中的知情权制度的重点即在于保证公民获得官方情报的权利，要求官方的资料、档案等适时地向公众开放。只有在掌握了政治信息的前提下，公民的选举、投票、对国家公职人员的监督与制约才有可能。因此，对政治生活信息的掌握是公民政治参与的前提，知政权是前述各项权利的保障性权利。公民的执政权逻辑地要求新闻自由，即排除国家对信息资源的垄断。因为在国家垄断信息资源的前提下，公民能在多大程度上获得政治信息和能获得什么样的政治信息，是取决于当局者的信息供给的，而当局者的信息供给又存在着偏好和过多地考虑自身的利益。这使得公民无法及时、准确、全面的获取必要的政治信息。民主与专制的区别之一就是是否存在国家层面上的信息垄断，一种无意于垄断信息的体制是能够坦然面对公众、并不惧怕公众批评的体制。所以新闻自由被认为民主政治的试金石。

二、公民义务

（一）公民义务的含义和特征

公民义务是指权利主体应当做出或者不做出一定行为的约束，如享有一定权利的公民或法人依法应负的责任。公民义务是法律关系的构成要素之一，要依靠国家的强制力（法律或行政的）来保证履行。任何一项权利必有相应的义务，在法律上以明示（如义务性规范、禁止性规范），或者默示（如授权性规范）的形式予以确定。

公民的义务具有如下特征：

（1）法定性。法律义务产生于存在的前提是法律的规定，即法律义务的设定权在于国家的权力。

（2）强制性。法律义务是法律上必须做出或不做出一定行为，当事人不能放弃和改变，不履行法律规定的义务要承担相应的法律责任。

（3）约束性。不仅表现为义务人对自己行为的抑制，而且是义务人实现其权力和自由的手段。

公民的基本义务及宪法的义务，是指由宪法规定，为实现公共利益，公民必须为或不为某种行为的必要性。它是公民对他人、社会和国家的首要法律义务，是国家和社会创制公民普通法律义务的应当性宪法依据。公民的基本义务和基本权利一起共同反映并决定着公民在国家中的政治和法律地位，构成普通法律规定的公民权利和义务的基础。

（二）公民义务产生的源泉

古希腊时期，公民身份意味着对城邦公共事务的义务；而近代至今，随着人权与平等概念的提升，使得公民、公民身份的概念更多地被当作权利、权利伸张的代名词。因此随着社会的发展，无论是在最普遍的社会生活中，还是在政治生活中人们似乎仅仅只注重自己应该拥有哪些权利，而往往忽视了自己应该尽什么样的义务。我们讨论公民义务以及义务感，并不是要扭转当代社会强调权利的公民身份传统。如果政治是人们之间相互对待的方式，身份就是体现人们在社会中的相互关系。从契约论开始，社会被看作一个合作生存的体系，义务来自他人对自己的角色期待，以及命令或请求。一个人的权利与自由也由服从这种命令或角色期待的义务而获得。① 也就是说，他人的请求、履行义务后获得的成就感以及对国家建立的基本价值观的认同和对法律的认同共同构成了公民义务产生的源泉。

① 薛杰、张丹竹：《公民义务感：彰显文明的政治态度》，载《政治学研究》2015 年第 5 期。

首先，在公共生活作为人类的共处方式依然是不可或缺的情况下，每个公民进入共同体时，都不可避免地承担了一定的角色—暂时的或长久的身份：比如子女、同事、朋友、合作伙伴等等；享有了一定的社会身份和地位。一个共同体成员的身份，就是集中在他身上的各种社会关系的总和。每种社会关系都体现了公民身上承受的角色期待。当公民在社会关系中行事的时候，义务就是在每种身份角色下"应当"完成的事务：公民"应当"遵守法律、"应当"完成赋税、"应当"服兵役等等。一个人，只要他在社会生活中，只要他与别人进行交往，就面临着各种应当与不应当，它不仅构成了对公民行为的各种限制，更体现了在这种角色下他人与社会对之的一种祈使："法律并不去陈述人们想要做什么，而是规定了别人希望他做什么。"正是这种来自社会与他人的期望，构成了公民履行自身义务的价值基础和动力。

其次，履行义务之后获得的成就感是激发公民履行义务的又一显著诱因。虽然来自社会和他人的期望是义务产生的基本动因。但是这种来自外界的期望对应的正是个体在某一方面的缺失。因此公民在履行自身义务的同时，就被视为某项责任的责任人，因此义务在这种语境下会带来压力和边沁所说的"限制"与"痛苦"。但是看到他人和社会恢复了平静与安乐，会让公民感到自己有力量、有能力去挽救他人、给社会创造福社，愉悦并非是缺少灾难，而是消减灾难的体验。有责任并有能力根据他人与社会的需要消减灾难能够给人带来快乐的体验，这是心理学验证过的不争的事实。这种履行了义务之后的成就感是激发义务的履行的一项显著动因。另外，履行义务所获得的成就感是建立在对国家所建立的基本原则的遵从的基准之上的，而吉尔伯特却从另一个角度解释了义务的来源。他形象地用"两人同行"做比喻来形容处于同一共同体的成员，因为彼此"同行"，就负有了一种"联合同意"，即，"我同意和你沿着同一路线行走"。这种对于"同路"的默认，也即同意了该路线以及同伴等相关的主题。这种基于"约定同行"的认同，也就为彼此负上了合作的义务。在这里，公民通过共同生活于一个社会共同体中，处于一种联合了的同意，他们在同一条船上，"我"就成了"我们"。"我们"成了思考公共问题的起点，政府也成了"我们的政府"，国家也成为"我们的国家"。这一心态变化的重要之处就在于，人们构造了一种多元的主题，不仅在行动和实践方而经常一起做特定的事情，而且在信念和态度上、在行动的原则上等等。[①] 这个变化，使得公民在表达任何观点主张之时，都暗含了这些观点看法是他所属的公民群体所共同同意和信仰的。这一点更为重要。因为，一个群体当中的公民未必时刻都能够一起做共同的事情，然而，信念和态度，却可

---

① M. Gilbcrt, "Croup Membership and Political Obli-t;ation", Monist, 76(1993).

以时刻分享：如，“我们能渡过难关”、“我们能战胜这场战争”。这种群体的认同感让彼此负上了合作与告知的义务。即，同属于同一群体的成员在共同体生活中共享相同的多元主题；从而承认彼此负有了支持他们的国家，遵循它的法律，依法纳税等等的公民义务感。

再次，对法律的认可与服从为义务的产生提供了一个正当性的理由。他人的请求、社会的需要成为激发公民义务感的动力因素，但是，仅仅依靠他人的需要与公民的同情，无法证明除道德义务之外的义务感产生的正当性。所有的“应当”要有实施的规定与保障。从契约论开始，一国的法律是经过全体公民同意后制定的，立法的基础是公民的社会公共生活，也是以保证公共生活的秩序为目的的。因此，义务感也产生于公民服从的心理—对法律的承认与遵守。这个“服从”不仅仅是一种屈从，而且也是主体的一种安全化、持续化，一种对主体的安置，一种主体化。①诚然，法律法规不能自然地获得人们对义务的理解与服从，公民义务感的激发需要有政府的价值引导。行为的目标或结果都不是行为的直接动机，甚至对义务本身的理解与认知也不是义务感本身。我们可以不理解法条的制定背景而直接遵守它，但我们无法不理解义务的本性而产生义务感。虽然对于大多数经验与知识都有限的公民而言，遵守比理解更重要，这要求我们的公民在成为一个社会的成员的时候有一种信仰：相信法律，相信权威。

（三）公民权利和义务的关系

公民权利是指公民在宪法和法律规定的范围内，可以作某种行为，以及要求国家或者其他公民或者组织作某种行为或者不作某种行为的资格。公民的义务是指依据宪法和法律的规定，公民必须作某种行为或者不作某种行为的责任。宪法规定，公民享有宪法和法律规定的权利，同时必须履行宪法和法律所规定的义务。这有利于正确认识和处理权利和义务之间的关系。任何公民都不能只享受权利而不承担义务，也不能只承担义务而不接受权利，更进一步说，这有利于反对只享受权利而不承担义务的特权，反对只承担义务而不接受权利的歧视，从而实现公民在法律面前的人人平等。但是这并不是指在任何具体的情形下公民都必须享受权利和同时承担义务。

在宪法和法律的具体规定中，公民的权利和义务的关系具有一定的复杂性，主要体现在以下几个方面：

(1) 在公民与他人的法律关系中，公民享受了某种权利，就必须承担起不得损害他人的义务，因为任何人权利和自由的行使必须以不损害他人的权利和自

① 朱迪斯·巴特勒：《权力的精神生活：服从的理论》，张生译，凤凰出版传媒集团、江苏人民出版社2009年版，第85页。

由为界限。

(2) 在公民与国家和社会的法律关系中，公民有时只享受权利而国家需要承担义务。比如，公民在年老、疾病或者丧失劳动能力的情况下，有时从国家和社会获得物质帮助的权利，却不需要因获得这种物质帮助而对国家和社会承担义务。在公民与国家的法律关系中，公民有时候既要享受权利又要对国家承担义务。

(3) 在一些特殊情况下，公民的某些权利和义务本身是不可分割的。如劳动既是公民的权利，又是公民的义务；受教育权也既是公民的权利，又是公民的义务。

第三节 公民社会

一、公民社会的含义与特征

公民社会是英文"civil society"的中译词，后者在中文中又被译为"市民社会"、"民间社会"。公民社会与其他二者在概念上存在着一些细微的差别别。"市民社会"是最为流行的术语，也是对 civil society 的经典译名，它来源于马克思主义经典著作的中译本。但这一术语在传统语境中或多或少带有一定的贬义，许多人事实上把它等同于资产阶级社会，而且容易把这里的"市民"误解为"城市居民"。"民间社会"最初多为历史学家在研究中国近代的民间组织时加以使用。这是一个中性的称谓，但在不少学者特别是在政府官员眼中，它具有边缘化的色彩。"公民社会"是改革开放后对 civil society 的新译名，这是一个褒义的称谓，它强调 civil society 的政治学意义，即公民的公共参与和公民对国家权力的制约。① 目前，学术界主要从社团层面和文化层面两方面来界定公民社会。

(一) 社团层面的公民社会

社团层面上的公民社会是从社会组织的角度界定公民社会的，托克维尔是从这一视角理解公民社会的先驱。托克维尔认为发达的结社是美国民主有效运行的条件之一，他指出，人们把自己的力量同自己的同志的力量联合起来共同活动的自由，是仅次于自己活动自由的最自然的自由，结社权在性质上几乎与个人自由一样不能转让。在规制人类社会的一切法则中，有一条法则似乎是最正确和最明晰的。这便是：要是人类打算文明下去或走向文明，那就要使结社的艺术随着身份平等的扩大而正比地发展和完善。② 只要美国的居民有人提出一个打算向世人推广的思想或意见，他就会立即去寻找同道，而一旦找到了同道，他们

---

① 俞可平：《中国公民社会：概念、分类与制度环境》，载《中国社会科学》2006 年第 1 期。

② 托克维尔：《论美国的民主》，商务印书馆 1997 年版，第 218 页。

就要组织社团。社团成立之后，他们就不再是孤立的个人，而是一个远处的人也可以知道和行动将被人们仿效的力量。这个力量能够发表意见，人们也会倾听它的意见。结社是人们为了实现自己所追求的各种目的的通用方式，甚至可以说是唯一方式。只要出现一种新的需要，人们就会立即想到结社。①

除托克维尔之外，其他一些学者也从社团组织的层面界定公民社会。比如怀特把公民社会理解为国家和家庭之间的一个"中介性社团领域"，这些中介性的社团在同国家的关系上享有自主权，并且是由社会成员以自愿的方式结合起来，以保护和增进他们自身的利益和价值②。查尔斯·泰勒也从社团的视角界定了公民社会，他认为只要存在不受国家权力支配的自由社团，"最低限度的"的公民社会就已经存在。如果从严格意义上来看，只有当这些社团能够自我协调、自我行动，并且能够积极有效地影响国家政策时，真正意义上的公民社会才存在。他还引用托克维尔的话指出，社团是抵抗温和专政的唯一堡垒，为了各种目的组织起来的自愿社团都是有价值的，因为"它们使我们具有了自治的体验并形成了自治的习惯"。总之，社团层面的公民社会一方面强调社团组织的"独立"、"自治"，另一方面也强调社团参与政治的重要性。

（二）文化层面的公民社会

文化层面的公民社会强调文化价值观的重要性，主要体现在阿伦特、哈贝马斯对公共领域的论述之中。在阐释古希腊政治思想的基础上，阿伦特对公共领域和私人领域进行了区分，公共领域的本质在于行动者愿意从事公共理性的讨论、沟通，彼此分享与了解个别的观点与利益—即使它们彼此相互对立冲突，并依据此公共理性讨论的程序，把个人或党派的私利转化为一种公共性的目的。

哈贝马斯是从文化层面上界定公民社会的代表人物，他从公共领域的视角分析了公民社会的发展。所谓公共领域首先是指我们的社会生活的一个领域，在这个领域中，像公共意见这样的事物能够形成。公共领域原则上向所有公民开放。公共领域的一部分由各种对话构成，在这些对话中，作为私人的人们来到一起，形成了"公众"，当他们在非强制的情况下处理普遍的利益问题时，公民们作为一个整体来行动；因此，这种行动具有这样的保障，即他们可以自由地集合和组合，可以自由地表达和公开他们的意见。当这个公众达到较大规模时，这种交往需要一定的传播和影响的手段；今天报纸和期刊、广播和电视就是这种公共领域的媒介。公共领域是介于国家与社会之间进行调节的一个领域，在这个领

① 托克维尔：《论美国的民主》，商务印书馆 1997 年版，第 649 页。

② 何增科：《公民社会与第三部门》，社会科学文献出版社 2000 年版，第 64 页。

域中，作为公共意见的载体的公众形成了，就这样一种公共领域而言，它涉及公共性的原则—这种公共性一度是在与君主的秘密斗争中获得的，自那以后，这种公共性使得公众能够对国家活动实施民主控制。①

总而言之，文化层面上的公民社会强调的是经过公民理性讨论的、独立于国家之外的公共舆论的重要性。这种理性、独立性的公共舆论是公民社会的重要体现，它们对国家的行为有着重要影响。

(三) 公民社会的特征

美国约翰·霍布金斯大学公民社会研究中心(以前叫作"第三部门研究中心")从厘清"公民社会"这一定义涵盖的组织具备哪些共性的角度出发，萨拉门教授从"结构—运行"的视角归纳出公民社会的五个特征：组织性、非营利性、自愿性、民间性、自治性。②

"组织性"意味着公民社会必须展示相当程度的组织化、制度化。非正式的、临时性的、随意性的聚会应不能算作公民社会的一部分。萨拉门教授后来认识到，不能排除那些未经正式注册的组织，以及非正式的组织，但他继续强调这些组织必须有日常的会面，必须有会员，必须有参与者接受的决策机制与程序。问题是，现实中已出现了越来越多的没有真正意义上会员的社团；更不要提虚拟空间已出现的大量网上团体。它们算不算公民社会的一部分呢？

"非营利性"意味着组织可以赚钱，但只能用于完成组织的使命，而不能将利润分配给其所有者和管理者。问题是，中饱私囊可以采取各种形式，不一定非得采取分配利润的办法。近年来，由于政府拨款减少，西方尤其是美国越来越多的所谓"非营利组织"卷入赢利性活动，致使"非营利组织"与"营利性组织"的界限越来越模糊；与此同时，有关"非营利组织"的高管们薪水向大公司高管看齐的报道也不绝于耳。最近媒体揭露了美国 50 个最糟糕"慈善组织"的黑幕，它们募得的捐款与拨款中平均只有 4%用于受益对象，其余的钱全部用于其管理者与工作人员。更极端的是，最近被人揭发，著名的"善待动物组织"(PETA)屠杀了 96%送给它保护的动物，而这家组织的年度捐赠收入高达 3500 万美元。在严格会计意义上，这些组织并没有分配利润。但我们能据此认为它们也是公民社会的一部分吗？

"自愿性"意味着参与这些组织的活动是以自愿为基础的。这里的"自愿"缺乏严格的定义。问题是，在具有合作主义传统的那些国家，工会、商会、专业团体

① 哈贝马斯：《公共领域》，载载汪晖、陈燕谷：《文化与公共性》，生活·读书·新知三联书店 2005 年版，第 125～126 页。

② 王绍光：《社会建设的方向："公民社会"还是人民社会？》，载《开放时代》2014 年第 6 期。

等组织并不是完全自愿的；在宗教势力强大的国家（包括美国），人们参与宗教组织活动往往从不懂事就开始，在很大程度上也不是自愿的？这些组织是否应该被排除到公民社会以外？

"民间性"本来被定义为在体制上独立于政府，不受制于政府；但后来萨拉门把"民间性"定义为它们不是国家机器的一部分。这意味着，这些组织接受政府的资助并不降低其"民间性"。问题是，这些组织到底在很大程度上依赖政府资助才能生存？如果它们离开的政府的资助就无法生存，那么它们到底在何种意义上具有"民间性"？

"自治性"意味着各个组织自己管理自己，既不受制于政府，也不受制于资本或其他组织。直接"受制于"也许少见，但如果民间组织资金主要来自外部，如政府拨款、基金会资助、外国援助，政府政策尤其是拨款政策、金主的偏好、外国捐助者的资助重点能不削弱那些仰人鼻息的组织的"自治性"吗？

20 世纪七八十年代，我国公民社会迅速崛起，不仅对我国的政治、经济、文化等方面形成了一定的影响，同时也对中国过去的社会结构提出了挑战。我国公民社会的性质，除了具有与他国同样的公民社会的普遍性质之外，又因我国特殊的历史与社会因素，而具有不同于他国的特点。这种特点最显著的就表现在我国公民社会的两重性上。

首先，我国的公民社会兼具了民间性和官方性。民间性是公民社会的重要特征，但是在我国，"半官半民"的现象却十分严重。公民社会组织很大程度上要受到政府的影响。例如，民间组织的领导往往由政府官员兼任，政府对重要社团组织的主导仍然是我国公民社会的显著特征。其次，我国公民社会的自主性与依赖性并存。按照公民社会的特征，成员组织应当具有自主性，按照自己的意愿、需要和方式进行社会活动，而不是根据政府的行政命令来行动。但是由于中国公民社会起源高于高度政治化的运动，它的成长受到了政府政策的扶持，而它发挥作用的时候却又往往要借助公权力，因此，就决定了它对政治国家的依赖性。第三，我国目前的政策，在宏观上鼓励公民社会的成长与发展。但在实际操作的过程中，微观层面却受到限制，给公民社会组织的发展带来了一定的制约。因此，宏观鼓励与微观约束并存，是我国公民社会的又一具体表现。

二、公民社会与公共精神

何谓公共精神？学界曾有过不同的探讨。有人认为，公共精神是孕育于公民社会之中的位于最深的基本道德和政治价值层面的以公民和社会为依归的价值取向，它包含民主、平等、自由、秩序、公共利益和负责任等一系列最基本的价值命题。[1] 有人认为：公共精神是指以利他方式关心公共利益的态度和行为方式；[2]也有人认为：公共精神是社会成员在公共生活中对人们共同生活及其行为的准则、规范的主观认可和体现于客观行动上的遵守、执行。[3] 这些观点虽然都指出了公共精神的一些基本要旨，但基本停留在道德评价或道德批判的立场和层面上，缺乏对公共精神的历史根源和本质内涵的揭示。因此，有必要把公共精神置于现代性的历史语境中来理解和解读。

在哲学人类学的层面，人的存在总是"公共"地存在。近代哲学家海德格尔认为，人的世界是共同的世界，人在世界中就是与他人共同存在。的确，人一出生就被"抛掷"于由各种利益和交往所组成的社会关系之网中，不管如何挣扎和反抗，都无法逃脱与他人相互交往的这种"命定"。人，在其生命（也即成为人）的过程中，必然要与外界的人或物或事发生这样或那样的关联—与周遭环境共生、与其他人群共存、与时间流动共进，共同构建出一个"公共"的人的世界。人的"公共"存在决定了人们总是以某种"共同体"的方式和样态存在着。在我们的平常生活中，可以看到以各种名义或目的聚集起来的各种不同人类群体，它们或者是因为政治权力、种族关系以及革命运动而组成，或者是以宗教信仰、兴趣爱好等为基础，这都属于某种共同体。实际上它们也许代表不同的功能、信仰或兴趣、行动，但最主要的是，其基础是必须要有足够的吸引力和足够的持久力以结合许多的人，激发忠诚的意识，并引起认同感。这种促使人们组成各种共同体、维持并实现共同体的秩序和繁荣的精神力量实际上就是公共精神。换言之，公共精神是人类共同体的精神纽带。

可以说这是这种作为人类共同精神纽带的公共精神缔造了公民社会，并且一个完备的公民社会将会进一步滋养公共精神的培育与发展。随着社会生活的日新月异，公共精神实际上也是随着社会进步的步伐不断充实着自身，并且始终与公民社会的完善脚步相伴。在现代公民社会中的每一个公民，都应该具有公民之独立人格、理性精神、功德意识、社会责任、政治认同、参与行动、普世关怀等公共精神。立基于此，我们应该具有以下共识：

（一）公共理性是公共精神的核心

在一个现代政治社群中，公共理性是对公民进入政治公共生活领域的必要的前提和假定，这也是公民公共精神的表征之一。每一位公民都必须具备一定的公共理性精神和公共理性能力。作为公共理性精神，意味着对任何外在的权

---

① 谭丽丽：《公共精神：塑造公共行政的基本理念》，载《探索》2002 年第 4 期。
② 李萍：《论公共精神的培养》，载《北京行政学院学报》2004 年第 2 期。
③ 潘恩强：《论公共精神：中华传统文化未能培养独立人格》，载《光明日报》2003 年第 11 期。

威、现成的经典、流行的偏见等持反省和批判的精神。不盲从、不盲信；不唯上、不唯书。对既有的事务、制度、思想等一一加以审视、检查、辩驳、求证；作为公共理性能力，意味着勇于运用自己的理性，以科学的态度和实证的方法认识世界并敢于承认自己所发现的真理和做出结论，使理性成为普遍的、人人共享的一种能力和力量。同时，公共理性也包括了“公民克制”的品质，正如罗尔斯所设定的那样，公民要成为具有理智的公民是在以下情景中发生的：他们互相视对方为世代社会合作体制中的自由与平等公民，愿意按照他们认为是最合理的政治正义概念彼此提供平等的合作条件；而且，假设其他公民也愿意接受那些条件，即便是在特殊情况下损失自身的利益，他们也同意根据那些条件去行动。这种理性之所以是公共的”表现为它是“有关公共的”、“通过公共的”和“为了公共的”。按照罗尔斯的理解，作为自由与平等公民的理性，它是有关公共的理性；其主题关怀是有关基本政治正义问题的公共善；其本质与内容的公共性则由公共推理表现出来。

（二）公共关怀是公共精神的精髓

在态度层面上，公民之公共精神表现为一种对公共事务及公共生活的积极关注、理解和承担的心理倾向性上，也即公共关怀。这里的关怀与其说是心理倾向性，不如说是一种社会实践行动。它不是我们传统意义上或女性主义立场上的道德批判或情感投注，而是基于世界的普遍关联性而客观要求的人的实践活动。对于公共关怀，我们应该从广义上去理解和认识它。崇托提出“关怀”的定义为：“在最一般的层次，我们把关怀视为某种活动，其包含我们所做的每件事，以保持、继续和补充我们的世界，如此我们可以尽量过好日子，这世界包括我们的身体、自我和环境、我们在一个复杂的维生网络中寻求去交织这全部。”具体来说，它包括了以下特征：关怀不一定限于人际间的交往，可以是人对周遭世界的人或物或事的关注、感知和领悟；关怀并不一定是基于自我主体的情感好恶而进行，更重要的是一种主体存在或者身份所担当的责任，因为我们当下所置身于其中的世界是由各种文化、信息和行动所交织在一起的客观的维生网络世界，关怀更重要的是一种责任而不是主观好恶；当然，也不应把关怀仅当作是一种现存的人格情操，关怀更重要的是现实行动、是一个过程。具有公共关怀的公民表现为对他人及他物的普遍尊重和关心上；自觉关心公共生活秩序和维护公共空间的纯洁；对公共价值和公共利益表现出积极的赞赏、认同和支持；对偏离和损害公共价值和公共利益表现出忧虑、愤慨和批判；关注公共生活的良善并使自己个人的福祉与公共福祉有机联系起来；对现实公共场景表现出恰当的敏锐和理解等等。

（三）参与行动是公共精神的实质

公共精神本质上就是一种参与精神。在公共生活领域，没有什么比真正地参与行动更令人鼓舞的了。社会公共性的澄明和维护有赖于每个成员对公共活动的参与和分担。公共参与行动首先不是强制的或被胁迫的，而是基于公民的自由意志和理性判断而进行的实践活动。我们设定公民是理性地通过自己的言行而为公共生活造福的自由而平等的个人。公民对公共生活和公共事务的参与行动，最突出的特征和价值吁求就是公民的自由和自治。公民的自治是建立在自由的基础上，因为根据康德的理解，自由是一种意志自律的实践理性，自由本身实际上已向公民提出了自我治理的要求。公民的自由是每个公民在公共生活领域里积极行动—理性和合理性的行动的关键。公民成为自由人才能说明公民是在自主地进行公共生活的实践。从政治哲学看，公民是自由的主体，公民的自由本质上是公共生活领域所确定的公共权利和自由。所以，公民的公共参与行动最终是为了获得人之自由本质的实现。在现代民主生活中，具有公共精神的公民，将积极参与公共政治生活和融入社会公共领域，通过自愿自发的行为，以组织或个人的方式参与公共事务。参与行动并不意味着某个预定的目标立刻能够达到，或“为了”某个功利的结果的获得，参与行动本身就是公民活动的意义所在。公民的参与应该是“本着”自己当下的存在样态而进行的：在参与中，公民确证自我；在参与中，公民成就自我；在参与中，公民超越自我，与其他人分享参与同样是一件有意义的事情。

（四）对公共善的践履是公共精神的价值归依

在现代多元、自由的社会中，传统社会中建构于某一宇宙观基础上的价值学说已纷纷被解构和祛魅，道德体系呈碎片化、多元化态势，现代社会正趋单元化和分裂化发展。这样看来似乎社会之公共性正在被消解和侵蚀，建构公共性的理想也就似乎是不合时宜的论调了。然而，人们是否关注到我们这个世界正走向全球化和风险共在的时代？现代社会中，在一个甚至我们闻所未闻的小村落发生了一场瘟疫，一夜之间这场瘟疫已扩散到整个国家，乃至全球。我们实际上已被迫纳入一个全球风险社会的体系之中，我们某个个体的行动也许也会偶然地产生一个“蝴蝶效应”而影响到其他地区。如是所言，难道我们对周遭公共事务还能作壁上观吗？显然这是不可能的。从人之存在的特性来看，个人永远也无法割裂“他性”对善的追求构成了人类存在的所有意蕴。公共善是人们在公共生活领域中行动的价值吁求，是公民公共理性的实践表征。公共善既是优良公共生活的条件，也是公民在追求优良公共生活过程中澄明和生成的。公民之公共精神就表现为在追求优良公共生活过程中澄明和显现公共善，并以此为德行品质和追求的，在公共生活中实现生命的意义担当。

三、我国公民社会的发展

20 世纪八九十年代我国理论界就公民社会问题展开讨论的一个重要实践背景是:随着市场经济的发展、政府体制的改革及整个社会的转型,一个基于市场经济并独立于国家体系之外的公民社会已初露端倪。近十多年来,随着改革开放的不断深化和社会主义市场经济的发展完善,公民自主参与社会经济事务的积极性不断高涨,我国城乡涌现出大量社会组织,在经济社会生活中发挥越来越重要的作用,公民社会在实践中已经迅速兴起。2008 年,在改革开放的前沿城市深圳出现了一则巨幅标语:"公民社会,共同成长"。据提出并展示这一标语的深圳市委宣传部解释,"公民社会"是深圳市委、市政府提出的当前和未来几十年改革发展和城市建设的目标之一。

从当前看,我国公民社会在实践中的发展主要表现在四个方面:第一,公民社会组织蓬勃发展,成为社会治理创新的重要主体之一。改革开放以来特别是近十多年来,伴随市场经济的发展、政府改革的推进和整个社会转型,一大批社会组织纷纷成立,活跃在经济、政治、社会、文化生活的方方面面。特别是中共十八大以来,随着全面深化改革在社会领域的展开,从根本上改变了旧的社会组织管理制度,大大降低了社会组织合法化的门槛,取消了对社会组织的种种限制,各级政府纷纷出台培育发展各类社会组织的积极举措,通过购买服务等推动社会组织参与公共服务和社会治理,激发了公民结社和发展社会组织的热情。到目前为止,我国在各级民政部门登记注册的基金会、社会团体和民办非企业单位已近 60 万家,这个数量是十年前的 2.4 倍。其中仅过去一年登记注册的社会组织数量就达近 10 万家。与数量的巨大增长相应的是,我国社会组织的整体素质、治理结构、内部管理、规范化和专业化程度,近年来有了显著改善;各类社会组织间形成的网络体系和结构框架已初步成型;社会组织和各级政府的关系明显改善,许多社会组织积极参与到政府购买公共服务的实践中并发挥着重要作用。尽管中共十八大提出的"加快形成现代社会组织体制"目标尚未完成,但社会组织发展的制度环境已经发生根本改善。这一切表明,我国公民社会在组织这一向度上已呈现繁荣发展的良好局面,成为推进社会治理创新的重要主体力量之一。

第二,以公益为中心的公民社会价值体系开始形成,成为响应社会主义核心价值观的积极力量之一。随着各类公益事业的发展和公民志愿行动的展开,以及富人慈善、企业社会责任及社会企业的探索,我国公民社会正在探索形成以公益为中心的社会价值体系。近年来特别是汶川地震和北京奥运会以来,我国社会捐赠增长迅速,尽管受到 2011 年以来公信力危机的影响,但以公民为主体的个人捐赠、微公益等网络捐赠持续高涨,非公募基金会发展突飞猛进。同时,各种形式的志愿服务蓬勃兴起，企业社会责任在包括民营企业、跨国公司的各类市场主体中得到越来越多的重视，探索用市场机制解决社会问题并实现公益目标的社会企业方兴未艾。这些表明，我国公民社会在价值这一向度上开始迈出以公益为中心的可喜的一大步。更为重要的是：这种以公益为中心的公民社会价值体系如一股清流，荡涤了弥漫在市场经济发展初级阶段的种种浊流，形成积极向上的道德情操和社会影响力，客观上响应和推动了社会主义核心价值观的建设。

第三，以政策倡导和公共服务为主题的公民社会场域开始形成，在全面深化改革中发挥积极作用。一方面，一部分社会组织及其联合行动积极倡导公共政策的改进，温州打火机协会成功推动对抗欧盟的反倾销联合行动，“绿家园”志愿者等三十多家环保社会组织反对怒江建坝引起全社会的关注并催生了相关法规和政策修改；一些地方探索建立以城市治理等公共管理为主题的公民协商对话平台，如杭州的“市民圆桌会议”、温岭的“民主恳谈会”等。在网络空间上，近年来蓬勃发展的 IT 技术带动了微博、微信等网络公共领域的发展，使得微博问政、网络倡导成为信息时代最具影响力的公民社会场域。另一方面，一些社会组织积极面对各种社会问题特别是公共服务不足、低效、缺失等问题，动员社会资源投身于公共服务实践中，致力于贫困地区儿童营养改善的“免费午餐”，致力于尘肺病等职业病医疗救助的“大爱清尘”，致力于应急救援的“蓝天救援队”、“公益消防队”等，这些以公民参与为主体形成的公共服务成了倒逼政府改革公共服务供给机制的重要力量。

第四，公民社会法权在法治中国的框架下得到进一步确认，公民保障社会权力和维护社会利益的意识增强、渠道增加、平台增多、作用增大，人民当家做主的公民主体性在社会治理创新的实践中得到进一步落实。十八大以来，以习近平为总书记的新一届中央领导集体倡导依宪治国、依宪执政的法治中国新理念，大刀阔斧地推进还权于民的政府改革和社会体制改革，在全面深化改革的实践中贯彻人民当家做主的执政理念。随着社会领域全面深化改革和治理创新的展开，公民的社会权益日益得到保障和维护。同时，移动互联技术的迅猛发展和应用大大拓展了公民社会交往的广度和深度，使得公民社会法权在新技术基础上得到更加广泛和更有深度、力度地实现。

此外，在各级政府大力推进社会治理创新的实践中也涌现出许多成功的经验，如北京中关村通过培育发展各类市场协会、行业协会、产业技术联盟和创新俱乐部等社会组织，成功实现了技术升格、产业升级、市场升序、社会升平；河北肃宁通过发展党、政、经、社四类组织探索乡村重建的“四个覆盖”，浙江温州在社区社会组织中贯彻“无候选人”的直接选举并探索“业主治理”的社区模式，广东顺德通过建设社会创新基地探索培育发展社会组织的新模式，以对话方式化解官民冲突，走出了真正村民自治的大胆尝试。这些表明，实践中的社会治理创新也在积极助推公民社会的发展。

总之，我国公民社会已经起步并有了一定发展。尽管实践中还有许多问题和不少困难，但以公民为主体的社会组织已成蓬勃发展之势，公民的社会价值、社会场域和社会法权也在积极生成并发挥作用，初步形成了全面深化改革格局下政治一行政体系、市场体系与公民社会体系共同发展的良好局面。

第六章 阶级与阶层

本章重点

1. 阶级与阶层的含义
2. 阶层分析方法
3. 对当今世界阶级状况的认识
4. 民族的含义和特征
5. 民族政治问题的特征
6. 宗教与政治认同
7. 西方国家利益集团对政治的影响

国家的阶级结构从本质上决定了国家的权力结构。但在现实国家中，国家的权力结构往往取决于多重性的社会阶层。其中对政治权力结构影响最大的是民族和宗教，很多国家的政治权力更多的反映了国家内不同民族和宗教之间的关系。除此之外，反映多种阶层利益的利益团体也对政治权力结构发生着影响。

第一节 对阶级与阶层的理解

一、阶级、阶层的含义和特征

(一) 阶级的含义和特征

“阶级”一词，古今中外很早就被人们所使用，但是从时间上来说，西方略早于中国。在中国，对于“阶级”一词的使用可以追溯到三国时期。《三国志·吴书》中说：“异尊卑之礼，使高下有差，阶级逾邈。”在此，“阶级”一词并无社会阶级的含义，而是指官位职级的高下，即所谓“官位之有等，如阶之有阶也”①。因而与现代意义上所讲的阶级的含义没有多大关系。现代意义上的阶级概念在中国的使用是梁启超从日语中引入的，主要指的是西欧社会资本家与工人的分化现象。② 在西方对于“阶级”一词的使用可以追溯到古希腊时期。亚里士多德在《政治学》中，提到有关社会阶级的概念，尤其对于中产阶级进行重点描述，认为

① 《中国大百科全书》(经济学卷第1卷)，中国大百科全书出版社1988年版，第412页。
② 李强：《当代中国社会分层与流动》，中国经济出版社1993年版，第20页。

中产阶级掌握国家政权是最好的状态，是最稳定的政体。亚里士多德有关阶级的描述与现在所说的阶级是非常接近的，现在意义上的阶级产生于经济学，主要通过经济地位的高低或者说财产的多寡来划分阶级。实际上，真正现代意义上的阶级概念的广泛流传和使用始于 18 世纪末 19 世纪初。这时，“阶级”一词已被广泛用来代替“等级”、“阶层”等这样一些描述社会各较大等级集团的术语。之所以会出现这种情况，最主要原因是随着资本主义经济的迅速发展，资产阶级迫切要求通过经济基础来划分社会等级。

关于阶级的产生，马克思主义认为阶级是一个历史范畴，它不是从来就有的，而是人类社会发展到特定阶段的一种社会现象。具体来说，阶级是伴随着原始社会后期的三次社会大分工产生的。

在马克思主义发展史上，列宁给阶级下了一个完整的、经典的定义：“所谓阶级，就是这样一些大的集团，这些集团在历史上一定的社会生产体系中所处的地位不同，同生产资料的关系（这种关系大部分是在法律上明文规定了的）不同，在社会组织中所起的作用不同，因而取得归自己支配的那份社会财富的方式和多寡也不同。所谓阶级，就是这样一些集体，由于它们在一定社会经济结构中所处的地位不同，其中一个集团能够占有另一个集团的劳动。[①]

列宁阶级定义的科学性，突出体现了阶级的四大特征：

第一，阶级是一个历史范畴。阶级不是天生就有的，它是人类历史长河中，一定阶段特有的产物。它从原始社会后期产生，将随着国家的消亡而消亡。

第二，阶级的划分以经济为基础。阶级本来就产生于经济领域，在政治领域对于阶级的划分从根本上也必须以经济为标准。在奴隶社会，奴隶主占有生产资料，剥夺奴隶的全部劳动成果。在封建社会，地主以获取地租的方式获得收入，农民只能得到少量的劳动成果。在资本主义社会，资本家以取得剩余价值的方式获得收入，工人以劳动获取工资的方式获得收入。在任何社会，对生产资料的支配决定了收入方式以及财富的多寡。

第三，阶级是社会地位不同的表现。一个社会中人人平等，就不存在阶级。从自然法的角度来看，每一个人天生是平等的。但是在现实世界中，由于出身背景，性别差异，民族差异，种族差异，收入差异等导致了事实上人与人的不平等。阶级主要反映的是经济收入差异而引起的人与人的不平等。

第四，阶级是一群人剥削另一群人。阶级意味着两群人在经济上的对立，从根本上来说，阶级斗争就是两群人在争夺劳动成果。占有生产资料的一方处于强势地位获得的劳动成果多，相反，另一方获得的劳动成果少。

---

① 《列宁专题文集·论社会主义》，人民出版社 2009 年版，第 145 页。

总之，在列宁看来，阶级既是一个历史范畴也是一个经济范畴。一方面阶级是人类社会发展过程中特定阶段的产物；另一方面阶级反映的是生产资料的占有关系以及劳动成果的分配情况。经济上的对立自然引发阶级上的对立，从而引发政治上的对立。当然单纯的以生产资料和劳动成果的占有来划分等级是不科学的，最突出的一个问题是，随着股份制公司的普及，使得股权的日益分散成为可能。早在20世纪70年代，美国就有15%以上的人口拥有股票。① 显然，一个工人拥有少量股票，并不意味着他对实际生产资料有实际控制权。② 因此，简单的根据股票来划分阶级无疑是错误的。马克思主义从经济的角度，通过对生产资料和劳动成果占有实质问题的分析，揭示了阶级问题的本质。以对阶级科学论述为基础的马克思主义阶级理论，不仅构成了马克思主义政治学的基础，而且成为我们分析政治现象、揭示政治本质的科学理论。③

（二）阶层的含义和特征

"阶层"是一个古老的概念，无论是中国还是西方，很早就使用，并且经常与阶级进行混用，阶级和阶层很多时候也被看作是近义词。在西方，阶级和阶层都用"class"这个单词来表示，而在中国，有很多学者认为阶级和阶层是互相包含关系。更多的观点认为，阶级包含阶层，阶层是阶级的一个子集。因为，"阶层"首先是在同一阶级内部按照财产状况和社会经济地位的差异来划分的，这体现了"阶层"在对阶级的隶属关系意义上的多样性；但是在另一种情况下，"阶层"又会与"阶级"发生复杂的交叉关系，如知识分子阶层。④

《现汉语词典》中关于"阶层"有两种含义⑤：① 指在同一个阶级中因社会经济地位不同而分成的层次，如农民阶级分成贫农、中农等；② 指由共同的经济状况或其他某种共同特征形成的社会群体，如中产阶层、工薪阶层。社会学家借用这一概念来分析社会的纵向结构，提出社会阶层的概念，用以指称由于经济、政治、社会等多种原因而形成的，在社会层次结构中处于不同地位的社会群体。阶层是因为社会的等级分化而形成的具有连续的等级序列。⑥ 阶层是阶级分析的产物，但在分析和划分阶层时，除了生产资料和劳动成果的占有外，还结合了他们的劳动方式、收入方式和收入水平等比较具体的经济因素，有时也可能参考其他社会因素。现代西方学者普遍认为区分社会阶层有三大标志：权力、财产和名

---

① U. S. Bureau of the Gencus, 1980, p. 417.

② 朱光磊：《政治学概要》，天津人民出版社2008年版，第56页。

③ 孙继虎：《政治学原理》，华中科技大学出版社2013年版，第114页。

④ 严强：《宏观政治学》，南京大学出版社1998年版，第170页。

⑤ 《现代汉语词典》（第5版），商务印书馆2005年版，第692页。

⑥ 杨国斌：《社会阶层论》，中国社会科学出版社2009年版，第91页。

望。由此，我们可以认为，阶层是指在社会中，具有相近社会地位、社会财富、社会声望等的人一起组成的社会群体。阶层具有以下基本特征：

第一，阶层具有相近的社会地位。社会地位的高低很大程度上取决于一个因素一权力。有权力的人社会地位高，没有权力的人社会地位低。权力大的人社会地位高，权力小的人社会地位低。权力大的人组成一个阶层，权力小的人组成一个阶层，没有权利的人组成一个阶层。因而，每一个阶层的人权力相近，社会地位也相近。

第二，阶层具有相近的社会财富。财富是本人及家族过去收入的积累。①一个人阶层的高低与拥有财富的多少有密切关系。一般来说，财富越多的人，阶层也比较高。财富虽然不是阶层的决定因素，例如在中国古代，把社会阶层划分为士农工商，商排在末尾，政治因素起了决定作用，但是在衣食住行各个方面商都要好于农工。在现代社会，拥有财富的人物质生活条件是最好的。因此，富人阶层在实际的生活中，是属于较高阶层。

第三，阶层具有相近的社会声望。声望是由人们的成就、身份、气质、生活方式、教育水平等决定的。声望是人们对于某人的情感和心理状态。这种情感是由某人的财富、权力、道德、学识等多种社会因素共同形成的。有较高声望的往往会被其他人模仿，模仿的人越多，这个人的声望也就越高。声望是影响阶层高低的一个重要因素，声望高的人他们的阶层也比较高，反正，声望低的人阶层也比较低。

二、政治的阶级分析和阶层分析

（一）政治的阶级分析

阶级学说，是马克思主义历史唯物主义的重要观点，阶级分析方法是马克思主义的基本分析方法。根据列宁对于阶级的定义，马克思主义政治学的阶级分析方法把阶级看作“经济范畴的人格化”②，是经济关系的社会承担者，从这个意义上讲，马克思主义阶级分析方法，实际是其经济分析方法在社会群体划分和社会力量意义上的延伸。因此，阶级首先是一个经济范畴，在此基础上形成的阶级力量在阶级社会中成为政治生活的基本主体，各种阶级力量围绕国家权力相互斗争，构成了社会政治生活的基本格局和主要内容。政治研究中的阶级分析，就是运用阶级学说说明政治现象，要把政治冲突归结于由经济发展所造成的现有各阶级以及各阶级集团的利益的斗争③，就是在分析阶级社会中的阶级力量的

① 杨继绳：《中国当代社会阶层分析》，江西高校出版社 2013 年版，第 9 页。

② 《马克思恩格斯全集》（第 23 卷），人民出版社 1972 年版，第 12 页。

③ 《马克思恩格斯全集》（第 22 卷），人民出版社 1965 年版，第 592 页。

构成状况、各阶级的基本特性、政治要求和主张等的基础上，把握社会政治的走向和规律。

阶级分析主张人们对于生产资料的占有权决定了人们的社会状况，换言之，就是你所拥有的决定了你所得到的。对生产资料的占有权是人们为了获得收入而采取的行动和策略。阶级分析学者认为阶级位置有助于解释投票行为，这通常是因为人们相信阶级位置形成了人们的生活水平机会，而生活水平机会影响人们的政治偏好，或者他们相信阶级位置会影响人们在工作时的生活体验（如工作活动中产生的体验），这种体验反过来会进一步影响人们的偏好。

马克思主义阶级分析关注阶级关系中的冲突，这主要源于阶级之间的利益对抗。剥削阶级占有生产资料，对于劳动成果拥有主导权，而被剥削阶级处于弱势地位，他们的权利无法得当保障，会受到剥削阶级的剥削。剥削阶级和被剥削阶级的利益对抗，让整个阶级系统充斥着各种冲突。马克思主义阶级分析的核心并非阶级关系引起利益对抗，而是处于从属地位的阶级可以通过某些手段争取自己的权力和利益。被剥削阶级通过不断的抗争，迫使剥削阶级让渡出一部分资源，以此来维护他们占用别人劳动的能力。阶级斗争一定意义上可以推动社会的进步，使得整个社会更加的公平。当然这个过程是渐进式的，并且十分缓慢的，因为每一个利益既得者都不愿意让渡自己的利益。在阶级冲突问题中，社会解放的思路所包含的观点是：把阶级关系中的利益对抗表述为“剥削”和“压迫”，表明了这些关系所产生的冲突涉及社会公平问题，而不仅仅只牵涉道德中立的物质利益问题。因此，在马克思主义阶级分析的宏伟理论框架中，阶级概念的使用使得我们可以更加有效地批判而不仅是描述和解释资本主义社会。①

人们在生产生活中由于对生产资料的占有关系不同从而形成了不同的阶级，不同阶级之间的利益冲突必然反映到政治上来，政治也就因此有了明显的阶级属性。在阶级社会里，阶级分析是政治分析的客观依据，它从根本上决定着政治分析的取向和内容。② 因此阶级分析方法是马克思主义政治学一种十分重要的分析方法。阶级是政治生活的重要主体，阶级之间的力量对比以及由此形成的利益分配格局决定着整个政治格局，阶级斗争成为政治斗争的重要内容。因此，我们在分析阶级社会中的政治现象的时候，一定要把握政治现象后隐藏的阶级基础和阶级关系，从而揭示阶级本质。马克思主义政治学的阶级分析方法坚持透过现象抓住本质，不为表象所迷惑，深入分析各政党和各种政治派别产生的经济基础和阶级基础，研究决定这些政党和政治派别进行政治活动的政治背景

---

① 埃里克·欧林·赖特：《阶级分析方法》，马磊等译，复旦大学出版社 2001 年版，第 210 页。

② 本书编写组：《政治学概论》，高等教育出版社 2011 年版，第 8 页。

和影响因素，以及进行政治活动的目的和意义。在社会主义条件下，只有阶级斗争还在一定范围存在，我们就不能丢弃马克思主义的阶级和阶级分析的观点和方法。这种观点和方法始终是我们观察社会主义同各种敌对势力斗争的复杂政治现象的一把钥匙。①

（二）政治的阶层分析

在社会主义三大改造完成后，剥削阶级被消灭，仅剩下无产阶级，工人、农民和知识分子成为当代中国社会的主要组成部分。面对我国新的社会结构、阶层的分化，迫切要求与之相适应的新的阶层分析方法。这种分析方法，应该是实现由“阶级分析为主”向“阶层分析为主”转变，把马克思主义阶层分析的思想进行提升，使之成为我们主要的社会阶级分析工具。阶层分析方法，应以经济因素为主，以多种因素作参照，共同构成社会分层依据；可以从社会关系的不同侧面，多方位、多视角地划分阶层，能较为具体地区分各阶层的特殊利益和政治态度、价值观念、社会心理、社会方式方面的差别，从而为党和政府的决策提供有价值的参考。②

阶级内部的阶层分析相较于阶级分析更加具体，更进一步揭示阶级内部的不同主体的地位和作用，对于不同阶层主体的分析，可以有针对性地制定公共政策以激发社会各阶层的创造力，更好地为社会主义现代化建设服务。单纯从主体的角度对阶层进行研究，有着局限性，因为它单纯地从社会关系中的现实地位来衡量。我们在研究阶层的过程中，关注的不是某一个阶层的具体现状，而是对阶层进行全面的分析，因此需要从多个角度来衡量。根据不同的标准，阶层可以划分出不同的群体。按照职业进行划分，可以分为工人、农民、医生、教师、军人等，可以说三百六十行，每一行都是一个阶层。不同的职业阶层从社会学的角度来讲，他们只是角色的差异，并没有高低贵贱之分，可以说每一个职业阶层都是社会地位平等的。按照收入进行划分，可以分为高收入者、中等收入者、低收入者。虽然说所有人都是平等的，但是收入的高低会影响社会地位的高低。高收入者的社会地位相对较高，低收入者社会地位较低。尽管是这样，这种阶层的分化也不是固定不变的，高收入阶层和低收入阶层是可以流动的。按照受教育程度进行划分，可以分为高学历者、中等学历者、低等学历者、文盲。在现代社会中，学校是进行系统化教育的最主要场所。在学校学习的时间越长，受教育的程度也就越高。但是，这也不是一成不变的，社会是一个大的学校，终身学习已经成为社会的主流，社会上的每一个人想要获得成功必须持续性的学习。

阶层分析现如今已经被越来越多的人所采纳，就在于它适合我国国情。一

① 《江泽民文选》（第 3 卷），人民出版社 2006 年版，第 83 页。

② 关晓丽、关大伟：《中国社会阶层结构演变新视点》，吉林大学出版社 2007 年版，第 155 页。

方面，我国是社会主义国家，剥削阶级被消灭后，不存在阶级斗争，阶级分析法不再常用；另一方面，我国目前以经济建设为中心，努力完成社会主义现代化，实现“两个一百年”目标，必须用阶层的分析方法来为社会发展服务。阶层分析有着巨大的优越性：

第一，它有利于整合社会资源，调动社会各阶层积极投身于社会主义现代化建设。我国处在社会主义初级阶段，人们日益增长的物质文化需要同落后的生产力之间的矛盾是社会的主要矛盾，我们必须集中力量发展经济，坚持以经济建设为中心，大力发展社会生产力，努力推进社会主义现代化建设事业。为了实现这一伟大事业，必须充分调动社会各阶层的积极性，形成一个合力推动中国这艘巨轮前进。党的十六大报告提出：“在社会变革中出现的民营科技企业的创业人员和技术人员、受聘于外资企业的管理技术人员、个体户、私营企业主、中介组织的从业人员、自由职业人员等社会阶层，都是中国特色社会主义事业的建设者”。在此，党中央科学地运用了阶层分析的方法，认为所有社会阶层的根本利益是一致的，他们都是中国现代化建设的重要力量。这种分析符合我国社会结构的实际情况，必将协调和整合各阶层利益，共同推动中国特色社会主义现代化建设蓬勃发展。

第二，它有利于国家制定正确政策，化解社会矛盾。改革开放以来，我国的经济实力和人民生活水平显著提高，但也出现了一系列不容忽视的问题，如贫富差距拉大，人口老龄化，社会保障制度不完善等等。应用阶层分析，可以根据具体的问题，制定有效的政策，从而解决问题。之所以这样说，是因为很多社会问题都出现在具体的群体上，例如对于低收入者，国家出台政策，帮助他们脱贫，实现往高收入阶层的社会流动，自然会缓和社会矛盾。我国的社会流动是很频繁的，但是一般都局限于横向的流动，坚持阶层分析学说将有助于社会流动规范化、制度化，从而推动社会阶层的纵向流动。

第三，它有利于践行群众路线，壮大党的群众基础。中国共产党是执政党，是中国特色社会主义事业领导核心。在进行改革开放和社会主义现代化建设过程中，必须持续巩固党的执政地位，保持党的先进性，经受住各种风险和考验，不断壮大党的群众基础。采用阶层分析的方法，承认不同阶层利益差别的合理性，否定其根本对立性，就可以把社会各阶层的力量整合和利用起来，也可以把各阶层的优秀分子吸纳到党内，让党补充新鲜血液，更加充满生机和活力，保持党的先进性。

三、对当今世界阶级状况的认识

根据马克思主义的观点，资本主义世界只存在资产阶级和无产阶级，不存在中产阶级。根据阶级分析方法，剥削阶级掌握生产资料，对劳动成果有支配权，而被剥削阶级不掌握生产资料，对劳动成果没有支配权。因此，依据阶级斗争的观点，社会上存在剥削阶级和被剥削阶级两大阶级，并且他们是完全对立的。但是，在现实世界中，确实存在着这样一个阶级，它既不属于资产阶级也不属于无产阶级，在国外一般称之为中产阶级，而在我国一般称之为中产阶层。他们占有部分生产资料，对劳动成果有部分支配权，这一点在一些大的股份制公司体现得尤为明显，主要通过拥有少量股份或者股票的形式占有生产资料或者劳动成果。实际上对于中间阶级的观点有很多：

第一种观点认为，对于资本主义社会中，这种看上去既不是资产阶级也不是工人阶级的特殊群体，把它称之为中产阶级是不准确的，因为看上去不是工人阶级，只是一个表象，工人持股，但是量非常少，根本不足以对企业施加决定性影响，因此，从本质上来说，中产阶级还是工人阶级。这种主张的理论基础是基层管理者和技术工人就像其他工人一样根本不拥有生产资料，他们仍然通过出卖自己廉价的劳动力活动工资为主要收入来源。这一点足以证明，他们仍然是被剥削者，属于被剥削阶级，从而证明其为工人阶级。

第二种观点认为，把中间阶级归类为小资产阶级的一部分。这种理论的根据是工人阶级必须是从事生产劳动的，非生产劳动者不能称之为工人阶级。工人阶级的剩余价值会被资产阶级所剥削，而非劳动者没有剩余价值，也就不能被剥削。有些理论家对此进行专门的分析，其中最引人注目的是尼克斯·普兰查斯，他把各种政治的和意识形态的标准加入对非生产劳动的分析，主张非劳动生产者不属于工人阶级。然而非劳动生产者并不拥有和实际控制生产资料，显然也不是资产阶级。普兰查斯认为这些地位应当被定位为小资产阶级，其原因有二：其一是他们的意识形态类似于小资产阶级；其二是他们在阶级冲突中夹杂在无产阶级和资产阶级之间。

第三种观点认为，把中间阶级称之为中间阶层。这种称呼无疑是最受欢迎的，无需对阶级概念做任何改变，把那些既不能称之为资产阶级也不能称之为无产阶级的阶级简单地标以“中间阶层”。这种观点和我国对于中间阶层叫法一致，内涵也基本一致。作为对概念缺陷的一种临时性补充，“中间阶层”一词的使用对于一些疑问的解决方案更为可取。

实际上，对于中间阶级的称谓，中产阶层是最可取的，但是在实际的应用过程中中产阶级一词用得较多。中产阶层在现代社会中是一个非常重要的一个群体，它是国家稳定的基石。中产阶层在一个国家规模的大小一定意义上可以衡量国家政权的稳定情况。从经济学角度分析，中产阶层规模大反映出来的贫富差距指标—基尼系数就小。中产阶层对于世界上所有国家来说都是十分重要的，发达资本主义国家的中产阶层出现萎缩的态势，发展中国家面临着中等收入陷阱。据美国统计局数据，美国中产阶层收入占全国收入的比重已经从 1952 年的 53.2%将至 2012 年的 45.7%。南美洲一些发展中国家掉入中等收入陷阱，社会问题严重，经济停滞不前。

第二节 民族与政治

一、对民族的基本理解

（一）民族的含义

"民族"在中国古已有之，但是并不具备现代意义上民族的含义，如唐代李筌所著兵书《太白阴经》中写道：智人得之以守封疆，挫强敌；愚人得之以倾宗社，灭民族。英语中的"nation"除了有民族的意思，还有国家的意思。但是为了东西方文化交流的需要，"nation"与"民族"对应起来，并逐渐固定为现代意义上的地域共同体。

民族是一个历史范畴，它是人类历史上特定阶段的特殊群体。人类在生产生活过程中，需要交往和合作，在不同的历史时期，就形成不同的共同体，如部落、民族等。在马克思主义看来，民族作为一个人类生活的共同体，它是社会交往的产物。

对于民族的定义，很多学者都给出了自己理解。西方学者一般从要素的角度来阐释，如英国学者安东尼·史密斯认为，"历史形成的领土"、"法律和政治共同体"、"成员在政治和法律的平等权利"、"共同的文化和意识形态"是确定民族的标准组成要素。① 瑞士学者布伦奇认为，民族包含着"同一血统"、"同其肢体形状"、"同其宗教"、"同其风俗"等要素。受国外学者的影响，中国革命者的先驱孙中山先生认为，民族构成"归于血统、生活、语言、宗教和风俗习惯这五种力"。② 当然也有学者从构成民族主体的人这个角度出发来对民族进行阐释，认为民族存在是基于民族主体的人对民族这个共同体的认同，一旦民族主体的人不再认同民族这个共同体，民族也就失去了存在的意义。本尼迪克特·安德森就认为：民族"是一种想象的政治共同体"③。塞顿·沃特森则认为：当一个共同体中相当一部分人认为自己构成一个民族，或他们的行为已经形成了一个民族时，该民族就诞生了。④ 这些观点都各有侧重，缺少全面性，没有抓住民族的本质特征。

马克思主义认为，对于民族定义的界定，必须从历史唯物主义的基本观点出

---

① Anthony D. Smith, National Identity, London: University of Nevada Press, 1991, p. 11.

② 《孙中山》(下卷)，人民出版社 1956 年版，第 593 页。

③ 本尼迪克特·安德森：《想象的共同体：民族主义的起源与散布》，吴叡人译，上海人民出版社 2003 年版，第 9 页。

④ 王缉思：《民族与民族主义》，载《欧洲》1993 年第 5 期。

发，从人类社会发展的规律出发，运用实践的观点，系统考察民族的语言文化、风俗习惯、生活方式等，然后得出一些共性的东西，在此基础上，对民族进行定义。斯大林在《马克思主义和民族问题》中，首次对民族下了科学的定义。他认为："民族是人们在历史上形成的有共同语言、共同地域、共同经济生活以及表现于共同的民族文化特点上的共同心理素质这四个基本特征的稳定的共同体。"这是一个比较完整和科学的定义，为不少学者所接受，特别是马克思主义学者普遍接受这个观点。这一定义的完整性和科学性体现在，首先，民族是一个历史范畴。民族并不是从来就有的，它是人类社会发展到一定阶段的产物。其次，民族是一个稳定的共同体。民族是一个群体，并且相对稳定，民族内部的很多因素将民族成员凝聚成一个整体。最后，民族拥有四个方面的特征，这是构成民族的重要影响因素，也是判别一个群体是否是民族的标准。

（二）民族的特征

根据广泛接受的民族定义中，我们可以看到民族的四个基本特征：

第一，民族具有共同的语言。语言是人们交流的工具，也是社会发展的重要标志。人与人之间的交流离不开语言，而流畅交流的前提就是共同的语言，语言在民族发展过程中起着非常关键的作用。按照马克思等人的理解，民族的共同语言是方言，或者是由方言发展起来的，方言经过经济集中和政治集中而集中为一个统一的民族语言[①]语言的统一是一个复杂的过程，一般都需要经济政治的融合为前提，有时候还伴随着统治者的强制。

第二，民族具有共同的地域。共同的地域是一个民族聚居的地方。从血缘纽带到地域纽带的转变是人类社会发展的重要标志，民族的形成也符合这样一个过程。在氏族部落时期，人们依据血缘来区分，而随着社会经济的发展，血缘纽带逐渐削弱，地缘纽带取而代之。同一个民族的成员是生活、交往和发展需要特定的地域来居住。从历史上来看，一个民族的产生和发展需要一个适宜的生存环境，气候、土壤、河流等是影响地域选择的重要因素。一个好的地域是孕育一个伟大民族的重要条件。

第三，民族具有共同的经济生活。经济生活是创造物质财富的过程，它是民族生存的物质基础。共同的经济生活并不等同于社会生产方式，它是指生产、分配、交换的全过程，经济生活比生产方式要复杂得多。经济联系对于一个民族来说是必不可少的，它的形成是自然的。对于一个民族来说缺少紧密的经济联系，它就不可以说是一个整体，甚至可以说它不是一个民族。这种经济上的联系和政治联系不同，经济联系是必需的，它是生存的需要，也是发展的需要。

---

① 《马克思恩格斯全集》(第 3 卷)，人民出版社 1960 年版，第 500 页。

第四，民族具有共同的心理素质。任何民族都有自己的民族性格，它是属于心理素质的一部分，对外的表现是民族文化。每一个民族都有自己的语言文化、风俗习惯、生活方式，并且是独有的，具有民族特色的。共同的心理素质是长期积淀形成的，它具有相对稳定性。共同的心理素质是维系一个民族的最重要纽带，民族的四个特征中，其他的三个特征可能会消失，但是共同的心理素质却不会。例如现在分布在世界各地的犹太族和回族，他们的心理素质表现得非常强烈，通过它维系了整个民族。

民族的四个特征是一个民族稳定的重要基础，它们相互联系，共同维系一个民族的生存。但是在具体分析某一个民族的时候，不能简单机械地套用这四个特征，因为每一个民族都有自己独特的东西，四个特征并不是都十分明显，可能只有一两个特征表现的相对明显，其他特征不明显。这是符合民族社会发展情况的，分析不同的民族一定要做到具体问题具体分析，遵循实事求是的思想。

二、民族政治关系

（一）民族政治关系的含义

民族政治关系是一种重要的族际关系，是民族共同体的政治属性的展开。民族政治关系的实质是民族利益关系。① 对民族政治关系的把握必须从民族共同体的利益出发，围绕与国家政治权力的关系民族政治进行分析。民族政治关系是发生在民族社会中的各个民族实体及其成员之间的关系，同时这种关系又是各个民族实体围绕国家政治权力发生的联系。周星认为民族政治关系是不同民族或民族社会之间存在的各种政治方面联系的总和，它主要指有关民族或民族社会之间或影响力关系其中涉及彼此之间的政治控制、政治信息沟通、政治实力对比、政治能量交换，以及政治资源的利用和动员等方面②。宁骚认为民族政治关系就是民族之间在经济、政治、文化等方面的相互联系和相互作用，因此，民族政治关系也是人的社会性的一种表现形式，是一种社会关系。物质生产活动最终决定着各个族类共同体之间的相互关系③。周平认为民族政治关系就是民族共同体作为一定的政治主体而与其他政治主体发生的关系，即当一个民族作为政治主体与其他政治主体如民族、政党、国家、政府发生了关系，便形成了不同类型的民族政治关系，这是一种以特定的政治权力和和政治权利分配为内容的民族关系④。

---

① 高永久：《民族政治学概论》，南开大学出版社 2008 年版，第 54 页。

② 周星：《民族政治学》，中国社会科学出版社 1993 年版，第 202～203 页。

③ 宁骚：《民族与国家——民族关系与民族政策的国际比较》，北京大学出版社 1995 年版，第 318～319 页。

④ 周平：《民族政治学》（第 2 版），高等教育出版社 2007 年版，第 130～131 页。

综上所述，所谓民族政治关系就是在民族利益的基础上，围绕特定的政治权力和政治权利，作为政治主体的民族共同体及其成员与其他政治主体发生的各种关系。民族政治关系本质上是一种利益关系，即不同民族利益主体围绕着民族利益的维护和实现而展开的全部联系。民族政治关系是民族关系在政治上的表现形式，普遍存在于民族产生以来的各个历史时期。

（二）民族政治关系的特点

民族政治关系作为民族关系的一种，具有民族关系的一般特点。民族政治关系除了具有政治性的特性外，还具有能动性、广泛性、地域性、和变动性等特性。

第一，民族政治关系具有政治性。所谓政治，就是在特定社会经济关系及其所表现的利益关系基础上，社会成员通过社会公共权力确认和保障其权利并实现其利益的一种社会关系[①]。民族政治关系围绕政治权力和政治权利展开，基于这种固有的联系而产生的属性就是民族政治关系的政治属性。作为民族政治关系的根本属性，政治属性体现在民族政治的方方面面，不具备政治属性的民族政治关系并不存在。

第二，民族政治关系具有能动性。民族政治关系的能动性首先体现在它对民族政治主体的确认作用，民族政治主体在追逐民族利益的过程中，需要通过民族政治关系来对其正当性进行确认，主体地位一旦确定，政治活动的开展将变得更加有序和合理。民族政治关系的能动性还体现在它对民族关系其他层面的引导作用，当然这种引导作用是一把"双刃剑"，既有可能是积极的也有可能是消极的。

第三，民族政治关系具有广泛性。民族政治关系的广泛性体现在两个方面：一是纵向上的，从民族产生后，历史上各个时期都存在民族政治关系，几乎贯穿于人类整个文明史；二是横向上的，指在特定时期民族政治关系与社会其他领域的关系。民族政治关系在现实社会中不仅仅存在于政治领域，还涉及民族利益对于政治权力的影响的领域。

第四，民族政治关系具有地域性。民族政治关系的地域性是指民族政治关系主要通过不同地域之间的政治关系表现出来。共同地域是民族的一个重要特征，它体现了民族在空间分布上的格局。各个民族在民族地理分布格局的不同，主要体现在不同的民族有相对传统和固定的居住区域，进而决定了民族政治关系具有地域性。一定意义上讲，传统的居住区域也是民族利益的一部分。国家在运用国家权力进行行政划分或者制定民族政策的时候不得不考虑民族地域的因素，因此，民族政治关系的地域性就在客观上凸显出来，例如，中国的民族区域自治制度就是民族因素和地域因素的结合。

① 王浦劬等：《政治学基础》（第3版），北京大学出版社2014年版，第9页。

第五，民族政治关系具有变动性。民族政治关系的变动性可以从多个维度进行分析，从表现形式的性质上看，民族政治关系的变动性指的是常态性和非常态性的变动。常态指的是一定时期内民族政治关系的相对稳定性。而一旦受到各种因素的影响，这种稳定性发生变化，常态也就走向了非常态性。在现实生活中，绝对的常态与非常态几乎不存在，多数情况下的民族政治关系在两者之间摆动。趋向于常态的民族政治关系被认为比较积极，而非常态的民族政治关系被认为是消极的。

（三）民族政治关系的变化及其影响

对民族政治关系进行静态的分析完全出于研究的需要，现实世界中，民族政治关系无时无刻不处于变化之中。当然这种变化是渐进的、缓慢的，并且是有规律可循的，民族政治关系的变化有一定的趋势。一方面，民族政治关系在国家政治生活中的地位越来越重要，这主要是因为现在大多数国家都是多民族国家。相对于单一民族国家，多民族国家的民族关系更加复杂，处理起来也更加棘手。对于掌握政权的民族来说，如何处理好与其他民族的民族政治关系显得尤为重要，它直接会影响着国家的政治生活，处理的好坏还会影响到国家政权和社会的稳定。另一方面，国家处理民族政治关系的手段也呈现出多样化。这里的多样化指的是不是采取简单的政治手段，而是经济手段、文化手段等组合拳的方式来处理民族政治关系。通过多种手段来处理民族政治关系，让民族政治关系趋于常态，从而为各民族的团结、共同发展创造条件。

上述两个趋势在我国表现得尤为明显。一方面，我国实行民族区域自治制度，并且在《中华人民共和国民族区域自治法》中都体现出我国政府对于民族关系的重视程度。另一方面，我国灵活采取多项手段处理民族关系问题。政治上，重视少数民族干部的培养；经济上，重视发展少数民族区域的经济；文化上，尊重少数民族的风俗习惯和文化传统。

民族政治关系的变动会引发一系列连锁反应，通常会带来国家结构形式、行政区划、政策法规的变革，剧烈的民族政治关系变动甚至会影响国家的兴衰存亡。原南斯拉夫就是这方面例子，原南斯拉夫的加盟共和国都有自己的主体民族，每一个民族的民族利益都不同，铁托在世时，依靠强权维系着国家的统一，而铁托去世后，民族政治关系就变得非常混乱，从而导致原南斯拉夫分裂成6个国家。西亚的库尔德人，他们虽然没有建立自己的国家，但是在土耳其、叙利亚、伊拉克等国家都有他们的聚居区，中东的乱局有他们的因素。当然，民族政治关系的变动也会带来积极的影响，南非“种族隔离”制度的废止就是一个典型的案例。

三、民族政治问题

（一）民族政治问题的含义

民族政治问题是民族问题的重要组成部分，因此，在界定民族政治问题的定义之前，必须弄清楚民族问题是什么，周平说：所谓民族问题，是指多民族国家时代的多民族国家内民族群体间的矛盾和冲突。[①] 从这个定义，我们可以看出，民族问题一般发生在多民族国家，当今世界大多数国家是多民族国家，因此民族问题在世界上广泛存在。民族国家本身就是一个政治概念，民族问题自然具有政治属性，民族政治问题也随之产生。民族政治问题发生在民族共同体之间，它至少是两个民族共同体之间或者多个民族共同体之间的矛盾和冲突。因此，可以把民族政治问题定义为：各民族共同体在追求本民族利益的过程中，围绕政治权力和政治权利发生各种矛盾和冲突。对于这个概念，我们可以它的政治属性、实质内容和主体特征三个方面来理解。

第一，民族政治问题是民族问题的政治方面。民族共同体在进入、掌握和行使政治权力维护政治权利，保障民族利益的过程中，会产生各种各种社会问题，这些问题都属于民族政治问题的范畴。民族政治问题的产生从根本上来讲是民族利益的冲突和矛盾。民族共同体在维护本民族利益的过程中难免会损害其他民族共同体的利益，用本民族政治权力维护本民族政治权利的过程中难免也会损害其他民族共同体的利益。狭义的民族政治问题特指民族政治关系的紧张状态，它与政治权力和政治权利密切相关。

第二，民族利益的实质是民族利益的矛盾和冲突。民族利益是一个民族共同体全体成员的共同利益，它直接关系着一个民族的生存和发展。政治是经济的集中表现，政治权力决定着社会资源的分配格局，影响着不同政治主体利益的实现。从这个意义上来讲，民族共同体参与、掌握行使政治权力是维护本民族利益的最有效途径。对于任何民族来说，掌握了国家政权，就意味着本民族利益的实现有了保障。

第三，民族政治问题是民族共同体之间的政治关系问题。每一个民族共同体都有自己的特征，因此每一个民族共同体都是不同的，民族共同体的差异性表现在政治、经济、文化和社会生活方方面面。民族政治共同体在争取和运用政治权力来维护本民族利益的过程中，不可避免地与其他民族共同体产生摩擦和冲突，使得政治权力的争取具有竞争性。一个民族共同体的成员与另一个民族共同体的成员交往过程中，需要有特定的力量来协调两个民族共同体之间的关系，这个过程就需要政治权力行使政治统治和社会管理职能。

---

① 周平：《民族政治学二十三讲》，中央编译出版社 2014 年版，第 127 页。

（二）民族政治问题的特点

民族政治问题既具有民族问题和政治问题的一般特征，也具有自己独有的特色，即民族政治问题具有历史性、全局性和民族性的特征。

第一，民族政治问题具有历史性。民族政治问题的历史性是指民族政治问题是一个历史范畴，它不是从来就有的，有自己产生和发展的历史过程。不同的历史时期，民族共同体对于民族利益的要求也不一样，当然也会采取不同的手段影响政治权力，与其他民族共同体的关系也不一样。在资本主义产生时期，民族政治问题主要表现在各民族要求民族认同；在资产阶级革命时期，民族政治问题主要表现在各民族要求打破封建束缚，建立资产阶级民族政权；在无产阶级革命时期，民族政治问题主要表现为殖民地和半殖民地人民反抗民族压迫，追求民族独立和解放；在社会主义建设时期，民族政治问题主要表现为各民族要求在经济、政治、文化等各方面的平等，共同建设中国特色社会主义事业。

第二，民族政治问题具有全局性。民族政治问题是社会政治生活的重要内容，民族政治问题直接影响到整个政治生活，因此，它的本质是政治权力。一个多民族国家，各民族共同体为了自身利益都会积极参与到国家政治生活中来，各民族共同体在这个过程中，会不断互动，自然有利益的矛盾和冲突，民族政治问题也随即上升到国家政治问题的高度。作为一种特殊的公权力，国家政治权力凌驾于整个社会之上，在执行统治任务的同时，也担负着调整人与自然、人与社会的关系等任务①。解决民族政治问题，关键在于处理好国家权力的使用问题，做到公正合理的处理民族关系，自然有利于社会稳定，有利于民族国家的发展。

第三，民族政治问题具有民族性。民族政治问题产生于民族利益，主体是民族共同体，反映的是各民族共同体的关系状况。民族共同体作为民族政治问题的主体，它在国家政治生活中的作用是两方面的，一方面它维护本民族的团结；另一方面它在维护本民族利益的过程中很可能会损害其他民族共同体的利益，从而影响社会稳定。民族政治问题涉及民族共同体和政治权力两个方面的问题，解决好民族政治问题事关国家发展大计。

（三）民族政治问题的解决方式

解决民族政治问题对于多民族国家来说是一个既棘手又必须去做的事。民族本身就是一个利益共同体，处于一定政治关系中的各民族都有自己的民族利益②。民族政治问题的实质是民族间的利益争夺③。解决民族政治问题核心是协

① 朱光磊：《政治学概要》，天津人民出版社 2001 年版，第 107 页。
② 高永久：《民族政治学概论》，南开大学出版社 2008 年版，第 74 页。
③ 周平：《民族政治学导论》，中国社会科学出版社 2001 年版，第 124 页。

调好民族利益,实质是政治权力的行使。因此,通过政治权力处理好民族政治关系,合理分配社会资源,协调好民族利益是解决民族政治问题的根本途径。

第一,实现民族独立。在殖民国家,土著的民族共同体受到殖民者的剥削和压迫,土著的民族共同体的利益自然得不到保障。可以说殖民者的剥削和压迫是殖民国家民族政治问题产生的根源。民族自决根本上是要解决殖民地民族问题,具体来说就是殖民地被压迫民族获得民族独立和民族解放的问题。在现代主权国家普遍建立的情况下,殖民时代的剥削和压迫基本消失,民族自决也就没有存在的必要。因此,民族独立解决的是在特定历史条件下被压迫和剥削民族的独立和生存问题。

第二,实行民族区域自治。民族区域自治适合于处理多民族国家的民族政治问题,主要是为了让少数民族在本民族区域内管理自己的内部事务。马克思主义认为一个民族成分复杂的大国只有通过地区的自治才能实现真正民主的集中制①。实行民族区域自治,首先要根据少数民族聚居的情况,设置合适的民族区域自治地方。然后在中央的统一领导下,设立自治机关,行使自治权。民族区域自治在保障了国家领土和主权完整的前提下,又保障了少数民族享有充分的自治权。

第三,实行民族联邦。联邦制 多民族国家是作为联邦成员的各个民族政治体系之间的联合,是在各个民族共同利益的基础上成立的一种联合体形式。虽然联邦制是解决民族问题的一种形式,但马克思主义并不认为它是最好的形式,我们原则上反对联邦制,因为它剥削经济关系,它对一个国家来说是不合适的形式②。然而,马克思主义并没有否定联邦制,认为联邦制是民族区域自治的过渡形式。列宁根据俄国历史和现实的民族关系特点,提出了实行联邦制,其目的是通过这种途径,使已经分离出去的和彼此完全隔绝的各民族联合起来,建成一个集中统一的国家③。因此,联邦制只是国家内部各民族由分立走向统一的历史阶段。

马克思主义首先承认民族的自决权,但是,马克思主义并不是毫无条件地承认,而是认为民族自决权的运用有两个原则:一是民族自决要有利于该民族中的多数、有利于劳动阶层,二是运用民族自决权要根据该民族所处的具体历史条件来解决④。民族政治问题的解决要与发展着的历史条件相联系,不同的历史时期民族自决权拥有不同的内容,民族政治问题也就有了不同的解决方式。

---

① 《列宁全集》(第二十五卷),人民出版社 1988 年版,第 73 页。
② 《列宁全集》(第四十六卷),人民出版社 1990 年版,第 379 页。
③ 宁骚:《民族与国家——民族关系与民族政策的国际比较》,北京大学出版社 1995 年版,第 401 页。
④ 《斯大林全集》(上卷),人民出版社 1979 年版,第 76 页。

第三节 宗教与政治

一、对宗教的基本理解

（一）宗教的含义和特征

宗教是一个历史范畴，它不是从来就有的，它是人类社会发展到一定阶段的产物。不同民族在自己的历史发展过程中，形成了自己独特的宗教，宗教也成为民族共同体的共同心理素质的一部分。在西方，宗教一词由希腊文"religare"一词演化而来，它的含义是人对神的信仰，相信是神创造了人和整个世界。在中国古代也很早就有了对于宗教现象的描述，如《易经》中有"圣人以神道设教，而天下服矣"的表述。

对于宗教的起源，存在着各种各样的解释。许多解释都从不同角度在不同程度上揭示了宗教产生的原因，但由于世界观和方法论的局限，并没有对宗教的起源做出科学的解释。马克思主义从唯物主义世界观出发，认为宗教的起源是基于两个客观条件：一是早期人类社会落后的生产力水平；二是阶级社会中的阶级压迫。

第一，宗教起源于原始社会落后的生产力状况。由于生产力水平低，科学技术发展落后，人们对于自然现象无法做出科学的解释。如恩格斯所说：在原始人看来，自然力是某种异己的、神秘的、压倒一切的东西。在所有文明民族所经历的一定阶段上，他们用人格化的方法来同化自然力。正是这种人格化的欲望，到处创造了许多神。[①] 在原始社会，由于人类对于自然的认识能力极低，不可避免的对风雨雷电等自然现象产生敬畏心理，并随之形成了相应的宗教禁忌及宗教仪式。因此，人的认识局限以及由此产生的异己力量，是宗教产生的重要根源。

第二，阶级社会中阶级压迫式宗教产生的另一个原因。在阶级社会，剥削制度作为一种异己力量对被剥削者来说是一个悲剧。被剥削阶级对物质上的得救感到绝望，就去追寻灵魂得救来代替，即追寻思想上的安慰，以免陷入彻底绝望的境地[②]。宗教既反映了人们对现实社会处境的无奈，也反映了人们对美好"另一个世界"的向往。因此，阶级社会中的阶级压迫制度，是宗教产生的社会根源。

宗教不是永恒的。作为一种特定历史阶段的历史现象，它必然会经历一

---

① 《马克思恩格斯文集》（第 9 卷），人民出版社 2009 年版，第 356 页。

② 《马克思恩格斯文集》（第 3 卷），人民出版社 2009 年版，第 598 页。

个产生、发展及消亡的过程。恩格斯在论及宗教消亡的问题时说：只有当实际日常生活的关系，在人们面前表现为人与人之间和人与自然之间极明白而合理的关系的时候，现实世界的宗教反映才会消失。[①] 因此，一方面随着科学技术的进步，人们认识自然的能力提高，宗教产生的自然因素不断减少；另一方面，随着剥削制度的消失，宗教产生的社会根源不复存在。宗教产生的自然条件和社会条件都消失后，宗教最终走向消亡。但是，在现实世界中，宗教作为一种文化，它已经内化为人们精神生活的一部分，文化具有相当稳定性，因此，宗教不会马上消失，它的消亡必然是一个漫长的过程。

对于宗教的定义，马克思主义认为：一切宗教都不过时支配人们日常生活的外部力量在人们头脑中的幻想的反映，在这种反映中，人间的力量采取了超人间的力量的形式。[②] 这一定义指出了宗教现象有如下特征：

第一，宗教是人们头脑中的幻想的反映，具有虚幻性。人们之所以要创造出这种虚幻的世界，就是因为在现实世界中无法把握现实与自身，力图在幻想所形成的虚幻世界中把握现实与自身。这正如马克思主义所说：宗教是还没有获得自身或已经再度丧失自身的人的自我意识和自我感觉。[③] 在这种虚幻的世界中，不能得到现实的幸福，只能得到虚幻的幸福。

第二，宗教是人们对"人间力量"超人间化的幻想，具有麻痹性。人们在现实世界中努力构造一个不可能实现的虚幻世界，并且唯心的认为世界上有神，神会帮助人们实现愿望，过上幸福的生活。宗教让人们失去了自我，它成了一个麻痹人们的工具。换句话说，当人们把自己的愿望寄托于神的时候，也就逐渐失去了主宰自己希望和幸福的可能。从这个意义上讲，"宗教是人民的鸦片"[④]。

第三，宗教是人们对"支配着人们日常生活的外部力量"[⑤]的反映，具有相当性。尽管任何宗教都会以绝对力量的面目出现，但实际上，任何宗教都是相对的，因为宗教不取决于它自身，而取决于现实以及现实中的人。宗教只是虚幻的太阳，当人没有围绕自身转动的时候，它总是围绕着人转动[⑥]。相反，当人回到自身，以理性的方式在现实世界中生活，宗教也就失去了"虚幻的太阳"的光芒。

（二）宗教与政治认同

宗教作为一种人类创造的精神文化现象，是人类社会文明发展的重要组成

---

① 《马克思恩格斯文集》(第 5 卷)，人民出版社 2009 年版，第 97 页。
② 《马克思恩格斯文集》(第 9 卷)，人民出版社 2009 年版，第 333 页。
③ 《马克思恩格斯文集》(第 1 卷)，人民出版社 2009 年版，第 3 页。
④ 《马克思恩格斯文集》(第 1 卷)，人民出版社 2009 年版，第 4 页。
⑤ 《马克思恩格斯文集》(第 9 卷)，人民出版社 2009 年版，第 333 页。
⑥ 《马克思恩格斯文集》(第 1 卷)，人民出版社 2009 年版，第 4 页。

部分。同时，宗教作为一种意识心态，影响着现实经济、政治、文化的发展。宗教是基于人的信仰而存在的，它影响人的思想和行为。人是政治活动的主体，宗教对于政治的影响，主要通过影响政治活动主体的人实现的。恩格斯在分析宗教发展的历程时指出：古代一切宗教都是自发的部落宗教和后来的民族宗教，它们从各民族的社会条件和政治条件中产生，并和这些条件紧紧连在一起。① 到了罗马帝国时代，世界上出现了一个世界性宗教—基督教。在中世纪，随着封建制度的发展，西方宗教逐渐与封建政权相结合，形成了政教合一的局面。中世纪的欧洲，宗教适应了统治者统治的需要，因而宗教出现了繁荣。到了近代，为了适应市民社会的发展，对宗教进行了改革，宗教也以新的形态出现在人们面前。马克思深刻地揭示了其中的变化和发展：路德战胜了虔诚的信仰，是因为他用信念造成的奴役制代替了它。他破除了对权威的信仰，是因为他恢复了信仰的权威，他把僧侣变成了世俗人，是因为宗教虔诚变成了人的内在世界。他把肉体从锁链中解放出来，是因为他给人的心灵套上了锁链。②

在人类社会，宗教曾作为阶级统治的工具，与政权相结合，不仅在精神上统治民众，而且在政治上统治民众。到了近代，世界各国普遍确立了政教分离的原则，国家政权不干预宗教活动，宗教也不得干预国家政治活动。但是，这种分离并不彻底，宗教与政治仍然存在着千丝万缕的联系。一方面，宗教通过在国家政权机关中的信徒为自己谋取利益；另一方面，统治者也利用宗教巩固统治。

社会主义以全人类的解放为发展目标，认为宗教只是人类社会发展历史上的一个过客，它随着科技的发展，阶级剥削的消失，逐渐走向消亡。当然宗教也不是社会主义国家进行统治的工具，它只是一种民众的信仰现象。马克思主义主张让宗教自然消亡，反对行政干预。在我国，宗教拥有独立的发展空间，实行宗教信仰自由政策，并且引导宗教与社会主义社会相适应，发挥宗教在社会主义建设中的积极作用。

马克思主义认为，既不能夸大宗教的影响力，也不能忽视对现实社会发展的作用。宗教的特性决定了宗教对社会发展的作用具有两面性.既有负面的，也有正面的。江泽民指出：宗教的存在，是以大量群众信奉为前提的，由于宗教的这种群众性，宗教往往构成一种非常强大的社会力量，处理得好，可以对社会发展和稳定产生积极作用；处理得不好，就会产生消极作用，甚至产生很大破坏作用。关键看能否有效地管理和引导宗教，减少宗教中的消极因素，发挥宗教中的积极

① 《马克思恩格斯文集》(第 3 卷)，人民出版社 2009 年版，第 597 页。

② 《马克思恩格斯文集》(第 1 卷)，人民出版社 2009 年版，第 12 页。

因素。[①] 因此,积极引导宗教与社会主义相适应,增强对社会主义的政治认同感,有利于社会主义的稳定和发展。

（三）宗教与民族认同

世界上的任何一个民族都有自身的民族认同,这是一个民族区别与另一个民族的重要标志。民族在发展的过程中常常与宗教发生密切的联系,许多民族都有自己信仰的传统宗教。由于宗教一般是跨国界的,因而也容易模糊其民族的特征,一些国家的统治者常常用民族主义对抗宗教。有的民族国家以宗教基础形成国家认同,有的民族国家则与宗教对立。我们在此先分析不同宗教认同下的民族主义。

第一,强宗教认同下的民族主义。世界上很多民族国家的建立就与宗教有关,属于民族独有的宗教。这种传统延续相当长时间,甚至到当代。这些民族以宗教为共同的认同特征。犹太人就是一个典型,古以色列国灭亡后,以色列人没有了自己的国家,但是拥有严密组织、严格教规的犹太教保留了下来。现代以色列国和古以色列国一样大多数犹太人信仰犹太教,所有犹太人都把犹太教作为他们的共同认同,这是犹太人独有的特色。

第二,弱宗教认同下的民族主义。南斯拉夫就是其中典型的代表,南斯拉夫是一个特殊的国家。就地理位置而言,处于巴尔干半岛西北部的南斯拉夫在政治文化上是欧洲东部与西部、南部与北部的交汇处,欧洲历史上的一些主要历史和文化的分界线与该国有关:南部欧洲基督教分为拉丁语系的天主教和斯拉夫语系的东正教,奥匈帝国与奥斯曼帝国的对立,东方与西方的主要分界线,东经过这里而延伸。[②] 南斯拉夫是一个多种相互竞争的宗教和种族群体混居之处,有信奉天主教的斯洛文尼亚人和克罗地亚人,信奉东正教的塞尔维亚人、马其顿人和黑山人,信奉伊斯兰教的波斯尼亚人和阿尔巴尼亚人,还有少数匈牙利人、德国人、斯洛文尼亚人、土耳其人和犹太人。这样一个多种族和多宗教混居的地区,族群冲突时有发生。从总体上来看,南斯拉夫国家的宗教认同比较弱,因为它是多种族、多宗教教派并存的国家,并不存在一个统一的宗教或教派作为国家认同的基础。由于没有解决好国家认同的基础问题,最终导致了今日南斯拉夫的解体和种族间的冲突。

第三,拒绝宗教认同的民族主义。这些国家在现代化的过程中在政治上逐步世俗,或者通过民主革命迅速世俗化。这一过程自近代以来就从没有停止过,或者通过民主革命呈迅速加速的态势。当然,统治者表面上拒绝宗教认同,但是

① 《江泽民文选》(第 3 卷),人民出版社 2006 年版,第 376 页。
② 顾肃:《宗教与政治》,译林出版社 2010 年版,第 168 页。

实际生活中宗教的影响还是很大。民族国家需要民族认同，而宗教是民族认同很好的方式。

二、宗教与政权

（一）政教合一模式

政教合一是指宗教权威和政治权威合二为一的政治制度。政教合一的基本特点是国家元首和宗教领袖同为一人，政权和教权由一人执掌，国家法律以宗教教义为依据，宗教教义是处理一切民间事务的准则，民众受狂热和专一的宗教感情所支配。广义的政教合一模式也包含了若干种不同的组织形式。

第一，政教高度合一制。在此体制下宗教权力与国家权力高度一致的结合，宗教教义上升为国家法律的高度。其特征是：① 宗教领袖就是国家元首，教权与政权合于一身，具有高度的专断性，对思想信仰的控制与对军事和政治权力的控制基于一身，因而具有极强的专制性质。② 教义与法律统一，一切法律均以教义为标准。③ 一般带有强烈的宗教狂热，全民信教。参与国家统一政治和军事行动，异端将视为大逆不道，命运十分悲惨。伊斯兰教的发展史与政教合一的体制直接相关，《可兰经》是伊斯兰教的教义。巴基斯坦宗教学家赛义德·菲亚兹·马茂德所写的，人们通常认为，早期穆斯林出征时，几乎是一无所有，有的只是手中的剑，心中对《可兰经》的热情；他们诵读乃至唱着那部圣书中的诗句。……所有携带武器的阿拉伯人，都是伊斯兰的士兵，……大都由骑兵组成，具有更大的机动力；后来的穆斯林军队也大都是这样，这是他们能够短时期内获得惊人胜利的一大因素。……正是通过这些征服，阿拉伯才传遍全世界。①

第二，神权统治制。在此体制下，神权高于世俗权，君主服从教皇。教皇是神的代表者，通过世俗君主来实现对世俗的政治统治。典型的神权统治是从11世纪到13世纪末欧洲基督教全盛时期的神权统治。以罗马教皇为核心的天主教会发展成为封建神权的巨大国际中心，在原则上统摄欧洲的各世俗政权。《圣经》虽然不是法律，却是世俗的人法也必须遵守的。当然，当13世纪末后，天主教会的神权统治日益受到挑战，在宗教改革的冲击之下，这种神权政治最终崩溃。

第三，国教制。国教制与神权统治制相反，世俗权高于教权，统治者把某个特定的宗教设置为国教，使之成为政治统治的精神力量和官方意识形态，并以法律形式固定下来。罗马国教是古代典型的国教制，它是罗马君主的政治统治工具。

---

① 赛义德·菲亚兹·马茂德：《伊斯兰教简史》，中国社会科学出版社1981年版，第69～70页。

（二）政教关联模式

在规定了宗教教派与国家分离的基础上，规定了宗教教派与国家的合作关系。参议院包括宗教派别的代表，法律规定了教士的新金，并由国家支付。主要是以天主教为国教的六个国家，其政教分离由于主要受天主教神权统治的传统影响，是建立在遵从条约合作基础上的分离。[①] 具体内容有：国家将促进与有益于人民福祉的宗教教派的合作；保持政府与天主教的特别的合作关系；与天主教的关系以政府与罗马教廷之间的条约和协议为指导原则；公共权力应该注意到社会的宗教信仰并与天主教会和其他教会之间保持合作关系；国家与天主教会各行其是，独立自主；他们的关系由拉特兰条约规定；国家与天主教的关系建立在独立、合作、自治的基础上。这种模式实质上强调的政教分离后的合作，这种模式的目的是维护各自独立的两个权力之间的友好关系。

（三）政教分离模式

政治与宗教的分离是政治现代化的产物，是最近民主宪政的一大成果。美国是政教分离原则的先驱，在北美洲革命时期，英国统治下的南部殖民地把英国国教作为其国教。美洲革命的一个成果是确立政教分离原则，1776 年《弗吉尼亚权利宣言》已经宣布宗教自由原则，但国教会的实际废除直到革命以后才得以实现。政教分离作为近代以来世界各国的主流模式，一些国家陆续实行了政教分离，但仍然有一些国家实行弱化的政教合一制度。当然，政教分离并不是说国家与宗教完全分开，互不相干，政教分离只是一种制度性的分离，宗教不再是国教，一般还是倡导宗教信仰自由的。

三、宗教政治问题

（一）宗教与政治问题相联系的原因

宗教作为一种超自然能力信仰的历史文化现象，不仅其产生和发展离不开政治问题，而且对政治问题产生巨大影响。这就是宗教与政治问题相联系的原因，归纳起来表现为：

第一，宗教对于统治阶级和被统治阶级都有利用价值。自从人类进入原始社会的氏族公社阶段以后，政治就与宗教结下了不解之缘。宗教对于政治的作用：一方面对于统治阶级来说，宗教是统治人民的精神工具；另一方面对于被统治阶级来说，宗教是被统治阶级反对统治阶级的思想武器。

第二，宗教能维护社会的安定。尚九玉指出，宗教具有认知功能、整合功能、社会控制功能、社会批判功能、慰藉功能和激励功能。[②] 当然，宗教也对社会政

---

① 王秀哲：《政教关系的全球考察》，载《环球法律评论》2012 年第 4 期。

② 尚九玉：《试论宗教之功能》，载《郑州大学学报》1997 年第 4 期，第 53～57 页。

治问题的解决具有多重的消极影响。在全球化迅速发展的时代，因宗教的当代发展而对社会政治问题带来的消极影响更为严重。在现阶段，这些消极影响主要表现为：第一，导致了社会政治问题宗教化倾向的日益严重；第二，引发了新一轮的政教之争；第三，严重威胁了多民族国家的安定团结，刺激了邪教的大量出现。①

（二）解决宗教政治问题的对策

第一，实行宗教信仰自由政策。宗教信仰自由政策的出发点和落脚点，就是要大力加强广大信教和不信教的群众的团结。贯彻宗教信仰自由政策，一方面要求尊重每个公民宗教信仰的自由。每个公民既有信仰宗教的自由，也有不信仰宗教的自由；有信仰这种宗教的自由，也有信仰那种宗教的自由；在同一个宗教里面，有信仰这个教派的自由，也有信仰那个教派的自由；有过去不信教而现在信教的自由，也有过去信教现在不信教的自由。任何国家机关、社会团体和个人不能强制公民信仰宗教或不信仰宗教，不得歧视信仰宗教的公民或不信仰宗教的公民。在多数群众信教的地方，要注意尊重和保护不信教群众的权利，在多数群众不信教的地方，要尊重和保护信教群众的权利，从而使信教群众和不信教群众之间以及信仰不同宗教和不同教派的群众之间彼此尊重，互相团结，和睦相处。另一方面要求坚持权利和义务的统一。宗教信仰自由不等于宗教活动可以不受任何约束，宗教界人士和信教群众要把国家和人民的根本利益放在首位，承担遵守宪法、法律法规和方针政策的义务。

第二，依法管理宗教事务。依法管理宗教事务，就是要切实保障宗教信仰自由，保证正常宗教活动有序进行，保护宗教团体的合法利益。实行宗教分离原则，任何宗教都没有超越宪法和法律的特权，都不能干预国家行政、司法、教育等国家职能的实施，任何宗教活动不得妨碍社会秩序、工作秩序和生活秩序。要依法保护正常宗教活动和宗教界的合法权益，制止利用宗教进行的非法活动，打击利用宗教进行的违法犯罪活动。

第三，坚持独立自主自办的原则。每一个国家的宗教事务要自主管理，别国无从干涉。当然，独立自主办教，并不等于宗教对外实行封闭。鼓励和支持宗教界独立自主、平等友好、互相尊重的基础上开展对外交往，增进与各国人民及宗教界的相互了解和友谊，为维护世界和平做出积极贡献。

---

① 李东清：《论当代宗教发展的俗世情缘及其消极影响》，载《重庆社会科学》2001 年第 3 期，第 110～114 页。

第四节 利益团体

一、对利益团体的概述

（一）利益团体的含义

利益团体同政党一样，是现代社会中政府与被统治者间的主要联系渠道之一。① 利益团体相对于政党采取更为鲜明的立场，以符合代表人们的期望或价值。所谓"利益团体"是由享有共同利益或共同态度的公民个人所构成的、通常是正式组织起来并将其集体资源投入政治行动的集合体，是自立于政府或政党之外……并试图影响公共政策的组织②。这个定义是狭义上的利益团体，从广义上将，利益团体是指为表达、争取人们的利益或与国家权力的运行有关而组成的群体。

利益团体在西方国家有不同的称谓，有的叫作"利益集团"，有的被称为"政治性利益集团"、"压力集团"、"院外活动集团"。它们一般不具有正式的政治地位。在社会主义国家，政治团体一般被称为群众团体，有着比较确定的组织形式和正式的政治地位。在这两种基本类型的政治制度之中，利益团体在组织、活动、性质等诸多方面都存在着重大区别。但是，在上述的一般意义上，在同国家机关、政党的比较的意义上，二者又处于同一层次上。

集团现象在美国最为发达，有关著述也最为丰富。齐格勒在《美国社会中的利益集团》一书中指出：利益集团就是指一群人自觉地联合起来，加强自己的力量，在同本组织有益的问题上商讨共同对策，并且为达到自己的目的而采取行动。③ 这个定义比较宽泛，应看作对利益团体的一种简单的表象描述。

沃塞曼在《美国政治基础》中认为利益集团或压力集团是一群人组织起来为追求共同利益而对政治过程施加压力④。从政治学的角度来讲，这个定义表明了利益集团存在的基础，又将其同政治生活联系起来，但是它也同样不能揭示这种集体同其他组织和团体的区别，也没有全面的揭示利益集团的基本特征。

密利本德在《英国资本主义民主制》一书中指出，压力集团同其他政治组织相似，都力图对政府、对人口中的某些部分以及整个社会施加影响⑤。此定义与其他定义所不同的是，它提供了利益集团活动的更广阔的领域和空间，将集团活

---

① 安德鲁·海伍德：《政治学》（第二版），张立鹏译，中国人民大学出版社 2006 年版，第 319 页。

② G. Wilson, Interest Groups, Blackwell, 1990, p. 2.

③ 李寿祺：《利益集团与美国政治》，中国社会科学出版社 1988 年版，第 3 页。

④ 沃塞曼：《美国政治基础》，陆震伦等译，中国社会科学出版社 1994 年版，第 184 页。

⑤ 密利本德：《英国资本主义民主制》，博铨等译，商务印书馆 1988 年版，第 79 页。

动的影响由政治生活扩展到整个社会。

综上所述，利益团体是指有组织地参与政治过程并影响政府决策，从而实现自身利益的社会团体。代表特定集团的利益，是利益团体存在的基础；参与和影响政治过程，是它的主要任务；通过影响法律和政策的制定来实现团体的利益，是利益团体的基本政治性质。

（二）利益团体的特征

第一，利益团体存在的基础是团体成员拥有共同的利益。共同的利益要求是利益团体形成的前提。按照本特利的说法，没有集团的利益就没有集团，这里所用利益这一术语就是集团的等价物①。这实际上是政治性组织的共性，因为任何政治性组织的产生、发展和活动都离不开利益基础。但是同其他政治组织如国家机关和政党相比利益团体的利益和目标比较单一、具体。利益团体将自己的团体利益和要求公之于众，其目的就是要实现本团体利益的最大化。

第二，利益团体通过影响政府决策达到自己的目的。利益团体的任何政治性活动都是影响政府决策的过程，同时也是实现自己利益的过程。当然，由于利益团体的利益是单一、具体的，其政治活动也往往只针对一项具体的政策。当今世界，利益团体广泛出现并大规模参与公共政策的制定，才在客观上形成了利益团体影响整个政治生活的局面。现代政治生活中的决策是一个讨价还价的过程，任何一项政策都是妥协的产物，在民主政治中尤其如此。

第三，利益团体作为一个非政府组织，属于社会团体。在很多国家，利益团体不具有社会性质，直接或间接地隶属或附属于政府。在欧美国家，利益团体是独立于政府机构的。在很多具体利益问题上，它们常常同政府出于对立的位置，它们试图向政府施加压力以谋求集团利益的实现，而集体的组成及内部活动，政府无权介入。在这方面，利益团体既区别于政府组织，也区别于政党。同政府和政党相比，利益团体具有更广泛的社会性，是名副其实的利益群体。但是当它参与和影响公共政策过程的时候，就是作为政治组织而存在了。

（三）利益团体的类型

由于利益团体的性质模糊不清，形态也多种多样，利益团体的类型也就变得复杂起来。然而，依据一定的标准和规律，仍可以将利益团体进行一定的划分和分类，以便更加人们对利益团体的认识与了解。

第一，按照利益团体的法律地位，可以把利益团体划分为合法性利益团体和非法性利益团体。合法性利益团体是在一定的政治体系中，其法律地位和权益得到国家承认和保护，并依法从事正当政治活动的团体。合法性利益团体与政

① 奥尔森：《集体行动的逻辑》，陈郁等译，上海人民出版社 1995 年版，第 145 页。

治系统有着正向政治关系，在政治生活中大量存在。而非法性利益团体是国家法律不允许其存在，并以非法活动介入政治过程、影响政府决策制定和实施的团体。非法性利益团体是政治体系的不良衍生物，对政治体系产生冲击与挑战，一般表现为非法行会、帮会、恐怖组织和邪教组织等。

第二，依据利益社团的自主性程度，可以把利益社团分为完全自主的利益团体、依附性的利益团体和合作性的利益团体。完全自主的利益团体是指在政治体系中具有独立政治地位，不依赖与其他政治组织或政党，能够自主决定对内对外事务的团体。依附性利益团体是指该利益团体或是某一政党的集体成员，或者在组织上接受该政党的领导，其代表的利益从属其所属政党的利益，其政治活动在一定程度上依赖于政党的意志。合作性的利益团体是指基于某些共同的利益而达成一致，在行动上相互支持、相互声源的团体。合作性的团体一般有共同的政治地位、交叉性利益和共同的社会群众基础。

第三，根据利益团体追寻和维护利益的不同，利益团体可划分为特殊性的利益团体和公共性利益的利益团体。特殊性利益的利益团体是指源于特定的政治、经济和社会利益，以特定的政治活动实现和维护自身目标的团体。特殊性利益的利益团体所追寻和维护的利益不涵盖全体社会成员，不包含社会公共利益，并具有一定的排外性和分利倾向。如美国的劳联—产联、全国农业运动和中国的工商业联合会等。公共性利益的利益团体一般以实现或增进人类福祉为己任，通过一系列政治活动来维护和实现与全体成员相关的公共利益，唤醒公众对某一公共利益的利益团体一般具有开放性和兼容性，成员数量庞大，允许意识形态的多元化。这类组织多存于环境保护、反战和平、保障权益等领域。

（四）利益团体的地位和作用

利益团体是现代政治生活的有机组成部分，与一定的政治制度、政治体制相联系，在一定的政治体系中占有一定的地位、发挥着特定的作用。它的组织特点和活动特性，从一个特定的角度向代议制民主制提出了挑战，代表了民主制发展的某种现代化趋势。它在当代政治生活中的地位和作用主要体现在如下几个方面：

第一，利益团体是公民政治参与的工具。在传统的代议制民主中，公民的政治参与主要体现在定期的参见选举，通过投票来表达自己的意愿。在伊斯顿的政治体系理论和阿尔蒙德的结构—功能主义政治分析中，政党和集团都属于意见表达和意见综合的工具。所谓意见的表达和综合是基于如下的认识：社会上的利益和要求纷繁复杂，要使一种利益获得表达和被政治权威的认可，必须以一种有组织的形式出现。在现代社会，进行利益的表达和综合的主要形式就是利益团体。利益团体可以随时随地就本团体所关心的问题向有关的权力机关和权力者施加压力和影响，以促成对自己有利的政策出台，以防止对自己不利的政策的产生，更好地维护自己的利益。公民通过有组织的方式表达和实现自己利益的过程实际上就是政治参与的过程。利益团体将单一、具体的共同利益聚集起来，通过各种各样的方式向国家机关施加压力，弥补了代议制的不足，使公民具有一种经常参与政治的途径，因而，利益团体的组织和活动就成了一种更直接的政治参与形式，它反映了公民对直接民主的强烈需要。

第二，利益团体是政治社会化的重要媒介。在传统社会里，公民政治社会化主要媒介是家庭、学校等；近代以来，除了上述的媒介之外，又增加了政党、大众传媒等新的形式。资本主义政治发展的现代发展所造就的利益团体又成了一种新的政治社会化媒介。可以把政治结社看作是开办一所免费的大学，每个公民都可以去学习结社的一般原理。① 公民通过参加利益团体的组织和活动，了解所生活其中的政治制度的结构，了解政治家的思想和政策倾向，了解其他团体和有关个人的政治态度和主张等等。公民在参加利益团体的过程中，会认识许多有着共同利益的人，他们交换意见，碰撞出思想的火花，会把获得的观念和思想带到生活中去。因而，利益团体会对成员产生潜移默化的影响，并且会改变人们的政治文化。

第三，利益团体会影响政治统治和政治稳定。在特定社会中，占统治地位的阶级会利用各种形式维护自己的统治。而利益团体很多时候就是统治阶级维护统治的工具。如在资本主义社会里，一切所谓民主形式从最终意义上都会被统治者所利用，成为一种统治和管理形式。尽管公民可以利用这种形式为自己争取权益，但是，就如其他形式中一样，不同的社会群体表明上平等，实际上是不平等的。任何政治形式都是符合特定的政治秩序的。戴伊对此有着深刻的见解，他认为："利益集团：现状的辩护人"。他用翔实的实证资料证明，集团活动表象的背后掩盖着由于成员经济地位的差异所造成的集团在政治生活中的实际影响的区别，集团活动实际上是服务于上层阶级的形式。② 利益团体让公民有了表达自己利益的合法途径，政府也有了缓解压力的和平方式。因此，许多国家在作重大决策时会主动与利益团体协商，这显然是政治统治和政治管理方式的新发展。

二、我国的政治团体

（一）我国政治团体的发展现状

政治团体作为现代政治现象，在社会主义国家体现得也很明显。社会主义

---

① 托克维尔：《论美国的民主》（下卷），董果良译，商务印书馆 1988 年版，第 647 页。

② 戴伊等：《民主的嘲讽》，孙占平等译，世界知识出版社 1991 年版，第 9 章。

国家建立之初,政治团体就在政治体系中占有重要位置。作为执政党、政府和民众之间联系的桥梁和纽带,政治团体发挥着重要的作用。

在中国大量的政治团体中,主要有以下三种类型:经济型政治团体,如工会、工商联等组织;政治型政治社团,如中华全国妇女联合会、中国共产主义青年团等;社会型政治团体,如环境保护组织、消费者权益保护组织等。大量政治团体的存在为人们维护权益、促进公共事业发展和关注公益民生等方面提供了必要的机制与平台。

(二)我国政治团体发展中所存在的问题

第一,政治团体与政府关系密切,行政化倾向显著。自改革开放后,随着经济体制和政治体制改革的推进以及社会活力的日益增强,政治团体与政府的关系也发生了重大变化:组织关系上,政治团体原来隶属于各级党政机关,转变为政治团体具有独立性,党政机关对政治社团进行指导和监督;经济来源上,由改革前政治团体的经费基本上都是国家拨付,没有独立的经济来源,发展到除少数政治团体由国家拨付外,大多数政治团体有自己的经济来源,甚至经济独立;政治团体领导人的来源上,原来政治团体的领导人由党政领导人担任或兼任,改变为政治社会团体的主管单位的现职领导干部不得兼任政治社团领导职务,政治社团将不再有行政级别①。尽管我国政治团体取得较大的独立性和自主性,但对政府仍然有一定的依赖性,党政机关也对政治团体仍有较大的影响力和控制力,政治团体的行政化明显。

第二,政治团体发展不均衡。就利益目标而言,大多数政治团体的政治利益明显,经济利益和社会利益缺乏,以公共利益为取向的政治团体发展缓慢。就组织管理而言,各政治团体由于运行方式和管理理念不同,管理水平也存在较大差异。就发展程度而言,存续时间长的政治团体规模大,成员多,治理能力强,社会影响大;而新成立的政治团体规模小,社会影响小。

第三,政治团体发展不成熟,存在很多问题。政治团体的功能是利益聚合和政治表达,对政治决策施加影响,在民众和政府之间架起一座沟通的桥梁,反映民众的利益,但在我国政治团体的功能尚未完全发挥,缺乏应有的独立性和自主性,多数政治团体重视协助党和政府的工作,轻维护所代表的群众利益;重参与党和国家各项政策的贯彻和落实,轻能动地反映政治团体的政策意见和诉求;重视政治团体的政治功能,忽视政治团体的社会公益属性和社会功能。总之,这些都表明了我国政治团体的不成熟、不完善的方面,存在着很多问题。

---

① 《中共中央办公厅、国务院办公厅关于党政领导干部不得兼任社会团体领导职务问题的通知》,中办发[1998]17号。

（三）我国政治团体的建设和发展

政治团体是社会成员结成群体的黏合剂，是政府善治的平台与基础。由于我国处在传统社会向现代社会的转型过程中，政治、经济和文化体制还存在很多不成熟、不完善的方面，给政治团体的孕育和发展带来诸多制约因素，阻碍了政治团体应有功能的发挥，使政治团体不能适应社会发展的需要。因此，党和国家必须继续深化政治、经济体制改革，大力发展社会生产力，推进民主政治建设和精神文明建设，全面促进社会发展和增强社会活力，为促进政治团体的健康发展提供良好的经济、政治、文化和社会条件。根据政治团体自身性质和所处的环境，我们应该采取措施促进政治团体的建设。

第一，加强民主政治建设，营造政治团体发展的良好环境。政治团体是民主政治发展的产物，民主政治的建设有利于政治团体的健康发展。民主政治建设可以从以下几个方面入手：一是深化政治体制改革，为政治团体的发展营造自由宽松的政治空间。通过政治体制改革，改变过去权力过分集中的管理体制，使社会充满生机和活力。二是加强立法，改善政治团体的法律环境。民主是法治的前提和基础，法治是民主的结果和保障。三是建立和完善政治参与机制，为政治团体发挥功能构筑平台。民众是政治团体的成员，民众的参与是政治团体发挥作用的重要保障。

第二，完善政治团体监管机制，确保政治团体良性运行。合理划分和理顺政府与政治团体的关系，构建科学合理的监管体系，是确保政治团体良性运行，维护社会安定有序的内在要求。具体应该做到：一是理顺政府和政治团体的关系，告别过去权力过分集中、政治团体依附于政府机构的局面，形成政府与政治团体之间指导与监督关系，让政治团体形成独立的政治主体，拥有自主权和自治性。二是政府必须改变过去以行政命令的方式对政治团体进行管理，应采用法律手段加强对政治团体进行引导和监督，依法规范政治团体的权利和义务，在法定范围内发挥政治团体的作用和功能，保障政治团体的合法权益。三是政府应出台有利于政治团体发展的方针政策，为政治团体的发展提供必要的服务，特别是帮助治理能力不强、发展存在困难的团体提供经济资助在内的各种支持和帮助，实现由管制向服务的转变，形成政治团体与政府之间良性的互动关系。

第三，培育公民社会，为政治团体的发展奠定坚实的社会基础。政治学上，公民社会是指与政治国家相对应并独立于政治国家而存在的社会公共领域，它由一系列社会组织和民间团体构成。[①] 公民是社会的组成人员，公民社会是一个政治范畴，它所体现的是公民的主体意识。公民社会作为一个高度组织化的

---

① 梁丽萍：《当代中国政治社团发展状况研究》，载《当代世界与社会主义》2009 年第 2 期，第 6 页。

社会，能够以政体力量对抗国家权威，有效抵制蜕变的国家权力对个人利益和自由权利的侵犯；同时，为不同社会集团利益的凝聚和表达疏通渠道，避免将任何冲突都简单归结为政治冲突的可能，缓和国家层面所承受的压力。[①] 大力推进公民社会建设，能够不断提高公民的主人翁意识，让公民和政府形成相互信任、相互协调的社会关系，为政治团体的培育及其作用的发挥提供良好的社会基础。

三、西方国家的利益集团

在发达资本主义国家，利益集团是指那些在某些方面拥有共同利益或共同主张的人们，通过影响政府决策维护其利益或实现其主张而组织起来对政府施加压力的集团。比如工商企业界的协会、联合会，劳动者方面的行业和跨行业的工会、农民协会以及其他的诸如宗教的性别的、年龄组织等。

在西方国家，利益集团在法律上有较大的独立性；在组织及活动方面独立于党政机关；通过直接或间接的院外活动影响政府政策，以满足其比较单一的集团利益和要求。由于集团的规模大小相去甚远，活动方式灵活多样对政治生活的影响也各不相同。

（一）利益集团的产生和发展

欧美国家利益集团大致经历了形成、发展和现代变化三个阶段。19世纪后半叶至20世纪20年代是利益集团孕育和形成时期。在这段时间，欧美主要国家出现了一些地区性的小组织，在此基础上全国性集团开始组建。在英国，1980年建立了英国企业协会。在美国，1886年建立了美国商会。20世纪中叶出现了利益集团的产生、发展过程中的又一个“浪潮”，是利益集团的发展时期。根据斯科罗兹曼等人的研究，大约40%的院外活动集团成立于1960年以后，25%的院外活动集团成立于1970年以后。J.巴尔内研究了83个公民或公共利益集团，发现几乎50%的集团是在1968年至1972年期间成立的。[②]

在英国，利益集团的发展表现出了独特的倾向，利益集团逐渐深入议会党团，直接在政党之内形成势力。例如，在保守党内有“星期一俱乐部”、政策研究中心等待；在工党内有论坛派、劳工民主运动等等。在美国，利益集团的影响更加专门化和职业化，纯粹的压力团体的比例也更高。到20世纪70年代，有63%的公共利益组织在华盛顿设立了办事处。同期，以游说为职业的华府律师也人数大增。

20世纪80年代以来，集团政治又有了新发展。这一时期的鲜明特征是一

---

① 聂平平等：《政治学导论》，武汉大学出版社2012年版，第173页。

② D. L. Bear, D. A. B. Ositis, Politics and Linkage in a Democratic Society, Prentice Hall, 1993, pp. 52-53.

些非营利性的利益集团大规模涌现。在美国，这类社团从1970年的10734个增加到1983年的17644个，增长了近70%，[①]很多人同时参加很多利益集团。众多的利益集团为公民政治参与提供了很好的渠道。这些集团中，教育、文化、科学技术、公共事务等方面的利益集团数量增长最为迅速。利益集团组织和活动的特点是，利益集团一方面日益深入到基层社会政治生活，在地方和社区的社会政治生活中发挥重要的作用；另一方面利益集团及其院外活动开始进入国际领域，开始出现所谓跨国利益集团、国际院外活动。

（二）利益集团的策略

第一，接触活动。西方国家的国家机构一般由立法机关、行政机关、司法机关三部分组成。利益集团通过游说这些国家机关来达到自己的目的。作为立法机关的组成人员议员是通过竞选产生的，而竞选的过程中需要经费，利益集团通过向竞选议员提供经费的方式，与议员建立起沟通。这些当选的议员自然要维护这些利益集团的利益，当这些利益集团不希望通过某部法律，他们通常能够达到自己的目的。行政机关也是利益集团施加压力和进行游说的目标，在与行政机关打交道的过程中，利益集团采取与他们对付立法机关相同的方法，包括建立个人联系、提供研究基金以及维护公共关系等，有些提供金钱。[②]利益集团还可以利用法院来实现自己的目标，例如在美国，全国有色人种促进会通过在法院的活动，成功取消了各州关于公立学校中实行种族隔离政策的法律。

第二，公开运动。利益集团通过公开运动，扩大影响，表达自己的意见和呼声，以获取社会公众的认可和支持。公开运动主要包括三个方面的内容：一是集会、结社和游行示威。集会和结社是凝聚集团意志，游行示威是向政府情愿，引起社会公众的关注，从而对政策决策者施加压力，迫使政府考虑利益集团的利益。二是公开演讲、举行记者招待会，向社会提供事实真相，表明利益集团对公共事务的观点和看法，监督和督促政府的有关行为。三是通过大众传媒宣传自己的主张，影响政策决策者对真实情况的认识，从而达到延续或调整公共政策的目的。

第三，暴力抗议。当利益集团通过合法方式表达自己的利益得不到政府的回应或足够的满足时，就会采取暴力方式表达自己的不满。暴力抗议是利益集团表达自己意愿的极端方式，一般发生在长期遭受贫困、歧视等社会问题困扰的人，由于一次偶然事件，彻底爆发出来，往往会造成大规模骚乱。但是，暴力抗议并不有效解决问题，最终还是要通过政府制定一些具体的政策来解决。

---

① 李道揆：《美国政治和美国政府》，中国社会科学出版社1990年版，第274～275页。

② 迈克尔·G.罗斯金等：《政治科学》（第十二版），林震等译，中国人民大学出版社2014年版，第186页。

第七章　政治统治与政治管理

本章重点

1. 政治统治的方式和基础
2. 政治管理的方式
3. 治理与善治
4. 新公共管理、新公共服务

第一节　政治统治

国家是阶级矛盾不可调和的产物，也是社会分工的产物。国家产生的前提和目的，决定了国家的政治统治行为实际上就是阶级统治行为，政治统治行为是最基本的政治行为或国家行为。对这些行为的研究是国家理论的一部分，如果说国家和政府是政治学中的结构性问题，那么政治统治则是过程问题，政治过程的研究比单纯的政治结构研究更能发现真问题。在本章中，我们重点分析和研究政治统治、政治管理和政治管理的演变这三个方面。

一、政治统治的本质和特征

政治统治的本质是政治权利主体维护自己的权利地位和既有权利制约关系，进而有效实现其利益和要求，政治统治行为发生的基本出发点是维护政治权力主体的地位，保证政治权力主体的利益和要求在利益关系和政治生活中的主导性。随着社会经济的发展，导致了大规模社会分工的出现，社会分工又导致了专门掌握管理公职的阶级出现，同时，专门从事社会公共事务的管理的机构也出现了。当社会因分工发展而分裂为不可调和的各个阶级，其中在经济上处于优势地位的阶级独自全面掌握社会职能时，社会职能上升为对社会的统治，国家正是在社会职能对社会逐渐独立并上升为社会统治的过程中形成的，国家产生的前提和目的，决定了国家的政治统治实质上是阶级统治行为，但不是统治阶级的一般行为，而是维护经济上占统治地位的阶级的根本利益的最高行为。恩格斯指出：由于国家或统治秩序是从控制阶级对立的需要中产生的，由于它同时又是在这些阶级的冲突中产生的，所以它是在经济上占统治和地位的阶级的国家，这个阶级借助于国家而在政治上也成为占统治低位的阶级，因而也获得了镇压和剥削被压迫阶级的新手段。在阶级社会,政治统治实质上就是阶级统治,但并不意味着阶级统治就是国家活动带全部内容,它也离不开维护公共利益,统治阶级还要以公共权威的面目出现来维护全社会的利益,并最终有利于统治阶级的利益。

政治统治是社会集团之间利益冲突、对抗和斗争中的结果,基础是经济强制,本质是阶级压迫。作为控制社会矛盾和冲突,维护社会秩序的行为,政治统治具有以下特征:第一,政治统治具有阶级性,它以维护政治权力主体的地位为出发点,政治统治的根本目的和宗旨是为了维护和实现统治阶级的利益和意志,这是由统治阶级的政治地位决定的,维护统治阶级政治权力主体地位是政治统治行为发生的动因,也是政治统治行为的出发点和落脚点。第二,政治统治具有强制性,它以构建政治权威与服从关系为基本内容,政治统治行为的这一特征是政治权力制约关系内在矛盾的解决途径规定的。一个政权要实施对社会的有效管理和统治,权力和权威是必不可少的,权力是政治的核心要素,政治实践通常也被看成是权力的实施,政治的根本问题就是国家政权问题。一种统治能够得以维持取决于该统治的权威性,建立政治统治权威性的任务,在社会政治生活中体现为政治统治的多方面的活动和多方面职能,只有统治阶级建立起权威性,它才会在政治统治关系中由政治权力主体转化为政治统治主体。第三,政治统治具有秩序性,它以控制和约束矛盾冲突为主要职能。政治统治把社会和政治冲突控制在社会政治秩序范围内,建立和维护政治权力与社会其他政治力量之间的发展秩序。政治发展是政治冲突与政治秩序相互博弈和耦合的过程,统治阶级在政治秩序建立的过程中主要时进行政治控制,缓和政治冲突,政治控制本质上维护的是统治阶级的既定经济秩序,政治控制主体也就是政治统治阶级,通过一系列控制机制对被统治阶级的政治行为进行控制,从而达到维护和实现政治秩序的目的。第四,政治统治以社会的安全稳定为价值取向。政治稳定的实质是政治秩序的存在与有效实施,政治秩序能否实现国家政治生活的稳定,最终取决于其是否符合人民的根本利益。在实际的政治生活中,政治统治通常按照安全和稳定的价值要求展开活动,正因为这样,安全和稳定的实现及其实现程度,也成为政治统治行为效果的衡量和评价标准。

二、政治统治的方式

政治统治需要借助一定的政治方式才能实现,政治统治的方式是统治阶级建构、维护和巩固政治统治的方式,也是统治阶级实施政治统治的方式,在社会政治生活中,这两方面是有机统一的。一般而言,政治统治的功能在于运用强制性政治权力维持法律政治秩序、保障公民基本权利与义务,统治阶级在构建和维护、巩固和实施政治统治的过程中具有多方面的职能,这些职能决定了政治统治具有特定的多种方式，在现代国家实施和维护政治统治的过程中，统治阶级采取的主要方式有：

（一）暴力压制

指统治阶级以强力直接实现统治的方式，统治权力是政治系统实现政治统治的基础性工具，是一种能力，在很大程度上，表现为一种强制力，它强制性要求受其影响的社会成员或组织对其服从与归顺。政治统治要以暴力为后盾，以社会认可的形式出现。在政治统治过程中统治阶级依赖的首先是国家机器，即军队、警察、法庭和官僚机构等，列宁指出，这些国家机器是“国家政权的主要强力工具”，通过这些强有力的国家机器，国家管理权力不仅为社会建立起了一种秩序，而且通过国家机器统治阶级对危害政治统治秩序的敌对群体、敌对势力和敌对分子，采取强力压迫、权力剥夺和分化瓦解等，使统治阶级对社会的统治和压迫合法化、固定化，使阶级冲突得以缓和，维护了良好的政治秩序。暴力压制是政治统治本质的直接体现，也是政治权力的直接运用，实施暴力压制的方式是为了确立有利于自己的社会格局。

一般地说，使用暴力的方式会付出较大的代价，因此，即使是剥削阶级的国家也不会随便使用这一方式的。在传统的政治体发展为现代的政治体的过程中，政治统治的形式发生了很多的变化，国家越来越倾向于通过赢得大众支持的方式来维持自己的统治，传统的强制性的暴力镇压逐渐转向经济文化上的控制和管理。

（二）法制建设

统治阶级依赖的暴力后盾是为了确立有利于自己的政治格局，这种政治格局就是制度。制度首先和法律密切相关，因为制度是由法律来规定的，是法律内容的具体表现。另一方面，制度又依靠政策来维持，无论是政治制度、经济制度、社会制度和文化制度，其运转既靠法律，又表现为政策的国家管理权力。认识到制度的重要性，统治者应该建立和健全各种制度或政治机构，政治制度越复杂，政治体系也就越稳定。制度的运转经常表现为法律规定，法律是掌握国家管理权力的统治阶级的意志的体现，是统治阶级把现存的统治关系固化的形式，这是统治阶级达到利益普遍化目的的最好手段，统治阶级通过国家制定宪法、法律、法规和政策，确立社会政治秩序的的基本要求和“临界点”，规定敌对阶级和反抗分子的行为限度，并予以实施。

法律还是统治合法性的一个重要手段，这意味着，不但被统治者要遵守法律，统治阶级也要守法，依法办事。一方面，统治阶级以手中所掌握的国家机构的统治目标、范围、内容都要以法律的形式加以规范化；另一方面，对整个社会中破坏或违背统治阶级及其国家机构意志的行为必须以法律为准绳加以制裁，法治的方式要求政治统治完全成为统治阶级的集体性行为。

（三）承担国家的社会管理职能

政治权威与服从关系的建立和维护以及政治统治的实施，需要政治权力的主体性与社会公共性的有机结合，为了形成强有力的政治统治能力和权威，统治阶级及其代表会最大限度地促进生产力的生产力的发展，并承担社会职能。统治阶级在形式上总是代表公共利益，以公共利益的名义来运作权力，这就使得国家必须具有社会职能，即供应公共产品，维护公共秩序，履行公共职能，这是维持社会运行和社会发展所必需的社会需要。并且，社会职能随着社会发展将不断丰富和完善，这也是社会稳定、社会进步的标志。当然，无论社会职能怎样扩大和发展，社会职能总是依附于政治职能而存在，始终处于次要地位。

（四）政治认同与合法性的建立

培养和强化社会成员政治认同心理对于维护政治统治具有至关重要的作用，培养政治认同心理关键在于社会成员在思想上和心理上对于政治统治及其方式、方法的认可和同意，正是这种认可和同意构成了政治统治的合法性。马克斯·韦伯指出，合法性就意味着社会公众认可权威者的政治地位并服从权威者的命令，意味着社会公众对于既定政治系统存在价值的普遍信念。正是这种合法性使得人们自愿服从该政治系统的制度安排，并愿意为此而承担某些政治义务，从而维系了既定政治系统的稳定。

任何有效的统治都离不开合法性的支持，统治阶级可以通过教育机构、大众传媒、文化艺术等途径贯彻统治阶级的思想和价值观，为了形成高度的政治认同，统治阶级必须把自己的意志上升为占统治地位的意志，并在社会生活中灌输这些思想，并培植和强化有利于政治统治的文化，以形成使政治统治持久的精神支柱和心理基础，建立起政治认同，维护统治秩序。

三、政治统治的基础

作为一种强力的支配与控制行为，政治统治的核心是把政治制约权力关系转变为政治权威与服从关系问题。从历史和现实的政治生活来看，政治统治的有效实施是由多方面的复杂因素决定的，这些因素构成了政治统治的基础，也就是政治统治行为主体的权威基础，一般而言，这些基础包括：

（一）政治统治的政治和经济基础

政治统治的政治基础主要是指政治权力基础，政治权力的存在和作用，是政治权力关系存在和维系的基础和标志，对政治统治的维护和实现具有根本性的意义，它是统治阶级行使公共权力的保障，在政治统治中起着不可替代的作用。权力是政治的核心要素，政治统治总是和权力的实现联系在一起，政治实践的实质也就是权力的实施与实现，任何政治系统要现实对公共组织的管理与领导，必然要依仗凌驾于这一组织之上并统治这一组织的公共权力。权力是一种能力，在很大程度上，表现为一种强制力，它强制性要求受其影响的社会成员或组织对其服从与归顺，权力的价值在于对他人和社会资源的支配，它是获取和维护利益的一种重要手段。对于统治阶级来说，权力是必需的，因为它是建立和维持秩序、实施公共管理的必要工具。在政治领域中，权力体现为对公共资源和一定权力所涉及的组织成员的支配能力。

历史唯物论认为"政治统治直接属于财产"。经济基础决定上层建筑，政治统治是经济上占统治地位的阶级的统治，统治阶级是依靠对生产资料的占有而获得统治地位，资产阶级的统治是建立在资本主义生产关系基础上的，而资本主义生产关系的加强则有利于巩固资产阶级的统治。政治权力是实现经济权力的重要手段，所以政治统治的建立首先依靠的是统治阶级的社会经济地位，统治阶级在实现自己的经济利益时，必须以公共利益的面目出现，这就意味着要考虑全社会成员的经济利益，只有这样，统治阶级的经济利益才能得到更好的实现，政治秩序才能更加稳定。

（二）政治统治的社会管理基础

统治阶级是以社会公共权威为基础进行运作的，它在形式上总是代表公共利益，以公共利益的名义来运作权力，这就使得统治必须具有社会职能，即供应公共产品，维护公共秩序，履行公共职能。这是维持社会运行和社会发展所必需的社会需要，政治统治要持续进行下去，必须要以社会管理为基础。恩格斯指出，"政治统治到处都是以执行某种社会职能为基础，而且政治统治只有在它执行了它的这种社会职能时才能持续下去。"统治阶级要有效地建立和维护政治统治秩序，除了运用政治权力进行政治强制和政治控制之外，还必须运用这种权力承担起社会职能，因此，政治统治必须以社会公共职能的履行为基础。由于国家的本质属性是阶级性，国家是阶级统治工具，这就决定了统治阶级在掌握政权后，必然要对被统治阶级进行专政，但统治阶级要维护自己的阶级统治和社会稳定，并不只是对被统治阶级进行约束、控制，它还包括在统治阶级内部实行民主，协调统治阶级内部不同集团的利益关系 ，更好地维持本阶级的统治和根本利益。而要维护本阶级的统治地位，还需要对整个社会的意识形态进行控制，以使本阶级的思想能成为社会的主导思想，从而确保本阶级在意识形态中的统治地位。此外，统治阶级还需要采取种种手段缓和与被统治阶级的矛盾，缓和社会冲突，才能维护统治阶级的统治地位。统治统治阶级承担社会公共职能，除了维护统治秩序之外，还必须不断促进社会生产力的发展，这是增强统治力量的根本途径。

（三）政治统治的社会基础

任何一种统治模式，都与特定的政治理论或政治文化相联系。统治阶级的社会基础是其赖以产生、存在和发展的社会力量，政治统治的社会基础，取决于政治统治阶级与其他社会力量和社会成员的关系状况。为了形成和巩固其统治，政治统治阶级要尽可能扩大自己的社会成员队伍，建立与社会政治力量和社会成员的利益联系甚至联盟，以扩展和加强政治统治的社会基础。政治统治的社会基础的决定性因素是统治阶级与社会成员之间的利益关系，利益问题是一个关系到人类社会存在和发展的根本性的问题，"不论研究集团还是研究政治过程，第一步总是鉴别利益"，利益原则可以从国家领域被应用于社会团体和个人也就是说，统治者的利益转换为被统治者的利益。这一过程不仅表现在财富方面，而且可能更主要表现在权力和影响方面。统治阶级与社会成员的共同利益越多，它与社会成员之间建立良好关系的困难越小，越有利于政治统治社会基础的扩大和加强；反之，统治阶级和社会成员之间存在不同利益，引起了利益冲突，双方在利益的争夺中进行博弈，统治阶级要尽可能降低利益矛盾的程度，政治统治的社会基础能够的得到加强和扩展。

（四）政治统治的心理基础

政治统治的心理基础是指社会成员在思想和心理上对社会政治统治正当性的认可和同意，它是政治统治的精神支持，是以政治统治的权威与社会成员认同之间的配合关系为核心的思想和心理状态，社会成员在心理上对于政治统治的认同，具有更加深远的意义。政治统治的心理基础的核心问题就是构建政治统治权威与社会成员的服从关系。政治权威作为一种精神力量，是一种使人们信从的政治力量和政治威望，统治阶级在建构政治权威与服从关系时，除了把政治权力转化为政治权威外，还需要构建社会成员的服从心理。

社会成员对政治过程正当性的认同，构成了政治统治的合法性，这种政治合法性成为政治统治的心理基础，而政治统治的过程，就是政治权力合法化的过程。一种统治能够得以维持，一种制度能够得以延续，还取决于这种统治或制度下的人们对于该统治或制度一定程度的认可和接受，这种统治或制度必须具备合法性或正统性。从政治权力主体的角度讲，政治合法性就是统治阶级凭借非暴力手段使被统治者自愿地接受其统治的能力，古往今来，任何阶级的有效统治都离不开合法性的支持。政治意义的合法性与权威有紧密关系。具有了合法性也就具有了政治行为的正统性或正当性，因而，也就等于拥有了权威。所以，有人也把合法性简单地理解为将权力转化为权威。在实际的政治生活中，政治统治的心理基础具有重要意义，政治权力只有有效地转化为政治权威，建立起社会成员的政治认同，才能持久有效地建立和维护特定的政治统治秩序。

四、政治统治的类型

政治学者根据不同的标准，对政治统治的类型进行了划分，在当代西方政治学中，对政治统治进行分类研究的是马克斯·韦伯，韦伯根据政治统治的合法性基础，把历史上出现过的政治统治分为传统型统治、魅力型统治和法理型统治。

（一）传统型的政治统治

按照韦伯的说法，传统型的政治统治是建立在以传统习俗和习惯之上的价值观念和社会规范为依据而形成的合法性的政治统治，在这种统治中，社会成员认同传统的政治习俗和习惯。传统型的政治统治建立在长期形成的传统风俗和习惯的基础上，这种形式的政治统治之所以被人接受，是因为历史沿袭，从来如此。先辈定下的规矩，早先形成的秩序，今天自然也应该得到遵守，传统习惯不需要得到证明，“服从我，因为我所代表的秩序是传统沿袭下来的”。传统权威型最明显的例子就是古代的世袭君主制、部落统治、家长制下的小群体统治以及村落中的老人政治，它往往权力或特权的世袭制有密切关系。这种统治的特征主要有以下几点：统治者凭借习俗惯例而非法律法规来实施控制，把一切政治上的行政管理都当作个人事务来处理，把手中的政治权利当作个人财产的用附属品一样；管理机关由忠诚于统治者的家庭成员、亲属、朋友或与统治者有人身依附关系的仆人共同组成，依据他对官员的信任程度选拔他们和授予权力，这些官员又把他们自己的行政工作当作为统治者的个人效劳；管理人员职位的升降完全取决于其对统治者的忠诚与否或统治者个人喜怒无常的性格，并非是依据某些法定的条件。在这种统治的组织机构中，最基本的特征是对个人忠诚的臣服，委任人员无视实际工作能力，行政人员没有明确的职权范围和制度化的晋升标准。在传统型的政治统治中，有可能出现“盛世”，例如“贞观之治”和“康乾盛世”，但由于其与生俱来的病态结构和因官吏的权力得不到约束，传统型统治必然崩溃。

（二）魅力型的政治统治

魅力型的政治统治是统治者凭借其人格魅力和超凡品质形成政治权威，获得社会成员认同的政治统治，这种统治建立在“非凡的献身于一个人以及由他所创立的制度的神圣性或者英雄气概或者楷模样板之上”。

“权威可以来自个人身上超凡的恩典之赐”——即所谓的卡理斯玛，这种权威，来自受支配者对某一个个人身上显示出来的启示、英雄性的气质或事迹或其他的领袖特质，所发的人格上的皈依和信赖。在政治领域内——推举出来的盟主、直接诉求民意认可的统治者、伟大的群众鼓动者、政党领袖等类的人，所运用者即为此。后来的研究者们把这一类型的统治，称为“卡理斯玛”型的统治或人魅力型的统治。卡里斯玛式人物具有把人们吸引在周围而成为追随者、信徒的能力，并且追随者具有拥护这类领袖人物的赤诚态度，二者的结合构成了卡里斯玛型统治的合法性根据。这种类型的统治所依靠的并不是像等级制度、技术性的行政管理、领取工资的职工等任何一种为人们所熟知的程序性规范，而是仅仅依赖于其领袖能否使信徒及追随者们确信他，为此，领袖必须做出奇迹或英雄之举，并且要不断在其追随者们眼中证明自己是受命于天的。对卡理斯玛型的领袖而言，除了其追随者和信徒们自愿给予他的信仰之外，他并没有控制比信仰更多的东西。而一旦当追随者和信徒们不再信奉他时，他的权力变瞬间崩溃。卡理斯玛型统治是一种最不稳固的统治形式，它缺少理性的稳定的组织机构，领袖个人的生命也迟早会终结，所以这种类型的政治统治结局呈现出两种态势：要么转变为一种更加传统的类型，要么转变为法理型的统治。

（三）法理型的政治统治

法理型的政治统治是把社会成员的政治认同，即合法性建立在法律和政治规则的权威基础上，人们服从的仅是法律和规则。与传统型和魅力型的政治统治不同，在现代社会的法理型统治中，法律具有至高无上的地位，这是一种以法律为依据进行治理的社会，所有的权力和权威均来自于理性和法律原则，人们会去服从那些合于法规的职责的执行，由此可见，正当的法律程序是这种统治类型的合法性来源。这种统治类型的特征主要有以下几点：统治者与被统治者之间的关系是一种法定的权利和义务关系；统治者与被统治者仅在他们扮演各自的政治角色时，二者之间才存在服从与被服从的关系这种关系不是永恒的而是有条件的。而服从的人服从的也只是这一组织的法律，只是一种非人格的程序，而不是服从统治者本人。

马克斯·韦伯虽然对政治统治的合法性进行了以上三种类型的划分，但是他并不认为会有某种纯粹的单一统治类型在现实政治生活中存在，他还指出在现实的政治生活中以上三种统治类型通常是相互渗透的而且在某一国家的特定历史时期，政治统治的方式总是主要地表现出某一种统治类型的特征，但它同时也包含其他两种统治类型的因素在里面。

第二节 政治管理

一、对政治管理的理解

政治管理的思想，几乎与政治思想产生的年代一样久远。政治一般涉及利益关系、资源分配等方面的重大问题，政治最终追求的是利益关系的确定。管理则是为了最优化地完成组织的目标而对组织的各种资源进行整合的过程，管理最终追求的是效率。

政治管理的含义，人们存在不同的认识。一是认为政治管理就是行政管理，伍罗德·威尔逊就是在行政管理的意义上探讨政治管理的，德国社会学家马克斯·韦伯把政治管理解释为行政管理，他认为，“任何统治都表现为行政管理，并且作为行政管理发挥其职能”，因此，他把政治管理活动等同于行政管理，从而认为两者都是执行和管理国家意志的活动，政治管理就是行政管理。二是将政治管理等同于政治统治，在传统政治学上，政治管理一般是指国家权力按照某种特定的秩序和目标对政治生活进行自觉地有计划地约束或制约的一定方式。在这里政治管理的作用是维护与实现特定政治目标与政治统治秩序，一般和政治统治相提并论，有时甚至被等同于政治统治，这种定义强调出政治管理的阶级统治性、强制性以及单向性。这些解释从不同角度确定政治管理的含义，但是它们都忽略了政治过程包含着权力的其他行为，或者简单把政治管理等同于行政管理或者政治统治，并没有深入的阐明政治管理的本质规定性。

对于政治管理的范围的理解可以与公共行政进行比较，目前国内学者对公共行政活动的范围存在不同的认识，大体存在三个不同的层次。第一个层次是将公共行政看作是狭义政府即行政机构对其内部事务的管理，不涉及对公共事务的管理；第二个层次是将公共行政的范围从对行政机关内部事务的管理，扩大到社会公共事务包括政治性事务的管理；第三个层次是将公共行政视为广义政府即所有国家机构，甚至包括政党组织、第三部门等相关组织对社会公共事务的管理。在第一个层次上，公共行政的范围要小于政治管理的范围，在第三个层次上，公共行政即目前流行的公共管理，其范围等同于政治管理的范围。

对于政治管理的含义，我们可以做出如下理解：所谓政治管理，就是政治系统中的国家公共政治权力，按照某种特定的秩序和目标对政治生活自觉的、有计划地进行约束或制约的一种方式，通过这种特殊的约束方式，政治生活的各方面都能按照某种既定的秩序运行和发展。

政治管理和政治统治一样，它的本质是统治阶级以实现公共利益和协调不同利益矛盾的方式，实现自己的利益和要求。政治管理活动的目的是保障政治统治并保证社会政治的正常运行；政治管理活动的方向与方式是自上而下的、自觉地进行约束或协调；对象是政治系统中所有的成员。政治管理是国家公共政治权力为了实施政治统治的需要，对政治生活实行的协调和控制，它对于社会政治系统的运行和发展具有重要的意义，它能够加强和维护政治系统存在和运行的社会经济基础，保障经济健康发展；能够调节政治生活中各种政治利益的矛盾与冲突，维持政治秩序的稳定；能够确定政治系统的发展方向，提升政治民主水平；保障政治系统中民主政治的正常运行。

二、政治管理的方式

政治管理的目的和任务是通过政治管理的行为过程来实现的，政治管理在实施过程中又表现为国家政权体系对政治生活进行调节控制的各种政治管理手段或政治管理方式，主要包括政治领导、政治决策、政治沟通和政治监督。

（一）政治领导

领导存在于社会生活的各个领域，而不仅限于政治领域，无论在哪个领域，我们都能看出领导与被领导的关系，因此，领导是一种人们相互作用的过程。政治领导是指政治管理活动的行为主体运用公共政治权力和公共权威，通过对政治管理的对象施加政治影响力，来确定政治生活的原则和方向，以实现政治统治目的的行为过程。梅里亚姆指出，政治领导的确切实质是政治学领域中最令人头疼的问题之一，或许也是社会生活中最难处理的问题之一。然而，这个问题却是政治行为和社会行为中最真实的现象之一。

政治领导是由政府机构、政党组织、政治集团和政治领袖等构成的政治领导主体，以引导和带领政治系统中的行为主体为内容，通过公共政治权力和公共集体权威而形成的一种引导与被引导、带领与被带领的关系。政治领导借助权威和权力发挥作用，这就决定了政治领导的首要特征是变统治力为影响力，统治力是靠权势从外部驱使被领导者的力量，影响力是靠信任和共识，从内部驱使被领导者的力量。权威的功能在于促使个人遵守规范，遵守那些由群体或群体中的权威人物所做的规定；权威的另一个功能是协调，即让成员们采纳彼此一致的复合决策，达到既定目标。可见，政治领导不仅指领导者个人，还包括权力载体的政府与政党组织，它们协同运作才能实现有效的政治领导。

在政治管理日益科学化和技术化的今天，政治领导活动主要体现在对当前社会变革的领导和对未来政治发展方向和战略的把握等方面，其实质是执政党控制的国家公共政治权力体系对有关政治生活中的根本性问题进行权威性的指导、引领和带领的过程。政治领导对国家政治生活起着主导作用，这是政治领导的首要特征，也是政治领导区别于其他政治管理方式的显著区别之一；政治领导主要表现为政治领袖的活动，政治领袖是政治管理主体中的关键人物，政治领导的好坏主要取决于政治领袖的执政能力的大小和政治水平的高低；政治领导是一个动态的过程，它包括政治判断、政治动员、政治指挥等具体环节。

（二）政治决策

决策指各个国家机构、政党等政治管理主体对社会生活的重大问题制定行动方案的过程，决策活动是全部政治管理行为的基础。政治决策是同一般决策密切相关的，就它是一种决策而言，政治决策具有一般决策的特性，必须遵循一般决策活动所应当遵循的规律和规则，但它又不同于一般的决策活动，不同于其他政治活动，它具有一定的政治性，具有其自身活动的特点，具体表现为：第一，政治决策是公共决策。政治决策不同于局部性的决策，而是全局性的决策，会影响社会的大部分，如国防政策、福利政策、财政税收政策、农业政策等。第二，政治决策是权威性政策，与其他形式的决策相比，作为公共决策的政治决策更具有权威性，这是因为决策和决策部门拥有合法性基础或法律赋予的权力。

政治决策行为是政治过程中的关键阶段，是把有效的政治要求转化成权威性政策的阶段，它是一个动态性的过程，包括政策法规的制定、行政方案的确定、社会经济和政治生活中重大事项的决定、政府预算的编制、重要管理人员人选的确定等。

（三）政治沟通

作为一种政治现象，政治沟通由来已久，历来受到了统治者和政治思想家的关注。中国古代政治思想史上孔孟的“仁政”说，要求统治者重视道德教化，重视对政治沟通的控制和操纵，形成有利于政治统治的社会沟通网和政治环境，重视对政治沟通的控制和操纵，形成有利于统治的社会沟通网络和政治环境。在西方的政治思想史上，亚里士多德认为政治系统是由人的活动组成的，因而政治在本质上协调人类趋向于目标达成的活动。

尽管学者们对沟通的界定有所不同，但都强调沟通是一种人际交往行为。所谓政治沟通是指在政治领域中发生的沟通行为，政治沟通即“赋予政治过程结构和意义的信息和情报的流动，政治沟通不仅是精英对其民众发送信息，而且包括全社会范围内以任何方式—不论是对公共舆论的影响、对公民政治社会化还是利益集团的动员都是影响整个政治的非正式沟通过程”。从这个意义上而言，政治沟通是指传递政务信息、交流政治思想和政治信息的活动。政治沟通通常被称为政治管理的中枢神经，它对整个政治管理活动起着不可替代的整合作用和替代作用，越是现代的政治管理体系，信息流动在政治管理中越重要。

（四）政治监督

监督是“自古至今，人类永恒的主题”。监督兼含监察、督导、检察之意，政治管理中监督是为了保证政治管理主体在法律允许的范围内活动，以权力制约权力是政治监督的本质所在。政治监督是政治系统对国家公共政治权力的运用及运行过程所做的各种检察与督促，监督用于国家政治权力领域，是指为保证国家权力在所负担职权的正当范围内和轨道上运行，而对其进行监督、检察、调节、控制、纠偏的各种活动。从权力运行角度而言，监督可分为自上而下的监督和自下而上的监督两种；从权力制约角度而言，政治监督是由宪法监督、立法监督、行政监督、司法监督、政党监督、社团监督等环节组成。政治监督对政治管理具有保障作用，能够保证政治体制运行通畅、政治秩序稳定有序。

三、政治管理的类型

政治管理是伴随着政治生活的发展而不断变化的，其发展必然要遵循国家历史类型演变的一般规律的，但是政治管理的发展又有自己的特殊规律。迄今为止，历史上出现了许多不同形态的政治管理，在社会历史生活中，政治管理体现为各种各样不同的形态，从历史发展的一般规律和政治管理发展的特殊规律相结合的基础上，政治学家按照政治管理的经济基础、主体特征、权力特性、管理功能和管理方法等因素，可以把政治管理分为与农业社会相适应的传统政治管理和与现代工业社会相适应的现代政治管理。

（一）传统的政治管理

传统政治管理的经济基础是农业社会的自然经济，是与传统农业社会相适应的政治管理，它形成于封建社会，并在农业社会获得了较为充分的表现和发展。传统政治管理的经济基础是农业社会的自然经济，在这种小农自然经济充斥的社会中，基本的生产资料是土地，主要的生产生活单元是家庭，生产方式分散，生产力水平不高。劳动的产品主要不是用于交换，而是满足生产者或经营者本身消费的需要，这种生产方式的整体特征是分散性和封闭性，生产方式和经济状态的落后性、分散性和封闭性造成人们对自然和土地的依赖性，并最终导致人们对土地所有者的依附性，最终决定着奴隶主阶级占统治地位的政治形态和封建主占统治地位的政治管理的组织形式和行为方式。

从管理的行为主体方面看，传统政治管理行为主体具有单一性，政治管理权最终归属主体具有唯一性，由于农业社会利益结构简单，社会分化的程度较低，国家机构的构成呈现单一性，政治管理活动的行为主体一般只局限于政府官方机构，没有政党和其他以政党为依托的政治组织，没有工会等人民团体组织，能与政治管理配合的只有宗族组织和宗教组织，而这些组织又往往与政权同构，古代中国家同一体，西方中世纪政教合一。如古代社会的君权或王权等，最高权力完全掌握在君主一人手中，它能集立法、行政、司法为一体，各种政治管理权力的委托、授予等都以君主个人的意志为转移，由君主独断专行。在国家机构内部，功能分化的程度也较低，例如，在中国古代的各个时期，国家的立法、行政、司法职能往往合为一体，国家机构内部一般也只有吏、户、礼、兵、刑、工六部。

从运行的机制来看，传统政治管理运行机制表现出明显的人治特征，注重人治，忽视法治。人治是指产生于小农经济基础上的按照最高统治者个人意志决定和实施国家大政方针的管理国家的方法和制度，推行经验决策，强调个人在决策中的作用，没有严格的决策程序和明确的目标。政治系统中，不仅缺乏法律，即便有了法律，也会忽视它的存在，无法可依固然可怕，但有法不依更加可怕。在无视法律的条件下，政治管理必然是既没有严格的程序，又没有明确的目标，更谈不上追求效应，另外还缺乏政治反馈和政治管理的绩效评估。同时，在人治状态下，政治管理职能沿袭古训和管理，推崇名分，注重伦常，采用人格化的行为规范，这种管理类型的本质特点就是搞专制主义、少数人搞特权，家长制、一言党官僚主义等。

从管理功能方面看，传统的政治管理具有片面性和强烈的排他性。片面性是指传统政治管理往往片面地强调某一方面的功能的实现而忽略其他功能的发挥或过分偏执的强化某一功能而使其走向极端。传统社会是分化程度极低的社会，政治控制功能异常强大，其他功能作用发挥非常薄弱，国家和社会、政治和经济高度一体化，在这种环境下，政治管理控制功能无限膨胀，无限覆盖，并且不断得以强化，社会生活各个领域和各个方面都被纳入政治管理机关，严格控制下，社会的经济功能极度弱小；传统政治管理实行的是统治阶级或有利于统治阶级的意识形态的思想文化观念，对被统治阶级的思想有禁锢和教化的趋势。排他性是指，与自然经济结构相适应，传统政治管理一般都把“重农抑商”作为基本国策，对工商业的过分干涉和抑制极大地阻碍了社会生产力的发展和社会分化的进程，并因此造成传统农业与工商业之间的对立与排斥；与传统政治管理在国家经济职能方面的排他性相一致，传统政治管理功能的排他性主要表现在社会利益分配方面，农业社会在权力与财富的关系上，是权力支配财富，因而形成了“官本位”，而官本位与家族本位相结合又导致了对社会财富的家族性掠夺；传统政治管理的排他性功能还体现在思想控制方面，如西方中世纪对所谓“异端学说”的摧残，中国古代“焚书坑儒”，“罢黜百家，独尊儒术”以及大搞“文字狱”等措施，都反映了传统政治管理强烈的排他性。

总之，传统政治管理的方法简单、手段落后，管理基本限于模糊的经验论层次上，注重从人的主观动因上分析问题和解决问题；比较原则化，往往只能提供给人一种解决问题的一般模式或方向指导，没有确切的程序和步骤。采取的也大多是暴力威胁、行政强制、思想禁锢、驯服教化的方式和途径，很少采用经济和法律的方法，随着社会经济的发展，必然要走向衰败。

（二）现代的政治管理

现代政治管理是随着资本主义生产方式的充分发展和资产阶级统治地位的创立于巩固，人类社会开始进入工业社会以后所采取的政治管理形式。它是以工业社会、信息社会和市场经济作为基础的，这是从17、18世纪开始，伴随着资本主义生产方式的充分发展和资本家阶级占统治地位的政治形态确立以后形成和发展起来的一种新型的政治管理形式，从性质上看，现代政治管理分为资产阶级政治管理和社会主义政治管理两种基本类型，这两种政治管理都具有满足人类社会发展的一般需要的共同性特征。

在市场经济条件下，横向的社会利益关系增加，各种社会关系和社会行为的相互制约因素增加，这就决定了现代政治管理和传统政治管理具有不同的意义。

首先,现代政治管理赖以生存的社会环境不同于传统社会。现代社会是以市场经济为基础的,市场经济作为商品经济的高级形态,与自然经济相对应,它承认人们在互利互惠基础上的自由,平等和公开竞争,同时也是一种利益驱动经济。市场经济的基本原则是以等级交换为基础的,并且还承认每个个体都是独立的理性主体,都在社会经济活动中进行自主利益的争取,市场经济既是一种符合生产社会化商品化要求的全方位开放经济,又是一种需要宏观调控和微观规范的法制经济和契约经济。其次,现代政治管理以政治统治的现代化和政治民主化进程为依托。现代社会经济的工业化商品化、社会化和现代化的浪潮不断推动着政治的现代化和民主化的进程,政治现代化的实质就是政治统治方式的现代化,现代政治统治已不是单纯的表现为赤裸裸的暴力镇压,而是以暴力为后盾的广泛的实行法律化、制度化的形式,法治成为普遍的基本的政治方式,并且,随着社会的发展进步,政治统治也越来越技术化和模式化。在政治现代化进程中,民主化始终是核心价值取向,从而推动了民主范围的日益广泛和民主形式的日益完善,开创了政治发展的新道路。再次,现代政治管理受现代文化意识形态的制约和影响。在冲破封建文化专制主义的思想牢笼的基础上形成和发展起来的现代化思想文化观念是一个异常庞大的体系,从世界观、人生观、价值观到社会观、历史观、政治观各方面都呈现了异彩纷呈的特点,马克思主义的科学世界观和方法论对现代政治管理发挥了普遍指导意义。

从管理行为主体方面来看,现代政治管理的行为主体具有多元化的特点。在市场经济条件下,社会利益结构日益复杂,社会分化程度较高,再这样的社会中,各种政治利益包括政治利益的多元化,特别是政治党派和非国家、非政府的政治社团在社会政治生活中的作用越来越大,因而政治管理中的行为主体也越来越多,呈现多元化的趋势。现代国家政治机构在行使政治管理权方面有着明确的分工,而实际参加政治管理的,除了国家政治机构以外,还有执政党组织,非执政党组织,各种杰出的政治个体、政治群体和政治社团,其中执掌国家政权的执政党必然是政治管理权的行使主体,而非执政党以及特定政治团体可视为准政治管理主体。

从权力特性方面来看,现代政治管理所运用的权力具有规范性、有序性和相对独立性。现代人类生活处在复杂的交换网络之中,市场经济充满了竞争和变动,在经济竞争日益激烈和政治力量日益多元化的条件下,为了保证社会生活的有序运作,就需要有一定的规则和程序,这就要求政治管理权力首先是一种规范性权力,还必须有序。要建立一定的政治行为规则规范和程序,政治管理权力的运行必须遵循严格的结构序列和严明的规范程序,从而保证治管理机构成为分工合作、密切配合、廉洁高效的组织工作体系。最基本的方式是把政治管理权力的运行纳入法律化的、制度化的轨道，通过法制的形式明确权力主体的地位、职权范围。现代政治管理权力的相对独立性则主要表现在政府与其他政治管理主体权力的区分方面，西方国家政治中立的国家公务员制度就是起这样的作用。

在管理功能方面，现代政治管理具有全面性和开放性。全面性是指现代政治管理的功能已经成为一个完整的系统网络，政治管理广泛运用于国内的政治、经济、文化和社会各个领域，而且还经常的用作于国际的各种事务。现代政治管理功能的发挥并不是单纯的偏重于政治控制功能，而是在继续保持政治功能的前提下，注重培养和提高公民与社会组织的自治能力，扩大社会民主的范围和空间，组织公民参与民主政治生活；在管理经济的功能发挥方面，现代政治管理主要是宏观调控，同时广泛的运用法律法规，政策引导，计划调节，信息服务等手段；在思想文化的功能发挥方面，现代政治管理在加强培养和传播社会主流文化导向的同时，也强调思想解放意义促进人们创新意识的提高。现代政治管理具有更广泛的开放性，市场经济是开放的，它要求资源的配置和生产的过程最大限度的开放，适应现代市场经济发展的需要，就必须彻底抛弃传统政治管理的封闭性，走向开放性，现代政治管理活动中的行为主体必须能兼容多重政治利益，作为宏观调控者对他们加以平衡、协调。

现代政治管理还具有科学性和法治性。现代政治系统中，政治管理必须符合科学精神，坚持科学管理的原则，科学化是其遵循的基本原则，现代政治管理根据管理活动的规律性来确定管理方法，遵循政治管理的客观规律，立足本国的国情和民情，按照一定的程序进行。政治管理还必须遵循法治原则，将政治管理行为纳入法律化、制度化的轨道，所依据的是上升为国家宪法和法律的统治阶级的权威和意志，强调法律手段与行政手段的有机结合，并适当使用政治社会化等方面的手段。

四、政治管理中的基本关系

（一）政府与市场的关系

政府与市场作为现代市场经济中的两个不可或缺的要素，在促进经济增长和社会进步方面各自发挥着不同的作用。在当代，政府的作用问题越来越成为人们注目的中心，现代市场经济是一种以市场调节为基础，以政府调节为补充的经济体制，因而政府如何处理好与市场的关系，确定并履行好自己的社会经济职能，成为市场经济发展中一个重要的问题。政府与市场的关系问题是一直以来各国政治学界和经济学界讨论的热点话题，世界各国对这一问题的争论一直存在，并随着社会经济的发展不断深化。

1. 市场经济条件下国家政府与市场关系的变迁

20 世纪 30 年代以前，西方资本主义国家处于自由经济时期，以亚当·斯密为首的古典经济学派盛行。因为自由经济时期，市场作为一种内在自然秩序的自我调节功能也不断增强，市场竞争能够充分配置资源，所以人们认为自由竞争的经济制度能够促使社会快速发展，合理配置社会资源“万能的市场”把政府的作用限制在一个狭小的范围之内，主要通过提供教育、公共工程和促进对外贸易来维护市场经济的一般条件，使市场的自我调节功能得以实现。亚当·斯密主张自由放任，反对国家干预，他认为每个人在追逐自身利益的情况下也促进了社会效益的最大化，但一味地自由放任带来了许多问题。

20 世纪 30 年代至 20 世纪 70 年代，西方资本主义国家进入垄断资本本主义时期，经济开始出现衰退。尤其是 1992 年～1993 年的经济危机，席卷了整个资本主义世界，资本主义国家的经济深陷泥潭，市场经济自身缺陷也使得经济无法自拔，大萧条的到来正式宣告了资本主义国家“市场万能”的神话破产。此时，凯恩斯主义应运而生，凯恩斯认为，由于有效需求不足，市场经济无法解决总供给与总需求不平衡的矛盾，需要由政府宏观调控来引导资源配置，主张应重视并发挥政府在社会经济生活中的作用，政府适度干预是确保经济平稳发展的主要手段。自此，政府开始扮演新的角色，凯恩斯主义和罗斯福新政把政府推上了经济活动的前台。

然而，政府全面干预在二战前流行一段时间之后，自 20 世纪 70 年代至今，受到石油危机的影响，过度的政府干预不但使西方资本主义国家从整体上陷入了经济停滞和通货膨胀并存的“滞胀”现象，在政治上也导致了机构超长膨胀和官僚主义盛行，臃肿的政府毫无效率可言，个人基本权力得不到有效保障，庞大的福利开支远远超过了国家的经济承受力，带来严重的财政危机。凯恩斯主义受到挑战，新自由主义经济开始崛起。与古典学派不同，新自由主义经济在强调市场配置的重要性时，还肯定了政府要适度干预的必要性。从 70 年代开始，西方各国政府又先后放弃了政府的全面干预，在向市场放权，同时也正在尝试对政府本身的改造。

2. 政府经济管理的作用模式

除了在市场经济发展的不同阶段上政府对市场经济的干预和管理作用有所差异之处，不同文化传统和制度结构也带来了当代主要市场经济国家之间政府作用的差异。在当代市场经济的各个国家中，政府的经济管理模式主要有：

（1）英美的市场主导模式。它主要靠市场调节，政府的干预或调控被限制在一定范围内，具有浓厚的自由经济色彩。

（2）欧洲或莱茵模式。这种模式的特点是政府宏观调控的力度较大，国有经济的成分也比较大，有明显的混合经济色彩，德、法、北欧国家都属于这种模式。

(3) 东亚的政府主导型模式。日本、韩国、新加坡、中国台湾和香港以及印尼、马来西亚、泰国等东亚新兴国家所采取的是政府主导模式，即采取亲市场战略—政府的干预遵循“充分的市场，必要的政府”原则。这种模式与前两种模式相比，政府干预的力度更大，政府在财政、金融、贸易、产业、计划以及社会资本投入、技术开发、人才培养方面的调控作用突出，具有官民一体、政企一家的味道

由于政府本身也存在着诸多难以克服的缺陷，政府的过度干预有可能导致比市场失灵更重要的政府失灵，在对待政府与市场的关系上，既要防止政府该管未管的“弱政府”现象，又要避免政府过度干预的“强政府”现象。因此，对政府本身进行适当的改造并合理确定政府的作用范围和方式，就理所当然地成为当前政府改革的重要任务，而且我们在考虑政府的作用时，也不应该仅仅从政府与市场二元关系的角度来匹配政府与市场的作用领域，还应该考虑到介于政府和市场之间的第三部门所起到的重要作用。在现代社会中，政府、市场和第三部门都有着各自的优势领域和缺陷所在，只有充分考虑到政府、市场与第三部门之间的协作、制衡和补充关系之后，才不会在政府失败和市场失灵的两难困境中徘徊不前。

(二) 政府和社会的关系

政府与社会的问题是政治学理论中的基本问题。无政府主义认为，国家是社会祸害，是人类社会中统治压迫、专制和战争等各种罪恶的根源，因此主张立即废除国家，建立起没有国家的个人的绝对自由的社会。国家主义在国家与社会的关系中走向另一个极端，认为国家是神圣的、万能的，国家有能力治理并解决社会中的一切问题，国家对社会实行全面的管理和控制，甚至完全以国家来取代社会。自由主义是近现代以来西方社会中占主流地位的政治理论，自由主义既反对无政府主义对政府的完全否定，也反对国家主义对国家的绝对崇拜，认为政府是社会的社会的守夜人，起到维护社会安全的作用，但是必须把政府的权力限制在一定的范围内，不应该对社会有过多的干预，更不能完全取代社会。马克思主义认为国家产生于社会，并受制于社会，提出了市民社会决定国家的观点，这一观点是我们正确理解国家与社会关系的基本出发点。依据马克思主义的观点，社会是第一性的，国家是第二性的，社会是国家存在的基础和前提，国家的一切活动都是建立在社会基础之上的，没有社会就没有国家，社会先于国家而存在。国家是在社会发展的一定阶段上产生的，是因为社会的政治统治和社会管理的需要而存在的，当未来社会的政治统治消失的时候，国家就不存在了。在现代社会中，国家的存在仍然是必要的，国家作为合法的拥有暴力的政治统治和社会管理的组织，其作用时其他任何社会组织无法替代的。

一个国家总有自己的政府，政府是所有国家机关的总和。现代国家机关的

政府通常包括国家元首、立法机关、行政机关和司法机关。政府是国家体系中最重要的组成部分，是国家代表和国家权力的行使者。国家的意志正是通过政府来贯彻执行的，政府是掌握国家权力、执行国家职能，组织国家日常活动的机关。政府与国家共始终，有国家，就有作为国家代表的政府，没有政府的国家就是一个不完整的国家。

世界经济全球化背景下，讨论政府与社会的关系，主要基于当前随着社会经济的快速发展，政府与社会关系出现了明显的不平衡，迫切要求政府通过转变自身的职能，优化职能结构，提高社会管理服务职能，来实现政府与社会的和谐共存。政府职能转变的基本目标不仅要满足市场的需求，也旨在提高政府宏观调控能力和为市场和社会服务的能力和效率。研究政府与社会的问题，实际上换个角度它也旨在明确政府在社会生活中到底扮演怎样的角色，以及政府的职能如何定位等，要回答这些问题，首先我们要弄清楚政府在社会中存在的理由和根据，明确政府产生的必然性，纵观历史，无论是西方国家，还是中国，思想家们在对其政治主张描述的时候，也提出了当时政府应该以何种状态在社会中产生与存在的种种假象。最终，马克思主义从历史唯物主义的高度，精确地论述了政府存在的理由和根据，马克思主义认为，社会的分工，阶级矛盾的产生和对立，直接促进了政府的产生，政府凭借自己的行政权力去调和这些矛盾，在一定程度上起到了缓和冲突的润滑剂。恩格斯在以后对拥有社会公共权利的政府的产生过程进行了详细的论述，他认为政府所拥有的公共权利具有管理社会的特性，他的这些理论实质上为政府与社会关系的分析奠定了理论基础。

西方资本主义国家为了维护资产阶级统治地位和促进社会发展，不断调整和完善政府与社会的关系，长期以来积累了丰富的社会管理经验，形成了比较成熟的社会管理理论：

(1) 福利国家理论。英国工党政府上任后，开始实施“贝弗里奇计划”，并于1947年宣布英国已经建成“福利国家”，之后，瑞典、法国、丹麦、挪威等国家纷纷成为“福利国家”。20世纪50年代到70年代，是西方社会福利制度的“黄金时期”，普遍福利政策的广泛实施，逐步实现了社会保障全民化，70年代以后至今，西方福利体制进入调整和改革时期。福利国家理论的基本观点是：第一，只要政府实行充分就业、公平分配、社会福利等政策，就可以解决市场经济存在的许多缺陷，如失业、贫困和不平等；第二，一个国家只要致力于经济增长，使人均国民收入达到一定水平，并使国民有社会保障和失业救济等福利待遇，就算得上是一个福利国家；第三，福利国家的主要任务就是通过加强国家对社会经济活动的管理和监督，扩大社会福利，实现国民收入的公平分配。

(2)“第三条道路”理论。20世纪80年代，西方学者经过对福利国家反思和政策调整，提出了“第三条道路”理论，采取减少社会福利支出的社会政策。“第三条道路”支持一种新型的混合经济，这种经济试图在公共部门和私人部门之间建立一种协作机制，在最大限度地利用市场的动力机制的同时，把公共利益作为一项重要的因素加以考虑，它主张动态看待平等问题，强调机会均等同样需要再分配。“对福利制度的改革是第三条道路政治哲学的一个主要部分”，“第三条道路”关于福利的基本观点就是，倡导一种积极的福利，主张用“社会投资国家”的概念取代“福利国家”。

(3) “新公共管理”理论。这一理论缘起于 20 世纪 70 年代以来对国家干预主义经济政策造成的“滞胀”困境以及对传统官僚制管理模式弊端的反思。所谓“新”，就是相对于建立在马科斯韦伯的官僚制科层制基础上的传统的公共管理公共行政来说的，“新公共管理”在许多方面突破了传统公共行政的范围：它关注管理者和被管理者的关系，而不只是管理者本身；它重视政府在公共管理中的作用，但政府不再被认为是唯一的管理主体；它本质上仍然是统治手段，但却强调政府与民间、公共部门和私人部门之间的合作与互动等。

(4) 治理与善治理论。随着政府与社会关系的调整以及政治与行政的关系在理论上的重新定位，官僚制下的“统治”概念已无法涵盖“新公共管理”所引发的一些新内容，于是，世纪年代末出现了一个新的概念一“治理”，治理标志着统治的含义发生了变化，是各种公共的或私人的个人和机构管理其共同事务的诸多方式的总和，它有四个特征：治理不是一整套规则，也不是一种活动，而是一个过程；治理过程的基础不是控制，而是协调；治理既涉及公共部门，也包括私人部门；治理不是一种正式的制度，而是持续的互动。善治是治理的一种理想状态，是使公共利益最大化的社会管理过程。善治的本质特征就在于它是政府与公民对公共生活的合作管理，是政治国家与公民社会的一种新颖关系，是两者的最佳状态。善治的过程就是一个还权于民的社会管理过程，在这一过程中，公民广泛参与、政府与各级各类社会组织有效合作，良性互动，以使公共利益最大程度的得以实现。

第三节 从统治到治理

治理理论是当今国际学术界最热门的前沿理论问题之一。自 1989 年世界银行首次使用“治理危机”以来，“治理”一词越来越被社会科学界广泛使用，并逐渐发展成为一个内涵丰富、适用范围宽广的理论，如当前提出的地方治理、公司治理、国家治理、全球治理等，这些具体的领域无不反映出治理应用的广泛性。此后十多年，通过许多国家在政治、行政和社会公共管理等方面改革的实践，治理理论不仅拥有较为完善的理论框架和逻辑体系，还形成了一套评估社会发展和管理优劣的价值标准。“更少的统治，更多的治理”已成为当前一些国家政府管理改革和发展的口号。

20世纪80年代以来，在西方国家普遍出现了一种“治理转换”的趋势。从纵向上看，政府的权力和功能一方面在向上转移，转移到国际组织和超国家机构，例如欧洲国家组成的欧盟，另一方面在向下转移，如80年代以来的解制和向地方放权；从横向上看，政府的权力向司法部门转移，也在向准公共部门和私人部门转移，如欧洲国家逐渐建立司法审查制度，行政法体系迅速扩展，司法部门做出越来越多的政治决定，准公共部门和私人部门承担了越来越多的提供公共产品的功能。这就是被不少学者指出的从统治到治理的转移，这既是一种趋势的描述，也是一种规范的要求，治理意味着“统治”的含义有了新变化，意味着一种新的统治过程，意味着有序统治的条件已经不同于以前，或以新的方法来统治社会。

那么究竟何为治理？治理概念的定义繁多，可泛指任何一种活动的协调方式，罗茨指出，治理包含最小国家的治理、公司治理、新公共管理、善治、社会控制系统和自组织网络等六种不同的用法。有人把治理视为公民社会的“自组织的组织间网络”，认为这是一种没有政府的治理，在公共资源管理、社区服务和跨国的地区性政策网络中普遍存在。全球治理委员会也认为：治理是或公或私的个人和机构管理共同事务的诸多方式的总和，它是使相互冲突或不同利益得以调和并采取联合行动的持续过程。

一、治理对传统政治的冲击

“治理”与“统治”从词面上看似乎差别不大，但其实际含义却有很大的不同：第一，管理的主体不同。治理的主体可以是政府、公民、一些民间的或非政府组织，而统治的主体则必定是政府。第二，管理的形式不同。治理是政府、公民以及一些民间组织通过合作、协商的方式进行管理，而统治是政府运用政治权威的方式进行管理。对政府制定的政策，被统治者只能被动地接受。第三，管理的范围不同。依据当前全球治理理论的提出，治理的范围可以是无国界的，由于治理的主体可以是非政府的、跨国界的民间组织。而统治的主体是政府。因此，统治就有了领土和主权作为限制。第四，管理的原则不同。治理以自愿为主，兼有强制，但是主要还是公民的认同和共识。而统治则以强制为主，政府通过依据法律、法规来管理。

治理对传统统治模式的冲击是在众多维度上体现出来的，通过治理与统治的比较，我们可以看到治理的优点，首先，在一定范围内，治理理论发挥弥补政府缺陷、纠正市场失灵的作用，市场有着自身的缺陷，无法解决垄断以及提供公共物品的问题；政府也有缺陷，政府无法解决“寻租”行为、低行为等问题，面对市场失灵和国家的失效，人们想通过治理理论来解决这些问题。同时，治理理论推动了政府与公民的良性互动，公民广泛参与到政治生活中来，为政府决策的合理化、科学化奠定了基础。治理完全可以取代统治在国家管理中的主体地位。“少一些统治，多一些治理”，的口号已经越来越有现实意义。

二、传统公共行政理论

公共行政如同其他管理一样，具有十分悠久的历史，随着政府的产生发展而产生、发展，无论是在东方国家还是在西方世界，自古都不乏公共行政的思想。它是在一定社会历史条件下把多种学科知识运用于公共事务管理的研究过程中产生出来的一门系统的学科，然而，早期的公共行政思想因缺乏系统化和理论化而未成为一种专门的学科。公共行政学的根源可以追溯到人类起源的早期阶段，但是公共行政真正形成一个完整的体系，成为一门独立的学科，则是19世纪末20世纪初，它的发展包括源于20世纪初注重效率的传统公共行政学和20世纪60～70年代追求社会公平、民主参与的新公共行政学。

（一）传统公共行政的理论演变

伴随着时代的演进与政府功能的发展完善，作为人类社会政治文明重要构成之一的政府行政的理念和方式也在不断进步，然而直到20世纪以前，行政无论从观念上还是实践中，都没有从政治中分离出来成为一个相对对立的研究领域，也没有成为一种实践的运行范式。在表现形态上，行政是政治的工具和附属，因此也就不存在对行政问题专门化的科学研究。

近代以来的西方，随着社会领域中“公域”与“私域”分离过程的演进，公共行政的概念开始逐渐出现。1887年美国的威尔逊发表《行政学研究》一文，标志着公共行政学的开始。威尔逊的贡献在于他提出了政治与行政二分的原则，这一原则的确立促进了政治学和行政学的分离，也正是在这个意义上，政治与行政二分原则成为“美国公共行政的圣经”，并成为现代公共行政的逻辑起点。如果说政治行政二分原则为现代公共行政及其科学研究确立了逻辑前提，那么公共行政科学化、理性化的道路则是由韦伯所开拓，这两者的理论与泰勒的科学管理原理及梅奥等人的行为主义管理思想等共同构成了传统公共行政的理论基础。到了20世纪二三十年代，由于政府改革运动、科学管理运动和政治学的新学科方向的推动，传统公共行政学的框架得以形成。传统公共行政学的理论基础主要来源于四个方面：政治与行政二分的理论、韦伯的官僚制理论、泰勒和法约尔等人的科学管理原理和梅奥等人的行为主义管理思想。

1. 政治与行政二分的理论

政治与行政二分原则最早在威尔逊的《行政学研究》一文中提出，威尔逊通过回顾行政领域研究的历史，指出政治与行政的不同，认为有必要建立一门独立的学科，去研究政府能够做什么，以及如何以最高的效率和最低的成本去做这些事情。威尔逊的基本观点是：行政与政治不同，行政管理的领域是一种事务性的领域，它与政治领域的那种混乱和冲突相去甚远，行政管理是置身于“政治”所特有的范围之外的。就行政组织的内部运作而言，机关若想摆脱分赃制、贵族化等负面因素的影响，唯有建立一套新的官僚组织原则，行政应当严格地区分于政治。在威尔逊之后，古德诺于1900年出版了《政治与行政》一书，对威尔逊的这一思想作了进一步阐发，从而使“政治与行政”不同的思想得到了广泛的传播，根据古德诺的看法，政治是国家意志的表达，行政则是这种意志的执行；政治主要与政策的执行相关联，而行政则是对政策的执行。

2. 官僚制理论

在公共行政的早期发展中，韦伯的突出贡献是他系统的提出了基于欧洲资本主义工业化时代的理想的行政组织体系理论，及官僚制理论（或称科层制理论）。韦伯对官僚制理论的研究是以合法性和合理性这一中心概念为学理预设的，在韦伯看来，个人及其行为是进行经验性的科学分析的基本单位，个人行为应当是合理的。韦伯认为，理想的官僚制组织是建立在“合理—合法”的权威基础上的，是从属于技术理性原则的，具有形式合理性，是层次分明、制度严格、权责明确的等级制组织模式。而公共行政学正是要根据这些精神来分析和研究政府，对政府在实际运行中的一切不合乎技术理念和技术标准的方面提出改进意见。

3. 科学管理原理

科学管理理论即微观管理主义，科学管理的根本目的是谋求最高效率。泰勒认为，谋求高的工作效率是雇主和雇员达到共同富裕的基础，为此应将较高工资和较低的劳动成本统一起来，并通过扩大再生产，促进生产的发展，要达到最高的工作效率的重要手段是使用科学化的、标准化的管理方法取代过去的经验管理。科学管理运动的另一代表人物是法国的法约尔，他认为行政管理活动包含了五种职能，即计划、组织、指挥、协调、控制五项职能，还提出了管理的十四条原则。科学管理运动及其学说对西方行政学传统的产生重要影响，行政管理学者将科学管理的原理、方法和技术运用于公共部门，并利用和发挥了法约尔等人的管理职能和管理原则。

4. 行为主义的管理思想

20世纪二三十年代，随着行为科学理论被引入公共行政学研究并被人们逐步接受，公共行政学的发展进入了行为主义阶段。美国哈佛大学教授梅奥进行了著名的“霍桑试验”，开创了行为科学—人际关系学说的理论先河。早期的管理研究对人的假设是“经济人”，忽略了“社会人”这一方面，通过梅奥的霍桑试验，证实了人不是单纯追求经济利益的，生产效率主要取决于士气的高低。这样，霍桑试验用“社会人”取代了“经济人”概念，同时将非正式组织的概念引入管理学。梅奥以后，行为科学得到了迅速的发展，行为科学—人际关系学说直接影响了公共行政研究的进程，许多学者开始使用行为主义的观点方法研究行政现象，如马斯洛的需要层次理论、麦格雷戈、赫茨伯格的激励理论等等。

（二）新公共行政对传统法公共行政的批判

20 世纪中后期，公共行政学以及政府的管理面临严峻的挑战，有关新公共行政的思想理念早在 20 世纪 40 年代开始就酝酿，并在公共行政随后的发展中逐步趋于成熟和完善，从 40 年代到 60 年代，可以说是对传统公共行政的批评与该学科的转变时期，传统的公共行政学由于其内在的缺陷而受到广泛的批判。新公共新政学以公平为核心，认为传统的公共行政学试图回答以下两个问题：一是政府如何在可供利用资源的条件下提供更多更好的服务（效率），二是政府如何少花钱而保持特定的服务水平（经济）。新公共新政学增加了这样一个问题，即特定服务是否增进了社会公平，新公共行政应对削弱社会公平、影响经济有效管理的各种因素和组织结构进行变革。

新公共行政理论主张在批判主流行政学的效率经济观的基础上提出价值考量，主张社会公平和正义，主张构建新型的政府组织形态，提出民主行政理念。新公共新政不仅期待政府能够通过观念与行为转换解决社会存在的尖锐矛盾，更期待公共行政发展到一个全新的领域。从现实的公共行政实践来看，新公共行政的理论有许多空想的成分，因而没有转换成一种制度的设计。但是在新公共行政理论中所突出强调的公共行政价值问题方面，由于把公平和效率结合起来考虑，特别是它对社会公平的呼吁，在改革公共政策制定方式方面，也起到了一定的作用。

三、新公共管理运动

传统的公共行政模式被人们看作是一种与西方工业化社会的政府管理相适应的模式，这种模式曾在工业化时代的政府管理中发挥过重要、积极的作用，但是随着向后工业社会或信息社会的转变，传统的公共行政模式越来越不适应，它的基本原则受到了挑战，并在实践中逐渐失效或过时。20 世纪 60 年代以后，伴随着全球化、信息化、市场化的冲击，人类社会发展的形态出现了巨大变化，处在这样一个时代，无论是理论界还是实务界，都深感在官僚体制下的公共行政伦理难以解释公共管理领域的现象，难以指导相关实践。于是西方各国纷纷进入公共部门改革，尤其是政府管理改革的时代，公共管理作为一门新兴学科，其产生具有一定的发展背景和必然性。

20 世纪 70 年代开始，西方各国社会管理遇到了前所未有的严峻挑战，由于第二次世界大战以后，西方各国政府普遍采用了凯恩斯主义的主张，对社会经济实行全面干预，导致了以高失业、高通胀和低增长为特征的“滞胀”现象的出现；政府管理也危机四伏，政府职能扩张，机构臃肿、效益低下、政策失效甚至政府失灵。曾主导西方公共行政领域的近一个世纪之久，并被誉为是最佳传统的公共行政，遭到新的外部环境的严峻挑战，其近乎刻板、僵化的科层体制越来越不能适应迅速变化的信息和知识密集型的社会及经济生活，其赖以建立的两大理论基础—威尔逊和古德诺的政治—行政二分论和韦伯科层管理理论均不能解决政府所面对的日益严重的问题和困难：政府财政危机，社会福利政策难以为继，政府机构日趋庞大臃肿、效率低下，公众对政府能力失去信心，“政府失败论”开始占据主导地位，这在客观上引发了 20 世纪七八十年代西方政府改革浪潮，出现了声势浩大的政府再造运动。尽管西方各国政府改革的范围、规模、力度有所不同，但都具有一个相似的基本取向，就是以采用商业管理的理论、方法及技术，引入市场竞争机制，提高公共管理水平及公共服务质量为特征的公共部门新的管理模式，这些新的模式有不同的概念，如“管理主义”、“新公共管理”、“以市场为本的公共行政”、“企业化政府等”。

新公共管理运动在 20 世纪 80 年代的英美两国应运而生，并迅速扩展到西方各国，与以往传统的公共行政框架内进行的变革不同，新公共管理是对传统公共行政模式的一种全面清算和否定，它是一种新型的社会治理模式，是西方国家针对政府管理集权化和官僚主义化所导致的垄断、低效率、财政赤字和各种社会危机，以及全球化和信息技术发展要求加强市场化为取向，只在推行绩效管理和顾客至上的政府改革运动。

新公共管理运动的理论基础是“管理主义”，管理主义的基本信条是“让管理者来管理”，这是良好管理的基本准则。管理主义关注的焦点是政府公共部门内部，主张通过引进市场机制来完善政府公共组织管理，其主要观点包括三个方面：公共部门和私营部门在管理上并无本质区别；私营部门管理具有优越性；借用私营部门的管理模式来重塑政府。作为新公共管理运动理论基础的管理主义哲学，它所倡导的公共部门改革的一个主要目标是提高产品和服务的提供效率，实现这一目标的手段多种多样，包括民营化、内部市场的引入、合同外包、政府部门重构和用者付费等。这些措施基本包括三个方面的内容：政府部门内部的改造、市场机制的引入、企业管理理论和方法的大量采用。西方各国的新公共管理运动，大多体现了提高政府绩效的要求。

新公共管理运动主要解决三个方面的问题：第一，重新调整政府与社会、政府与市场的关系，减少政府职能，以求使政府“管的少一些但要管的好一些”；第二，尽可能地实现社会自治，鼓励社会自身的公共管理，也就是利用市场和社会力量来提供公共服务，以弥补政府自身的不足；第三，改革政府部门内部的管理体制，尽可能地在一些部门中引进竞争机制，以提高政府部门的工作效率和公共服务质量，从而使政府彻底走出财政危机、治理危机和信任危机的困境。虽然不同国家在改革中选择的路径和采取的措施有所不同，但共同的方面表现在精简机构、削减政府职能、放宽规制、打破政府垄断和公共服务社区化等措施的运用。

新公共管理理论的突出代表是“重塑政府论”，该理论是由美国学者戴维·奥斯本和特德·盖布勒提出的，它勾勒出了一种新的政府形象，即：起催化作用的政府，掌舵而不是划桨；社区拥有的政府，授权而不是服务，服务由社区提供；竞争性的政府，把竞争机制注入提供服务中去；有使命感的政府，改变照章办事的组织；讲究效果的政府，按效果而不是按投入拨款；受顾客驱使的政府，满足顾客的需要而不是官僚政府的需要；有事业心的政府，有收益而不浪费；有预见的政府，预防而不是治疗；分权的政府，从等级制到参与和协作；以市场为导向的政府，通过市场力量进行变革。

新公共管理使人们的视线从关注权力和权力的运行转向关注管理的效果上来，因为政府不再是唯一的，公共管理组织和部门它对公共权力的垄断将成为历史，公共权力随公共管理的社会化而社会化，众多的非政府组织也成为公共权力的执掌者。公共管理变成了一种为公众的服务，所以公共管理的公共性直接决定了政府公共服务的角色，进而使公共行政走向服务行政的治理模式，新公共管理运动的深层，包含着管理主义的终结和服务型社会治理模式的兴起。

四、“治理”与“善治”

20 世纪 90 年代，治理与善治理论应运而生，并且日益引人关注，被认为是替代传统政府统治理论的新思想。全球化是治理理论兴起的外部环境，经济全球化使人们的活动跨越了国家的限制，因此也产生了一些国际性的跨国经济、社会组织和世界性的活动群体，对他们的管理也必然会导致新的公共管理领域和管理主体，这就需要一种普遍适用的、全球性质的公共行政理论，也就是治理理论；其次，20 世纪 70 年代以来，各国普遍面临的管理危机是治理理论产生的社会历史根源，行政改革的历史根源也为治理理论的兴起和传播提供了有利的背景和强大的动力。世界银行 1992 年发布年度报告《治理与发展》，1996 年，经济与合作发展组织又正式地提出了“善治”的概念，由此，“治理”与“善治”成为 20 世纪 90 年代以来西方学术界主流话语之一。因为学者们相信，随着全球化的来临，人类的政治生活已经发生了重大的变革，其中最引人注目的变化就是政治生活的重心正在从统治走向治理，从善政走向善治。

罗茨列举了六种关于治理的不同定义，这六种定义是：作为最小国家的治理、作为公司管理的治理、作为新公共管理的治理、作为善治的治理、作为社会控制体系的治理、作为自组织网络的治理。研究治理的另一位权威格里·斯托克对目前流行的各种治理作了一番梳理后指出，目前各国学者对治理提出了五种主要的观点：

(1) 治理意味着一系列来自政府又不限于政府的社会公共机构和行为者，它对传统的国家和政府权威提出挑战，认为政府并不是国家唯一的权力中心，各种公共的和私人的机构只要行使的权力得到了公众的认可，就都可能成为在各个不同层面上的权力中心。

(2) 治理意味着在为社会和经济问题寻求解决方案的过程中存在着界限和责任方面的模糊性。它表明，现代社会国家正在把原先由它独自承担的责任转移给公民社会，即各种私人部门和公民自愿性团体，后者正在承担越来越多的原先由国家承担的责任，这样国家和社会之间、公共部门和私人部门之间的界限和责任便日益变得模糊不清。

(3) 治理明确肯定了在涉及集体行为的各个社会公共机构之间存在着权力依赖。致力于集体行动的组织必须依靠其他组织，为达到目的，各个组织必须交换资源，谈判共同的目标。

(4) 治理意味着参与者最终形成一个自主的网络。参与者与政府在特定的领域进行合作，分担政府的行政管理责任。

(5) 治理意味着办好事情的能力并不仅限于政府的权力，还存在着其他管理方法和技术，政府有责任使用这些新的方法和技术来更好地对公共事务进行控制和指导。

从以上各种关于治理的定义我们可以看出，治理理论的核心是强调国家、市场经济和公民社会或者说政府、私人经济部门，以及由非政府和非营利组织构成的第三部门之间在管理社会事务，提供公共服务方面建立起相互补充、彼此合作的伙伴关系。

自从有了国家及其政府以后，善政便成为人们所期望的理想的政治管理模式，善政始终是公民对于政府的期望和理想。概括地说，善治就是使公共利益最大化的社会管理过程，善政的本质特征就在于它是政府与公民对公共生活的合作管理，是政治国家与公民社会的一种新颖关系，是两者的最佳状态。综合各种善治观点，善治的基本要素有以下六点：

(1) 合法性。它指的是社会秩序和权威被自觉认可和服从的性质和状态，它与法律规范有直接的关系，合法性越大，善治的程度越高。善治要求管理机构和管理者最大限度的协调各种公民之间与政府之间的利益矛盾，以便使公共管理活动取得公民最大限度的同意和认可。

(2) 透明性。强调政治信息的公开性,政府应该通过各种传媒手段公布政府有关工作信息,保证信息的自由流通,以便于公众获得有关信息。透明程度越高,善治的程度也越高。

(3) 责任性。强调官员和政府机构应对自己的行动负责,责任性意味着管理人员及管理机构由于承担的职务而必须履行一定的职能和义务,这方面,善治要求运用法律和道义的双重手段,增大个人及机构的责任性。

(4) 法治性。强调政府官员和公民都应当依法行事,法律面前人人平等,法治是善治的基本要求,没有健全的法制,没有对法律的充分尊重,没有建立在法律之上的社会秩序,就没有善治。

(5) 回应性。基本意义是公共管理人员和管理机构必须对公民的要求做出及时的和负责的反应,不得无故拖延或者没有下文。

(6) 有效性。强调公共管理的效益和效率并重,管理机构的设置要合理,管理程序科学,最大限度地降低管理成本。

善治实际上是国家的权力向社会的回归,善治的过程就是国家一个还政于民的过程。善治表示国家与社会或者说政府与公民之间的良好合作,从全社会的范围来看,善治离不开政府,但更离不开公民。善治有赖于公民自愿的合作和对权威的自觉认同,没有公民的积极参与和合作,至多只有善政,而不会有善治。所以,善治的基础与其说是在政府或国家,还不如说是在公民和公民社会,公民社会是善治的现实基础,没有一个健全和发达的公民社会,就不可能有真正的善治。

五、新公共服务

新公共管理运动有力地推动了西方国家的公共行政改革,然而实践证明,新公共管理却有其自身难以克服的缺陷。目前,许多公共行政理论家和实践者们都在试图寻求新公共管理的替代模式。美国著名公共行政学家罗伯特·丹哈特提出用“新公共服务”来替代新公共管理,它是以对新公共管理的反思为前提的,因此可以说是超越新公共管理的新理论。所谓新公共服务认为,行政官员在其管理公共事务时,应集中承担为公民服务和向公民放权的职责,其工作重点既不是为政府航船“掌舵”,也不是为政府“划桨”,而是建立一些明显具有完善整合力和回应力的公共机构。

新公共服务认为新公共管理理论并不是一种成熟的范式,其理论框架还存在着缺陷,而且在西方国家进行新公共管理改革时遭到了来自多方面的质疑。第一,不适当的“经济人”假设。经纪人假设是新公共管理理论体系的逻辑起点,是其主张以市场取代官僚组织的理论基础。然而将这种假设运用到公共管理领域是不适当的,它忽视了文化因素对人性的限制,还会造成公共管理组织的约束和激励问题。第二,过度的管理主义取向。新公共管理受到泰勒科学管理思想的强烈影响，忽视了私营部门和公共部门的基本差别，照搬私营部门的管理经验、原则、方法和模式，将效率、经济性和有效性作为自己的价值基础，这种观念是错误的。第三，"顾客"导向的误区。新公共管理坚持以"顾客导向"为基础，但是顾客导向产生了一个资源分配上的重大问题，政府顾客掌握的政治资源差异很大，按照市场经济的逻辑，政府对不同的顾客区别对待，在公共部门是行不通的。事实上，公民在民主社会的角色是非常复杂的，他们既是公共服务的接受者，又是政府的纳税人。

新公共服务理论认为，公共行政官员看起来更加关注控制官僚机构和提供服务，其实他们更加关注"掌舵"，即成为一个更倾向于日益私有化的新政府的企业家。主要观点有：

第一，服务于公民而不是服务于顾客。公共利益不是个人利益的聚集，而是就共同利益对话的结果，公民不是政府的顾客，而是政府的主人。因此，政府不仅要对公民的需求做出反应，还要关注公民并且在公民之间建立信任与合作关系。

第二，追求公共利益。新公共服务理论肯定公共利益在政府服务中的中心地位，认为公共行政官员必须促进建立一种集体的、共享的公共利益观念，公共行政人员应该扮演积极的参与者的角色，为市民的参与、形成公共利益的集体观念创造有利环境。

第三，重视公民权胜过重视企业家精神。新公共服务理论认为，致力于为社会做出有益贡献的公共行政人员和公民比具有企业家精神的管理者更能够促进公共利益。新公共服务理论认为公共行政人员的任务是为公民服务，他们不仅要分享权力，通过公民来工作，还必须将其在治理过程中的角色重新定位为负责任的参与者，而非企业家。

第四，政府的职能是服务，而不是"掌舵"。新公共服务理论认为，公共行政人员的重要角色就是要帮助公民表达并满足他们的利益要求，而不是试图控制或掌舵使社会朝着新的方向发展，政府的作用在于，与私营和及非营利组织在一起，为社会面临的问题寻找解决办法。

第五，责任并不简单。公共新政人员关注的不只是市场，他们还应该关注宪法法律、社区价值观、政治规范、职业标准及公民利益，他们应该对这些标准和制度等复杂因素负责。

第六，重视人，而不只是重视生产效率。如果要求公共行政人员尊重公民，那么他们也必须要得到公共组织领导者和部门管理者的尊重。

第七，在思想上要有战略性，在行动上要有民主性。满足公共需要的政策方案可以通过集体努力和协作过程得以最有效并且最负责任地实现；确保政府具有开放性和可接近性，具有回应力，能够为公民服务并且为公民权创造机会。

第八章 政治发展

本章重点

1. 政治发展的多维认识
2. 政治革命与政治改革
3. 当前西方政治发展的理论流派
4. 我国的政治发展

政治发展是20世纪50年代末60年代初开始出现在西方比较政治学文献中的一个重要概念。政治发展是人类政治生活始终面临的基本问题,但现代意义上的大规模的政治发展研究则始于西方资本主义世界的学者对战后新兴国家国内政治乱象及其政治变化趋势的分析和预测。凭借庞大的研究投入和长久的学术积淀,西方政治学界从一开始就掌控着政治发展研究领域的主导地位和话语权。[①] 由于意识形态上的西方中心主义取向及研究开展中的西方经验导向,西方政治发展理论研究的诸多成果都带有资本主义世界的偏见,无法科学、客观、全面评估全球政治发展,特别是无法令人信服地评估广大发展中国家的政治发展。当前国内政治学界已经认识到这一点,从20世纪80年代起就有学者[②]开始有意识地对我国改革开放以来政治领域发生的变化进行系统研究,力图破除政治发展研究中的西方话语霸权,改变本土政治发展研究滞后于政治发展实践,而更多地由西方学者代为发声的现状。本章首先呈现的内容是政治发展概述,这包括对政治发展的多维认识、政治发展的实质与内容、政治发展的目标与基本途径(或实现方式);第二节讨论政治发展研究的相关问题,包括政治发展研究兴起的背景和西方政治发展研究的理论流派;第三节处理的主题是政治发展评估,具体包括政治发展评估概述以及政治发展评估的理论探索与实际操作;本章最后将梳理的是我国改革开放以来的政治发展状况,同时也将简要说明的是我们该如何看待我国的政治发展问题。

---

① 赵卫涛:《西方政治发展评估研究述评》,载《国外社会科学》,2016年第2期。

② 我国大陆学者如王沪宁、俞可平、房宁等人,我国台湾学者如陈鸿瑜等。

第一节 政治发展概述

一、对政治发展的多维认识

（一）西方学者有关政治发展的认识

由于研究取向及研究中关注的侧重点不同，政治发展理论研究尽管已走过五六十年的发展历程，学者们在有关政治发展概念的界定上尚未达成共识。比较有代表性的定义包括：

1. 杰克森和史坦恩对政治发展的界定

美国学者杰克森和史坦恩指出，发展的概念隐含着累计变迁与成长，而政治发展只着重于政治领域的变迁与成长过程。具体来说，政治发展包含三个方面的含义：其一，政体结构上的分化与行政角色中的专业化过程；其二，政治生活的形式从一个阶段转变到下一个阶段的持续过程。就此意义而言，政治发展是指新形式的政治生活在历史发展阶段中的演化过程；其三，政治发展不是明显固定的社会和政治组织模式，而是政治领域内制度演化的一个流动的和开放目标的东西，政治制度是达成社会目标的工具。换言之，在基本上，政治发展是统治者用以使政治制度达到非政治目的的策略。①

2. 派伊对政治发展概念的总结与界定

派伊在《政治发展面面观》一书中，总结了前人对政治发展做出的 10 种不同界定，包括：① 政治发展是经济发展的前提，是适应并促进经济发展的政治条件或政治形式的生成过程；② 政治发展是工业社会典型政治形态的生成过程，工业化使政治形态出现许多共性，因而所有工业化社会无论实行民主政治与否，都有一套相同的政治行为模式和标准，此即政治发展；③ 政治发展是政治现代化的过程，是非现代化社会向现代已经确立的合理的政治模式发展的过程；④ 政治发展是民族国家建设和运转的过程，政治发展首先是一个国家政治制度中民族主义的政治形式；⑤ 政治发展主要是国家行政与法制的发展，建设有效率的政府是政治发展的中心；⑥ 政治发展是政治动员和政治参与的过程，一定程度的自上而下的动员和自下而上的政治参与均达成政治发展；⑦ 政治发展是政治民主化的过程，即建设民主制度；⑧ 政治发展是一种稳定而有序的政治变化过程，即一个社会能够理性且有目的地控制政治过程，引导社会变革的方向；⑨ 政治发展是政治体系能力增强的过程，其中主要是获得和运用权力的能力及政治

① Robert J. Jackson and Michael B. Stein. Issues in Comparative Politics［M］. New York: Martin's Press, 1971, pp. 19～38.

动员能力的提高;⑩ 政治发展是多元社会变迁中的一个方面。①

在细致分析以上所有政治发展观具有的合理性与面临的批评的同时,派伊在与维巴合著的《公民文化与政治发展》一书中指出,政治发展包括三种要素:第一是人口发生变化,即从臣属地位转变到对社会有贡献的公民,随之而来的是大众参与的扩张,对平等原则逐渐增加敏感性,及对普遍法律的接受;第二是政治体系的能力的增强,政令能贯彻深入地方层级,控制人民之间的争端,应付并满足人民的需要;第三是政体组织结构的分化,功能趋于专化,以及各种制度和组织之间的整合。②

3. 亨廷顿对政治发展的界定

亨廷顿对于政治发展的解读是同时从静态的政治制度和动态的政治参与两个维度进行的。在亨廷顿看来,一个发展的政治体系,其政治制度化与政治参与的程度必定较高,与此同时,政治制度化与政治参与扩大化之间能够达到平衡状态,否则,无论是政治制度化的程度超过政治参与扩大的速率还是政治参与扩大的速率超过政治制度化的程度,这样的政治体系都不是发展了的政治体系。在《变化社会中的政治秩序》中,亨廷顿归纳出政治发展的三个基本特征,即权威的合理化、政治结构与功能的专门化以及广泛的政治参与。③

4. 阿尔蒙德对政治发展的界定

阿尔蒙德也是政治发展研究初期的重要旗手,其研究成果以从政治文化视角剖析政治发展见长。在政治发展概念的解读上,除了论及政治结构、功能及角色这一主流做法而外,阿尔蒙德还特别关注政治文化在政治发展进程中发生的变化状况。在阿尔蒙德看来,政治发展的程度涵盖三个相关的变项,即角色分化、次级系统自主化和文化的世俗化。④ 而"政治文化"这个术语所指的就是特定的政治取向——对于政治体系及其各个部分的态度,对于在该系统中自我角色的态度。⑤ 作为政治发展的尺度,文化世俗化可从三个层次加以考察:在政策层次,人们采取积极干预的态度,要求用慎重考虑的政策并按照所需的方式来控制社会和经济环境;在过程层次,个人充分利用政治机会以求改变个人的生活处境,政治参与的人数大幅度增加;在体系层次,政治合法性的基础不再是习惯和

---

① [美]鲁恂·派伊:《政治发展面面观》,任晓、王元译,天津人民出版社 2009 年版,第 49～62 页。

② Lucian W. Pye and Sidney Verba. Political Culture and Political Development[M]. Princeton: Princeton University Press,1965: 13.

③ [美]萨缪尔·亨廷顿:《变化社会中的政治秩序》,王冠华译,上海人民出版社 2008 年版,第 82～110 页。

④ 陈鸿瑜:《政治发展理论》,吉林出版集团有限责任公司 2009 年版,第 24 页。

⑤ [美]加里布埃尔·A. 阿尔蒙德、西德尼·维巴:《公民文化——五个国家的政治态度和民主制度》,张明澍译,商务印书馆 2014 年版,第 13 页。

领袖人物的超凡魅力，而是政府的实际工作有益于改善生活质量，政府也要通过吸取各种技术来改进自身的行为。①

（二）国内学者有关政治发展的认识

国内学者也就政治发展的内涵与外延表达了自己的见解，其中较具代表性的定义有：政治发展意味着建立一个适应特定社会的历史—社会—文化要求之变化的稳定的政治体系②；政治发展是政治关系的变革和调整，也意味着政治关系各种外延形式和表现形式的发展变化，前者指的是政治权力和权力关系、政治权利和权利关系、政治权力和政治权利相互关系的变化发展，后者包括政治行为性质、方向和方式的变革和调整，政治体系基本性质、组织制度和运行机制的变革和完善，政治文化价值取向、认知情感、态度动机和思想理论的变化、演进③；政治发展是指整个人类社会政治进化的一种状态，是表示以国家权力为核心的政治体系朝着合理化方向变迁的趋势、程度和性质④；政治发展是通过扬弃代价，以寻求不断发挥人的政治潜能的政治体制和政治生活方式的过程，以及这些体制和生活方式的生长过程⑤。

我们认为，上述所有学者基于各自的视角以及关注的维度和侧重点的不同，对于政治发展概念做出了多样化的解读，对于我们全面理解政治发展概念的丰富内涵与外延极具启发意义。在我们看来，政治发展这一动态过程就其实质而言指的是特定政治体系在政治方面朝着一定正向目标前进、演化的过程。其中，“正向目标”构成政治发展的内核，其具体内容取决于特定政治体系中的人们在特定约束条件下的价值选择，从维度上看既包括政治制度层面、政治文化层面、政治结构与功能，也包括政治参与等所有同政治体系的维持和运转息息相关的政治方面。根据这一定义，不仅不同政治体系政治发展的内容和表现形式有别，就是同一政治体系在不同时期其政治发展的内容和形式也表现出一定的差异性。

二、政治发展的实质与内容

（一）政治发展的实质

总的来说，对政治发展实质的理解，存在马克思主义观和非马克思主义观两派不同看法。

非马克思主义观点认为，政治发展的实质就是实现政治现代化的过程。持

① 徐大同：《西方政治思想史词典》，天津人民出版社 1997 年版，第 66 页。
② 王沪宁：《比较政治分析》，上海人民出版社 1987 年版，第 237 页。
③ 王浦劬等：《政治学基础》，北京大学出版社 2014 年版，第 295 页。
④ 王仲田：《政治学导论》，中共中央党校出版社 1997 年版，第 238 页。
⑤ 李元书：《政治发展导论》，商务印书馆 2001 年版，第 7 页。

这一观点的学者大都基于西方经验，主张政治发展和政治现代化不过是同一问题的两种不同表述。[①] 比如，派伊依据西方现代化的历史经验总结出政治发展的三种要素就是这种观点的反映，阿尔蒙德和亨廷顿等人有关政治发展实质的理解也没能跳出西方历史经验和西方中心主义的窠臼。总之，在持这一派观点的学者看来，政治发展的实质即在于打破传统、获得现代性的过程。而这个过程在西方世界已告结束，就此而言，政治发展只是当今第三世界新兴民族国家面临的任务，政治发展理论的适用范围也仅限于其国家政治形态尚未获得现代性的第三世界。马克思主义的政治发展观则是建立在科学基础之上的新型的政治发展理论。政治发展作为当今西方政治理论研究的一个专门领域虽然迟至 20 世纪五六十年代才出现，但马克思和恩格斯在 19 世纪中期创立的唯物史观即已包括对政治发展问题的科学探索和深刻洞见。[②] 马克思主义的政治发展观坚持认为，政治发展是政治形态不断从低级向高级上升的总体性过程。政治发展的实质也就是适应生产力和生产关系发展要求的，由进步阶级、阶层或集团推动的政治制度的变革和政治体制的调整过程。这种变革或调整之所以称为政治发展，并不仅仅在于它导致了政治关系的不断变化，其间不可避免地存在曲折、停顿甚至暂时的倒退，而是在全局上、总体上促进和推动政治关系变得越来越完善、越来越合理，即体现了一种前进上升的方向与趋势。[③]

政治发展是人类社会从低级政治走向高级政治、从政治的必然王国走向政治的自由王国的历史过程，是人类政治文明的不断发展过程，因而是各种社会政治形态面临的共同问题和任务。[④] 在马克思主义者看来，政治发展的总体要求是其要能适应经济、社会和文化基础，否则就会阻碍和制约经济、社会和文化等社会非政治方面的发展。历史的经验表明，当一个社会的政治上层建筑存在严重的缺陷，从而使其对经济发展、文化发展和社会发展的能动作用以负面的否定形式表现出来的时候，政治发展的任务往往显得格外迫切和突出。当今一些第三世界国家的情况即是如此。[⑤] 但是，政治上层建筑与经济基础等的适应性只具有相对意义，也就是说，处于动态变化中的政治同经济、文化及社会状况的适应性绝非一劳永逸、固定不变。在这个意义上我们可以说，政治发展的需要和任务普遍存在于任何政治体系之中，也普遍存在于任何政治体系的任何历史发展阶段，当今西方资本主义政治体系虽已走过几百年的发展历程，但仍然面临这样

① 严强、张凤阳：《宏观政治学》，南京大学出版社 2008 年版，第 225 页。
② 严强、张凤阳：《宏观政治学》，南京大学出版社 2008 年版，第 228 页。
③ 严强、张凤阳：《宏观政治学》，南京大学出版社 2008 年版，第 228 页。
④ 王浦劬等：《政治学基础》，北京大学出版社 2014 年版，第 295 页。
⑤ 严强、张凤阳：《宏观政治学》，南京大学出版社 2008 年版，第 228 页。

或那样难以克服的内在矛盾，西方资本主义政治体系也无法避免经济、文化和社会的发展对政治发展提出的普遍需要，因此，政治发展绝非当今第三世界国家的独有和特有任务，只不过是由于历史和现实国情不同，政治发展任务在后发国家显得尤为艰巨罢了。

（二）政治发展的内容

政治发展的内容也可以叫作政治发展的任务，主要指政治体系哪些要素或方面需要发生进步性的变化以适应不同历史阶段经济、文化和社会发展的不同需要。政治发展的内容是政治发展概念外延的展开，也是政治发展目标的具体化。有学者指出，对政治发展内容的阐述与对政治体系的理解存在很大的关联性。① 后文对于政治发展内容的表述也将遵循这一逻辑进行，也就是，我们将从政治体系构成要素的角度分别阐述政治发展各方面的主要内容。

基于马克思主义的政治发展观，我们认为，不仅不同政治体系发展的内容不同，就是处于同一种政治体系之下的政治国家或政治机体，其政治发展的内容也会有所差别，并且，甚至同一政治机体在不同历史阶段，其政治发展的内容也不尽相同，而必然是根据具体经济、文化和社会发展状况和条件对政治发展的不同需求在政治发展的具体目标和内容上表现出鲜明的时代特色和特殊性。但这也并不是说，现代政治体系在政治发展的内容上毫无共通之处。其中的要义在于，虽然人们对政治体系究竟包括哪些要素看法不一，但也基本上大同小异。任何政治体系要存在和运转，必定在内容上需要具备政治主体、政治思想、政治制度和政治行为几大要素。因此，我们认为，就当今世界各国的情况而言，政治发展的内容包括但不仅限于如下方面：

其一，就政治主体而言，政治发展的一大内容即为培育国家公民。广义上来说，现代民族国家的政治主体包括任何有法定资格参与政治体系的个人或组织、团体，而这里的政治参与既包括权力参与也包括民主参与，换句话说，政府官员也是政治主体。但在此处，我们特别强调指出政治主体中的国家公民部分。我们的考虑是，在发展了的或处于发展进程之中的民族国家，其国家公民不再是传统意义上在公共领域不自由、被排除在政治体系之外的臣民。这一公共领域之自由的充分实现，对于政治体系中的政府官员并不太具备时代变迁的改善意义，而对于广大的国家公民来说，政治发展为其广泛参与政治体系以影响政府政策提供了可能，同时也提供了专门的制度性通道。“参与政治”除了具备基本的参与政治体系的主观意愿而外，还必须同时具备参与政治所需的基本素质，否则参与政治的行为无法达成既定目标，将导致低下的参政效能感。由此，我们特别强

① 杨仁厚：《发展政治学》，贵州大学出版社 2013 年版，第 178 页。

调指出，现代国家政治发展的一大内容即为培育具备基本参政素质的国家公民。

其二，就政治思想状况而言，政治发展的一大目标是塑造民众理性、自由和民主等政治思想。政治思想这一术语就其狭义而言，仅指涉政治理论或政治意识形态，广义的政治思想则除了指称政治意识形态外还涵括政治心理层面[①]，政治心理层面涉及政治观念、政治态度、政治文化和政治信仰等次级体系。我们这里的“政治思想”一词取其广义。政治发展需要民众政治思想状况有所改善以与之相适应，维持政治体系的良性运转。政治思想涵盖面非常广泛，我们认为，与维持现代政治体系的运转尤其密切相关的政治思想包括理性、民主和自由。形成理性思想要求受宗教非理性思想和文化影响颇深的民众，特别是仍然实行政教合一政治制度的国家，其公民要能够摆脱宗教非理性思想的影响，以理性的态度参与政治。自由这一术语就其否定意义来说，指的是不受或少受控制，就其肯定意义来说是指行为主体可以根据个人意愿在特定约束条件下自主做出行为选择。自由思想能够促进个人发展，调动个人积极性，提升个人行为成效感。处于发展进程之中的政治体系，国家公共权力必须尊重民众的法定自由权利，使得具备自由思想的民众在政治参与时能够提升自我和发展自我，从而为政治体系的运转和发展提供源源不断的民众支持基础。民主这一术语含义多样而庞杂，就一般意义而言，民主意味着国民在政治上是平等的，有平等的参与和竞争机会。[②] 民主思想可以应用在所有层次的人群共同体里，也特别适用于现代政治活动领域。民主意味着，民族国家的任何群体，不分民族、种族、性别以及别的人群特征，在政治体系之中应有大致相同的代表性和参与程度，在这个意义上说，任何国家，包括西方资本主义国家，政治体系都大有发展、进步的空间，毕竟，在这些国家，种族问题和性别问题在政治领域仍然突出。

其三，就政治制度方面的状况来说，政治发展的一大任务是实现政治制度安排的完善和发展。政治制度就其实质而言就是一整套公开的正式规则系统，其设立的目的在于引导和约束政治体系中主体的行为。政治制度这一系统非常庞杂，基于不同学者的侧重点和研究视角的不同，政治制度的表现形式有所差异，这里我们依据主流做法，将政治制度的表现形式划分为立法制度、司法制度和行政制度、选举制度等等。发展了的或处于发展进程中的政治体系，其政治制度必定表现出不同于以往发展阶段的特征，诸如行政制度中的行政职能合理化、行政机构健全化、行政人员征用的能力取向及行政程序合理化等。

最后，就政治行为来说，政治发展的内容之一在于扩大民众政治参与范围。

---

① 杨仁厚：《发展政治学》，贵州大学出版社 2013 年版，第 178 页。

② 杨仁厚：《发展政治学》，贵州大学出版社 2013 年版，第 91 页。

政治发展,特别是社会主义中国政治发展的实质和归宿必须落脚于维护和实现民众的法定权力和利益。而现代国家民众权力和利益实现的常规和主流方式在于制度化的政治参与,因而,政治发展必须扩大民众政治参与的范围和力度。当然,诚如亨廷顿所警告的,政治参与的扩大必须同政治制度承受民众参与的能力相适应,否则将给政治发展造成难以估量的负面后果。对于在民众政治参与范围和政治制度发展方面大有改进余地的政治体系而言,要促进政治发展,必须同时注意处理好政治参与扩大与政治制度发展之间的协调问题。

三、政治发展的目标与基本途径

(一) 政治发展的目标

政治发展的目标有别于政治发展的内容。如果说后者更多地与政治发展的过程与要求相联系的话,那么,前者则更多地同政治发展的价值选择与实际结果相关。对于任何政治体系,特别是面临着严峻的发展任务的政治体而言,政治发展往往意味着要在发展的多重目标之间做出艰难的选择或平衡。政治发展目标的选择之艰难可归咎于如下经验事实,一方面,政治发展目标的选择要在特定条件下进行,而人的理性是有限的。无论是政治发展目标的"精英选择"主张还是发展目标的"人民大众选择"主张,只要是"人"的选择,都没法做到完全理性,而只能是在特定约束条件下进行的有限理性选择。另一方面,政治发展目标有时处于相互竞争或冲突的态势之中,比如民主与效率、民主与秩序等政治发展所追求的目标很难协调、统一,而是往往处于此消彼长的相互竞争状态之中。最后,政治发展目标选择的艰难也是由于发展目标的选择具有关键性意义,选择不慎就会造成严重而不可挽回的政治、经济与文化等社会发展方方面面的后果。政治发展对一个社会的经济、文化等方方面面的发展均产生影响,其总的要求也是要适应特定历史发展阶段社会经济、文化的发展对政治上层建筑的需要,因此,政治发展目标选择的影响之广泛决定了发展目标的选择对一个社会具有关键性意义。

综观世界各国政治发展历程,民主、效率、秩序与人民生活水平的普遍提高是政治发展追求的基本目标。这些目标具有超越具体政治体系的普遍意义,就是说,不论各国政体类型为何,政治发展进程中对民主的追求、对效率的追求、对秩序的追求以及对提高人民生活水平的追求已经成为一种得到广泛认同的价值。只不过,由于各国国情不同,或者是由于处在不同历史发展阶段,各国在追求民主、效率、秩序与人民生活水平提高这几大目标时选择不同的侧重点和顺序,因而形成各自不同的目标组合罢了。

1. 政治民主

"民主"的形态纷繁复杂。作为一种特定的政治形式和统治原则,"民主"在不同的历史条件下，因而也是在不同的经济关系和利益关系状况中具有不同的表现形式和实现方式。不过，无论具体形态为何，政治民主具有如下可判定其为“民主”的基本特征，否则就不是值得追求的民主。这些特征包括①：

首先，政治民主以公民权利的自由和平等为核心原则。政治民主首先体现为每个公民在社会政治生活中具有独立的政治人格和自由的权利，这就是说，他不以别人的意志作为自己的意志，而是具有自己作为公民应有的独立的政治权利和政治要求，同时，他可以在政治生活中自由地行使和实现自己的公民权利，自由地支配自己的精神和行为，自由地决定自己的事务。政治民主还集中表现为公民之间享有权利的平等性。这就是说，民主政治不承认有任何政治特权和社会特权，而规定任何公民，不管其个体差异为何，在政治生活中都享有平等的政治权利。公民政治权利的这种平等性具体体现为公民在政治生活中的机会和资格平等，在法律面前人人平等，在决策或选举中一人一票效力的平等。

其次，政治民主以多数决定作为基本规则。政治民主是社会政治成员把握自己的利益、意志和要求，自主自决，实行社会政治管理的形式，因此，它是以政治成员在社会公共事务上的意志一致为基础的。不过，在实际政治事务中，要使每一个政治成员在各种公共事务上都形成一致意见和看法是不可能的额，因此，民主政治一般视多数同意为全体政治成员的共同利益所在，多数决定因而成为政治民主的基本原则。多数决定的规则还意味着保护少数人的权利。这就需要允许少数人在遵循多数决议的同时，坚持自己的观点和看法，并在法定范围内围绕自己的观点、看法，维护和实施自己的政治权利。

最后，政治民主以法治作为实施条件和保障。法治是实现政治统治和政治管理的方式，其核心内容是以特定的规范、准则来强制规定社会成员的行为和行为方式。法治是民主政治的重要保障条件。一方面，法治承认民主政治的原则、规范，使之法律化、制度化，从而使民主具有最高权威；法治规定了民主政治的具体内容和范围，从而使公民明确自己实际享有的权利；法治规定了实行民主的具体程序和方法，从而为社会政治成员提供了按照民主政治行为的基本准则；法治还为民主政治提供了保障措施，就是说，法律以强力保障着民主政治的正常运行，而惩罚违反民主政治原则的行为。另一方面，民主政治中的法治又必须以民主政治作为基础和内容，其具体体现为：第一，法律必须以维护公民的利益而不是个别权势者的利益为取向；第二，法律原则和具体规定必须由全体人民通过一定程序来制定和确认，而不以少数人的意志为转移；第三，法律面前人人平等，任何人不得凌驾于法律之上；第四，法律裁决只能由民主程序产生的司法机关

① 王浦劬等：《政治学基础》，北京大学出版社 2014 年版，第 331～333 页。

做出。

政治民主作为一种价值已经得到世界各国的一致肯定，不过，政治民主的具体实现形式和表现方式必然会呈现出一定的差异性。我们应该拒斥某些西方学者将西方式自由民主制当作民主的唯一实现形式加以吹嘘和推销的做法，而应该认识到政治民主价值上的一致同意和实现方式上的具体差异这一点。

2. 政治效率

所谓的政治效率指的是国家的政治管理效率，其核心是政府的行政管理效率。在一定意义上，民主意味着对规则和程序的严格遵守，意味着对“多数社会政治成员讨论和决定公共事务”做法的尊重，这就在一定程度上影响政治决策和执行的效率。而一个政治制度的生存能力不仅取决于其合法性，同时也取决于其效率。① 如果说民主在一定程度上回答和满足了现代国家对合法性的追求，效率则在一定程度上回应了特定政治体系存在的合理性问题。因此，对于一个处于发展进程中的政治体系来说，必须兼顾对政治民主的追求和对政治效率的追求。

追求政治效率一般要做到：第一，领导层政治决策高效统一；第二，政治运行机制充满活力，行政执行高效有力；第三，政治系统有良好的动员能力和应变能力，能确保社会稳定和谐，经济高效、持续发展；第四，避免陷于专制独裁强制执行，从而牺牲公民的自由、平等和社会公正。②

3. 政治秩序

西方学界有关政治发展的早期研究将政治民主看作最为重要与核心的价值。亨廷顿基于战后亚非拉新兴国家出现的国内政治不稳和社会动荡的乱局指出，政治秩序和稳定是政治发展过程中有着同等价值的面向。亨廷顿认为，发达国家与不发达国家在政治上的最大区别不在于政府的形式，也不在于政治参与的程度，而在于政府控制的有效性。政治发展的过程实际上就是建立有效的社会控制，谋求稳定的政治秩序的过程。

政治秩序是指没有政治暴力、镇压或体系的瓦解，没有政治演进的中断或突变，政治变革因循制度化轨道稳定有序进行。追求政治秩序需要做到：一是实现政治组织和程序的制度化；二是增强社会动员能力，有效提高政府调控能力；三是制定正确的改革战略，运用高超的政治技巧；四是提高社会整合的程度。③

4. 民众的福利

对于特定政治体系来说，政治发展还意味着政治体系有尽可能公平地分配

① 潘伟杰：《现代政治的宪法基础》，华东师范大学出版社 2001 年版，第 138 页。
② 陈振明：《政治学——概念、理论和方法》，社会科学出版社 2004 年版，第 382 页。
③ 陈振明：《政治学——概念、理论和方法》，社会科学出版社 2004 年版，第 382 页。

经济发展的成果和社会总体资源，从而普遍而不是部分地提高人民群众生活水平的能力。阿尔蒙德和鲍威尔就曾在《比较政治学》一书中指出，经济增长带来的收益平均分配是测度政治发展战略的一个基本标的。我国实行的是有中国特色的社会主义民主制，这种民主制不是西方式的实质上主要是由某个阶级享有的狭隘民主，而是广义的大众民主，这就意味着，民主政治发展的好处和成果应该尽可能多地惠及社会上最大多数人群。而经济发展本身不能解决资源分配的公平问题，在这种情况下，调控经济发展成果和社会资源的分配就成了社会主义民主政治发展理应追求的重要目标。

（二）政治发展的基本途径

政治发展的途径指的是特定政治体系经由什么方式推动和实现政治发展。审视各民族国家政治发展走过的历史与现实状况可知，一般来说，政治发展的基本途径不外乎政治革命与政治改革两种类型。

1. 政治革命

革命是人类社会历史发展进程中的一个重要现象。按照马克思主义的观点，“革命”指的是一个阶级用暴力推翻另一个阶级之统治的行动。具体地说，革命是指一个社会的政治制度、社会结构、领导体系、政治活动和政策及其主要的价值观念做急促的、根本的和暴力的内在改变。[①] 革命有别于暴乱、叛乱、反抗、政变和一般的改朝换代。政变、改朝换代只是改变领导权和政策；暴乱、叛乱可能改变政策、领导权和政治制度，但不改变社会结构和价值观念。

政治革命就是在社会利益矛盾对抗的基础上，社会政治力量为变更政权和社会利益关系，而反抗既有政治权力和政治系统的激烈活动。[②] 从社会政治发展的意义上看，政治革命是社会历史过程中实现政治发展的特定方式和途径，政治革命的斗争锋芒都是针对在此以前实行统治的阶级的[③]，其历史发展的作用在于打破旧的政治关系和政治秩序，推翻旧的政治制度，代之以新的政治关系、政治秩序和政治制度，从而推动整个社会的发展与进步[④]。

政治革命是一种激进、迅疾而且影响波及范围宽广的政治变革形式；而常常与政治革命相提并论的政治改革则是一种渐进的、影响范围有限的人为控制的政治变革形式。从变革的客观结果来看，政治革命导致政治关系和政治制度发生根本性的质变，在政治形态上会引起新旧更替；政治变革则只在既定政治关系

① 陈振明：《政治学——概念、理论和方法》，社会科学出版社 2004 年版，第 386 页。
② 王浦劬等：《政治学基础》，北京大学出版社 2014 年版，第 300 页。
③ 《马克思恩格斯全集》（第 1 卷）人民出版社 1995 年版，第 90 页。
④ 王浦劬等：《政治学基础》，北京大学出版社 2014 年版，第 300～301 页。

和政治制度框架内，对政治关系和政治制度做出一定的改进和完善，这一变革形式导致的客观结果只是政治形态的部分调整与变化，而不涉及政治形态在性质方面的新旧更替。从逻辑上讲，革命和改革完全有产生消极后果从而使得一个社会的政治走向衰退的可能，这种意义上的革命和改革就不属于政治发展的基本途径和实现方式。正如亨廷顿所指出的，只有某些革命涉及政治发展，这些革命能够摧毁旧的政治制度以及旧的正统模式，动员新的集团进入政治，重新界定政治共同体，接受新的政治价值观和新的政治合法性概念，由一批新的、更有生气的精英人物取得政权，创立新的、更强有力的政治制度①。这就是说，只有产生了新制度的革命才能导致政治发展。在亨廷顿看来，像18世纪的法国大革命这样激进的政治变革形式虽然扩大了政治参与，但由于没能产生新的政治制度或结构来容纳新动员起来的政治参与，从而导致革命后的法国政治社会动荡不安，这种情况下的政治革命就没能引起政治发展。

一般来说，我们在此处讨论的政治革命具有如下基本特征：

第一，政治革命以革命阶级为活动主体。政治革命的主体也就是发动和推动革命进程的力量或动力。依据革命推动主体的不同可将历史上出现的革命形态划分为奴隶革命、农民革命、资产阶级革命和无产阶级革命。革命阶级大体上都是处于特定社会边缘、生产生活境况相对较差因而最具反抗情绪和变革意识的群体，不过，“革命阶级”这一概念指称的并非特定社会阶级，而是所有那些具有革命意愿、联系起来展开革命行动的阶级联合体。政治革命不是如政治改革那样由少数政治人物、政治派别和政治群体发动和推进的行为，而是社会阶级之间大规模、有组织的政治较量，是社会里进步的革命阶级推翻旧秩序、旧制度以求建立新秩序、新制度的活动。马克思和恩格斯的话，进行革命的阶级，仅就它对抗另一个阶级而言，从一开始就不是作为一个阶级，而是作为全社会的代表出现的；它俨然以社会全体群众的姿态反对唯一的统治阶级②，深刻揭示了政治革命主体的广泛性问题。

第二，政治革命以夺取政权为核心。无疑，权力问题是政治的核心问题，而政治权力的归属对于政治权力主体和革命力量来说都具有政治决定性意义，因而也必然是政治革命的首要目的。列宁指出，无论是从革命这一概念的严格科学意义来讲，还是从实际政治意义来讲，国家政权从一个阶级手里转移到另一个阶级手里，都是革命首要的、基本的标志。③ 在一定程度上，我们可以说，政治权

① [美]萨缪尔·亨廷顿：《变化社会中的政治秩序》，王冠华译，上海人民出版社2008年版，第254页。

② 《马克思恩格斯全集》(第1卷)，人民出版社1995年版，第100页。

③ 《列宁全集》(第29卷)，中央编译出版社1984年版，第137页。

力的掌握主体是否发生变异是衡量一场革命是否成功的根本标志。而政治革命以政治权力的变异为标志,这不仅意味着政治权力的主体发生变化,而且意味着相关政治现象的深刻变革。① 就是说,政治革命还意味着,与旧的政治秩序和权力相联系的一切政治机构、政治制度和文化观念的更新。

第三,政治革命以政治体系的根本变革为内容。政治革命是社会革命的一种,社会革命以实现社会关系的根本变革为主要内容和任务,而政治革命以革除旧的政治秩序、政治主体、政治制度、政治价值观念等政治体系的方方面面为内容。与此同时,政治革命还谋求由胜利的阶级按照自己的利益要求建立政治体系中宏观和中观层面新的政治秩序、政治制度以及与之相适应的政治文化和价值观念等的微观层面。概括地说,政治革命旨在实现政治体系的"革旧"和"布新"。

第四,政治革命是一种短促而急剧的变革。政治革命是社会发展过程中质的飞跃,是社会发展的剧烈震荡,因而,是一种短暂而急剧的变革形式。在这个短暂的过程中,政治发展的广度和深度以及发展的速度都是超常的。政治革命的这一特征是其区别于政治改革的重要方面。

2. 政治改革

政治改革是与政治革命存在重大区别的推动政治发展、演变的途径。所谓"改革"就是对事物的改造和革新,指的是改掉特定对象中旧的、不合理的部分,使之更趋合理的一种人为活动。在此意义上,政治改革就是指政治关系的调整和完善,换言之,政治改革也就是统治阶级中的政治领导个人或集团根据社会利益关系中共同利益的要求、利益矛盾状况,根据社会成员对于政治权力和政治权利的要求,有计划有步骤地进行的旨在改进政治体系、调节政治关系以巩固和完善其政治统治的政治过程。②

从行为发生的方向来看,政治革命是自下而上的发生的,其主体一般是对既有政治体系不满,力图通过激进方式打碎现存政治秩序、建立新秩序的被统治阶级;政治改革一般是自上而下进行的,是在掌握政治权力的个人或阶层、集团意识到必须对既有政治体系的某些方面做出调整与完善,以满足某些有变革需求的群体的利益,增强现行政治体系合法性的前提下发生的。从掌权阶层的角度来看,政治革命带有更多的被动色彩,一般是被统治阶层"揭竿而起"引致的政治变革形式,政治改革则带有更多的主动色彩,其范围和进程受到人为控制,结果也在一定程度上可以预期。从政治变革的目标追求上看,政治革命力图摧毁既

① 王浦劬等:《政治学基础》,北京大学出版社 2014 年版,第 302 页。

② 王浦劬等:《政治学基础》,北京大学出版社 2014 年版,第 316～317 页。

有政治秩序以新政治秩序取而代之，实现政治权力掌控主体的转移和政治制度安排的彻底变更；而政治改革则以不破坏现有政治制度的基本框架为前提和原则，只在政治制度、秩序和关系的某些方面做出微调以适应特殊群体的需求，满足变革需求以增强统治合法性和统治效能的变革形式。从实现变革的方式上看，政治革命大都以暴力的方式进行，有时甚至不乏流血牺牲；政治改革则以非暴力的和平方式推进。

在和平发展成为时代发展潮流的当下，政治改革成了世界各国推进国家政治发展的主导方式。除了对非暴力变革方式在价值序列上的相对偏好而外，政治改革也因具备政治革命缺乏的独特优势而构成政治变革的主流途径。概括地说，政治改革具备的主要优势包括两个方面。一方面，政治改革虽以维护既存政治制度为前提，但也以变革政治秩序的不合理面为目标追求，因而，政治改革绝非因循守旧，而是一种锐意变革的进取行为。政治发展的动力或缘由在于其要适应处于动态变化的社会经济和文化等方面的需要，政治改革正是以调整政治领域的不合理面以更好地满足需要为直接目的，在这个意义上说，政治改革是值得肯定的。另一方面，社会成本方面来看，政治改革的方式也是值得肯定的。政治改革因其开展方式上的非暴力性质而能够以不对社会民众产生灾难性恶果的形式实现和满足民众的部分要求，就取得良好结果的成本付出来说，政治改革是更为可欲的政治发展实现方式。

政治改革是政治系统为适应社会经济发展的需要，满足特定的政治诉求，不断提高政治效能，改善政治关系，巩固政治统治而进行的有计划、有步骤的自我调整和变革，其实质是统治集团对政治关系的调整。与政治革命相比，政治改革具有以下独有的特征：

第一，政治改革由社会中的政治权力主体发起和领导。不同于政治革命，发起和领导政治改革的不是社会中的被统治阶级，而是社会中的统治阶级，也就是权力主体。政治权力主体中的政治领导阶层，通常是政治变革的领导力量，他们对于政治权力主体的根本利益以及历史地位有着深刻的理解，对社会政治经济形势的发展变化有着清醒的认识，对现有的政治体系及其弊端有着正确的分析。他们拟定改革计划，更换和重组领导成员，推行改革政策，制定改革措施，在整个改革的过程中，起着发起、策划、组织和领导的作用。

第二，政治改革是对于政治权力关系和政治权利关系的调整。政治革命以推翻既有政治秩序和政治制度为直接目的，而政治改革则以调整既有政治关系和政治制度安排，以变革社会中的不合理面为直接目的。政治关系上的这种调整就其实质而言是为维护和巩固既有政治秩序之需要服务的。因而尽管政治变革中政治关系的调整会具体体现在变革和调整政治行为、政治组织和制度以及政治文化等政治体系的方方面面，不过是有限度的，其限度在于不破坏既有政治统治的根本基础和统治原则。

第三，政治改革是有计划有步骤的政治变革。政治改革不同于政治革命，也不同于其他任何形式的群众运动，它是一种有计划有步骤的变革活动。政治革命和其他形式的群众运动往往是自下而上地发生和发展的，对统治者来说，它带有很大的突发性、不可预测性和不可控制性。而政治改革是由政治领导层自上而下有意识地推进的政治变革活动，改革者有计划地选择改革时机，确定改革目标，制定改革策略，有步骤地推进改革进程，并随时调控改革的规模和速度，力求避免任何突发的和不可控的事件、行为。

第四，政治改革是渐进而缓慢的过程。政治改革是政治发展过程中的量变过程，所以，其目标的实现不可能一蹴而就，它需要一个长期而缓慢的过程。例如我国自 1978 年开始的政治改革，至今已走过将近 40 个年头，不过我国的政治改革仍然需要并且也正在继续进行之中；又如英国议会改革，从 1832 年开始，到 1884 年才告结束，总共花去 50 年之久。① 而政治革命的进行则短暂而急促，一般来说，革命持续的时间多则数年，少则数月。在进度上来说，这样的速度绝对不是政治改革能够达到的。

第五，政治改革以和平的方式进行。政治改革是对政治体系中权力关系和权利关系的调整，而这种调整基本上都是以非暴力的和平方式展开的。政治改革的这一特征，也决定了它与政治革命的不同。政治改革按照统治者的计划有步骤、分阶段地进行，以具体的和局部的改革作为自己发展的阶梯，因此，它从根本上排斥大规模的政治暴力。从历史上来看，尽管在一些国家的政治改革过程中出现过某些暴力行为和事件，但这些暴力行为和事件总是局部的，也是改革者所力图避免的。②

第二节 政治发展研究的新进展

一、政治发展研究兴起的背景

政治发展研究是西方比较政治学的一个分支，它的产生，在很大程度上是区域研究和“行为主义革命”这两股学术潮流融合的结果。亨廷顿指出，60 年代初，源于区域研究和源于行为革命的两股潮流汇合在一起，结果是（西方学者特别是美国学者们）有意识地把注意力集中到政治发展问题上。（政治学者们）运

① 杨仁厚：《发展政治学》，贵州大学出版社 2013 年版，第 346 页。

② 王浦劬等：《政治学基础》，北京大学出版社 2014 年版，第 320 页。

用从行为革命中吸取的概念和方法，而且相当自然，常常还试图把他们在首次研究一个国家时所发现的关系概括进多少与大多数国家有关的关系中去①。区域研究的出现和兴起同二次世界大战后以美国为首的西方资本主义国家对新独立的国家之政策密切相关。二战前，比较政治学学者几乎完全聚焦于以欧美发达国家为研究对象的理论工作。战后，随着世界殖民体系的瓦解和美——苏两极政治格局的形成，西方资本主义世界为稳住自己的阵营，迅疾向亚非拉一些新兴国家提供援助，以使得同一阵营的发展中国家顺利实现现代化。然而事与愿违的是，那些新兴国家不仅没能取得长足的发展，还常常陷入激烈的政治动荡和社会混乱之中。惨痛的教训使欧美资本主义国家认识到，新兴民族国家的社会发展不仅是个简单的经济和技术问题，在很大程度上更是一个复杂的政治发展问题。因而西方比较政治学学者研究兴趣转向探究发展中国家政治发展的系列问题，以为欧美对亚非拉世界的政策提供依据和支撑。如果说区域研究的出现为欧美学者探究亚非拉新兴国家的政治发展问题提供了实践背景和需要的话，那么，政治学研究范式中的"行为主义革命"的兴起则为研究工作提供了理论工具和可能。二战前的政治学研究遵循的主要是制度研究范式，在这一研究范式指导下的研究工作停留在对欧美政治制度的历史考察和静态描述上。战后，政治行为主义崛起，这一范式强调用实证的和定量的资料去研究政治行为，透过经验研究提高理论的严密性和可靠性。从事比较政治学的学者受其影响，遂从当代主要的心理分析学派那里吸取结构、功能、输入和输出、反馈和体系等的概念，建立起分析和比较不同国家政治的理论框架，并利用各国政府和国际机构的大量统计数据，从事动态的政治比较研究②。

政治发展研究既包括以西方资本主义国家为研究对象的学术活动，也包括以二战后新兴亚、非、拉民族国家为考察对象的学术活动，由于西方学者六七十年以来的政治发展研究主流是探究亚非拉后发国家的政治发展状况，因此我们此处对政治发展研究文献的梳理主要基于西方学者有关亚非拉民族国家政治发展的学术成果，但这绝不意味着我们赞同西方某些学者秉持的政治发展只涉及亚非拉后发国家这一看法。

二、西方政治发展研究的理论流派

西方学界有关新兴民族国家政治发展的研究文献汗牛充栋，且政治发展研究在不同时期的研究视角、方法以及观点和结论均表现出极大的差异性。与此

① [美]格林斯坦、波尔斯比:《政治学手册精选(下卷)》，褚复耘译，商务印书馆 1996 年版，第 149～150 页。

② 陈振明:《政治学——概念、理论和方法》，社会科学出版社 2004 年版，第 378 页。

同时，我们还是可以依据一些线索对过去几十年间政治发展研究文献做一系统性梳理。杨仁厚教授将我们此处所做的文献梳理工作称为在介绍西方政治发展研究时的“叙述模式”。杨教授认为，国内学者在介绍西方特别是美国学者在20世纪后半期对发展中国家政治发展的研究成果时，遵循的叙述模式主要有历史模式、学派模式、思想模式和综合模式。历史模式指的是按照年代依次介绍政治发展研究的成果；学派模式即以学派为主，阐述政治发展的研究成果；思想模式是指以主题和观点为线索，阐述政治发展研究的成就；综合模式在叙述政治发展研究成果时同时把历史、学派和思想囊括在一起，另外增加解释和评价。① 这里，我们主要采取学派模式，但在遵循学派叙述逻辑的同时也可能会涉及对同一学派在不同时期研究主题变化的说明。目前，学者有关西方政治发展研究究竟存在哪些学派的看法不一，比如亨廷顿认为政治发展分析至少存在体系功能学派、社会进程学派和比较历史学派三大流派。英国学者安德鲁·韦伯斯特则主张多元论和结构论是政治发展研究存在的两个主要流派。台湾学者陈鸿瑜教授根据研究者选择研究材料的角度将政治发展研究划分为七大学派，即制度研究学派、经济研究学派、结构功能研究学派、领导研究学派、社会过程研究学派、政治文化研究学派和比较历史研究学派。这里，由于篇幅所限，我们仅梳理其中较有影响力的制度学派、结构功能学派和政治文化研究学派。

制度学派采用政治制度研究途径。制度研究是政治学研究的传统途径，其要义在于研究者着眼于正式的政治制度安排，在正式制度框架内探究相关政治现象背后的逻辑和规律。反映在政治发展研究领域，制度研究途径把政治发展看成是制度的函数。这一研究途径取材的范围包括理性的政府行为、宪政制度、法治、议会民主、定期选举、联邦主义和分权制度。至20世纪50年代为止，制度研究途径的研究范围，大都以美国和西欧国家为主，甚少论及新兴的发展中国家。从20世纪70年代初开始，白鲁恂和阿尔蒙德等人开始致力于将制度研究途径运用于发展中国家的政治发展研究。在这个时期，制度研究途径探究的主题包括从行政的角度来研究行政结构与政治发展之关系，探讨正式组织的隐性功能或负功能的特性、官僚组织的基本困境、正式官僚体制在面对不同目标和限制时的成长能力等等②。

结构功能学派最为著名的代表人物是阿尔蒙德和科尔曼。“功能”一词描述的是事物的作用或存在的意义，因而简单地说，这一学派关注的焦点在于，要适应变迁的环境对政治体系之功能的不同要求，政治结构应相应地发生什么变化

① 杨仁厚：《发展政治学》，贵州大学出版社2013年版，第31页。

② 陈鸿瑜：《政治发展理论》，吉林出版集团有限责任公司2009年版，第53页。

以维持自身运转、实现政治结构存在的功能与意义？在和科尔曼合著的《发展中地区的政治》(1960年版)一书中，阿尔蒙德提出政治发展研究中结构功能学派的三个面向，其一，这一学派看重所有政治体系的功能要件；其二，这一学派同时看重考察在政治体系内执行功能的结构的类型，以及执行功能的方式；其三，这一学派假定，如果我们能从功能运作的情形去推测结构的特征，或是能从结构的特征来推测其效率及执行功能的程度，在这样的情况下，我们就可以建立一个或然性理论以解释一个国家的发展情况①。

政治文化学派从政治文化角度考察一个政治体系的发展状况。具体地说，这一学派力图从公民政治态度、政治心理、政治信仰和价值观念等政治文化各细分维度的变迁描述和解释政治体系的稳定、变迁。从政治态度角度研究政治发展的做法最先出现在阿尔蒙德于1956年发表的《比较政治体系》一文中。此外，莱特斯的《论法国政治之游戏》、班费尔德的《落后社会的道德基础》以及阿尔伯特的《乌干达的政治王国:官僚民族主义之研究》都是从政治态度角度考察和解释政治发展的佳作。阿尔蒙德和维巴则从公民对政治体系、政治生活状态等之信仰的角度探究政治发展。

历史地看，制度学派、结构功能学派和政治文化学派的研究取向尽管研究成果丰硕，却无一例外地饱受批评。面对三大学派受到的质疑和非难，我们不应急于站队，在肯定某一种政治发展研究学派的同时毫无理智地贬低和批评另一学派，而是要基于具体的研究对象的特殊性及不同研究需要，选择或本土化这几种研究取向中的某一种或某几种。

第三节　政治发展评估

一、政治发展评估概述

政治发展评估指的是依据相关标准对特定政治体系在特定时期的政治发展状况所做的描述性、总结性工作。政治发展评估既包括理论探究也包括实践操作，前者如学者们以及其他理论工作者探索或论争有关政治发展的评估目标、价值与标准问题，后者如各学者、研究机构或相关组织开展政治发展评估与测量的实际活动。政治发展评估的研究与测评具有特殊重要性。一方面，建立政治发展指标、价值与标准是考察政治发展状况的标尺，测评结果既总结了特定国家针对政治发展采取的策略和付出的努力所取得的成果，又为该政治体改进发展策略与调整努力方向提供明确的要求、指引；另一方面，各国学者根据本国实际情况和经验探索出

① 陈鸿瑜:《政治发展理论》，吉林出版集团有限责任公司2009年版，第57页。

更具本土特色、更能满足评估本土政治发展状况之需要的政治发展指标、价值与标准，有助于打破其他国家政治发展指标的强势话语，特别是有助于冲击某些发达国家将不符合后发国家国情的政治发展指标强加于这些国家政治发展实际，恶意抨击、干扰内政的不良居心。同在政治发展研究中的霸权地位相一致，西方资本主义国家至今仍牢牢掌控着政治发展评估研究的强势话语权，这种状况使得发展中国家的政治发展状况往往遭到低估和误解。对于后发国家的学者来说，关注和研究政治发展评估的相关问题应是今后政治发展研究的一个突破方向。

二、政治发展评估的理论探索与实际操作

（一）政治发展评估的理论探索

就西方国家的情况而言，有关政治发展评估与测量的研究、实践几乎同政治发展理论一样出现于 20 世纪五六十年代。在评估政治发展的目标、价值与标准方面，阿尔蒙德、派伊及李普赛特等人的开创性工作尤其值得一提。阿尔蒙德在《比较政治学》一书中将世俗化、分化和能力作为评估政治发展最为重要的三大标准，三者分别对应于一个政治体系的政治文化、结构和相应的统合能力。① 派伊在《政治发展面面观》中总结、归纳了得到广泛认同的有关政治发展的三大主题，亦即我们在此处讨论的政治发展标准问题。这三大主题是：关于平等的一般精神或态度；政治体系的能力；分化和专业化。第一个主题意味着政治发展包括大众对政治活动的普遍参与和介入，意味着法律具有普遍适用的性质，也就是法律面前人人平等，同时还意味着政治职位的轮换以成就为取向；第二个主题意味着发展了的政治体系能做更多的事，能涉及社会生活更广泛的领域，意味着公共政策执行中的效率和效力，同时还意味着行政中的理性化和政策的世俗取向，也就是政府的行动更受审议和辩论过程的指导作用；第三个主题意味着政治体系中各种政治角色的功能专门性的提升，还意味着政治体系复杂的结构与过程的统一，就是说，分化不是政治体系中各不同部分的互相分割和对立，而是一种建立在最终一体化基础上的专业化。② 在探讨民主与经济发展相关性的过程中，李普赛特对不同国家的政治发展水平进行了评估、测量与分类。根据工业化、财富、教育和社会沟通等多个维度，李普赛特将欧洲以及母语为英语的 28 个国家划分为稳定民主、不稳定民主与独裁两类，将 20 个拉丁美洲国家划分为民主与不稳定独裁、独裁两类。③

---

① ［美］加里布埃尔·阿尔蒙德、小 G.鲍威尔：《比较政治学：体系、过程和政策》，曹沛林译，东方出版社 2007 年版，第 20～24 页。

② ［美］鲁恂·派伊：《政治发展面面观》，任晓、王元译，天津人民出版社 2009 年版，第 63～65 页。

③ 赵卫涛：《西方政治发展评估研究述评》，载《国外社会科学》2016 年第 2 期。

到了20世纪60年代前后，"现代性"及其背后所蕴含的"民主性"逐渐为西方学界所看重，"民主"与否及其程度成了西方学者在评估政治发展时最为核心的价值和标准。[①] 直到70年代，对民主进行定性、定量的评估和测量始终是西方政治发展评估研究中的主要议题之一。以罗伯特·达尔为代表的学者从"民主"角度对政治发展进行了理论探索。在对"多头政体"进行论述的过程中，达尔明确提出现代化的政治体系在民主化层面所应具备的一系列要件，其核心就是竞争性的选举。由此，"选举"民主成为西方政治发展评估领域最为核心的标准与传统。

20世纪70年代前后，随着战后新兴国家现代化进程中国内政局失序和社会动乱局面的出现，以亨廷顿为代表的比较政治学者开始转而关注"权威"与"秩序"问题。亨廷顿指出，以西方民主政体的标准来衡量亚非拉新兴国家的政治发展状况并不科学。亨廷顿认为，发达国家与不发达国家在政治上的最大区别不在于政府的形式，也不在于政治参与的程度，而在于政府控制的有效性。政治发展的过程实际上就是建立有效的社会控制，谋求稳定的政治秩序的过程。政治发展意味着一个政治体系要在政治参与扩大与政治制度化的进程之间达致大体平衡。这就是说，无论是政治参与扩大速率超过了政治制度的承受力还是政治制度化速度远超政治参与程度，都标志着政治体系处于不发展状态，有时甚至是处于政治衰败状态。对于广大发展中国家来说，除政治结构分化和专业化、政治文化世俗化和民主化进程要有所推进外，更是应该将政治秩序的稳定与政府权威的维持放在更加重要与突出的位置。由此，政府"权威"与国内"秩序"逐渐成为衡量政治发展不容忽视的重要指标。

（二）政治发展评估的实际操作

在政治发展评估的实际评估与操作方面，自20世纪五六十年代以来，各种有关政治发展评估的实践尝试产生了大量政治发展指数和排名。这其中，具备较大影响力的主要包括美国"自由之家"的"全球自由评估"报告、英国《经济学家》情报社的民主指数、全球清廉指数、民主与选举研究所的民主评估、澳大利亚经济与和平研究所的全球和平指数等。[②]

此外，一些政府间国际组织也推出了各自的评估及其指标体系。这类指标体系以联合国开发计划署和世界银行等组织针对各成员国所展开的调查与评估最具代表性，其目的主要是针对成员国开展有计划性的民主治理咨询与援助，如联合国开发计划署治理指标项目(Governance Indicators Project)和世界银行的

① 赵卫涛:《西方政治发展评估研究述评》,载《国外社会科学》2016年第2期。
② 赵卫涛:《西方政治发展评估研究述评》,载《国外社会科学》2016年第2期。

世界治理指标(Worldwide Governance Indicators),这两大项目均面向成员国展开涉及面极广的调查研究,并且每年都会形成相应的研究评估报告。与学术色彩较为鲜明的测评指标体系不同,以国际组织为主体的测评更加倾向于治理等较为宽泛的概念与指标,相应地其针对性也不如前者突出。例如,世界治理指标就以治理为切入点,通过对民众要求与政府责任、政治稳定度与暴力控制度、政府效率、监管质量、法治和反腐等六个维度来对世界上不同国家的治理绩效进行具体评估。①

针对我国改革开放30年以来的政治发展状况,以俞可平为代表的学者从定性的角度对我国政治领域发生的主要变革进行了评估,其评估的维度与内容即构成我国政治发展的指标和结果。在俞可平看来,对当下的中国政治实践而言,中国的政治发展指的就是与中国特色社会主义现代化进程相适应的全部政治变革,包括改革和完善人民代表大会制度、一党领导多党合作制度、政治协商制度、民族区域和基层社区自治制度、政府行政管理制度、党内民主制度等。②

应该认识到,西方学者有关政治发展评估指标、价值与测量的实际结果在不同程度上揭示了政治发展的内容与特征。但这些观点和结果无一例外都是建立在西方的价值观基础之上,还有不少理论探索和实际操作完全基于西方经验,因而这些指标和测评结果带有明显、浓厚的西方中心主义色彩,它们无法全面反映世界各国特别是反映广大发展中国家的政治发展实际状况,忽视了战后新兴国家国情的特殊性和政治发展模式的多样性,其理论和实践工作虽极具开创性,也不可避免地带有褊狭和局限性。在今后的研究工作中,中国学者应该在一方面努力学习、引介西方的政治发展评估的理论与实践工作,在另一方面更是要努力探索出具有本土特色的评估政治发展的价值标准与指标体系。

第四节 我国改革开放以来的政治发展

审视和反思我国改革开放以来的政治发展状况是日益受到国内学者重视的学术议题之一。一方面,追求和实现政治发展是我国当下正在大力推进的改革开放实践的应有之义。中国的改革开放过程,就是一个实现中国特色社会主义现代化的过程,它是一个包括社会的经济生活、政治生活和文化生活在内的整体性社会变迁过程。③ 由此可见,我国在经济上取得的巨大成就只是改革开放力

① 赵卫涛:《西方政治发展评估研究述评》,载《国外社会科学》2016年第2期。

② 俞可平:《中国政治发展30年(1978~2008)》,重庆出版社2009年版,第2页。

③ 俞可平:《中国政治发展30年(1978~2008)》,重庆出版社2009年版,第13页。

图达成的目标之一，改革开放另一大不容忽视的目标或内容是通过政治体制方面的改革实现有中国特色的政治发展。社会主义中国的政治发展问题受到党和国家领导人的高度重视，从中央高层领导人物的讲话来看，政治发展同经济发展一样是得到关注和切实推进的政治实践议题。胡锦涛同志就曾在党的十七大报告中指出，政治体制改革作为我国全面改革的重要组成部分，必须随着经济社会发展而不断深化，与人民政治参与积极性不断提高相适应。① 另一方面，政治发展研究日益受重视同政治发展理论研究在我国的现状有关。一直以来，国内学界在政治发展领域的研究，特别是在政治发展某些细分问题上，比如政治发展评估方面的研究滞后于我国政治发展的实践，这种状况使得西方学者在更多时候成了我国改革开放以来政治发展历程的总结者、评价者，以及未来中国政治发展趋势的预测者。本来，从逻辑上讲，旁观者的视角更容易做到在对政治发展实际状况进行评价时的客观、中立，然而遗憾的是，西方学者有关亚非拉新兴国家政治发展的研究，当然也包括有关中国政治发展的研究常常受到国家利益和政府研究经费支持的影响而难以做到客观中立和不偏不倚。恰恰相反，总有西方学者在研究工作中不遗余力地唱衰非西方自由选举式的政治生活形态，大肆鼓吹本国奉行的自由民主制。

值得庆幸的是，我国学界自 20 世纪 80 年代以来就有学者意识到我国政治发展研究滞后于政治发展实践，而力图在政治发展研究领域做出一些研究工作。国内有识之士们的努力取得了丰硕的研究成果，特别是自新世纪以来，国内学者公开发表和出版的政治发展领域的文章与专著大量涌现，其中不乏以改革开放以来的中国政治发展为研究专题的著作或论文集。比如杨海蛟的《回顾与展望：改革开放以来的中国政治发展》（人民出版社 2008 年版）、俞可平的《中国政治发展 30 年（1978～2008）》（重庆出版社 2009 年版）、马兆明和董文芳的《改革开放与中国政治发展》（山东人民出版社 2009 年版）、虞崇胜和王维国的《改革 30 年中国政治发展：回顾、反思与展望》（武汉大学出版社 2009 年版）等等。

总的来看，如果要对所有“有关如何看待我国改革开放以来的政治发展问题”的文献做一梳理的话，可以依据不同的标准进行，比如“中国政治发展”的肯定派与否定派、“中国政治发展前景”的乐观派与悲观派等，在此处，出于认识和把握国内外研究状况对比的需要，我们将分别论述国外学者对中国政治发展的看法和国内学者对中国政治发展的看法。

---

① 新华网文章《胡锦涛在党的十七大报告上的报告》，http://news.xinhuanet.com/newscenter/2007-10/24/content_6938568.htm.

一、国外学者有关中国改革开放以来政治发展问题的看法

（一）中国政治发展的总体评价

应该看到，有关中国改革开放以来政治发展的总体评价，西方学界特别是美国学者内也是分化的。中国问题专家李侃如教授认为，邓小平所领导的后毛泽东时代的改革，是一场全面的社会变革；改革开放近40年来，中国不仅经历了经济制度上的巨大变革，而且政治与社会制度的变革也同样是广泛而深入的。[①]在改革开放进程当中，中国政界和学界对党的地位和角色、经济发展方式、社会变革的力量、国家与社会关系的实质、最有效的治理方式等方面的评估，不断地推动着政治与社会的持续变革。[②] 美国著名的民主问题专家拉里·戴蒙德教授也承认中共在改革开放进程中所做出的种种努力，他列举了如下改革举措，如：赋予全国人民代表大会或其他全国性、省及更低层级的立法机构更多权威；强化某些独立制度结构以加强法治和控制腐败，例如反贪机构和司法机构；增大公务员队伍的专业化和自主性；不仅在经济上分权，政治权威也逐渐下放；决策过程中公众的参与和协商；给予独立媒体和公民社会组织更多空间；在党内引入民主——特别是尝试更大的公开性和制度化的权力竞争。[③] 与此同时，也有美国学者认为，尽管数十年来中国的经济快速增长，但中国的政治基本上停滞不前。比如，史乐伯认为，改革开放以来，中国政治体制的发展是一种从“强权权威主义”向“权威多元主义”过渡的演变过程。处在权威多元主义下的中国社会，政治发展趋势具有如下特征：政治生活仍然由一个未受挑战的执政党或一党制政权控制；自由受到严格的限制；军队或国家安全机构密切地关注着一切事情；公民社会已经脱离了国家，它的各个部门享有某种程度的自主，因而能够表达不同的利益；经济是一种混合经济，市场在其中发挥越来越重要的作用。[④] 布鲁斯·迪克逊和托尼·塞奇等人认为，随着市场经济的发展，中国城市和农村、沿海和内地以及个人之间的贫富差距和不平等日益加剧，引发了重大的社会群体性事件。因而一方面，当前的政府政策倾向于那些从经济改革中受益不如其他群体的社会贫困——弱势群体，另一方面，党和政府以维护稳定的名义加紧了对国家和社会的控制。[⑤]

（二）中国政治发展的具体成就

在西方学者当中，中国没有经由政治改革实现政治发展或政治改革、政治发

---

① 俞可平、李侃如等：《中国的政治发展：中美学者的视角》，社会科学文献出版社2013年版，第4页。

② 俞可平、李侃如等：《中国的政治发展：中美学者的视角》，社会科学文献出版社2013年版，第4页。

③ 俞可平、李侃如等：《中国的政治发展：中美学者的视角》，社会科学文献出版社2013年版，第4页。

④ 俞可平：《中国政治发展30年(1978～2008)》，重庆出版社2009年版，第208页。

⑤ 俞可平：《中国政治发展30年(1978～2008)》，重庆出版社2009年版，第208页。

展落后于经济改革、经济发展的观点十分普遍和盛行，与此同时，他们也注意到，中国实际上已经出现了许多渐进、有序的政治变化。例如，村民选举的普遍推行、公民社会的兴起、人民代表大会政治地位的提高等被视为改革开放近40年来中国社会最明显的政治变化。

首先，村民选举是20世纪90年代以来中国最重要的政治改革之一。西方学者认为，中国村民选举至少具有如下重要意义：① 村民选举大大促进了中国广大乡村的民主参与和自治[①]；② 村民选举使许多中国人获得了竞选和直选实践的经验，也使许多人了解了民主选举的过程。村民选举已经成为一个巨大的民主培训基地[②]；③ 村民在选举中变得政治化了，这不仅体现在村民选举地方政治愿望的增强，也体现在村民习惯于同政府干部面对面地"依法抗争"，还体现在农民加强了同村干部的接触，最终催生了农民的公民意识[③]。

其次，公民社会的兴起是中国改革时期的突出特征之一。不少西方学者注意到，自20世纪90年代后期以来，中国公民社会的发展出现了如下新的变化：第一，国家改变了对待公民社会的态度。国家承认了进一步推动社会团体发展的必要性，也承认了它未曾帮助发展的那些社会团体。[④] 第二，去政治化的公民社会的出现。与20世纪80年代相比，关注改革过程中出现的社会弱势群体和边缘化利益群体的各种社会组织迅速发展起来，并且参与到社会管理过程中去。但是从代表下层表达意见、支持个人权力和利益以及支持扩大公民对公共事务的参与等方面来看，这些新的社会组织回避政治社会和政治，是一种去政治化的公民社会。[⑤] 第三，中国公民社会的国际联系日益加强。由于全球化的影响，外部因素已经成为中国公民社会发展的必要的外部条件，国家发展机构、社会运动和全球公民社会对中国公民社会的影响日益加强。中国的环境保护、艾滋病预防以及同社会和经济公正有关的非政府组织日益建立了广泛的国际联系，不仅参加国际会议和国际运动来表达中国人的关切，而且直接与国际伙伴一起工作来改变中国的状况。[⑥]

最后，人民代表大会政治地位的提高是中国政治领域取得的重要发展之一。

---

① Suzanne Ogden, Inklings of Democracy in China, Cambridge: Harvard University Press, 2002, pp. 189-191.

② Jamie P. Horsley, Village Elections: Training Ground for Democracy, China Business Review, 2001, 28(2): pp. 44-52.

③ Gunter Schubert, Village Elections in the PRC: A Trojan Horses of Democracy?, Project Discussion Paper, 2002(19).

④ Jean-Philippe Beja, The Changing Aspects of Civil Society in China, Social Research, 2006(1).

⑤ 俞可平：《中国政治发展30年(1978～2008)》，重庆出版社2009年版，第217页。

⑥ 俞可平：《中国政治发展30年(1978～2008)》，重庆出版社2009年版，第217页。

一些西方学者发现，经过多年来的政治改革和发展，作为中国的立法机构，人民代表大会的地位已经得到了提高，逐渐成为一个有效的代议机关，从过去的“橡皮图章”逐渐成了“钢印”。比如，欧博文认为，1978～1989 年，全国人民代表大会在经过代表选举、缩减代表人数、会议规则和委员会结构等一系列改革后，全国人大代表反映了不同的社会阶层，有权同党和政府官员讨论国家政策，能够对国家政策产生一定的影响，但是他们在政府决策过程中并不一定能够扮演关键的角色。因此，从 1978～1998 年这 20 年的发展来看，全国人大开始在中国的政治制度中占据新的位置，尽管并不是走向一种自由多元主义的发展——西方的议会制度，但也不是没有变化。①

（三）中国政治发展面临的困境

在看到中国政治发展所取得的成就的同时，西方学者对于中国政治未来发展面临的可能挑战看得更加清楚。例如，李侃如认为，中国的体制改革困难重重。首先是中国不再拥有像邓小平那样的战略改革家，这种个人魅力型的领袖是历史的产物。其次是现存的政治经济体制导致既得利益阶层的形成，他们当中许多人的利益在现存体制下已经最大化，改革只会损害他们的既得利益，因此，地方官员中间已经产生出抵制改革的强烈倾向。最后，危机性的改革共识并不存在。虽然中国面临着越来越多的压力，但改革取得的许多成就尚足以让许多人认同并满足于现有体制。② 德国学者海克·霍尔比格看到中国执政党在重构执政合法性的改革举措中表现出的局限性。他指出，尽管中国在改革开放中的经济表现是政权合法性的重要来源，但是它并不是政权合法性的充分条件，与此同时，社会主义意识形态遭到经济全球化、西方文化和技术的冲击以及互联网革命等的冲击，这对于执行合法性的重构造成了诸多不利影响，因此，要长期地维持党的合法性，关键在于意识形态的改革和现代化。③ 但是，面对适应社会结构、利益、价值观和期望的演变的要求，面对坚持先辈们的“价值观”的责任，党正在走向一条日益狭窄的意识形态改革之路。④

中国政治发展面临的另一大困境是稳定的难题。早在改革开放初期，一些西方学者就已经指出，由于中国的现代化进程，一些社会紧张和冲突必定会加剧，并在中国的政治中产生出新的紧张和力量。⑤ 中国近年来越演越烈的“群体

---

① 俞可平：《中国政治发展 30 年（1978～2008）》，重庆出版社 2009 年版，第 219 页。

② 俞可平、李侃如等：《中国的政治发展：中美学者的视角》，社会科学文献出版社 2013 年版，第 4～5 页。

③ 吕增奎、王新颖：《寻求变革：当代中国政治发展》，中央编译出版社 2011 年版，第 28～30 页。

④ 吕增奎、王新颖：《寻求变革：当代中国政治发展》，中央编译出版社 2011 年版，第 37 页。

⑤ 俞可平：《中国政治发展 30 年（1978～2008）》，重庆出版社 2009 年版，第 225 页。

性事件”尽管并不具有公开的政治性，并且它们多产生于改革所造成的经济不满，因而在根本上，它们并不会对政权的生存构成威胁，但它们仍然对国家的稳定构成了长期的严重威胁。因为它们削弱了国家的有效管理能力，破坏了一个健康的法律制度的发展，并且为将来更极端的抗议活动形式奠定了基础。①

(四) 中国政治发展的未来前景

自20世纪90年代以来，大多数西方学者和评论家摇摆于中国民主化可能到来乃至即将到来与不可能到来的评判之间。一些西方学者认为，中国的民主化是不可能的，因为中国存在漫长的专制文化和历史，而且中国的社会经济改革是为了适应国际秩序，先于而不是发生在政治改革之后，民主化也存在诸多障碍。② 另一些西方学者则认为，中国的民主化是可能的，因为民主是一种普世价值，而且中国已经出现了民主化的迹象；也有学者认为，中国经济的快速发展推动了中产阶级与社会运动的发展，形成了一个独立于国家的自主的公民社会，使公民形成了权利意识，进而带来政治的民主化。③

不过，也有学者认识到，由于中国政治发展的因素如此之复杂，国家如此之大，历史如此悠久，现代化的影响如此之深远，因此，在预测中国的未来时应当慎之又慎。因而尽可能地列举出中国政治发展的多种可能性成为许多西方学者所采取的策略。关于中国政治发展前景的预测，概括地说，西方学界形成了如下几种看法：① 民主转型，许多西方学者认定当前中国不是一个民主政体，而其政治发展的前景是民主转型，而转型将主要通过和平、渐进的方式而不是暴力、激进的路径实现；② 不会发生重大的变化，持这一派观点的学者主张，尽管中国共产党面临着许多挑战，但是因为中国共产党成功地应对和适应了这些挑战，所以能够继续执政下去，因而中国的政治制度不会发生诸如崩溃或民主化之类的重大变化；③ 走向非自由主义的民主，持这种观点的学者认为，一切政治都是地方性的，民主政治的道路也是多样的，“自由民主”只是民主的一种道路，民主的其他道路的可能性仍然存在，基于中国政治的特殊性，他们认为中国将走向一种非自由主义的中国特色民主道路，它可能是“党政民主”或者“法治的宪政”。④

二、国内学者有关中国改革开放以来政治发展问题的看法

(一) 中国政治发展的总体评价

俞可平教授认为，中共执政60多年来，特别是改革开放30多年来，中国社

① 俞可平:《中国政治发展30年(1978～2008)》，重庆出版社2009年版，第226页。
② 俞可平:《中国政治发展30年(1978～2008)》，重庆出版社2009年版，第230页。
③ 俞可平:《中国政治发展30年(1978～2008)》，重庆出版社2009年版，第230页。
④ 俞可平:《中国政治发展30年(1978～2008)》，重庆出版社2009年版，第230～235页。

会发生了整体性的变迁。从总体上说,改革开放的过程不仅是一个经济进步的过程,也是一个社会政治变迁的过程。没有政治的变革,则经济的变革是不可思议的。从某种意义上说,改革开放后中国经济现代化的巨大成功,恰恰是政治变迁的逻辑结果。① 与此类似,林尚立教授指出,随着改革开放,中国政治发展经历了30年。中国30年的发展得益于中国政治长期有效作用于中国的经济与社会发展。创造政治的有效性是中国30年政治发展的基本战略,其核心是:在保证政治对经济和社会发展有效作用的前提下,顺势而动,积极推进政治建设和发展,推进民主化进程。② 陈明明教授从中国政治制度价值结构维度肯定了中国改革开放以来的政治发展。陈教授指出,改革以来中国政治制度的价值结构在实际的政治过程中,各要素已经被赋予一些新的含义,处于不断发展之中:党的领导形式仍然表现为党对国家和社会的领导,但其范围已经缩小、强度已经在减弱;人民当家做主理论上仍然表现为人民民主,但人民以及人民民主的内涵已经扩展,形式变得具体化和多样化;依法治国的提出是改革开放以来最具革命性的思想解放之一。③ 王维国教授从人民代表大会制度的健全与完善角度谈到,改革开放30年党和国家不断推进人民代表大会制度建设和人民代表大会工作向前进,人大制度对国家和社会建设发挥了巨大作用,保障了人民当家做主,动员了全体人民以国家主人翁的身份投身社会主义建设,保证了国家机关协调高效,维护了国家统一和民族团结。④

(二)中国政治发展的具体成就

国内学者有关改革开放以来中国政治发展的具体成就的表述是多维的。我们在此处的梳理将分别遵循前文在叙述政治发展内容时采用的按照政治体系的组成部分——政治制度、政治文化以及政治行为这几个政治方面一一展开。

在政治制度的发展方面,国内学者的视角包括人民代表大会制度、多党合作和政治协商制度、民族区域自治制度以及干部人事制度等具体制度安排。王维国指出,人民代表大会制度的发展表现在:改革开放以来,人民代表大会制度的理论不断创新发展,人大选举制度不断完善,人大代表、人大会议制度

① 俞可平、李侃如等:《中国的政治发展:中美学者的视角》,社会科学文献出版社2013年版,第2～3页。

② 林尚立:《在有效性中累计合法性:中国政治发展的路径选择》,载《复旦学报(社会科学版)》2009年第2期,第46页。

③ 虞崇胜、王维国:《改革30年中国政治发展:回顾、反思与展望》,武汉大学出版社2009年版,第429页。

④ 虞崇胜、王维国:《改革30年中国政治发展:回顾、反思与展望》,武汉大学出版社2009年版,第429页。

不断健全和规范，人大组织制度不断发展，人大工作制度在不断探索的基础上得以健全。① 程竹汝指出，中国共产党领导的多党合作和政治协商制度数十年来的发展是我国政治进步较为集中的体现。具体而言，首先关于中国共产党领导的多党合作和政治协商制度是我国一项基本政治制度的定位，在反映着我国政治发展独特性的同时，也表明了现代制度文明的一般视角。其次，多党合作和政治协商制度内涵的理论归纳表明了我国政治生活的实际变化。改革开放初期，邓小平提出实行多党合作和政治协商制度是我国政治制度的一个特点和有点，着手恢复当时制度化程度很低的这一制度。2007 年 11 月 15 日，《中国政党制度》白皮书首次发布，至此，经过了近 30 年的历程，这一制度的理论内涵获得了首次集中、明确的表达。最后，关于多党合作和政治协商制度具体运行机制的界定反映了这一制度具体运行中制度化、规范化和程序化的现实进程和要求。② 在民族区域自治制度的健全与完善方面，陈夕指出，中共十一届三中全会以来，民族区域自治实施的步伐进一步加快。截至 2003 年底，全国民族自治地方已达 155 个，其中自治区 5 个、自治州 30 个、自治县(旗)120 个。55 个少数民族中有 44 个建立自治地方，实行自治的少数民族人口占少数民族总人口的 70％，自治地方面积占全国总面积的 64％。国家还通过各方面的具体战略和政策支持民族自治地区的经济、社会、文化等的发展。③ 在干部人事制度的发展方面，我国改革开放以来干部人事制度改革取得的成就引人瞩目。具体来说，这种成就表现在：形成了一个理论体系；建立了一套制度，干部人事制度的制度化体系基本形成，干部人事制度的民主化程度增大，实施分类管理，干部人事制度的科学性增强；造就了一批人才；培养了一支队伍。④

（三）中国政治发展面临的困境

与此同时，国内学者也清醒地认识到，我国政治发展面临不少困境。举其要者，比如俞可平教授指出，政治腐败久治不愈，公民有序政治参与渠道不通畅，收入差距日益拉大和其他社会不公正日益增多，选举、决策、监督、制约和参与等重要民主制度不健全等等严重制约中国未来的政治发展。⑤ 虞崇胜教授认为，不

---

① 王维国：《改革开放以来我国人民代表大会制度的发展历程与基本经验》，载《政治学研究》2008 年第 6 期，第 52 页。

② 程竹汝：《中国共产党领导的多党合作和政治协商制度基本理论问题思考》，载《政治学研究》2011 年第 2 期，第 19 页。

③ 陈夕：《新中国民族区域自治制度的形成和发展》，载《当代中国史研究》2009 年第 5 期，第 150 页。

④ 杨海蛟：《回顾与展望：改革开放以来的中国政治发展》，人民出版社 2008 年版，第 672～681 页。

⑤ 俞可平、李侃如等：《中国的政治发展：中美学者的视角》，社会科学文献出版社 2013 年版，第 3 页。

能过分高估中国政治体制改革的成果，中国的政治发展仍然缺乏足够释放政治自由的空间，缺乏足够的政治共识，仍有巨大的发展余地。在发展的过程中，中国社会出现过并正在面临着许多需要解决的问题，这些问题从表面上看，似乎只是经济、道德或别的什么问题，但是在本质上，这些问题集中反映了一个共同的症结：我们现行的政治体制存在不同忽视的问题。① 林尚立教授认为，在过去30年里，我们在中国社会变革和发展的大局中为政治发展寻找了合理的定位，并使其发展与整个社会发展保持两性的互动关系，但这并不等于我们已经解决了中国政治发展中的所有问题。从整体上讲，我们目前主要还是通过既有的制度、组织和价值资源的开发来保证政治有效作用于经济和社会发展，然而，随着经济与社会发展更深入、更全面，其提出的政治发展要求也必然会更深刻、更彻底。此外，政治的有效发展也要满足个体发展，这就要求政治建设与发展有更为全面、深入的民主化进程，从这个角度看，中国的政治发展道路虽然有效，但其所面临的民主化进程依然任重道远。②

（四）中国政治发展的未来前景

有关中国政治发展的未来前景，最为核心的内容是回答中国政治将走向何种发展道路或何种政治形态问题。在这一问题的回答上，国内学者的看法具有高度的一致性，认为尽管当前有中国特色的社会主义的政治发展面临这样或那样的困境，但中国未来的政治进程仍将循着中国特色社会主义民主政治的轨道前进。只不过，随着中国社会面临的问题越来越复杂多样，越来越触及政治体制的深层，必然要求以深化政治体制改革的方式来推进中国政治发展在更深层次、更广范围内展开。

---

① 虞崇胜、王维国：《改革30年中国政治发展：回顾、反思与展望》，武汉大学出版社2009年版，第433页。

② 林尚立：《有效政治与大国成长：对中国三十年政治发展的反思》，载《公共行政评论》2008年第1期。

第九章 政治参与

本章重点

1. 政治参与的含义
2. 政治发展与政治参与
3. 中国政治文化对政治参与的影响
4. 当代中国的政治参与

早在两千多年前，亚里士多德就表示：人是天生的政治动物。的确，政治参与并非现代民主政治特有的现象，它实际上早就得到思想家们的理论关照。但无疑，随着现代民主政治在政治参与文化、参与制度安排、参与渠道和方式等向更有利于民众参与政治的方向转变，政治参与只是在现代才得到学者们专门地、系统性地研究。应该指出的是，亚里士多德有关政治参与合适人群的看法是带有极大偏见的，妇女、奴隶等完全被排除在参与城邦公共事务的机会之外。在现代民主政治生活中，女性等社会群体天生不适合参与政治的观点已经失去了赖以存在和发挥实际影响的思想土壤，女性通过政治参与维护和实现自身利益成了现代政治生活的常规图景之一。不过，要细致地分析起来，对于当代中国来说，不仅是女性群体，还包括当代大学生、农民工、民营企业家等社会各阶层、各群体参与政治仍然存在不少问题，这一事实要求我们对当代中国的政治参与进行更为细致和深入的探究。本章首先呈现的内容是政治参与概述，在这一部分，我们力图阐明政治参与概念、政治参与类型以及政治参与的价值面向这样几个问题；接下来，我们将分别讨论的是政治发展与政治参与、政治文化与政治参与、社会资本与政治参与；最后，我们将对当代中国政治参与的状况进行实证分析。

第一节 政治参与概述

一、对政治参与的多维认识

总体来看，基于不同的研究视角及其关注的侧重点不同，中外学者们有关政治参与概念之内涵与外延的认识是多维的，有时甚至是竞争性的。此处，我们将梳理政治参与多维认识中较具代表性的观点，比较其相同点和不同点，以便于全面把握政治参与这一繁杂的概念内核。

（一）政治参与行为究竟由谁做出？

“政治参与行为究竟由谁做出”涉及的是政治参与主体的范畴。《布莱克维尔政治学百科全书》将政治参与界定为参与制定、通过或贯彻公共政策的行动。这一宽泛的定义适用于从事这类行为的任何人，无论他是当选的政治家、政府官员或是普通民众，只要他是在政治制度内以任何方式参与政策的形成过程[①]。以研究公民文化著称的西德尼·维巴则将政治参与行为者限定为“平民”。亨廷顿的看法与维巴类似，他认为，政治参与是“平民试图影响政府决策的行动”[②]。可见，在亨廷顿关于政治参与主体的这一界说中，职业政治家并不涵扩在内。在亨廷顿看来，政治参与指的是政治体系中充当平民角色的那些人的活动，政府官员、政党骨干和政治候选人等充当职业政治家角色的人群并不属于政治参与主体。日本学者蒲岛郁夫也将政治参与的主体严格限定为“普通公民”，认为政治参与就是“普通公民的活动”[③]。

国内学者有关政治参与的主流看法也是将政治参与主体做了狭义的理解。例如，政治参与是普通公民通过各种合法方式参加政治生活，并影响政治体系的构成、运行方式、运行规则和政策过程的行为[④]；政治参与是普通公民通过各种合法途径影响政府决策与公共管理的行动[⑤]；政治参与是普通公民通过一定的方式影响政治权力体系的活动及重大公共政治生活的政治行为[⑥]。当然，也有学者持不同意见。政治参与的主体是全体公民[⑦]，政治参与是公民试图影响政府决策的非职业化行为[⑧]；政治参与的主体既然是全体公民，那么就不应该排除政治家、官僚及政府公务人员，因为他们在从事本职工作以外，还可以通过其他多种非职业渠道来影响政府决策[⑨]。

我们认为，政治参与是公民，特别是普通公民做出的非职业化政治行为。这

---

① [英]戴维·米勒、韦农·波格丹诺：《布莱克维尔政治学百科全书》，邓正来等译，中国政法大学出版社 2002 年版，第 609～609 页。

② [美]萨缪尔·亨廷顿、琼·纳尔逊：《难以抉择：发展中国家的政治参与》，汪晓寿、吴志华译，华夏出版社 1988 年版，第 4 页。

③ [日]蒲岛郁夫：《政治参与》，解莉莉译，经济日报出版社 1989 年版，第 4 页。

④ 王浦劬等：《政治学基础》，北京大学出版社 2014 年版，第 167 页。

⑤ 陈振明、陈炳辉：《政治学：概念、理论与方法》，社会科学文献出版社 2004 年版，第 324 页。

⑥ 李爱华：《现代政治学》，北京师范大学出版社 2001 年版，第 309 页。

⑦ 陈振明、李东云：《政治参与概念辨析》，载《东南学术》2008 年第 4 期，第 107 页。

⑧ 陈振明、李东云：《政治参与概念辨析》，载《东南学术》2008 年第 4 期，第 107 页。

⑨ 徐军：《政治参与相关概念的辨析及在实践中的应用》，载《广东省社会主义学院学报》2013 年第 4 期，第 102 页。

一概念有几个要点必须加以补充说明：① 我们没有将职业政治家完全排除在政治参与主体范畴之外，但特别强调指出职业政治家做出的职业政治行为不是我们此处所说的“政治参与”；② 我们认为，从政治发展的视角来看，与职业政治家相比，普通公民是更加值得关注的政治参与主体，因为，从政治参与机会的增多与渠道的丰富等有利于参与政治的维度来看，对于职业政治家来说，并不太具备时代变迁、政治发展的进步意义，对于普通公民来说却尤其具备；③ 政治参与的主体是“公民”，亨廷顿和维巴等人的“平民”的说法并不确切，因为古代政治生活中的臣民也可以称为“平民”，而只有现代意义上的“公民”才被赋予政治参与的法定资格，同时其参政权才得到专门的制度性安排、落实和保障。

（二）非制度化的公民政治行为是政治参与吗？

有关政治参与概念的另一大争论涉及政治参与是否仅指制度化的公民政治行为。应当指出，严格地说，“制度化”和“合法”、“非制度化”和“非法”不能简单地画等号。制度化的政治参与不一定“合法”，而非制度化的政治参与有时候不只“非法”，更是“违法”。不过从学界的主流做法来看，研究政治参与的学者大都将“合法的”政治参与理解为制度化的政治参与，将“非法的”政治参与理解为非制度化的政治参与。我们在此处也采行这一做法。

在亨廷顿有关政治参与的界定中，他并未将非法的参与活动排除在政治参与行为之外，而是指出，政治参与仅指平民试图影响政府决策的活动，而不管这种影响采取的是政治系统的既定准则还是抗议、暴乱、示威游行等非法定方式。我国也有部分学者主张，政治参与包括合法的和非法的行为，或者说包括制度内和制度外的参与途径[①]，并指出，参与行为的合法性在跨国比较研究中存在明显的国别差异，一定国别和历史时期下可能是“非法的”、“非常规的”或“非正统的”活动，在另一个国家或另一个历史时期下可能是合法的，若排除非法的或制度外的参与行为，就会破坏研究的完整性，而且严重妨碍跨国的比较研究[②]。当然，就国内学者的看法来说，主流是将政治参与严格限定为“合法的”或“制度化”的参政活动。

我们认为，就深入与细化政治参与研究的需要来说，“非制度化”或所谓“非法”的政治参与行为不容忽视。更进一步地，与其将社会边缘群体非制度化的试图影响政府政策的行为贬斥为“非法”而置之不理，不如从学理层面探究这些群体采取非制度化参政渠道的影响因素以及避免非制度化参政行为出现或增多的政府举措。此外，很多学者之所以不愿承认非制度化的公民参政行为是“政治参

① 陈振明、李东云：《政治参与概念辨析》，载《东南学术》2008年第4期，第107页。

② 陈振明、李东云：《政治参与概念辨析》，载《东南学术》2008年第4期，第107～108页。

与”，一个重要原因是遵循了某些地方政府“‘维稳’＝打压非制度化政治参与”这一错误逻辑。实际上，在我们看来，忽视或打压公民非制度化参政行为并不能够保证地方社会的稳定、和谐，正视与合理引导公民在非制度化参政行为中表现出的参政诉求更有助于在根本上缓解地方政府面临的“维稳”压力。

（三）政治参与是否包括政治态度或情感等心理维度？

有关这一问题的看法也存在争论。阿尔蒙德和维巴认为，参与的定义包括对参与的态度——一个人的效益感，或一个人的公民规范①；巴恩斯将公民阅读政治文章、了解政治知识视为政治参与；斯通也将“追踪报纸和电视报道”列为间接的政治参与②。美国学者帕特里克·J.孔奇则主张，首先必须从政治参与概念中删去政治态度和情感，虽然这一看法尚未得到普遍认同，但在文献中已经出现某种共识：真正同态度和情感有关的是政治文化和政治社会化，而不是政治参与③。

我们认为，政治态度和政治情感并非我们此处讨论的政治参与。政治参与是一种力图影响政府的实际行为，公民的政治态度和情感有助于分析和解释其政治参与行为，但并非参与行为本身。“政治参与”涉及行为层面，“政治态度和情感”涉及心理层面，而行为和心理并非一回事，事实上二者间常常存在不一致。人类个体的态度是其行为的动因之一，也是行为的前置性条件，态度和行为不能够混淆④。当前，国内学界从政治态度和情感角度探究公民参政行为的文献越来越多，主要是从态度和情感角度去分析和解释公民会在特定情景下采用何种政治参与方式、渠道，从这些文献来看，它们主要还是将政治参与和政治态度、情感视为相关但绝非一回事的两种不同事物。

总结以上所有论述，我们将政治参与界定为：公民通过一定方式试图影响政治体系的非职业性政治行为。

二、政治参与的类型划分

对政治参与进行类型划分可从不同角度进行，由此形成了不同的分类结果。当前，国内学界更为主流的做法是将政治参与区分为制度化的（合法的）或非制度化的（非法的）政治参与、动员型或自发型政治参与、组织化的或个人的政治参与、直接的或间接的政治参与、有效的或无效的政治参与。下面，我们将举其要者加以论述。

---

① 格林斯坦、波尔斯比：《政治学手册精选》，商务印书馆1996年版，第292页。

② 杨光斌：《政治学导论》，中国人民大学出版社2000年版，第231页。

③ 帕特里克·J.孔奇：《政治参与概念如何形成定义》，王胜明、范云萍译，载《国外政治学》1989年第4期。

④ 谢秋山、陈世香：《政治效能感与抗争性利益表达方式》，载《甘肃行政学院学报》2014年第3期。

(一) 制度化政治参与和非制度化政治参与

制度化政治参与指的是内源于体制结构并由体制资源予以维持的政治行为;非制度化政治参与指的是一种与体制若即若离的或完全超越体制结构的政治行为。① 前一类参政行为具有结构性、确定性、常规性和可控性特点;后一类参政行为具有不确定性、非常规性和非程序性。

在国内学界,制度化政治参与有时也被描述为合法的政治参与,而非制度化政治参与也被描述为非法的政治参与。应当指出,这种简单等同只是一种权宜的、便利的做法,而若从学理上和逻辑上加以严格追求,则这种等同是不成立的。具体地说,对于一个政治体系中出现的实际政治参与行为来说,制度化的参与肯定是合法的参与,合法的参与却未必完全是制度化的参与;同样,非法参与一定是非制度化参与,但并不是所有的非制度化参与都是非法参与。

从政治参与的实际状况来看,一个政治体系中出现的制度化政治参与和非制度化政治参与往往是一种此消彼长的关系,二者在一定情境下相互转化。当前处于转型期的中国社会出现大量利益矛盾,而现有制度化政治参与渠道并不能容纳所有公民、特别是社会弱势群体的参政诉求,在这样的背景下,不少社会群体的参政诉求以非制度化的参与形式表现出来。国内学界应该强化非制度化政治参与研究,探究成因及对策,以为一方面更好地维护和实现民众利益,另一方面也为更好地维护社会稳定、和谐提供智识支撑。同制度化政治参与相比,非制度化政治参与虽并不一定对社会稳定、和谐造成不利影响,但无疑给维稳工作带来更大压力,地方政府应正视并疏通非制度化政治参与中的参政要求,而非一味打压,因为公民参政诉求总会以制度化的或非制度化的方式表现出来。

(二) 动员型政治参与和自发型政治参与

这一划分方式是按照公民对于政治参与行为的不同态度进行的。动员型参与也称为被动式或非自愿性政治参与,指的是公民因受他人鼓动或响应政府号召而发生的影响政府过程的活动②;自发型参与也称为主动式或自愿性政治参与,指的是公民基于自身的利益和需要而自觉地对政治过程施加影响的行为③。

在当代中国,自发型政治参与出现的动因同时有着利益群体主观利益动机的推动和社会客观现实环境的驱动。就是说,一方面,处于转型期、社会日益分化的中国社会,不同利益群体通常有着截然不同的利益要求,而这些要求一般不

① 俞可平:《政治学教程》,高等教育出版社 2010 年版,第 155 页。
② 王浦劬等:《政治学基础》,北京大学出版社 2014 年版,第 169 页。
③ 王浦劬等:《政治学基础》,北京大学出版社 2014 年版,第 169 页。

会自动地为政策制定者吸纳，或者不能达到令利益相关者满意程度的吸纳①，因此，相关利益群体就在主观上有自觉自愿参与政治体系以影响政策的动机；另一方面，利益群体的利益越趋多元，而不少利益诉求在不同经济社会地位的人群中是处于相互竞争状态的，以税收政策为例，有的社会群体基于自身利益考虑主张加税，有的社会群体同样是基于自身利益考虑却主张减税，这就意味着，政治参与必须由不同利益群体自己做出，而万不能指望从其他群体的政治参与行为中维护和实现自身利益。

动员型政治参与行为在国际上的政治参与研究文献中并不多见，这可能是由于研究者在研究中对不同政治参与方式的偏好不同而做出的价值取舍。不过在当代中国，动员型政治参与研究必须得到重视。这是因为，我国以往计划体制下存在广泛而大规模的政治动员型参与，值得加以专门研究；同时，我国长期以来形成的政治动员传统和政府强大的政治动员能力，也是今天推进社会经济发展和现代化建设过程中政府特有的一项重要资源和特别优势②。基于前述理由，国内政治学界在对政治参与展开研究的过程中，理应在重视动员型政治参与这一点上体现研究的中国特色。

（三）直接政治参与和间接政治参与

直接政治参与与间接政治参与都是政治生活中出现的常见参与形态。前者指的是公民用自己的行为直接影响政府决策，而无须经过其他中间环节；后者指的是公民的行动不得不经过其他中间环节才能对政府决策发生影响③。从表现形态来看，直接政治参与的典型形式包括选举、投票以及公民个体向党政机关提出意见、建议或申诉等的行为；间接参与包括通过向利益集团、政党、非政府组织或传播媒介、专家学者等渠道表达和实现自身利益诉求。

直接政治参与以古希腊的城邦公民大会最为有名。直接参与的最大价值在于，公民"面对面"地讨论、审议、判断和决定，体现了公民对国家公共事务的控制、管理和监督，是民众实现政治权利的必要途径，是"人民统治"的内在要求④。但随着现代政治事务的日益繁杂、多样，大范围的直接政治参与变得越来越不现实，相比之下，间接参与却有助于解决大规模复杂政治条件下的参与难题。不过，直接参与和间接参与各有优缺点，国内学界应该对直接参与和间接参与展开更为深入、细致的研究，以回应政治参与实践中出现的这样或那样的问题。

---

① 胡伟：《政府过程》，浙江人民出版社 1998 年版，第 192 页。

② 陈振明、李东云：《政治参与概念辨析》，载《东南学术》2008 年第 4 期，第 107 页。

③ 俞可平：《政治学教程》，高等教育出版社 2010 年版，第 152～153 页。

④ 俞可平：《政治学教程》，高等教育出版社 2010 年版，第 152～153 页。

三、政治参与的价值面向

政治参与的价值也就是现代政治 参与行为对于国家、社会以及公民个体而言具有的意义。对于当下的中国来说，政治参与的价值集中表现在如下方面：实现政治稳定；为政治体系提供合法性支撑；利于培养积极、健康的公民文化，为政治民主化建设打下坚实的精神基础；提升参与者道德和人生境界的发展性或教育性功能①。

（一）政治参与有助于实现政治稳定

处于改革进程和转型时期的当下中国社会，各利益群体之间的利益性矛盾大量涌现，而政治参与提供的表达和实现多元利益的渠道和方式，有助于舒缓政府与公民之间以及不同公民群体之间的利益矛盾。也就是说，公民参与政治以影响政府政策的需求可以通过政治参与得到一定程度的释放，社会冲突特别是因物质利益引起的冲突将相应减少，这样就有助于实现政治社会稳定。此外，社会主义中国倡导和力图实现的是公民有序的政治参与，在这样的情况下，政治不稳定将对公民政治参与造成不利影响，热心参与政治的公民还会将维护政治社会的稳定作为自己的责任和义务，实现政治稳定又有了强大的民意基础。

（二）为政治体系提供合法性支撑

政治参与，即使是非制度化的政治参与，是以公民对国家的认同为心理前提和条件的。而对国家的认同在一定程度上说就是对政治统治合法性的认可②。在资本主义国家，为了政治体系的平稳运转，统治阶级要平衡不同阶级之间竞争性的有时甚至是对立性的利益要求，资本主义国家的政治参与就是平衡不同利益要求的方式之一。在社会主义国家，人民是国家的主人，一切权力属于人民，而政治参与保证了人民当家做主的主人翁地位，有助于提升人民对政治系统的合法性认可。此外，我们社会主义国家民众虽不存在资产阶级国家式的由阶级身份不同导致的对抗性利益矛盾，但当前我国社会各群体利益分化和多元也是不争的事实，政治参与为转型时期民众分化的利益要求提供了满足的渠道和方式，也有助于提升特别是社会边缘和弱势群体对于政治系统的合法性认可。

（三）培养积极、健康的公民文化，为政治民主化建设打下坚实的精神基础

公民通过政治参与将变得关心、了解政治，懂得在政治社会中实现自身所在群体和不同群体之间利益的协调和平衡，这些都有利于培育积极、健康的公民文化。此外，当前我国正在大力推进政治民主化建设，将在政治制度安排和参政方式、渠道等方面发生一系列更有利于民众参与政治的变化，这需要公民关心、了

---

① 王明生等：《当代中国政治参与研究》，南京大学出版社 2012 年版，第 2 页。

② 王浦劬等：《政治学基础》，北京大学出版社 2014 年版，第 180 页。

解政治生活并积极参与政治生活，否则我国的政治民主化进程将受阻。

（四）提升参与者道德和人生境界的发展性或教育性功能

这种观点是西方政治思想史上的一种重要传统，最早由古希腊的亚里士多德提出，而在近代则以英国思想家约翰·穆勒的主张最为有名。穆勒认为，处于特定政体下的人们参与政治，不只是谋求和实现自身利益，也不仅是公民责任的驱使，人们参与政治更是因为政治参与可以增加个人见识及对复杂事物的判断能力，产生归属感，总结一句话就是：参与政治可以提升参与者道德和人生境界，具有发展性或教育性功能①。

第二节　政治发展与政治参与

“政治发展”这个最常见于20世50年代以来的比较政治学文献中的术语，概括地说，是一个国家在实现现代化的进程中其政治领域发生的一系列积极变化。与某一社会在传统阶段的政治特征相比，处于现代化进程中的社会在治理模式、政治制度安排、政治文化以及公民民主参与等方面表现出或多或少不同于以往发展阶段的特征。其中，扩大的民主参与，也就是政治民主化进程无疑是政治发展这一政治变化内容系统的重要面向。事实上，在以阿尔蒙德、鲍威尔和派伊为政治发展理论研究旗手的20世纪60年代之前，对政治参与的强调是此阶段学术研究最引人注目的特征。在继之而来的60年代中期至70年代早期，亨廷顿成为政治发展理论研究最重要的代表人物。立足于战后新兴国家在政治现代化进程中出现的国内政治乱象，亨廷顿偏离上一研究阶段对民主参与的过度强调，转而同时关注政治秩序，力图实现民主参与水平扩大与政治稳定之间的动态平衡。这就是说，政治发展与政治参与具有相当的一致性，但同时，二者之间也存在张力。这样，探讨政治发展与政治参与一致或不一致的具体情形及其影响机制就显得必要和有价值。

一、政治发展与政治参与的内在一致性

（一）政治参与是政治发展的基本标志

在亨廷顿之前，研究政治发展的西方学者将政治参与的程度与范围作为衡量政治发展水平的首要指标。亨廷顿立足于后发国家在实现政治现代化进程中出现的国内政治乱象和社会不稳定局面，转而同时强调政治发展中的政治参与度和政治稳定程度。但无疑，西方政治发展研究学者都赞同“政治参与是政治发

① ［英］戴维·米勒等：《布莱克维尔政治学百科全书》，邓正来译，中国政法大学出版社2002年版，第64页。

展的基本标志”这一观点。

当前我国正在大力构建有中国特色的社会主义民主政治，建设社会主义政治文明。而政治参与范围和程度的扩大是社会主义民主政治发展的基本标志。在社会主义国家，人民是国家的主人，一切权力属于人民。这就要求人民能够通过各种方式和渠道参与对国家政治、经济、社会和文化事务的管理活动中去，依法逐步扩大社会主义中国民众的政治参与。此外，建设社会主义政治文明也要求扩大民众政治参与。作为国家的统治者，是否允许更多的人参与国家的治理，从而更好地协调各方面的利益，就直接体现了国家治理的文明程度①。因此，对于当前中国的政治发展进程来说，政治参与的深度与广度是政治发展的基本标志。

（二）政治参与是政治发展的重要内容

政治参与是政治文明、政治发展的重要内容，政治参与随着政治发展而发展，同时政治参与的发展本身又体现了政治发展的进步程度，政治参与和政治发展互为条件、相互促进、共同发展。胡锦涛在党的十七大报告中进一步阐述了人民民主的内核，把人民当家做主界定为社会主义民主政治的本质和核心，明确提出要“扩大人民民主”，将“扩大社会主义民主，更好地保障人民权益和社会公平正义”作为全面建设小康社会的新的更高要求之一。报告首次把民主理念扩展到了“从各个层次、各个领域扩大公民有序政治参与”新高度，再一次肯定了扩大有序的政治参与对社会主义民主政治建设的重要意义。

（三）政治参与是政治发展的实现方式

“政治参与是政治发展的实现方式”可从如下维度加以理解。首先，政治制度化是政治发展的重要内容，而公民政治参与可促进政治制度化。公民参政要求和行为会对政治体系的参政制度安排形成压力，在既有政治制度无法满足民众扩大的参政需求的情况下，为实现政治社会的稳定、有序，政治体系不得不做出努力完善和发展政治制度。其次，公民政治参与能够促进政治意识文明的进步，同时培育积极、健康的公民文化，而政治意识文明和积极的公民文化是政治发展的重要内容。从逻辑上将，政治意识、公民文化完全可由政治体系自上而下的宣传、灌输和教育而进入民众头脑，但这样的方式有效性不及公民在亲自参与政治的过程中形成政治意识和公民文化。就此而言，一个政治体系如果要培养特定的政治意识和公民文化，最为可取的做法是鼓励公民有序参与政治。

二、政治发展与政治参与在特定情况下的张力

（一）非制度性政治参与影响政治发展

非制度性政治参与指的是一种与现行体制若即若离的或完全超越体制结构

---

① 谭君久：《论政治文明与文明政治》，载人大复印资料《政治学》2003年第1期。

的政治行为。换句话说，非制度性政治参与行为者影响政府政策采取的是那些不为政治体系承认的方式。从逻辑上将，非制度性政治参与并不必然冲击政治体制，特别是以物质利益的满足为参与目的的非制度性政治参与行为，有时反而会因为参政者需求得到满足而有利于维护政治社会稳定。但不可否认的是，非制度性政治参与容易失控，并且其产生的参政效能往往较差，在很多时候成了一种仪式化的参政行为，象征意义远大于实际意义，在这样的情况下，非制度性政治参与的增多极有可能对地方社会政治稳定造成威胁。

（二）公众组织化程度和政治成熟度不够时参与政治影响政治发展

整个社会的组织化程度越高，公民在参政素质和参政技能上表现越成熟，则政治参与带来的政治稳定度越高，政治发展水平越高。反之，当一个社会的公众组织化程度和公民政治成熟度都不够的情况下，扩大的民众政治参与有可能对政治稳定造成威胁，从而影响政治发展进程。组织化程度和政治成熟度不高时的政治参与，不仅参与者自身参政效能感低、难以实现自身利益诉求，也不利于整个政治社会的稳定、高效运转。而政治发展的重要内容除了政治稳定，还在于维护和实现公民利益的有效程度以及政治体系运转的效率，就此而言，公众组织化程度和政治成熟度不高时，扩大的政治参与将在多个层面对政治发展构成不利影响。

（三）政治参与渠道、方式不够以及运行不畅时影响政治发展

政治参与带来的政治社会稳定，与政治参与渠道的多少和宽广程度成正比。也就是说，政治参与的渠道越多、路径越宽广、运行越畅通，则政治稳定的程度越高；反之，政治参与的渠道越少、路径越狭窄，甚至道路堵塞，则政治稳定的程度就越低①。而政治稳定是政治发展的重要内容，就此而言，在政治参与渠道、方式较少和政治参与运行不畅时带来的政治不稳定将对政治发展造成不利影响。

三、如何实现政治发展与政治参与的协调和一致

民众政治参与在广度和深度上的扩大是政治发展的基本标志和重要内容，而政治参与在特定情境下也会对政治发展造成不利影响，因此，要实现政治发展，必须实现政治发展与政治参与之间的协调一致。

对于处于社会转型时期的当下中国社会来说，社会利益随着群体身份的分化而分化、多元，而现有的正式参政制度安排无法满足广大人民群众的参政需求，在这样的背景下，民众政治参与诉求大量涌现，还有不少以非制度化的甚至极端的方式表现出来。比如越来越多的各类抗争性事件，环境抗争、拆迁抗争等等，此类事件给地方政府的维稳工作带来不少压力。面对抗争事件，不少地方政府的常规思

① 聂运麟：《政治参与与政治稳定》，载《华中师范大学学报（人文社会科学版）》2000 年第 1 期。

路和做法是打压和隐瞒，这样做虽可向外界展示“稳定”的假象，但在假象之下，民众正当的利益诉求并没有得到有效实现，还是免不了会以这样那样的方式表现出来。因此，必须在正式的制度安排层面考虑到民众分化的多元利益。

基于上文对政治参与和政治发展在特定情景下的不协调的论述，我们认为，要实现政治发展与政治参与的协调一致，对于当下的中国来说，可着重从以下方面做出改进：

(1) 给民众提供更多参政的制度化选择的同时，加强引导，尽量将制度化非制度性的政治参与转变为制度性政治参与，实现公民稳定、有序参与政治，维护好和实现好民众多元而分化的利益诉求。一般来说，制度化和非制度化参政行为存在此消彼长的关系，一旦制度性参政行为不足、效能低下，则民众的参政诉求就会以非制度化的形式表现出来；反之，一旦制度性参政行为能渠道较好的收益且易得、通畅，则非制度化参政行为就会减少。基于此，政府应在一方面提供更多的制度化参政选择，另一方面加强引导，鼓励民众通过制度化渠道有序、稳定地参与政治。

(2) 培育社会组织，提升民众组织化程度，同时加强公民参政技能培养，提高民众政治成熟度。提升民众组织化程度的前提是社会存在可代表不同群体利益的组织载体。代表不同群体利益的社会组织具有如下特征：组织各自代表一定的利益群体，它们有明确的当前利益要求和长远的政治目标，有规范的组织原则和活动原则，领袖和群众都相互承担一定的责任并履行一定的义务，遵守宪法和法律①。同时，加强民众参政技能培养，提高民众政治成熟度，提高民众参与政治生活的质量和成效感。

(3) 丰富民众参与政治的渠道和方式，同时关注参政渠道和方式的运行状况，保证民众通过通畅的参政渠道、方式参与政治体系，维护和实现自身利益。

总之，政治参与通过政治稳定这个中间变量影响政治发展，政治发展就是需要国家从正式的政治制度安排层面实现政治参与扩大与政治制度化速率之间的动态平衡，无论是政治参与扩大走在政治制度化前面，还是政治制度化走在政治参与扩大前面，政治参与都和政治发展之间存在难以调和的张力。

第三节　政治文化与政治参与

出现于20世纪中期的政治文化研究，在阿尔蒙德等人的大力推动下，迅速成长为政治学领域中的一种重要分析范式，并在20世纪70年代左右被运用于

① 聂运麟：《政治参与与政治稳定》，载《华中师范大学学报（人文社会科学版）》2000年第1期。

民主和政治参与等政治学议题，由此形成了产生大量学术文献的政治参与文化阐释路径。

一、政治参与的文化阐释

文化被认为是人类行为的背景性因素，对人类行为具有环境意义；同时，文化又是一种生活模式，由此，人类政治行为，特别是政治参与行为就可理解为一种与特定政治体系中的文化密不可分的群体行为模式。

那么，与文化有着互动关系的政治参与究竟是一种什么类型的特殊社会行为？政治参与是人类社会历史悠久的行为之一，可以说，只要存在政治生活，就有可能存在各种各样的政治参与活动。但我们在本章节所探讨的政治参与主要描述的是一种现代政治生活中民众对各类公共政策施加影响的活动。当前，无论国内还是国外学界，学者们对于政治参与的理解都是纷杂的，有时甚至不乏论争，概括而言，学者们争论的焦点集中体现在对如下问题的不同回答上：

(1) 谁是政治参与的行为者？是平民、公民、普通公民、政府官员中的哪一类或哪几类？

(2) 政治参与的性质必须是合法的吗？更进一步，非法的或制度外的影响政府政策的行为算不算政治参与？

(3) 参与者的意愿是主动的、自愿的还是被动的、非自愿的？

以上所有问题在将我们有关政治参与的认识进一步引向深入的同时，也将政治参与与特定文化之间的联系进一步凸显了出来。比如，参政者的意愿是主动还是被动就表现为公民不同的政治态度，而政治态度是政治文化的重要内容。又如，采取制度化的还是非制度化的政治参与渠道、方式，在一定程度上取决于参政者对政治生活的不同理解和认知，而这一点往往取决于文化上的差异。

二、政治文化与政治参与

我们在上文论述政治参与与文化之间的联系时，主要从政治参与行为者的角度展开。但必须指出的是，政治参与作为现代社会一种特定的行为类型，在其行动者、行动策略、行动结果和行动效果等整个行动过程中都会与文化产生千丝万缕的联系，只是从强弱程度来看，行动者作为文化的创造者和承载者以及政治参与的发动者，比政治参与的其他部分与文化之间的交集更加广泛和深入。

(一) 政治参与的文化研究路径

政治文化与政治参与发生联系以现代政治社会为社会形态基础。我们已指出，在现代政治社会，参与政治的行为主体是“公民”，而公民本身就是一种特殊的文化现象，它通过与臣民等传统社会民众角色的对位①，体现出社会发展中的

---

① 张凤阳等：《政治哲学关键词》，江苏人民出版社 2006 年版，“公民”词条。

新文化特征①。阿尔蒙德等人对政治文化研究产生特别兴趣导源于其对于“政治文化与民主稳定性之间复杂关系”②的探究。阿尔蒙德指出，成功的民主政体一方面需要所有的公民都积极投身政治，并且其参与应是有见地、有分析和有理性的，他将公民的这种政治行为模式称为“理性——行动主义模式”③，另一方面，阿尔蒙德也认识到，仅靠公民的参与——理性主义模式自身并不能合乎逻辑地维持一个稳定的民主政府。在某种意义上，一个民主政体只有混合了与之对立的消极、信任、服从权威和能力的文化，才有可能是可行的和稳定的④。就此而言，政治文化同民主政体运转的两大核心要素——“合法性”和“效率”都密切相关。这里的逻辑在于，公民通过积极投身公共政治领域，将会增进对政治体系的了解，增强对政治体系的合法性认可，甚至参与政治这一行为本身即表明公民对政治体系的某种程度的认可。与此同时，任何政体的生存能力不仅取决于其合法性，也取决于其行政效率，也就是制定和执行公共政策以满足公民利益需求的能力。效率和合法性相互作用，一个效率极其低下的政体很难得到现代社会理性公民的自愿认可。而达成效率需要公民服从权威性政策、对政府和政治体系给予必要程度的信任，服从权威和信任则跟公民文化息息相关。阿尔蒙德有关政治文化与民主稳定性关系的探究正是由于其抓住了政体运转的核心要素而比较具有说服力和解释力。自阿尔蒙德已降，从政治文化路径出发探究政体稳定的影响因素和相关对策的文献大量涌现，它们共同见证了政治参与的文化研究路径具有的解释力和长久的生命力。

（二）对政治文化的多维认识

那么，究竟何谓政治文化？阿尔蒙德指出，每一政治系统都深入到具体的政治行动的特殊取向模式中，这种特殊的取向模式就是该政治系统的政治文化⑤，而“取向”指的是“目标和关系的内化方面”，它包括：① “认知取向”，指的是关于政治制度、政治制度的作用及这些作用的执行者以及政治制度的输入输出的知识和信仰；② “情感取向”，或者说是对政治制度、政治制度的作用、执行者及执行的情感；③ “评价取向”，指的是凭借信息和情感对典型地包含价值标准和尺度的结合的政治目标所做的判断和评价⑥。R. 坎恩认为，政治文化是某一社会

① ［英］尼克史蒂文森：《文化与公民身份》，陈志杰译，吉林出版集团有限责任公司 2007 年版。
② ［美］阿尔蒙德、维巴等：《重访公民文化》，李国强等译，东方出版社 2014 年版，第 17 页。
③ ［美］阿尔蒙德、维巴等：《重访公民文化》，李国强等译，东方出版社 2014 年版，第 16 页。
④ ［美］阿尔蒙德、维巴等：《重访公民文化》，李国强等译，东方出版社 2014 年版，第 17 页。
⑤ 陈振明、陈炳辉：《政治学：概念、理论与方法》，社会科学文献出版社 2004 年版，第 448 页。
⑥ ［美］阿尔蒙德、维巴：《公民文化：五国的政治态度和民主》，浙江人民出版社 1989 年版，第 16 页。

中大多数成员所接受的关于政治制度的概念、价值观和倾向的准则①。派伊将政治文化理解为是由赋予政治过程以秩序和形式的特殊取向组成②，政治文化为政治领域提供结构和意义。

由此可见，美国学者主要是将政治文化理解为公民政治心理层面的事物。与之不同的是，国内有学者将政治文化做了更加宽泛的解读。比如，有一种观点认为政治文化的构成除了心理层面，也包括政治思想和政治制度，把政治心理和政治思想称作政治文化的"软模式"，而政治制度则被称为政治文化的"硬模式"③。我们倾向于赞同阿尔蒙德等人的"政治体系的心理层面"这一意义上的政治文化概念，否则"政治文化"所指涉的内容就将过于宽泛而失去了概念应具有的概括性和解释力。

（三）与政治参与取向相关的三种政治文化类型

以不同社会结构中民众在政治体系中扮演角色的不同为分类标准，阿尔蒙德和维巴总结出三种政治文化类型，在不同文化类型中，政治体系中的民众对政治参与有着截然不同的态度和取向。按照民众参与政治积极性由低到高排序，这三种文化类型分别是：地区型政治文化、臣属型政治文化和参与型政治文化。

在地区型政治文化中，民众是一群"政治盲"，他们对政治生活漠不关心，也缺乏基本的参政技能；臣属型政治文化中的民众是一群唯唯诺诺的"顺从者"，虽然生活在政治结构健全的社会形态中，也可能对政府和政治权威有着各种认识和评价，但是他们缺乏足够的权力和渠道参与政治决策，施加政治影响，因此是政治活动中的被动角色；参与型政治文化中的民众以成为现代意义上的"公民"，他们关心和了解政治，并积极参与政治，他们通过政治社会化过程接受政治教育，具有一定的政治认知能力和判断能力，对政治事务有着主动参与的责任心，并着力将自己的政治取向作用到公共政策的制定过程中去④。

当然，这三种政治文化的区分是理想型的，主要是适合了理论分析和解释的需要，在实际政治生活中，一个社会民众的政治文化特征往往是前述三种文化的混合物。

三、中国传统政治文化的特征与变革

分析当代中国的政治文化和政治参与问题，就必须首先了解中国传统的政

① [美]R. 坎恩：《政治文化研究》，载《国外政治学》1987 年第 3 期，第 59 页。

② 陈振明、陈炳辉：《政治学：概念、理论与方法》，社会科学文献出版社 2004 年版，第 449 页。

③ 万高：《简论政治文化》，载《政治学》1995 年第 2 期；孙正甲：《政治文化模式分析》，载《理论探讨》1990 年第 4 期.

④ [美]阿尔蒙德、维巴：《公民文化：五国的政治态度和民主》，浙江人民出版社 1989 年版，第 23 页。

治文化。因为中国传统政治文化对当代政治文化产生影响，当代中国政治文化既表现为对传统政治文化的革故鼎新，又表现为对传统政治文化的继承和适应[①]。以政治社会的重大转型为划分标准，中国传统政治文化对应的是自封建王权大一统时期的封建社会直至改革开放之前的社会阶段，当代政治文化则是自改革开放以来的中国当下社会的主流文化[②]。

总的来看，中国传统政治文化中有如下这些特征不利于当代中国的公民政治参与和政治民主化进程，它们包括：首先，权威崇拜和权力依附心理及国家意识和服从意识强烈。这种心理和意识导致民众自主意识和参政意识薄弱。中国特殊的自然—社会生态基础上形成的政治结构，凭借着自然经济和宗法关系的魔力，无限地扩大了君主、贵族官僚和专制国家的政治权力，把中国封建社会中的人的依赖关系推向了极致。在这种社会政治结构中，个人的存在不是表现为内在地积聚着的社会力量的主体性存在，而只能表现为对于社会、国家的一种消极性服从与依附。整个国家形成了一个支配和服从、主导和依附的等级链条，社会的每个人无不置于此链条之中。权威崇拜，作为一种政治文化现象造就了专制政治文化的基础，使人铸成附庸意识，形成卑微心理，逃避政治行为[③]。中华人民共和国成立以来，特别是自改革开放以来，中国公民在经济、社会和文化等生活领域的自由度大大提升，公共权力的运行进一步规范，公共权威的触角不再控制公民生活的方方面面，个人越来越成为独立、自主的主体性存在，其参政技能和意识增强，这为公民通过参与政治维护自身利益提供了基础。不过应该指出的是，传统文化中权威崇拜和依附心理、服从意识仍然在相当程度上对民众文化造成深刻影响，未来中国政治民主化进程必须以打破传统文化的不利影响为前提。

其次，"明君官清"思维抑制民众参政意识。"明君官清"是中国封建社会中典型的大众政治心态。根据儒家思想，中国封建社会是典型的圣王制，国家事务的最高决策权只能属于君主一人。封建社会思想家、政治家以理论的方式，明确规定"仁德爱民"是君主影响民众并获得民心向背的根本，普遍主张君主帝王应有"君德"，要博采兼听，集思广益，不断体察民情、民生、民意，一心为天下谋福利，做一个圣贤明君。在儒家思想长期的教化和熏陶下，民众将朝廷百官称作"父母官"，认为既然有圣贤君王和"清官"、"父母官"为"小民"谋福利，那么，普通百姓就完全没有必要、也没有能力参与政治、制定政策。总而言之，"明君官清"

① 王明生等：《当代中国政治参与研究》，南京大学出版社 2012 年版，第 148 页。

② 王明生等：《当代中国政治参与研究》，南京大学出版社 2012 年版，第 148～149 页。

③ 万斌、张燕：《中国传统政治文化视角下的政治参与》，载《南京社会科学》2011 年第 4 期。

价值取向淡化了民众的主观能动性，无形地滋生着民众的依赖心理，这严重抑制了民众政治参与，特别是主动、自愿性的政治参与行为。寄希望于“明君”和“清官”的思想在当今的中国公民，特别是某些农村公民意识中还有相当的影响力。这种思想不利于推进我们的政治民主化进程，必须加以变革。

四、当代中国政治文化对政治参与的影响

当代中国政治文化的时间范畴指的是改革开放至今将近四十年的时间跨度。有关这段时期中国政治文化的变动状况，学界目前主要存在三种不同的观点。其一认为，在这么短暂的时间中还不能断言当代中国已经形成了一种比较稳定和具有鲜明特征的政治文化；其二则主张，即便时间仓促，也能对当代中国政治文化的发展进行分期①；第三种观点认为，改革开放以来的中国政治文化的确开启了一段新的历程，但这个历程本身并不是从开始到现在都保持着同一方向和重点②。我们倾向于第三种观点。

有学者从社会心理的角度分析了近年来中国公民政治参与的状况，这在一定程度上体现了当代中国政治文化对政治参与的影响。研究选取的待考察的政治参与行为包括两大类型，第一类是村委会/居委会/社区中的选举行为，第二类是投票之外的其他政治参与行为，包括“向上级政府领导表达自己的观点”、“通过社会组织表达自己的观点”和“游行/示威/静坐”等等。研究对四组政治文化范畴的社会心理变量进行分析操作，包括“政治效能感”、“满意度”、“政治信任”和“权威主义人格”。研究结果表明，在投票型政治参与中，满意度、政治信任和权威主义人格三个变量具有显著影响，而在政治参与的其他形式中，个体对政府影响力的自我评估具有最为显著的影响③。该项研究还表明，中国当代政治文化中的一些民主程度较高的因素（如高水平的信任度）与较低的政治参与水平并存，反映出当代中国社会比较复杂的政治文化结构。

改革开放以来的中国政治文化存在三大趋势，这些趋势总的来说有利于我们当下的民主政治进程的推进。这些趋势包括：① 在民众对执政党、政府和国家领导人的政治情感方面，从相对单一的服从转变为多角度和多层次的反思；② 在民众对国家方针政策和政府行政决策的政治态度方面，从相对被动的接纳转变为主动的意见表达；③ 在民众持有的国家民族观念和意识形态等政治价值方面，从相对一元化的认同转变为多元化的认知④。

---

① 刘瑜：《理想主义或现实主义？中国革命中政治参与的政治心理分析》，载《学海》2010年第5期。

② 王明生等：《当代中国政治参与研究》，南京大学出版社2012年版，第152页。

③ 王丽萍、方然：《参与还是不参与：中国公民政治参与的社会心理分析》，载《政治学研究》2010年第2期。

④ 王运生：《中国转型时期政治文化对政治稳定的二重作用》，载《政治学研究》1999年第2期。

应该说，当代中国政治文化是一种尚未定型的公民行为模式，因而对政治文化影响民众政治参与的分析也应该是动态的、具体的。研究者要紧跟政治文化各维度，包括民众政治态度、政治情感和政治意识等发生的新变化，深入而具体地考察政治文化对不同时期中国公民参与政治的不同影响，以深化我们有关政治文化和政治参与之关系的认知。

第四节　当代中国的政治参与

我们已对政治参与的基本理论问题进行了我们希望算是比较充分的梳理。这包括对政治参与概念的多维认识、政治参与的类型划分、政治参与的价值面向以及政治参与同政治稳定、政治发展的关系。在接下来的这一节，我们将对当前我国不同公民群体——女性、农民工、大学生——等参与政治的状况进行实证分析，以评估参政现状，同时提出存在的问题和解决之道，以为不同群体政治参与度的提升和我国民主政治进程的推进提供参考。

一、女性的政治参与

"两性参政的平等程度是衡量一国政治文明程度和民主政治发展的重要指标"在国际社会存在广泛共识。自"男女平等"上升为我国的基本国策以来，特别是自 1995 年北京世界妇女大会召开、中国领导人公开做出"在全社会各个领域的所有层面贯彻实施社会性别主流化"的承诺以来，我国女性在政治参与的民主参与和权力参与领域都取得明显进步，但不可否认的是，由于多方面原因的共同作用和制约，我国女性群体的政治参与状况同男性相比仍存在相当程度的差距。提升女性在政治生活中的参与状况，逐步实现男、女两性在政治参与中的性别平等是我国政治发展的重要内容，也是把我国政治文明建设推向更高水平必须解决的重要问题。

（一）当代中国女性政治参与的总体状况

1. 女性政治参与取得的成就明显

一是民主参与中女性政治参与取得的成就明显。首先，女性的政治认知水平有所提高。政治认知是关于政治制度、政治制度的作用及这些作用的执行者以及政治制度的输入和输出的知识和信仰[①]。在当今世界，无论处于何种政体之下，一国公民政治认知的对象一般都包括政治象征（如国旗、国歌、现任国家领导人姓名等）、政治制度和政治程序等几方面内容。调查发现，我国女性群体对

① [美]阿尔蒙德、维巴：《公民文化：五国的政治态度和民主》，浙江人民出版社 1989 年版，第 16 页。

政治象征的认知度有所提升。比如，2000年，第二期中国妇女社会地位抽样调查显示，女性对国家主席的知晓率为87.1%，比1990年提高了42.3个百分点，男女两性的群体差异，也由原来的25个百分点缩小为9.1个百分点。其次，女性政治介入的程度有所提高。一般来说，女性较高的政治介入程度，不仅指她们在自上而下的动员情况下较频繁地介入政治，也指女性群体在主观上有较高的政治关心度。2006年，全国妇联开展的一项在全国10省对万名农村成年女性参与新农村建设的问卷调查显示，有78.6%的女性参加村委会选举投票，从不去投票的只占女性人口的5.8%。另有46.9%的女性对参加村委会竞选有较高的热情。而在村里的各项事务中，有45.7%的女性最关心的是"村民选举"①。最后，女性对公共事务的关注度不断提高。要促进女性政治参与意识和参与水平的提高，需要提高女性对公共事务的关注度。近年来，女性对公共事务的关注度不断提高。2000年第二期中国妇女社会地位抽样调查显示，有15.1%的女性主动给所在单位、社区提过建议，比1990年提高了8个百分点。而在2008年某学者展开的调查中，当被问及是否关注所在单位、社区、村委会的工作情况时，有20.54%的女性回答"非常关心，经常提出建议或参加活动"，31.85%的女性回答"比较关心，偶尔提出建议及参加活动"②。

二是权力参与中女性政治参与取得的成就明显。政治的本质是权力，因此，女性要在政治上翻身解放，必须进入国家政权机构，掌握政治权力，以管理者、领导者的身份参与决策。从这个意义来说，要实现男、女两性参政的性别平等，权力参与是比民主参与更具关键意义的领域。1995年北京第四次世界妇女代表大会通过的《北京宣言和行动纲领》指出，实现妇女与男子平等参与决策中的目标，将提供一个更精确地反映社会构成状况的平衡，并且为加强和推进民主正常运作所必须，而妇女平等参与决策不仅体现社会的公平和民主，而且还可视为是使妇女利益得到考虑的一项必要条件，如果各级决策进行没有妇女的参与，没有吸纳妇女的观点，就不可能实现平等、发展与和平的目标③。就我国的实际情况来说，女性在权力参与领域取得的进步包括：首先是权力参与中女性参与人数的逐步增多。全国人民代表大会是我国的最高权力机关，也是最高立法机关。全国人大构成中的性别比可在一定程度上反映我国女性权力参与的状况。自1954年第一届全国人大召开直至2013年第十二届全国人大召开，全国人大代

① 中国妇女社会地位调查课题组：《中国妇女社会地位概观》，中国妇女出版社1993年版，第131～155页。

② 师凤莲：《当代中国女性政治参与问题研究》，山东大学出版社2011年版，第108～109页。

③ 第四次世界妇女大会《北京宣言及行动纲领》，Beijing Declaration and Platform for Action (BPfA，1995).

表中的女性代表人数逐渐增多，且代表构成的性别比差距有一定程度的缩小。具体情况如表 9-1 所示：

表 9-1　　历届全国人民代表大会的代表人数及其性别构成

届别及召开年份	人数/人		性别构成/%	
	女	男	女	男
第一届(1954)	147	1 079	12.0	88.0
第二届(1959)	150	1 076	12.2	87.8
第三届(1964)	542	2 492	17.9	82.1
第四届(1975)	653	2 232	22.6	77.4
第五届(1978)	742	2 755	21.2	78.8
第六届(1983)	632	2 346	21.2	78.8
第七届(1988)	634	2 344	21.3	78.7
第八届(1993)	626	2 352	21.0	79.0
第九届(1998)	650	2 329	21.8	78.2
第十届(2003)	604	2 381	20.2	79.8
第十一届(2008)	637	2 350	21.33	78.67
第十二届(2013)	699	2 288	23.4	76.6

注：表中资料来源：全国人大统计资料。

对权力参与的其他领域，包括全国人大常委会中的女性参与、中国共产党历届中央委员会委员和中央候补委员的人数和性别比构成进行考察，也可以得到类似的结论。此处限于篇幅不再一一列表展示。其次是权力参与中女性参政水平也不断提高。1989 年，我国女性干部总人数已达 965.2 万人，占干部总数的 30.11%，其中省部级女干部 6.18%，县级女干部占 8.12%，至 2002 年底，全国女干部为 1492.9 万人，占干部队伍总数的 37.4%，全国省部级以上女干部为 221 人，比 2000 年增长了 13.9%，地厅级女干部为 5160 人，比 2000 年增长了 21.5%①。

2. 女性政治参与缺失的状况凸显

上文的分析表明，无论是民主参与还是权力参与领域，改革开放以来的女性政治参与状况都得到明显改善。与此同时，在当前的中国社会，女性政治参与的相对不足或缺失状况仍然引人注目。我们依然可以从权力参与和民主参与的性

① 王明生等：《当代中国政治参与研究》，南京大学出版社 2012 年版，第 418 页。

别对比状况中加以说明：

首先是民主参与中的女性缺失。21世纪初，第二期中国妇女社会地位调查数据显示，与男性相比，虽然女性参与社会事务管理和民主监督的参与意识有所提高，但仍然偏低。如在最近5年来，选举地方人大代表的参选率这一数据上，女性为73.4%，男性为77.6%，女性低于男性4.2个百分点。在投票时，分别有65.8%的女性和77.4%的男性能“尽力了解候选人情况，认真投票”，女性低于男性11.6个百分点。另有15.1%的女性主动给所在单位、社区提过建议，虽然比1990年提高了8个百分点，但男性这一数据的比例为31.3%，比1990年提高了13.3%，比女性高出16.2%。

其次是权力参与中的女性缺失。这一方面表现在权力参与各领域的性别结构构成失衡。比如就上表展示的全国人大代表的性别构成而言，女性人数长期绝对偏低，且性别构成中女性代表从未占到4成。而能够成为中国共产党历届中央委员会委员和中央候补委员的女性更是凤毛麟角，男性委员和候补委员长期占到90%以上。女性权力参与的缺失在另一方面表现为权力参与中重要职位的性别结构构成失衡。女性参政任职高层少、正职少；执掌实权、决策权少；边缘权力高于核心权力，决策机构中女性缺损且被边缘化，在各级权力机构中基本上呈现出级别越高女性比例越低，高层决策领域往往难觅女性踪影①。

（二）当代中国女性政治参与缺失的原因分析

影响和制约当代中国女性参与政治的因素纷繁复杂，在我们看来，有两方面的因素尤其应该引起注意。一方面是正式的政治制度对女性参政的限制。二是非正式制度，比如传统的性别价值观念以及使得这种观念得以代代相传的性别观念的政治社会化，正式制度和非正式制度共同对女性参与政治采取一种不支持和限制态度，不仅使得活跃在公共政治生活中的女性同男性群体相比显得严重不足，而且时时刻刻使女性面临着做“好妻子”、“好母亲”绝对优先于做“好官员”的道德审判。

应当说，在元政策层面，我国对保障女性政治参与权利给予了高度重视。男女平等被写进我国《宪法》，我国还制定了保障包括女性参政权在内的专门法《妇女权益保障法》，此外，拥有立法权的各级地方政府也相应制定了实施《妇女权益保障法》的具体办法。但这些多数是倡导式、宣言式的条文②，缺乏可操作性的反歧视立法，使得已经出台的旨在促进性别平等的政策在实施过程中在多数时候都沦为一纸空文。比如，法律条文中经常出现女性参政比例“适当提高”、“应

① 王明生等：《当代中国政治参与研究》，南京大学出版社2012年版，第423页。

② 鲍静：《政策过程与女性参政机会分析：以社会性别为视角》，载《新视野》2010年第5期。

有所提高”、“适当数量”、“一定比例”这类难以量化和缺乏具体明确的操作指导的字眼。另外，我国公务员法对男、女公务人员退休年龄的不同规定也给女性平等参政带来不利影响。

其次是传统的社会性别制度对性别价值观念和性别角色的定型化规定限制女性参与政治。在当今的中国社会，“男主外女主内”的传统性别角色和价值观念仍然占有相当的市场，甚至不少女性群体自身也赞同这一性别角色分工模式。现实生活中，不仅有许多人认为女性参政是“不务正业”，女性的最高价值在家庭，女性也只有在家庭才能更好地实现自身价值，而且，人们对参政女性的生活角色期待也是高度女性化的，与温柔体贴的贤妻良母和相夫教子的职责相联系。这种根深蒂固的性别角色观念，给已经走进权力领域的女性带来莫大的压力，使得她们在政治角色中往往处于边缘性和业余性。而不自觉地充当传统的卫道士带来家庭角色过重的负荷，又影响着权力之外的女性参与政治活动的积极性①。就是说，无论是权力参与还是民主参与领域，女性的政治参与状况都受到传统社会性别制度的极大限制和制约。

（三）提升女性政治参与状况的对策

基于上文对女性政治参与的限制性因素的分析，我们认为，要提升当代中国女性的政治参与状况，必须着重从以下方面做出努力：

1. 解决正式制度对女性参政供给不足的问题

在元政策层面，中国政府出台了不少保障女性公民参政议政的法律法规，但这些法律法规在实施机制上不够健全，使得保障女性参政权的良好初衷未能产生理想的政策效果。我们认为，为提升女性政治参与状况，加快实现两性在政治参与领域的平等，必须出台更加积极且具有可操作性的制度；以刚性的明确表述的女性参政比例代替“适当数量”、“一定名额”和“至少几名”这样带有模糊性的政策话语。在此基础上，应打破职位的性别化分工，使得女性也可以进入经济、财政等核心部门，而不是长期屈居于教育、妇联等“适合女性”的领域，让女性在公共权力领域有更大的话语权。最后，为提高保障女性参政制度的绩效，应该尽快出台相应的制度执行的评价体系和惩戒体系。如果女性参政比例制的实施得不到规范，对不执行的情况也不进行惩罚的话，通过配额规定或许仅仅是一个象征性的姿态②，为此，中国各级政府应出台规范性的制度执行的评价和惩戒体系及其实施办法。

---

① 王明生等：《当代中国政治参与研究》，南京大学出版社 2012 年版，第 423 页。

② ［瑞典］D. 达勒鲁普、L. 弗莱登瓦尔：《配额制：对妇女平等参政的快速跟进》，高静宇译，载《国外社会科学》2006 年第 6 期。

2. 逐步消解传统社会性别制度对女性角色的定型化规定

在某种程度上，相对于政治制度对女性参政的保护不力来说，传统的社会性别制度对女性进入公共生活领域，特别是进入政治领域的限制更为全面和持久。一种观点认为，官方意识形态上对“男女平等”的文本宣传和软弱无力的干预，往往淹没于更大的意识形态领域，也就是传统社会性别制度包含的性别歧视态度和行为[①]。就此而言，实现参政领域的性别平等事业面对的就不仅是一个立法问题，更重要的是改变这个文化传统[②]。如此一来，如何消除传统文化中排斥和限制女性参与政治的抑制性因素，在全社会营造一种以“性别平等”为核心的政治文化环境对于取得我国男女平等伟大事业的成功就具有关键性意义。但应该认识到的是，一个社会的政治文化是长期积淀的结果，而非一朝一夕形成的，无论是打破一种旧的文化体系还是建立一种新的文化体系都需要具有相当的耐性。为此，应该从一个社会政治文化的沿袭机制入手，探寻营造性别平等文化的举措。对于当下的中国来说，政治社会化的主要机制包括官方政策、媒体宣传以及学校教育、家庭熏陶等等。要成功营造具有时代进步意义的政治文化，官方、媒体、学校及家庭都要具有性别平等意识，无论是政府制定政策、媒体宣传报道还是学校性别角色和观念的教育、家庭中男性家长的行为举止，都要具有性别平等意识和觉悟，只有在这样的环境中完成其社会化过程的孩童，才能具有性别平等的文化价值观，在这样的环境中长大的女性公民，在进入公共生活领域特别是政治领域时才不会遭受社会意识形态向其施加的无形压力。

二、农民工的政治参与

农民工是当代中国社会转型时期城市化进程中出现的特殊人群。在国内学界，有一种观点将农民工群体称之为“半城市化”的政治边缘人[③]。当前，有关农民工群体是否存在“政治参与”行为还存在不同的声音。有的学者认为，农民工在经济上、社会地位上和政治上都是边缘人，他们不存在政治参与问题，讨论农民工的政治参与是个学术假命题。也有学者认为，任何社会阶层都存在政治参与问题，只是不同的社会阶层政治参与的程度、方式和频度等有所不同[④]。我们

---

① 王明生等：《当代中国政治参与研究》，南京大学出版社 2012 年版，第 436 页。

② 李慧英：《从一种新的视角审视公共政策——“社会性别与公共政策”专题研讨会综述》，载《妇女研究论丛》2001 年第 5 期。

③ 邓秀华：《“新生代”农民工政治参与问题研究》，载《华南师范大学学报（社会科学版）》2010 年第 1 期；陈旭峰、田志锋等：《“半城市化”的政治边缘人——农民工的社会融入状况对政治参与意愿的影响分析》，载《浙江社会科学》2010 年第 8 期；孔凡义：《从政治边缘人到集体行动者：农民工行为的演变逻辑》，载《科学决策》2011 年第 7 期。

④ 孔凡义：《中国失业农民工政治参与及其治理研究》，湖北人民出版社 2014 年版，第 30 页。

认为，当前中国社会农民工的政治参与行为是切实存在的。首先，我们在本章稍前部分已指出，“政治参与”不仅包括制度化的参与政治以影响政府政策的行为，也包括非制度化的力图影响政府政策的行为，就此而言，只要农民工群体以自己选定的方式和渠道（不管这种方式、渠道是制度化的还是非制度化的）表达利益诉求，我们就可以说，农民工群体存在参与政治的行为。只不过，由于其在经济、社会地位及政治地位上的相对弱势，同社会其他群体相比，这一群体缺乏制度化的参与方式和渠道，其参政诉求更多地以非制度化的方式表现出来。其次，农民工是中国改革开放以后城市化进程的产物，这一从社会中分化出的次级群体有着自身独特（既不完全同城市居民也不完全同农村居民的利益一致）的利益诉求，而在公民政治权利意识和参与意识双双增强的现代社会，我们不能否认农民工也在以特定方式参与政治体系这一事实。就此而言，我们可以怀疑农民工参与政治、影响政府的能力和其可能取得的客观结果，但我们无法怀疑农民工参与政治的主观动机。总之，对于当下的中国社会来说，农民工群体也在以自身独特的方式参与政治体系。无论是学术研究还是政治实践，忽略农民工群体的政治参与行为都将造成不利后果。

（一）何谓农民工

简单地说，“农民工”就是当前中国社会存在的介于城市市民和农村村民之间的群体。农民工群体主要有四大特征：从劳动形式上看，他们从事的主要是非农业劳动；从家庭收入上看，离乡务工是农民工个人及其家庭生存的主要经济来源；从对生产资料的占有来看，农民工一般在农村承包有少量土地，此外还有部分农民工转让了土地经营权，但他们都不在城市直接占有生产资料；从身份来看，农民工仍然是农村户口，尽管他们已经从农业生产转变为非农生产，也就是他们从事和城市工人类似的工作，但却享受不到城市产业工业享有的相应待遇①。

农民工在中国的大量涌现同两方面的政治和社会大环境有关。一方面，城乡二元户籍制度和其他限制人口迁移的制度为农民工的产生提供了制度基础。1958 年 1 月，全国人民代表大会常务委员会通过《中华人民共和国户口登记条例》，该条例第一次以法律形式将城乡有别的户口登记制度与限制人口迁移制度固定下来，它标志着中国以严格限制农村人口向城市流动为核心的户籍制度的正式确立。这一条例同与之相配套的法律、法规、规章、政策等规范性文件结合起来，共同构筑了一张限制农村人口涌现城市的严密的“网”。另一方面，20 世纪 80 年代以来的市场经济体制改革引起城市和乡村的治理结构发生变化，原有

① 高洪贵：《中国农民工政治参与研究》，中国社会科学出版社 2015 年版，第 18 页。

的全能管理体制的松动为农民工从乡村到城市的流动提供了空间。随着市场经济体制改革的推进，大量市场和企业逐步从党和政府的控制中脱离出来，在生产经营和劳动用工等方面获得了一定的自主权；与此同时，控制农村人口的“人民公社”也开始解体，农村人口获得的自主权大大提升，而同城市工人相比，农村人口是更为廉价的劳动力，对农村人口来说，在城市参加非农业劳动获得的收入同农村相比极具诱惑力，在这样的背景下，大量年富力强的农村剩余劳动力涌现城市。总而言之，我国户籍制度和限制人口迁移制度与因社会治理结构变化引起的人口实际流动规模增大之间的矛盾，在事实上导致我国社会转型时期出现大量的“农民工”这一“两栖人”群体。

应该看到，农民工同城市工人一道，为我国的城市化进程的推进和城市文明建设做出了卓越的贡献，但他们却无法享受到和城市工人同等的“国民待遇”。这种职业和身份之间的分离导致农民工群体在当前的中国政治社会有着自身独特的利益诉求。就此而言，忽视农民工的参政诉求及其参政行为，不仅不利于我国城市化进程的推进和城市文明建设的持续进行，也将可能使中国政府在国际社会时刻面临道德上的谴责。因此，理论界的政治参与研究也应将农民工的参政诉求及其行为作为学术探究的适当领域加以重视。

（二）农民工参与政治存在的问题

由于章节篇幅所限，我们在此处不梳理农民工政治参与的具体状况，而以问题分析为导向，仅考察当前农民工政治参与存在的问题。概括地说，农民工参与政治存在的问题既有自身教育水平和参政能力不足的主观方面，也有政治参与制度不完善以及城市社会对农民工的文化排斥等客观方面。

1. 农民工政治参与制度不完善

就人民代表大会制度而言，该制度在制度设计和实施机制上，在保障权利与表达民意的功能上，对于农民工群体来说还比较模式和遥远。农民工群体是我国社会流动群体之一种，而现行人民代表大会制度对于流动人口政治权利的保障还存在不少问题，使得农民工在城市和农村的选举权无法真正落实。在公共听证制度中，参与听证的主体也仅限于当地有户口登记的居民，农民工群体参与听证制度存在户籍限制。信访制度是农民工的主要维权途径，但该制度对于农民工信访的回应性、解决问题的效率等方面远不能满足农民工维护利益的需要。在协商民主制度方面，农民工的参与也严重不足。并且农民工所具有的商谈意识和能力比较欠缺，致使农民工群体在政策制定中的代表性明显不足。

2. 文化排斥

文化排斥对农民工政治参与进程的影响深远而全面。农民工是“城市边缘人”，这一身份引起的城市本地人对于农民工群体的参政排斥及农民工自身因之产生和相互强化的自卑心理，使得农民工通过制度化方式和途径参与政治生活的情形比较少见，而大量的正当利益诉求以非制度化方式和渠道表现出来。

3. 农民工参政素质和技能低下

一般来说，农民工受教育水平较低、政治社会化程度相对低下，参政素质和技能同社会其他群体相比存在一定的弱势。这样的客观情况使得农民工参与政治难以取得满意结果，参政效能感极其低下。

（三）解决农民工政治参与问题的对策

基于前文对农民工政治参与存在的问题的分析，我们认为，为提升农民工制度化政治参与水平，改进农民工制度化政治参与成效，应该着重从如下方面做出努力：

1. 健全农民工政治参与制度

首先是完善人民代表大会制度，核心在于采取可行措施（比如在立法过程中召开立法听证、座谈会等）将农民工的声音和诉求纳入立法过程中去。完善政治协商制度。我国的人民政协可以为农民工参与政治提供保护性的组织化、制度化渠道，引导农民工群体有序参与政治。完善公共听证制度。在可行的情况下取消听证主体的户籍限制，通过遴选的方式选出一定数目的农民工代表参与听证。完善信访制度，重点在于增强对农民工信访的回应性，提升信访制度咋解决实际问题中的效率，以此减弱农民工通过非制度化途径实现利益诉求的主观意愿。

2. 加快推进农民工在城市社会的融入

可采取的措施包括：一是营造包容、平等和和谐的城市文化。城市市民对外来人员，特别是对农民工的排斥和歧视在我国城市社会还比较普遍，这种现象的出现在很大程度上同城市包容、平等文化建设不力有关，要加快农民工融入城市社会、实现城市社会的和谐，应该大力营造包容、平等的文化氛围。二是要在正式制度和政策层面逐步取消针对农民工群体的歧视性规定，消除城市市民歧视、排斥农民工及农民工自身产生自卑心理的政策性影响因素。

3. 加强对农民工的教育培训

加强对农民工的素质教育是提升其政治参与质量的重要内容。不少农民工不清楚如何通过合法有序的制度化渠道和方式表达自身的利益诉求，在很大程度上是由于农民工素质和参政技能比较差。为此，应该强化对农民工的文化知识教育、法律制度教育、政治观念教育及民主意识和参政意识教育等等。

三、大学生的政治参与

大学生政治参与，指的是作为一般公民的大学生在基本了解和认识国家政治、社会状况的基础上，通过一定的方式或程序参加政治生活，表达政治观点，从而影响政府决定或政治体系运行的活动①。主要有如下两方面的原因决定了我们有必要对当前中国大学生的政治参与状况做出专门的考察。首先，从个人角度而言，大学生政治参与状况同其政治社会化状况息息相关。政治社会化就是处于特定政治体系中的个人在一系列政治社会化机制（家庭、学校、媒体及国家等）的共同作用下，逐步获得政治知识和能力，形成自己有关政治体系、政治制度、政府政策等政治系统构成要素之态度或取向的过程。从政治社会学的角度看，政治参与就是个体实现政治社会化一种基本的实践形式。政治参与试图通过人们对政治活动的参与，引导人们的政治热情和政治行为，由此达到政治社会化目的②。就此而言，考察大学生群体的政治参与有其必要性。其次，从国家角度而言，大学生政治参与同民主政治建设密切相关。民主政治的建设需要广泛而有序的公民政治参与，作为当前我国社会的重要群体，大学生参与政治对于民主政治建设的推进具有重要意义。此外，大学生在我国民众心目中具有较高地位，其政治参与行为对于社会其他群体具有一定程度的榜样和仿效意义，因此，必须对大学生的政治参与状况做出专门的考察。

（一）当代大学生政治参与的现状

理解当前我国大学生政治参与状况可从如下维度进行。

首先，从政治参与的内容来看，虽然大学生对一些细小的事情表现出利益化倾向，但更多的考量是对国家主权、民族利益、公平正义的维护，体现出大学生群体在我国社会一直以来保有的历史使命感和社会责任意识。比如，在一次调查中，只有17%的大学生“曾为维护自身利益而投诉”，而在“国家主权受到侵犯、民族命运受到挑战时”，100%的大学生选择不会袖手旁观；“自己最关注的政治议题”中，关注“各种社会现象”的有80%，只关注“与自身利益有关的问题”的只有9%③。

其次，从政治参与方式来看，虽然大学生群体有时出现非制度化参与，但更多时候都会寻求合法化的参与途径，其法治意识、规则意识明显增强。调查表明，77%的大学生参加过“班委选举”或者“学生会选举”；38%的大学生参加过“人大代表选举”的投票；只有0.1%大学生因为“遭受不公正对待而上访”，90%的大学生认为“上访不是解决问题的好办法”；高达92%的大学生会“参加合法的、有秩序的游行示威与抗议”，87%的大学生选择“在网络上发表对国家、社会、

① 王明生等：《当代中国政治参与研究》，南京大学出版社2012年版，第244页。

② 马振清：《中国公民政治社会化问题研究》，黑龙江人民出版社2001年版。

③ 郁云琦：《和谐社会视域下大学生政治参与研究》，载《云南行政学院学报》2012年第3期。

制度、事件的观点和意见”[①]。

（二）大学生政治参与存在的问题

当前，我国大学生政治参与存在的问题集中体现在如下方面。

首先，从外在的政策环境看，大学生政治参与遭遇“制度赤字”的碰撞。我国目前正在大力推进的民主政治制度建设，还无法有效容纳社会各群体多样化的参政诉求，对于大学生群体而言，参与政治的制度供给不足也相当明显。

其次，从大学生群体自身来看，大学生存在严重的参政心理障碍，使得大学生群体表现出一定程度的“政治冷漠感”，制约大学生参政水平的提高和参政效能感的增强。一方面是大学生对于“参与政治”无法改变现状的心理评估抑制其政治参与的积极性，另一方面是改革开放实行的自由择业政策使得大学生面临的就业压力与日俱增，影响了其参与政治的时间和精力投入。

最后，网络在一方面为大学生提供多样化的参政途径的同时，对大学生政治参与也造成了不利影响。这突出表现在：第一，网络上鱼龙混杂的信息可能造成大学生非理性政治参与；第二，网络信息的选择自主易使大学生政治参与失范；第三，过度依赖网络削弱大学生的政治参与能力；第四，网络的虚拟性易导致大学生政治参与的“理想化”色彩[②]。

（三）破解大学学政治参与问题的对策

基于上文对当前大学生政治参与存在问题的分析，我们认为，要提升大学生政治参与水平和效能感，应着重从如下方面做出努力：

首先，拓宽大学生政治参与渠道，完善大学生利益表达机制。建立多元化的利益表达方式，采取制度化和非制度化利益表达方式相结合、直接利益表达和间接利益表达方式相结合，个人和团体利益表达方式相结合的方法，来满足大学生对利益表达的多样化需要。搭建多样化的利益表达渠道或平台，特别注重开发大学生喜闻乐见的网络平台的参政、议政媒介作用，提升大学生参与政治的积极性。

其次，营造参与型政治文化，培育关心公共事务和积极参与政治的校园文化氛围。调查研究表明，大学生参与政治受到同伴群体的影响，比如班级氛围和寝室或者朋友组成的小团体组织，参与这些团体或组织会对大学生参与政治产生积极影响[③]。总而言之，班级、室友群体或其他小团体营造的积极的参与型文化有助于提升大学生政治参与的积极性和效能感。

---

① 郁云琦：《和谐社会视域下大学生政治参与研究》，载《云南行政学院学报》2012 年第 3 期。

② 宋争辉：《论网络时代大学生的政治参与》，载《河南社会科学》2007 年第 6 期。

③ 陈洁：《大学生政治参与及其问题、成因分析》，载《教育与教学研究》2016 年第 6 期。

再次，积极引导大学生政治参与实践，提高其政治参与的实际能力。高校应积极鼓励大学生参加各种选举活动，定期筹备举行学生代表大会；在教育教学管理过程中，主动邀请学术代表参与学校有关政策的制定和相关决议的表决，设立领导信箱，定期开展学术座谈会等任何可以增加大学生参与监督、管理公共事务的机会，提升其参与能力的活动形式。

最后，对于网络政治参与可能对大学生政治参与造成的不良影响，其解决之道一是要加强网络参政的法制建设，使得大学生在通过网络参与政治时有法可依。以一方面规范自己在网络空间的参政言论和行为，另一方面防止自己正当的参政权利受到不良侵害。二是通过加强教育，引导大学生理性参与政治，同时也要对大学生的价值观进行引导，避免其在网络政治参与中出现“理想化”色彩和心理期待。

第十章 政治社会化

本章重点

1. 政治社会化的含义和特征
2. 政治社会化的途径
3. 政治社会化的功能
4. 中国政治社会化中的公民认同

第一节 政治社会化的含义

一、政治社会化的含义

“社会化”是社会学和人类学上的术语，是指个体在与社会互动的过程中，逐渐养成独特的个性和人格，从“生物人”转变为“社会人”，并通过社会文化的内化和角色知识的学习，逐渐适应社会生活的过程。① 政治社会化是社会化的一种，政治社会化这个概念指的是政治文化的社会化过程，也即一个社会中的政治文化通过某种方式而得以传播、普及和延续的过程，是实现“社会人”向“政治人”转变的重要过程。个体在自己的成长过程中，通过政治文化的社会化过程而获得了该社会特定的政治文化，并由此保持了该社会政治体系的特征；而该社会的统治阶级，则通过这种方式来维护自己的政治统治。

政治社会化作为一种政治文化的教育和传递过程，实际上就是对社会成员接受政治教育的过程。这一过程是人们历来关注的课题，因此，政治社会化的现象古已有之。在中国古代的儒家思想中，就极为重视政治教化的作用。儒家所讲的“修身、齐家、治国、平天下”，孟子所宣扬的“内圣外王之道”，以及《大学》中所谓的“自天子以至于庶人，壹是皆以修身为本，其本乱而未治者，否矣。”这都是把强调提高个人的素质看作是政治的根本和基础。在西方，柏拉图、亚里士多德、卢梭等思想家都曾经论述公民教育与公民价值取向的问题。对政治社会化问题加以专门的研究，始于政治文化研究兴起之后。“政治社会化”被引入政治

① 郑杭生:《社会学概论新修》，中国人民大学出版社 2003 年版，第 83 页。

学研究领域始于20世纪50年代,美国著名政治学家戴维·伊斯顿和罗伯特·海斯于1958年发表了关于政治社会化的论文《政治社会化研究中的若干问题》。1959年,美国社会心理学家赫伯特·海曼出版的《政治社会化:政治行为心理研究》出版,这本书首次从政治心理的角度论述了政治社会化的过程,也是第一本对政治社会化进行系统研究的著作。到20世纪60年代中期,政治社会化研究趋势的迅猛,1969年在美国出版的《社会心理学手册》中有关政治行为的文章中论述政治社会化的篇幅超过了1/3。至此,政治社会化已经成为现代政治学研究的重要领域。

从社会个体成员角度来看,政治社会化是指社会成员通过学习,获取社会既定的政治文化,由"自然人"转变为"政治人"的过程,即通过个体学习获得社会或群体成员所具备的政治知识、政治态度、政治情感及政治行为方式的过程。同时也是每一个个体运用自己的经验和知识,来丰富、发展、修正并使得政治文化发生变化的过程。如戴维·伊斯顿和杰克·邓尼斯指出:政治社会化是人们习得其政治取向和行为模式的发展过程。① 在这一过程中,个体是政治社会化的主体。个体通过各种方式的政治学习,逐渐地从不自觉到自觉地获得某种政治价值意识,并由此而产生某种政治情感和政治信仰,形成特定的政治人格,从而成为一个政治人。如果个体不能顺利地完成这个过程,他就会对社会政治生活产生不适应感和产生逆反心理。因此,政治社会化是个体提高心理适应水平和适应能力,培养健康的政治人格,参与社会政治生活的重要途径。兰顿(K. P. Langton)从个体角度出发认为,政治社会化是人们把自己所属的社会团体对社会的信仰和观念融合到自己的态度和行为模式中去的过程,是社会的一代向下一代传递其政治文化的方式。②

从社会角度来看,政治社会化是社会培养、教育、训练社会成员接受社会政治规范,支持,拥护现行政治制度,承认阶级统治,并在政治生活中发挥作用的过程。社会角度的政治社会化偏重于社会对社会成员的塑造。如格林斯泰因认为:政治社会化是正式负责教育的机构有目的地对于政治意识、政治价值和政治习惯的灌输。③ 在社会角度的政治社会化过程中,社会是政治社会化的主体,而个体则成为客体。社会通过各种途径,采取各种方式,将政治文化在全体成员中扩散、传播,以使社会成员直接接受特定的政治信息、政治情感、政治信仰,并按照共同的政治模式进行政治活动。只有当相当数量的社会成员接受某种共同的

① David Easton and J. Dennis. Children in the Political System, McCraw-Hill, 1969, p. 7.

② K. P. Langton. Political Socialization, Oxford University Press, 1969, p. 4.

③ David Sills. International Encyclopedia of the Social Sciences, Macmillan Inc., 1968, p. 511.

政治文化模式，才可能真正形成政治社会，产生统一的政治共同体。对于社会本身，或者对于统治者阶级本身来说，社会成员或政治团体成员的政治社会化水平，将直接的影响该社会或政治团体的稳定与巩固，关系到它是否能够继续生存。对于某一政治制度来说，如果人们对它不信任、不支持、甚至反对，它就失去了能够有效进行统治的权威性，人们就会产生政治不服从行为，从而使社会处于动荡不安的秩序之中。因此，几乎在所有国家，都将社会成员的政治社会化问题列入自己的活动内容，以确保社会政治的稳定和有效运行。政治社会化问题的研究，不仅是理论问题，同时也是一个现实问题。

从政治文化与政治社会化的关系来看，政治社会化是政治文化传递、维持和变迁的过程。如阿尔蒙德认为：政治社会化是人们习得政治取向和行为模式的发展过程。[①] 他还进一步指出：经由历程，个人便纳入了政治文化，形成对于政治目标的取向。政治文化模式也经由政治社会化而发生变迁。[②] 政治文化与政治社会化是两个关系密切的概念，两者具有不可分割的关系。政治文化是政治活动中的主观意识领域，它包括社会成员对政治活动的态度、信仰、情感和价值。在社会政治生活中，政治文化作为一种无形的力量，对社会政治生活的各个方面具有深刻而持久的影响。它规定了社会成员的政治行为方式，制约着社会政治体系的运转，推动社会政治体系的变迁。但是，政治文化的巨大作用又是通过政治社会化的作用来实现的。社会内部的政治取向和社会模式的学习、融合和代际传播的过程，也是一个政治共同体内部传播政治文化的过程，只有通过政治社会化，政治文化才能得以维持、传播、传承与发展、创造。因此，政治文化与政治社会化是内容与形式，目的与过程、目标与手段的关系，即政治文化是政治社会化的内在内容，政治社会化是政治文化的外在方式；政治文化是政治社会化运行过程的目标，政治社会化是政治文化的形成和传播过程。通过政治社会化，社会的每一个成员获得了一定的政治态度、政治信仰、政治知识和政治情感，这是个体学习政治文化，建立认知系统的过程。由此可见，政治社会化是政治文化的存在方式，政治文化通过政治社会化获得传播和遗传机制。

在半个多世纪的发展历程中，人们对政治社会化的理解和定义不尽相同，逐渐形成社会教化论、个体学习论、文化传承论、政治传播论、社会环境论等不同的观点。这些视角描述了政治社会化过程的不同方面，强调了政治文化与政治社会化之间的密切关系。但是这些理解和定义也存在着缺陷：首先，它们没有指明

---

① [美]阿尔蒙德、小鲍威尔：《比较政治学：体系、过程和政策》，曹沛霖等译，上海译文出版社 1987 年版，第 91 页。

② [美]阿尔蒙德、小鲍威尔：《一个发展的方法》(英文版)，波士顿布朗出版社 1966 年版，第 64 页。

政治社会化得以进行的社会背景;其次,它们没有指明政治社会化得以进行的社会政治实践活动;再次,它们把人们的政治认识和政治学习看作是消极接受的过程,而忽视了人们在政治认识过程中的主观能动性。

政治社会化实际上是两个过程的辩证统一。从社会成员的角度来说,政治社会化是个人通过学习和实践,获得政治知识、政治态度、政治情感和政治信仰,从而形成政治人格,成为政治人的过程。在这个过程中,社会成员是政治社会化的主体,其目的是为了获取政治归属感,取得社会的认同,并能顺利参与社会实践活动。从政治体系的角度来说,政治社会化又是政治体系培养、培育、训练社会成员接受社会政治规范,拥护政治制度,承认现行统治的政治灌输过程。在这个过程中,政治体系是政治社会化的主体,其目的是通过对体系内主导政治意识的传播来实现政治体系的一体化以及获得体系有效运行的社会环境。

参照上述关于政治社会化的不同理解和分析,我们可以把政治社会化定义为:人们在特定的政治关系中,通过参加社会政治生活和政治实践活动,逐步获得政治知识与政治技能,形成政治意识和政治立场的过程。

二、政治社会化的特征

政治社会化是社会成员和政治体系互动的过程,它通过个体的主动学习和社会的积极教化得以实现,这一过程决定了政治社会化具有下面的一些特征:

(一)政治社会化是人们成长为政治人的过程

政治社会化是人类社会化过程的一种,它与其他类型社会化的区别在于它具有政治性。政治社会化的政治性体现在其动因、内容和后果等方面。从政治社会化的动因来看,人们是为了实现自己的利益要求,为了适应、参加或改变政治生活和政治现实而从事政治学习的。由于社会政治的作用影响着全社会,涉及每个社会成员的切身利益或长远利益,因而每个社会成员都在自觉或不自觉地进行着政治学习。从政治社会化的内容来看,人们在政治社会化过程中获得和形成的是对于社会政治的认识、取向和从事社会政治生活的技能。尽管社会生活的其他方面内容也会影响甚至支配着政治社会化的过程,但是,人们对政治生活的认识和取向等,始终是政治社会化的基本内容。从政治社会化的后果来看,通过这一过程,社会成员了解既有政治文化,熟悉政治准则,并且形成独立的政治意识,明确自己的社会政治角色,从而由“自然人”转变为“政治人”,成为社会政治关系的承担者和政治活动的实践者。

(二)政治社会化是社会成员与政治体系之间的互动过程

就社会成员个体而言,政治社会化过程始终处于政治体系的影响之下,是其接受教育、学习和认同政治文化和意识形态的结果。社会政治体系的发展水平、行政、类型,已经预设了个体政治社会化的内容、方式和途径,这种外在的客观规定性决定了个体在政治社会化过程中被动的一面。但是,个体的政治社会化并不是一个简单地、被动地吸收社会政治文化和意识形态的过程,他会根据自己的认识和利益,运用自己的认知能力、判断能力对社会传播的政治理念和意识形态进行分析、评价,并在此基础上有选择性的予以吸收和内化。个体的主动性不仅造成相同政治环境下个体政治态度和行为的差异,还可能由于"代沟"等因素,造成整个一代人政治信念和政治价值观的变迁,从而迫使社会修正和调整已有的社会规范和行为准则。忽视个体的主观能动性,就不可能解释同一环境中的社会成员在政治信念上的差异,更不可能解释反政治文化、反社会行为、敌势性政治态度的存在。

就政治体系而言,传播政治意识总是根据自身的政治需要有目的、有计划、有组织地进行的。统治者大力兴办教育,控制文化传播媒介,其目的就是为了灌输退休自己的政治意图。然而,政治体系对政治意识的灌输也要受到历史和现实等诸多因素的制约。社会的政治、经济、文化条件既规定了所灌输政治意识的性质和内涵,也规定了传播的方式和手段。而且,政治体系灌输政治理念与意识形态的过程还要受到社会成员个体的知识体系、文化传统、认知能力、心理结构以及社会交往水平等诸方面的限制。

社会成员和政治体系同时参与政治社会化的进程。在这一过程中,二者都表现出一定的主动性和受动性。这种主动性和受动性的统一正是政治社会化过程中个体与社会相互联系、相互作用的内在关系的必然反映。

(三)政治社会化是政治文化和政治意识在继承中创新的动态过程

在政治社会化的过程中,政治体系连续不断地向社会成员灌输符合统治者利益的政治意识和社会主流价值,培养社会成员对于政治体系的政治感情和忠诚意识,使其认同现行的政权及其政治权威,并主动遵守政治规则和法律法规,积极参与政治活动,从而把社会成员从文化和心理上吸纳进政治体系。从这个意义上说,政治社会化是社会政治文化和政治意识的代际传递,是社会文化和政治意识的得以传播和延续的途径和方式。然而,政治社会化并不是社会成员机械地继承政治文化和政治意识的过程,而是传承中有突破,延续中有创新。一方面,社会成员将其在参加政治活动中获得的政治知识和政治信念内化为自己的行动准则,并且通过自己的政治实践反馈到社会中去,从而丰富了政治文化内涵;另一方面,政治体系也会根据社会政治环境的变化,适时地调整甚至摒弃一些不合时宜的政治价值观念,不断完善和发展现有政治文化以适应政治体系自身发展的需要。社会的政治文化和政治意识正是在这两方面因素的作用下,通过政治社会化的控制,在继承的同时得到创新和发展。

从政治社会化若干发展阶段的衔接来看,政治社会化某种发展阶段会与其他阶段发生相互作用,比如,人们在某一政治社会化发展阶段中得到的政治认识、政治信念、政治价值等等会影响到另一阶段的政治社会化过程中的政治价值、信念、取向和政治学习状况，而后一阶段的政治社会化过程也会强化或改变前一阶段政治社会化的作用后果，这也是一个动态发展的过程。

（四）政治社会化具有持续性，是一个持续不断的过程

政治社会化是社会成员认识政治现象、形成政治意识和获得政治技能的过程。这一过程不是在某一特定的时期一次性完成的，而是贯穿于人的一生，一个人从呱呱坠地，到离开人世，这期间只要不脱离社会生活，他的政治社会化过程就未曾停止过。这一方面是由于客观的认知对象，即社会的政治环境和政治生活会随着社会的发展而持续变迁；另一方面随着社会成员自身的社会地位、社会角色的不断变化，其自我意识和价值观念也会发生变化。即使到了一定的生理年龄阶段，社会成员的政治人格已初步形成，也还面临着再社会化问题。在整个政治社会化的过程中，由于人们在不同年龄阶段的知识积累程度和认知能力不尽相同，其政治社会化过程会呈现阶段性特征。但是，政治社会化的各个阶段之间又不是截然分开的，一个人在某一阶段形成的政治知识、政治信念和政治价值取向的状况。而后一阶段的政治社会化过程也在不断强化或者修正前一阶段政治社会化的结果，从而使政治社会化成为一个长期的、连续的、相互衔接的、贯穿人的一生的过程。

第二节　政治社会化的途径与影响因素

一、政治社会化的途径

政治社会化作为社会成员与政治体系之间的一种互动关系，是一个复杂而漫长的过程，它贯穿社会成员的一生，并在不同的人生阶段具有不同的重点和内涵。在每个政治体系中，都有执行政治社会化功能的组织和机构，如家庭、学校、大众传媒、同辈群体、政治实践、政府、党派等，他们为公民提供政治信息，传递政治文化，灌输政治价值信念，传授政治技能，以不同的方式影响公民的政治态度。随着社会结构的分化与加剧，承担政治社会化功能的媒介也逐渐增多，概括来看，主要有以下几种。

（一）家庭

家庭是社会化的起点，是人生的第一学校，是影响一个人确定其政治价值观念和行为模式的重要因素。儿童时代的经历和影响对一个人一生的政治态度十分重要，而家庭正是一个人最初的、影响最为直接的政治社会化媒介。在长期家庭环境的潜移默化之下，父母的言谈举止、作风行为给孩子以深刻的印象。前辈经常把他们自己的世界观、价值观以及他们对政治生活的政治价值观和政治态

度、政治情感等直接或间接地传输给后代。正如托季米亚宁所言:正是家庭首先向孩子做出对现存世界的解说,向他介绍某些道德、社会、宗教和政治价值观。而且,父母如果关心政治,他们的兴趣通常会传给子女。① 许多研究标明,家庭结构不同,在政治社会化中的作用也不尽相同。在平等家庭关系中,父母对孩子的影响是直接的,经常参与家庭决策的人倾向于相信自己能够影响政府行为,具有较强的政治效能感。在专制式家庭教育中,容易产生政治专断者与政治服从者。在单亲家庭中,由于家庭的不完满,缺乏正常的家庭教育,儿童容易形成自由放任的性格,容易较早形成自己独立的个性。由此而言,家庭在塑造一个人政治人格、政治价值与政治信仰等方面起着关键作用。

由此可见,家庭在个体的政治人格塑造、人生观的形成、基本政治生活规范的获得方面,起着某种关键性的作用。但是,家庭的影响又是比较浅层和较易改变的,并受到由于年龄所带来的各种有限条件的限制。

(二) 学校

学校是个体完成政治社会化过程的重要阶段。学校是传播文化的专门机构,是系统化的、强有力的社会化途径。学校是一个人走向社会化的学习和训练场所。儿童在脱离家庭后进入的第一个专门社会化机构就是学校。学校教育比家庭教育更具有权威性,学校教育通过有计划地课程安排,有意识、有目的的将本政治系统特有的政治符号(如过期、国徽与国歌等)以及特有的历史记忆(如历史传统与英雄人物事迹)传递给下一代。这不仅强化和改变青少年在家庭中形成的政治心理与政治态度,而且能够引导学生的政治兴趣,培养学生的政治信仰,使他们形成对政治生活初步的规范和认识,获得全面而系统的政治文化知识,同时也使他们在与同学和老师的交往中初步体验社会政治生活。学校是政治社会化途径中最具有系统化、最强有力、最有效的政治社会化机构,它在培养学生政治认同感、政治忠诚的同时也能提供各类知识和技术等社会化功能,它是政治体系培训公民的重要手段。因此,学校教育被历代社会所重视。

学校教育在政治社会化中的作用是渐进和累积式的。小学阶段的教育,具有政治启蒙性质,它主要培养儿童的政治感情;中学阶段的教育则主要是向少年灌输政治生活的基本常识;大学教育是全面和系统的,也是最重要的。由于个体在大学时期,其人生观已经基本形成。个体为了实现自我价值,不仅会自觉地系统地学习专业知识,而且会有意识地全面学习政治文化知识,尤其是主动参加社会性的政治实践活动。大学生在校的状况将直接影响他们此后在社会实践中的

---

① 托季米亚宁:《美国人在政治文化和政治社会化方面的基本情况》,载《现代外国哲学社会科学文摘》1995 年第 9 期。

政治倾向和行为模式，热心政治的人，很可能在走上社会后成为政治活动家。

学校是正式、有效和系统地进行政治社会化的场所，一般而言，学校教育巩固和拓展了青少年在家庭早期影响下所形成的政治态度，确立了个体的某种政治价值观念以及对政治系统的认识和认同，从而形成较为清晰的完整的政治价值倾向。因此，学校教育实际上是一种有意识、有目的、正规的政治文化培养过程。

（三）同龄群体

同龄群体是指那些在年龄、爱好、社会背景、受教育程度以及意识形态等方面比较接近的人们所自发组成的社会群体。从人际互动的角度来说，同龄群体之间最容易发生人际吸引和人际影响。同龄群体是一个非正式的社会结构组织，但在一个人的政治社会化过程中，青少年时期观念、态度的形成影响重大。在亲密频繁的交往中，同龄群体会成为一种独特的亚文化单元，传递所属群体的政治文化。尽管许多同龄群体(特别是青少年群体)并不会有意识地谈论政治，但同龄群体中的氛围对于成员的个性乃至基本人生观都会发生影响，从而间接影响到社会成员对政治的看法。

（四）政治符号

国旗、国徽、国歌、政治人物的肖像等特定的政治符号，在社会生活中具有重要的政治象征意义和代表意义。因此，在政治社会化过程中有着重要的政治文化传递作用，尤其是对于人们的政治心理来说，它们更具有直观的刺激作用，从而产生特定的政治心理效应。需要注意的是，在不同的社会和政治文化背景下，担负政治社会化功能的主要媒介往往有比较大差别，这种差别将直接导致人们的政治态度、政治认同和政治理念的差异。在传统社会中，政治社会化功能的主要承担者是家庭、宗教团体、村社等，社会化的方法是感情的、经济的方法。而在现代社会中，政治社会化的主要承担者则是学校、大众传媒、政治组织，社会化的方法是理智的、理论的方法。两种社会在政治社会化的途径与方法上的差异，必然造成不同时代的人在素质与观念上的不同。政治符号的作用对于人们的政治心理来说，具有直观的反复刺激作用，从而产生特定的政治心理效应和定势。当然，在同一个政治体系中，由于社会成员个体之间的差异，各种途径对不同人的影响也不尽相同。

（五）大众传媒

现代社会，随着科技迅猛发展，传媒形式日新月异。以电视、广播、互联网等为载体的大众传媒已成为政治社会化的重要途径。具体而言，大众传媒是指一些专业机构通过各种技术手段将分布广泛的且为数众多的社会成员传递信息的过程，主要媒介包括电视、广播、报纸、书籍、杂志、电影、网络等。大众传媒的特点是其时时处处都在与社会成员接触,形式纷繁且易于接受,这是其他媒介所难以实现的。随着科学技术的发展,大众传媒既可以通过经常性的传播政治知识诱发和提高人们的政治兴趣,又可通过传播政治信息引起人们对政治问题的分析和评价。这种持续地、有选择性地向社会公众灌输信息的过程,常常起着潜移默化的作用,使人们自觉或不自觉的接受下来,从而形成某种特定的政治倾向和政治态度,达到政治体系对对其成员政治社会化的目的。因此,掌握大众传媒,操纵公共舆论,历来是统治者用以传播社会主导政治文化、塑造体系成员共同政治意识的最基本的手段之一。大众传媒实现政治社会化功能主要通过两种方式:一是通过新闻报道、舆论渲染等,使某些政治事件引人注目,吸引社会成员对政治问题的关注,以增强公众认知,引导公众的政治态度和情感取向。二是除在各种宣传报道中提供政治信息外,还直接向社会成员灌输某种政治理念、政治价值和政治态度。大众传媒不仅是信息沟通的桥梁,而且是政治文化改造的工具。一种新型的政治文化要上升为社会的主流政治文化,必须通过广泛的大众传播。从这一意义上说,谁掌握了大众传媒,谁就掌握了政治文化的主导权。如第一种方式而言,在现代社会,特别是电视和网络等现代传媒的发展,每天持续不断地向社会公众传递观点和分析,使人们自觉或者不自觉的接受,从而形成特定的政治态度与信仰,所以说,大众传媒在强化社会成员之间的认同感、推动社会和政治一体化方面具有重要作用。

(六)政治组织

政治组织是为了某种特定政治目的而组成的社会成员共同体。政治组织的政治社会化功能主要表现在通过宣传组织的主张、信仰来影响社会成员的政治取向,以及通过组织的活动向其成员传播政治知识和培养政治技能,塑造特定政治文化。在现代政治体系中,工会、社团、政党以及利益集团等政治组织具有共同的利益需要与共同的社会、经济与政治目标,它们既是社会的构成要素,也是社会化的重要手段。在所有的政治组织中,政党和政权系统是最为重要的社会化途径。

政党是现代社会政治组织的高级形式,也是现代社会最重要的政治社会化途径。这是因为,政党建立的主要目标就是夺取并掌握国家政权,它的主要活动方式就是广泛宣传自己的政治纲领,在重大的社会问题和政治问题面前表明自己的政治立场和政治态度。在夺取政权的斗争中,或者在选举和竞选过程中,政党总是利用一切可利用的手段尽可能地争取社会成员的同情和支持,由此在政治社会化中发挥着重要作用。政党一旦掌握了政权,便会将自己的政治主张通过公共政策付诸实施的同时,通过各种方式来努力塑造良好的形象。对某一政党的党员而言,政党有着严密的组织系统和严格的组织纪律,因此,政党可以通过组织系统对成员进行政治教育和政治训练，规范他们的行为，从而使党员形成共同的政治信仰、政治行为准则以及较高水平的政治技能。由立法机关、司法机关、行政机关等组成的政权体系，构成了社会政治生活的核心。各种政权机关在发挥自己职能的同时，都会利用自己掌握和控制的各种宣传手段，不断地向社会成员输送大量的政治信息，宣传自己的方针政策和取得的成就，为获取政治合法性、支持现行的政治体系、塑造自己所需的政治文化而不竭努力，因而成为最根本的政治社会化途径。

（七）政治实践

政治实践是客观政治世界达之于人们主观政治心理和政治意识的最重要桥梁，比起政治社会化的其他途径，它具有更根本的意义。社会成员尤其是社会政治成员是通过政治实践来认识和理解政治的。从认识论的角度来说，人们的认识是不断深化的过程，马克思主义认为，只有人们的社会实践，才是人们对于外界认识的真理性的标准①。社会成员通过实践—认识—再实践—再认识这个周而复始的过程来认识和理解政治。人们通过政治实践获得政治知识，再将政治知识付诸政治实践从而检验原有的知识，并获得新的知识与政治经验，不断调整自己的政治心理，提高自己的政治认识，完善自己的政治人格，最终使自己的政治认识从感性上升到理性。另外，政治实践也是民众获得政治经验的过程，像重大政治事件的发生、政治秩序的变动、政治体制改革等等都会对社会成员的政治情感、政治思想、政治信仰的形成产生重要影响。

二、政治社会化的影响因素

政治社会化是一个复杂的、长期的过程，在这个过程中，人们的政治知识、政治价值、政治信念及政治行为模式会受到诸多因素的制约。大体上看，这些因素如下。

（一）利益因素

利益是人们结成社会政治关系、获得社会政治知识、参加政治生活的动力。正是在不同利益诉求的驱使下，人们才进入政治社会化过程。因此，没有利益因素的作用，政治社会化会成为无木之本，无水之源。利益又是人们接受或排斥、维护或改造特定政治文化的准则，统治者传递、灌输特定的政治文化、塑造特定的政治行为模式，其根本目的就是为了维护统治者的利益；而被统治者学习和改变政治文化，同样也是为了实现自己的利益要求。因此，一切社会成员都是按照不同的利益要求，选择和接受不同的政治心理和政治思想。利益还是政治社会化的基本内容。人们认识政治现象，形成特定的政治心理和政治思想，往往是从

① 《毛泽东选集》(第1卷)，人民出版社1991年版，第284页。

认识其自身的利益及其与政治的关系开始的。此外,利益又规定着政治社会化的途径和方式,不同的利益要求影响着人们选择不同的政治社会化的途径、媒介和方式。在阶级社会中,阶级利益在社会利益结构中占据着主导地位,因此,它是影响政治社会化的主要利益因素。

(二) 政治权力因素

政治权力从两个方面影响着政治社会化的过程:第一,政治权力在社会生活中的作用影响着政治社会化过程的发生和发展,政治权力促进或阻碍社会成员利益实现的效能,政治权力对社会生活的颠覆程度,政治权力为社会成员进入社会政治生活所提供的实际可能,都影响着政治社会化的发展程度。第二,政治权力本身所推行的政治社会化过程对于人们获得政治知识和价值,进入政治生活,具有直接的影响。为了维护其政治统治地位,特定的政治权力总是要创设特定的政治教育机构和特定的政治传播媒介,配备相应的政治教育人员,倡导和灌输特定的政治价值和政治信仰。显然,由政治权力推行的政治社会化,必然会对整个社会的政治社会化经常产生巨大的影响。

(三) 政治权利因素

政治权利是社会成员在社会政治生活中的法定资格。在社会政治生活中,这种法定资格的法定内容,实现方式和实现程度,会影响这政治社会化的范围、方式和程度。政治权利也赋予社会成员政治活动和实践的可能空间,也对于社会成员政治社会化的途径和方式产生重要的影响。

(四) 经济因素

社会经济的发展水平对政治社会化过程有重要影响。社会经济的发展水平的提高,会给政治社会化提供较为有利的客观环境和物质条件。社会经济的发展,社会流动的加快,都市化程度的提高,交通和通信能力的改进,都会大大便利政治社会化的展开,从而大大提高政治社会化的广度和深度。反之,社会经济的落后,则会给政治社会化带来客观上的困难和障碍。同时,随着社会经济发展水平的提高,人们的利益要求就会不断发展,对于社会公共权力及其作用和效能,以及对于社会政治权利的实现要求也会不断提高,从而进一步促进政治社会化在更高的社会政治层次上展开。

在经济因素上,社会经济活动方式,对于政治社会化也具有深刻影响。不同的社会经济活动方式,意味着社会成员实现自己利益的不同方式,意味着社会成员形成利益关系的不同方式,由于利益及其实现在社会生活和政治生活中的巨大影响和作用,所以,利益实现方式和利益关系的形成方式,对于社会成员的政治权力观和政治权利观,对于社会成员从事和参与政治活动方式具有深刻的影响。

（五）文化因素

政治社会化同样也是政治文化形成、发展、传递和变迁的过程，而政治文化又是社会文化的一部分，因此，社会文化对于政治社会化过程也具有重要的影响，这种影响主要表现在：第一，任何社会文化都是民族文化，特定的民族在长期的发展过程中形成的思维方式和心理定式无疑会影响不同民族文化背景下的政治社会化过程的发生和发展；第二，任何社会文化都有其发展的当前内容，因此，社会文化发展特定阶段上的社会价值取向，社会信念和社会行为模式会在很大程度上影响到政治社会化的内容和程度；其三，在政治共同体成员之间，社会文化水平是分布不平衡的。研究表明，在社会文化水平较高的地域和群体中，政治社会化的广度、深度和速度，都要大于社会文化水平较低的地域和群体。

（六）政治事件

政治事件是政治社会化的催化剂，政治事件会改变政治社会化的内容和价值取向，随着每一次社会制度的巨大历史变革，人们的观点和观念也会发生变革①。比如，中国近代史上连续发生的列强侵华，强迫中国政府签订不平等条约的政治事件，把中华民族生死存亡问题提到了社会政治生活的首位，民族主义、爱国主义成为社会政治的价值取向和政治社会化的重要内容。政治事件也会加速政治社会化的过程，政治事件发生和发展，会把国家的命运和政治生活与每个人十分明确而紧密地联系到一起，从而起到任何其他政治社会化媒介所无法比拟的政治动员作用，成为人们学习政治、参与政治生活的加速器。政治事件还会深化政治社会化的进程，在政治事件发生和发展过程中，政治生活中的各种利益、意志、力量和矛盾都会比平时更为充分地显示出来，从而使人们更为明确、深刻、全面和发展地认识政治生活，获得政治知识，形成自己的政治心理和政治思想，所以，社会政治大变动时期，往往也是诸种政治学说大发展时期和各种政治风云人物大涌现时期。

第三节　政治社会化的类型与功能

一、政治社会化的类型

政治社会化是一个涉及面极其广泛的现实社会政治过程，其类型复杂多样，我们可以根据不同的角度，对政治社会化的类型作如下概括性的分析：

（一）按照政治社会化的内容划分

按照美国政治学家阿尔蒙德的说法，我们可以把个人对政治现象的态度区

① 《马克思恩格斯全集》（第7卷），人民出版社1959年版，第240页。

分为三个组成部分：认知的、情感的和评价的①。因此，从内容的角度，也可以把政治社会化划分为认知的政治社会化、情感的政治社会化和评价的政治社会化。

第一，认知的政治社会化。就是尽量在全社会范围内将关于现行政治体系的结构、功能、运作方式、政治产品的产生和实施过程等方面的知识和资讯广为传播，将现行政治体制所规定的权利和义务规则广泛公布，将政府的政策、法令、所取得的成绩和所遇到的困难大力宣传，以获得人们的了解、支持和同情。认知的政治社会化历来为统治阶级所重视，它们总是利用政治社会化的各种媒介特别是通过学校教育的途径，向儿童正面灌输关于现行政治体系的各种知识。

第二，情感的政治社会化。就是通过各种政治社会化的媒介，采取教育、宣传、灌输等方式，尽力影响民众对政治现象的心理活动，传播支持、赞同现行政治体系的积极情绪，其行之有效的手段除了大力宣传现行政治制度的优越性，以及政府政策的合理性和政绩外，就是塑造理想的政治道德人格，树立良好的政治道德形象，以争取人们对政治体系的认同、支持、服从和忠诚。

第三，评价的社会政治化。就是想人们传播现行政治体系所奉行的政治理念，以及对现行政治体系的结构、运作方式、政治能力、政策效果等的肯定性评价，引导人们接受这样的评价或者形成与之相一致的自我评价。每个政治体系都十分重视大众对自己的评价，有的政治体系甚至采取高压手段迫使人们发表它所要求的积极评价，压制、打击否定性的消极评价。

（二）按照政治社会化的方式划分

阿尔蒙德按照政治社会化的方式将政治社会化划分为明示和暗示两种类型。在他看来，“当政治社会化包括公开交流有关政治对象的信息、价值观念和感情时，它是明示的”，“暗示或间接的社会化指的是非政治态度的传递，而这类非政治态度也影响了人们对政治体系中的这些角色和对象的态度。”其实，明示的政治社会化就是直接的政治社会化，暗示的政治社会化就是暗示的政治社会化。因此，按照实施政治社会化的方式，可以把政治社会化划分为直接的政治社会化和间接的政治社会化。

第一，直接的政治社会化。就是人们通过直接的、公开的、明确的方式接受政治知识和政治训练，形成政治人格。直接政治社会化的形式有：

(1) 政治模仿。政治模范是指社会成员接受他人的政治价值、政治信念，模仿他人的政治行为方式和政治态度。政治模仿大量见于儿童与成人、学生与教师之间，不过，在社会生活中也常发生在群众与领导（尤其是政治领袖）、非专业

① [美]阿尔蒙德、小鲍威尔：《比较政治学：体系、过程和政策》，曹沛霖等译，上海译文出版社 1987 年版，第 30 页。

政治人员与专业政治人员、资浅政治人员与资深政治人员、受过初级教育者和受过高等教育者之间。

(2) 政治教育。政治教育是人们直接获得政治知识和政治技能的重要方式，它具有广泛的作用范围，大多数社会成员的基本政治知识和价值规范一般都是通过政治教育获得的，它可以通过反复作用而有效地灌输特定政治价值和信念。此外，它具有可控制性，政治体系可以根据自己的利益要求来调整政治教育的方向和内容。

(3) 专业训练。政治专业训练实际上就是专门化、系统化和深入化的政治教育。人们只有经过一定的政治专业训练，熟练掌握了某种特定政治角色所要求的价值标准、行为规范和特定技能等，才能成功扮演专业性的政治角色。政治专业训练的目标在于塑造特殊政治人格，其中心任务是培养特定的政治素质和能力，作用范围也大多只是专业性政治人员。

(4) 政治实践。社会成员亲身参加政治生活，从事政治实践，是直接政治社会化的最有效方式。人们不仅可以通过这种方式直接获得政治知识和政治技能，而且可以在实践中反复检验政治知识和政治技能，从而不断深化自己的认识和理解。

第二，间接的政治社会化。就是人们通过非政治性的学习和经历，把获得的特定社会心理、社会思想和行为模式移用于政治生活的过程。间接社会化的形式主要有：

(1) 人际转移。人际转移是指人们把在社会生活中形成的对某些人的看法、情感、态度转移到政治人物身上，比如，儿童会把其对于父母及其权威的态度转移到政治人物身上，从而影响其政治人格的形成和发展。政治社会化过程中，人际转移尤其在人们政治心理的形成和发展中起着重要作用，同时，人际转移式的政治社会化不仅使个人形成对政治人物的看法，而且促使其形成对于与政治人物相联系的政治制度、价值观念和政策效果等的看法。

(2) 价值转移。价值转移是人们把在社会生活中学习的社会价值、期望等移用于政治生活的过程。在政治生活中，任何人都是特定社会价值的物质承担者，在进入政治生活时，人们会自觉不自觉地把社会价值带入政治领域，使之转变为政治价值，比如，人们的社会道德价值就会深刻地影响他们的政治道德价值。

(3) 规则转移。人们把社会生活中获得的经验、教训、规范等移用于政治生活，就形成了间接社会化过程中的规则转移。一般情况下，人们在经济生活中的规则往往对政治生活中的规则产生重要而深刻的影响，它也是人们实现规则转移最为重要的基础和来源。

（三）按照政治社会化所处的政治形态划分

具体的政治社会化都是在一定的政治形态中进行的，政治形态会给处于其中的政治社会化打上深深的烙印。根据社会政治形态的演进程度，我们可以将社会的政治形态大概分为简单政治体系、专制政治体系和民主政治体系。相应的，我们也可以把政治社会化分为简单政治体系的政治社会化、专制政治体系的政治社会化和民主政治体系的政治社会化。

第一，简单政治体系的政治社会化。在简单的政治体系中，政治的分化程度很低，松散的以村社为单位的地域性政治单位相当活跃，每个村社都是在经济上和政治上自给自足的单位，中央权威对村民和部落成员的影响并不大。这个时期由于政治角色的分化程度较低，社会尚未出现专门的政治社会化机构，政治社会化未能与其他的社会化过程明显相区别 逐步独立出来，在相当大程度上，政治社会化是在整个社会化过程中自发地进行的，从而塑造出与简单的政治生活相适应的观念狭隘的社会成员。

第二，专制政治体系的政治社会化。在专制的政治体系中，政治已经有了相当程度的分化，国家政治单位已经稳固地建立起来，并有效削弱乃至彻底摧毁了地域性的政治单位，形成了有效的中央政治权威。这时期社会已经出现了专门的政治社会化机构，中央政治权威开始对整个社会进行频繁的干预，政治社会化已经逐步成为政治体系为数不多的功能中的一项极其重要的功能。政治体系往往尽可能地发动各种政治社会化的媒介，传播社会主导的政治文化，以某种带一定强制性的方式有意识地向被统治者灌输维护现行统治秩序所需要的政治知识、政治信仰、政治价值观念和政治行为规范，努力塑造服从型的政治人格。

第三，民主政治体系的政治社会化。民主的政治体系是一种现代的政治形态。在民主的政治体系中，公民大量的经常性的政治参与成为体系有效运行的必要条件。这时期政治社会化受到政治体系的越来越高的重视，传播和灌输各种政治信息的政治化社会媒介也日益发达和复杂。政治体系承认个人的政治权利，尊重个人在独立思考的基础上自主地接受和形成自己的政治知识、政治技能、政治观念、政治信仰、政治价值观，塑造出参与型的政治人格。

（四）按照政治社会化的年龄阶段划分

对于个人来说，政治社会化是其认识政治现象、学习政治知识和政治技能的过程，也是其政治心理和政治思想发生、发展和成熟的过程。这个过程自始至终伴随一个人的一生，由于人在一生中各个年龄段的认知能力和知识积累程度是不一样的，因此在各个年龄阶段上，政治社会化也有着不同的特征，按照这些特征，可以把政治社会化划分为儿童时期的政治社会化、青年时期的政治社会化和成年时期的政治社会化。

第一，儿童时期的政治社会化。一个人从出生到取得公民资格所经历的时期是政治社会化的儿童期。儿童时期的政治社会化具有如下特点：① 儿童的政治学习大多属于政治心理层次，在这其中，又以政治认同、政治规附、政治忠诚、政治服从等带有情感性色彩的政治认知和情感培养为主要内容。因此，儿童对政治的认识大多是感性的。② 儿童的政治社会化大多以直观的、形象的政治事务和政治行为作为学习对象，以服从和直接模仿为主要学习方式。③ 儿童政治社会化的任务主要由家庭和学校承担，家庭成员和教师是儿童政治社会化的启蒙老师。④ 儿童政治社会化过程中形成的政治心理会对后来社会化阶段的政治心理和价值选择产生非常深刻的影响。

第二，青年时期的政治社会化。青年时期是人们取得公民资格到成年阶段之前的经历。青年时期的政治社会化是一个人一生中政治观和政治人格形成的关键阶段。青年时期的政治社会化的特点是：① 青年时期的政治社会化过程集中于个人政治思想的形成，政治学习以政治态度、理念和行为规范为主要内容。② 青年时期的政治学习过程强度和速度大大提高。青年人对于政治生活的兴趣、其接受政治知识的能力等都为青年时期政治社会化过程提供了良好的发展条件。③ 青年时期政治社会化的任务主要由学校和社会来承担，这其中，系统的政治教育和社会政治事件起着重要的作用。④ 青年时期形成的政治心理和政治思想带有很大的理想色彩，其中政治价值取向的成分明显大于其他成分。

第三，成年时期的政治社会化。成年时期是一个人的成熟阶段，这一时期的政治社会化既是前两个政治社会化阶段的延续，又是它们的完成或完善。一般说来，成年时期政治社会化的主要特点是：① 政治社会化过程与人们的利益紧密联系在一起。这就是说，人们主要是从自身利益的角度而不是从政治情感或政治观念的角度来认识政治现象，接受政治价值、政治信念和行为模式。② 在成年阶段，一个人的政治意识和价值观念已经基本形成，政治社会化主要通过日常社会生活、大众传媒、政治活动和政治实践来实现。③ 政治社会化的内容主要是为个人进一步提供政治知识和政治技能，完善其政治人格。人们进入成年时期，已经形成了独立和确定的政治人格，成年时期的政治社会化只是其政治知识、政治技能和政治人格的进一步完善、提高和发展。④ 个人的政治活动和政治实践在政治社会化过程中发挥着重要作用。在成年时期，个人已经形成独立的政治心理和政治观念，因此，他并不单单是消极被动的社会化对象，更在政治活动和政治实践中积极地影响他人，影响社会政治。

以上说明了儿童时期的政治社会化、青年时期的政治社会化和成年时期的政治社会化的特点。但是，在实际的政治社会化过程中，不同年龄阶段的政治社会化特点之间具有交叉性。同时，由于社会成员之间经历的不同、心理年龄和实际年龄之间的差距等，对于不同的个人来说，其每一阶段的政治社会化特点也会有所差异。

二、政治社会化的功能

政治社会化是政治生活的重要环节，它对政治生活的进行和发展具有重要作用。一方面，它为政治体系培养合格的“政治人”，赋予个人政治人格和政治能力，使之参与政治生活。另一方面，它传承和发展特定时期的政治文化，通过灌输、传递，使得政治文化得以维持和延续。具体来看，政治社会化的作用体现在个人、政治体系和政治文化等三个方面。

（一）政治社会化塑造政治人格，为政治体系培养合格的“政治人”

对社会成员个人来说，政治社会化是其政治成长和发展的持续性过程，这种成长和发展主要由两方面构成：一是政治人格的形成和成熟过程。二是政治能力的形成和提高过程。所以，对于个人而言，政治社会化的作用主要体现在塑造政治人格、培养政治能力、承担政治角色三个方面。

1. 政治社会化塑造政治人格

人们通过持续不断的交往和反复进行的认知活动，社会的政治文化逐渐内化为个体的政治文化，社会成员形成了对政治形式、政治体系、政治过程、政治决策以及自身政治行为规范等的稳定的观念和意识。个体关于政治世界的这些看法的全部总和，就是一个人的政治人格。政治人格的形成是个体政治成熟的标志，它意味着进入社会的成员确立了一些稳定的心理结构，包括政治归属和政治忠诚，即对某个政府、政党、阶级、利益集团等政治体系关系的特殊意识；关于政治体系的专门知识和感情；对政治活动的明确的观念。

政治人格对于个人政治行为的影响非常巨大，只有具备了较为成熟的政治人格，社会成员才能理解、评价他周围的政治世界并与之和谐相处，这是个体适应和参与社会政治生活的必要前提。一般而言，人的行为是个体因素与外部环境因素相互作用的产物，德国心理学家勒温曾用 $B=f(P\cdot E)$ 这个公式表示人类行为的一般规律（其中，B 代表个体的行为，P 代表知识、性格等个体因素，E 代表社会条件、组织架构等环境因素）。同样政治行为也是政治人这个行为主体对外在环境做出的反应，这种反应受到主体政治人格的深刻影响。一是政治人格影响主体对于外在环境刺激反应的程度。外在的环境刺激是多种多样的，但并不是所有的刺激都能被主体接受并引起反应。它只有经过内在政治人格的筛选、过滤，才能被个体接受并产生一定的政治行为。这就是在同样的环境刺激面前，有的人反应强烈，有的人却无动于衷的根本原因。二是主体对环境刺激采取什么样的反应方式，也受到政治人格的制约。政治人格对个人的政治行为具有很强的导向作用，主体总是按照政治人格所形成的价值观念和行为倾向采取行动。

2. 培养政治能力

培养政治能力主要是指培养公民政治参与能力。公民是政治体系的主要构成要素，要维护政治系统的民主，就必须增强公民的政治参与能力。公民政治参与能力实际上就是公民行使公民权利、参与国际政治生活的能力，它实际上包括公民参与政治生活的知识和技能两部分内容。公民对政治体系、政治组织、政治过程等认识的越充分、越深刻，所获得的政治参与技能、技巧越丰富、越熟练，政治参与的能力也越强。而公民的政治参与能力是通过政治社会化培养起来的，政治社会化是公民获得参政能力的基础和根源。各种政治社会化媒介都对公民政治参与能力的形成发挥着各自不同的作用，尤其是高校，高校能够通过教学活动和校园活动，让学生了解政治理论、政治规范、时事政治，训练学生的思辨和政治参与能力，引导学生认识错综复杂的政治关系。因而，受教育程度越高的公民，其政治参与能力也越强。通过向政府机构反映问题、参与政府决策、参加选举活动等也有助于学习和培养政治参与能力。

3. 承担政治角色

政治角色是指与人们的某种政治地位、身份相一致的一整套权利、义务的规范与行为模式。政治社会化过程就是政治角色学习的过程，社会成员按照强制性和自主性相结合的原则，学习社会特定的政治价值观、政治权利和义务、政治行为方式等，从而培养出符合特定政治社会要求的社会成员。评价一个社会成员的政治社会化过程是否成功，关键就是看他承担政治角色的情况。

政治体系是由一系列政治角色所构成的，其中既有像普通选民一样的一般性角色，也有像政党领袖、议员、总统这样高度专业化的角色。杰克·普拉诺认为：政治角色是与立法者、政党领袖、选民或革命者等地位有关的被期待的行为，这些行为是与为某一社会制定和实施权威性决定联系在一起的。① 对于各种角色政治能力和政治技能的训练也是政治社会化的重要内容。不同的社会环境或政治体系有不同的角色产生和录用方式。而不同的政治角色，也有不同的角色期待、角色规范和角色行为标准，因而需要相应的角色社会化。社会成员从儿童时期开始，就通过自身主动的模仿和专门机构的教育来了解和认识社会政治活动的规则，学习参与政治生活的技能，从而为其在进入政治社会后能够顺利担当特定的政治角色打下一定的基础。而专门的关于特定角色的政治社会化则是成人再社会化的重要内容，它包括实际担任角色前的专门训练，或者有一定时期的实习，以及担任角色后的专门培训。角色越是专门化和复杂化，对角色社会化的要求也越高。一般情况下，只有大多数政治角色能满足或基本满足政治体系和

① [美]杰克·普拉诺等：《政治学分析辞典》，中国社会科学出版社1986年版，第148页。

社会对该政治角色的期待，政治体系才能维持稳定和有效运行，体系内每一部分的功能才能得到充分发挥。从这个意义上说，角色的社会化对于政治体系具有十分重大的意义。

（二）政治社会化维持或改变政治体系

1. 强化社会成员对政治体系合法性的认同

对于一个政治制度来说，没有人们对它的信任和支持，政府就没有权威，法律就无人服从，税收就无人交纳，政治就不能稳定。而对于一个政治团体来说，没有人们对它的信任和支持，纲领就无法实现，领袖就无人追随和拥护，它组织的政治活动就无人参加。[①] 社会成员形成和具备了为现有政治体系所宣传和认可的政治态度和政治价值观，是社会政治体系存在的合法性基础，也是政治体系正常运行、保持社会政治稳定的重要前提。政治体系通过政治社会化塑造社会社会成员的政治人格来维持体系的运转和延续。在一个社会中，只有全体成员都在自己的位置上规范地扮演各自的角色，形成对现有体系的心理认同，公民自觉地通过法律规范下的政治参与表达自己的要求与愿望，政治家忠实地代表民意、执行民意，社会真正做到上传下达，整个政治系统才能良性运转。反之，如果社会成员和现有政治体系所接受和认可的政治态度和政治价值观不一致，甚至离心离德，现有的政治体系就会面临着合法性危机，政治系统的正常运转就很难保证。因此，任何政治体系要想获得稳定的运转，就必须对社会成员进行政治价值观、政治态度以及政治行为规范等方面的教化，培养社会成员的政治人格，强化社会成员对现有政治体系合法性的认同，使社会成员能够自觉地接受社会的价值标准，积极地行驶政治权利和履行政治义务，从而维持社会的稳定。

2. 抵制亚政治文化对主导政治文化的影响

政治社会化抵制亚政治文化对主导政治文化的消极影响。受到历史、经济以及社会多重因素的影响，政治社会化在形成和传播社会主导政治文化、规范和引导亚政治文化等方面发挥的不同作用也直接关系到政治体系的稳定。一个稳定的政治体系一般都具有鲜明的主导政治文化以及与之相和谐的亚政治文化。主导政治文化是统治阶级的政治文化，即统治阶级的意识形态，是政治体系认可的文化，它的传播深度和广度直接关系着政治体系的稳定程度。在现代社会中，一些发展中国家的种族、语言、宗教均处在异质状态，从而阻碍了现有政治文化的广泛传播，使其难以成为整个政治体系共同的政治文化。在这种情况下，政治体系内的各种亚政治文化就会常常处于相互竞争甚至是相互冲突的状态，这就导致了政治体系的成员无法形成对体系的认同心理，进而影响到政治体系的

① 黄育馥：《人与社会——社会化问题在美国》，辽宁人民出版社 1986 年版，第 146 页。

稳定。

由于社会、地域、语言等因素的影响，在同一政治体系中，形成了不同种类的政治文化，即形形色色的亚政治文化。无论是发达社会还是落后社会，都不可能仅仅只有一种统一的政治文化，亚政治文化是社会政治生活中的一种客观存在，它与主导政治文化的政治价值取向不同，因而经常发生政治认知和政治行为的冲突，但它也对社会政治生活发挥着自己的独特作用。政治体系为了维持自身的稳定和发展，必须不断化解社会政治生活中的矛盾与冲突，通过提高全体社会成员政治社会化的程度，对亚政治文化进行规范和引导，吸收有益于自身的因素，遏制不利因素的发展，在扬弃中维持政治体系的有效运转。政治体系对亚政治文化的规范和引导，通常是通过传播主导政治文化、加强对社会成员的政治教育等政治社会化途径来实现的。

（三）传播与发展政治文化

1. 传播政治文化

在政治文化传播中，仅仅是某个人对政治现象的认识、情感和评价还不足以成为一种政治文化，只有在一定范围内为人们普遍认可和秉持的对政治现象的认识、情感和评价才能成为政治文化，而已经形成的政治文化只有通过不断传播才能维持其存在。在政治体系中，统治者往往利用强有力的政治社会化措施来维持有利于其统治的政治文化。中国古代封建政治文化之所以传递了两千多年而仍然保持大体不变，成为封建政治体系和政治生活牢固的精神支柱和文化土壤，一个重要原因就在于中国封建社会有一套传递这种儒教正统观念的机制。政治社会化传递政治文化包括横向传递和纵向传递两个方面。

从横向传播来看，一定的政治文化总要通过一定的政治社会化媒介向一定范围的人们乃至整个社会传播，如果说同龄群体主要是在群体范围内传播一定的政治亚文化的话，那么，学校、工作单位、大众传媒、政治组织等，就主要是向全社会传播主导的政治文化；从纵向传播来看，社会总是通过政治社会化机制不断地向下一代传播、灌输政治文化，从而实现政治文化的代际传递，保持政治文化的连续性。新的一代也正是通过接受政治文化而进入政治系统，成为系统的一员。政治社会化总是在尽可能地传播政治文化中体现出不断扩张的趋势。但是，在具体的实现过程中，它总是不可避免地受到政治文化本身、政治社会化媒介和社会环境等诸多因素的限制。政治文化的内容是否与时俱进、政治社会化的媒介是否协调、社会环境是否有利于政治文化的生存等，都直接或间接地制约着政治文化的传播，所以，通过政治社会化实现的政治文化传播往往是有限的。结果和目标之间可能会存在着一定的差距。

2. 维持政治文化

从表面上看，政治体系形成了政治文化，政治文化依存于政治体系。但事实上，政治体系总是和政治文化处于一种互动的关系中，二者是相互依存的。任何一个政治体系都需要一套相应的政治文化的支持。君主专制的政治体系受到君权至上、效忠君主等一系列政治文化观念支持的，而民主的政治体系则是受到平等、自由、主权在民、积极参与等一整套的政治文化和观念支持的。因此，每一个政治体系为了自身的稳定和延续，总是通过政治社会化来维持相应的政治文化。

虽然政治文化的维持总是要求保持现有文化的原貌，但政治社会化在维持政治文化的过程中，不可避免的会导致政治文化的某些改变。所以，政治文化的维持并不是绝对维持，只是相对维持，只能是保持政治文化的基本观念和基本价值观不变，而不可能保持政治文化的绝对不变。

3. 发展政治文化

当政治体系发生了某种重大变革时，特别是当一个新的政治体系取代了一个旧的政治体系后，总是要对原有的政治文化进行革故鼎新，批判旧的政治文化，传播新的政治文化，通过各种机制灌输给社会成员，培养支持新政治体制的政治人格，实现政治文化的全面创新。即使是在同一个政治体系实现自我调整的情况下，政治体系也必须通过政治社会化改造原有的政治文化，实现政治文化一定程度的发展。

政治社会化发展政治文化有三种：一是政治社会化在传播政治文化的过程中，把外部政治现实反映到已有的政治体系中，通过渐进的、平缓的过程，逐步地、由小及大地改变政治文化的某些内容，在相当长的时间内完成政治文化的逐步发展。二是在特定条件下，进行快速的、大量的信息传输，迫使社会成员接受他们并不十分理解的政治价值和行为规范，从而部分地或者全部地改变他们已有的政治文化框架，发展特定的政治文化。三是在各种政治社会化媒介的影响下，社会形成广泛宣传政治文化的环境，使社会成员受到潜移默化的影响，实现政治文化的传承与发扬，这种政治文化的发展具有历史性、持续性、继承性，是政治文化得意发扬与传承的主要方式，也是社会环境影响个体政治化的重要方式之一。

第四节 中国的政治社会化

一、中国传统政治社会化

（一）中国传统政治社会化途径

1. 礼学为本的家庭教育

家庭是个体最早接受教育的场所，是政治社会化的第一位施化者。以孝道为核心内容的家庭教化是整个社会道德教化的本位和基础。“在古代中国，社会单元是家庭而不是个人，家庭才是当地政治生活负责的部分，在家庭生活中灌输的土特产和服从，是培养一个人以后忠于统治者并顺从国家政权的训练基地。”由于家国同构，君父合一，“亲亲”伦常关系是“尊尊”政治秩序的直接依据，家齐才能国治，所以“立爱自亲始，教民睦也，立教自长始，教民顺也。”中国人非常重视家庭教育，“养不教，父之过”；“遗子黄金万两，不如一经”。同时，“孟母三迁”、“岳母刺字”等诸多故事体现了家庭教育的重要性。家庭教育是童年教育的重要途径，“慈严并济”、“身教”与“事教”并重，通过家庭教育的“严”与“正”、家训、宗族观念，形成和保持良好的家风，是封建统治的基础。

2. 儒家学说为主的学校教育机制

学校是传统文化的专门机构，是系统化的、强有力的政治社会化途径。中国历代君主深谙“化民为俗，其必由学”，“建国君民，教学为先”的道理，他们总是通过控制教育，把有利于维持统治秩序的思想、理论(汉武帝后基本是儒学)灌输给全体社会成员，把整个社会成员的思想、言论、行动纳入大一统的轨道，汉武帝以降，以“官学”——儒学为核心的封建政治文化其统治地位所以难以振动且影响日益深远和广泛，一个重要的原因正是在于儒家思想几乎垄断了中国古代的世俗教育。通过各种教育手段，儒学得以传播和延续，保持着中国封建时代“万流归宗”的正宗意识形态的地位。传统中国的学校大致可以分为三类：官学、私学、书院。学校教育的内容是“德教为先”，儒家思想、孔孟之道是万学之本。由汉代创立的考试取官方法在隋唐时期得到系统的确立，产生了中国历史上具有重大意义的科举制度，把教育与入仕结合起来，把儒家的政治思想与治国的政治实践直接结合，把伦理规范转化为官吏的政治标准，把政治文化纳入了统治阶级体制改革需要的轨道，把大批有识之士纳入封建政治的社会化进程。

3. 社会教化功能的亲缘地缘组织

在传统中国，家族、宗族是介于君权与父权之间的一种权威，起到家庭所不能起到的教化作用。“父兄所不能教者，宗子能教之，父兄可从宽而宗子可从严也”。地缘组织中的乡村组织既是一种行政区划的自治组织，又是一种教化机构。传统中国重视地方自治，把官民相安和民不诉讼视为美德，把大量的教化功能赋予基层组织。“自三代以下，人主之于民，赋敛之而已尔，役使之而已尔。凡所以为厚生正德之事，一切置之不理，而听自为，于是乎教化之权不在上而在下。”基层组织的“三老”“长老”等职位专司率众行善的“乡师”职责。“三才掌教化，凡有孝子顺孙，贞女义妇，让财救患及学士为民法式者皆匾表其门，以兴善行。”

4. 政权机构——封建君主的政治社会化功能

封建君主是社会最高的施化者。君主不仅是统治者，而且是全社会的教师，即“君师合一”，“天降下民，作之君，作之师”。我国传统的道德教育尤其强调管理国家的官吏特别是最高统治者(国君)，先端正自己的思想和行为(正己)，然后才能管理好他人(正人)。君主只有通过仁义礼智的教诲，自身的率先垂范，引人向善，才能真正完成治国平天下的政治任务。君主是道德的至圣，因而能够成为最高政治权力的执掌者和人们尊奉的榜样，老百姓的本分就是以圣王为师，学习和执行国家的规范制度，指导和约束自己的举止。政治统治与道德教化、道德完善是一以贯通的。

(二) 中国传统政治社会化特点

1. “家国同构”的政治理念

中国封建社会政治社会化的鲜明特点就是“家国同构”的政治理念，政治统治的理想秩序首先从家庭入手进行构建，而后扩展到国家的政治秩序中，并将“孝”与“忠”统一起来。黑格尔在其《历史哲学讲演录》中指出：中国纯粹建筑在一种道德的结合上，国家的特性便是客观的家庭孝敬，中国人把自己看作属于他们家庭的，而同时又是国家的儿女。在家庭内，他们不具人格，他们在里面生活的那个团结单位，乃是血统关系和天然义务。在国家之内，他们一样缺少独立的人格，因为国家内大家长的关系最为显著。皇帝犹如严父，为政府的基础，治理国家的一切部门。①中国自古以来家族聚集而居的特点很明显，这样就使得血缘关系特别紧密，家族、家庭的组织性很强。比如完善的宗法制度，一方面使得人们具有了归属感、安全感和相互帮助的便利，同时也增加了宗法家长的权威，形成了家族内部的等级观念和服从家长权威的意识，这种初级社会群体本身就具有很强的教化和组织功能，使得封建政治文化的教化可以从家庭和家族的教育中实现。在《礼记》和《孝经》中有丰富的关于家族及家庭生活价值的观念。《礼记·曲礼上》曰：“见父之执，不谓之进不敢进，不谓之退不敢退，不问不敢对，此孝子之行也。”“夫为人子者，出必告，反必面，所游必有常，所习必有业，恒言不称老。”这些观念赋予家长以很大的权威，使得社会成员从小就认同了“臣民”意识。在家服从家长，在社会中服从统治者。在政治社会化中还利用家训的形式，在识字明理中贯穿封建礼教，如著名的《颜氏家训》《温公家范》《朱子家训》等。家训一方面树立了家长的权威，另一方面使家规所蕴含的封建道德规范和行为方式被从小普遍接受。《温公家范·序》中说：“闺门之内，具礼矣乎？严父严兄，妻子臣妾，犹百姓徒役也。”中国古代孝的教育最直接目的就是服务于政治统治需要。

---

① 樊凡：《中西新闻比较论》，武汉大学出版社 1994 年版。

2. 学校教育与政治录用相结合

学校教育与政治录用紧密结合起来，加强了教化与政治目标之间的关系，是中国传统政治社会化的重要特点。中国自古教育发达，从“学在官府”到春秋私学的出现，从贵族的特权到“有教无类”。开办教育的重要原因是出于实现天下大治的考虑，董仲舒说：“立太学以教于国，设庠序以教于邑”，通过“渐民以仁，摩民以谊，节民以礼”①，而教育的发达也直接源于教育与“政治录用”之间的这种关系。平民百姓要想加入政治体制，必须通过这种封建教育，具备统治阶级所需要的政治知识和素养。而封建统治阶级之所以能够确立这样的教育目标，并且让民众顺从，也是与其“政治录用”功能分不开的，这也是为什么中国古代政治伦理思想发达，科学技术知识重视不够的重要原因之一。《论语·子张》中的“仕而优则学，学而优则仕”就是最好的表达。中国古代逐渐完善的“录用”制度，一方面消除了社会阶层的隔阂，建筑了一条向上流动的渠道，吸引大量普通民众为了功名利禄苦苦读书，为此有的耗尽毕生精力；另一方面，传统政治文化的价值观念被大部分人所接受，有志于参与政治，谋求政治前途的人，必须尊孔读经，在儒家文化设定的价值取向中构建自己的理想，并按照统治阶级的政治录用标准来形塑自我。所以，中国古代的官、私学校中，除了有极少数私人教授非儒家学说，如道家思想、律法等，绝大部分学校的教学内容都是皇权意志化的儒家经典，受学者所接受的主要是道德和政治教育，形成了忠君爱国、仁孝节义等价值观念。然后，当他们基于“学而优则仕”而介入政治体制，大都会成为官僚队伍中的忠实一员和君主政治的卫道士。② 就是未做官者，也会以知书达理的士人身份步入社会，成为封建礼教的游说者。这样，统治者的意志和利益就通过如此过程而得到社会认同。

3. 注重礼的作用

注重“礼”在社会控制中的作用，把政治文化渗透到日常生活之中，在人伦关系中体现其政治理念是中国传统政治社会化的基本特点。中国传统文化具有浓厚的伦理色彩，在政治上也是“伦理政治”，宗教、法律、风俗、礼仪是不分的，把礼作为人们政治关系交往的标准。这是与中国传统的封闭的社会群体生活有关系的，中国封建社会具有聚集和封闭的特点，这样熟人社会的特点特别明显，劳动分工和角色的专门化程度不高，人们在交往中情感因素大于理性因素，人与人之间的关系是人格化的持久的交往，这样社会行为基本上是由习俗和传统来加以规范的。德国社会学家滕尼斯在其代表作《礼俗社会和法理社会》一书中，对于

① 葛荃：《权力宰制理性：士人、传统政治文化与中国社会》，南开大学出版社2003年版。

② 葛荃：《中国政治文化教程》，高等教育出版社2006年版。

礼俗社会的描述和中国传统社会有很多相似的特点，他认为礼俗社会更加具有人情味，亲属关系、邻里关系、朋友关系等自然的社会关系支配一切，人们思想、经历、生活的一致性较强，思想较统一。这样“礼俗”就起到了重要的调节作用，人们注重相互之间的关系，希望一种和谐的状态。这也就是中国封建社会能够通过“礼”实现政治控制的重要原因。

礼是人伦关系的规范标准，中国古代伦理政治一方面看重的是社会等级，严格维护君臣、父子、兄弟、朋友五种人伦关系，把君为臣纲、父为子刚、夫为妻纲的不平等关系礼教化；另一方面注重和谐，在封建等级人伦基础上如何建立和谐关系确实是一件难事。但是，不能实现人与人之间的和谐关系，社会就不稳定，这样“礼”就起了重要的作用，通过把人伦关系的礼俗化，把礼作为治理国家的制度和与此相适应的道德规范。以礼作为治国模式，始于西周，冯天瑜在《中华元典精神》中说：“如果说，殷制是一种尊神敬神之制，那么周制则是虚置鬼神而注重人间等级秩序的礼制，它通过繁复的礼法和固定的样式，定名分、成制度，规定人们在社会生活各个领域所必须恪守的准则。”汉武帝时，“罢黜百家，独尊儒术”，使得“为国以礼”成为中国传统治国的正式模式，以后历代王朝无不注重“礼”的教化作用。所以，以礼治国、以德安邦成为儒家的政治理想模式，“礼”成为治国之本，并以其规范化的方式实现了社会整合，将人们的行为、语言等人伦生活实现了共同化，由此以共同认可的荣誉、尊严感和行为模式来维系一个社会群体正常交往的进行。此外，礼规定了一个社会中什么是适当的和不适当的，什么是提倡的和反对的，可以起到区分社会差异，确定社会名分，划分社会等级的作用。这也使得封建政治思想文化和“礼”的教化很好地结合起来，贯穿于人们的日常交往和行为中，实现了“礼”的教化和控制功能。

二、中国当代政治社会化

（一）中国当代政治社会化中的公民认同

政治社会化中公民认同是公民作为认同的主体，是公民在政治社会化的成长环境中形成对于自我身份的感知、理解和确证，是公民对国家、民族和社会以及规范、制度、文化价值的赞同和情感态度。政治社会化中公民认同是一种政治思想和政治价值的内化过程，是形成公民政治思想和行为，确立自我与国家、社会和政治社群关系的问题。台湾学者林火旺在《正义与公民》一书中指出：公民认同是公民身份的一个成分，一个公民除了具有政治社群的成员身份之外，最重要的是具有公民感，前者是个人在政治社群中的法律身份和地位，它规定个人在此社群中的法律权利和责任；而后者则涉及个人的心理上意义，公民认同就是构成公民感的一个主要成分，是个人赋予社群成员的一种情感。这里对公民认同的理解是个体自我认同的内容，是身份认同和价值认同的统一。

对政治社会化中公民认同的理解，涉及两个问题，“谁去认同”和“认同什么”；也就是认同的主体和客体。作为个体的人，在一定社会中按照不同的标准总是被赋予某种不同类型的人，按照劳动分工的不同分为不同职业的人，比如，工人、农民、军人、公务员等；按照在社会中的政治属性的不同分为享有不同权利和承担不同义务的人，这样就出现了臣民、人民、公民等不同的概念，这些不同的概念表明了人在政治国家中的不同政治属性。而这些基于劳动分工划分的职业差别和依据政治属性不同而划分的政治社群的不同，都是赋予了“自然人”的一种类别，在一定的政治生活中，具有不同政治属性的人必然有其相应的权利和义务，有其特定的社会地位、作用和价值。在不同的劳动分工中必然有不同主体之间不同的职业特点和社会位置，按照主体职业类型的不同我们可以把认同分为：农民认同、教师认同、学生认同、工人认同、领导干部认同等不同的认同类型，按照人的政治属性的不同可以把认同分为：人民认同、臣民认同、公民认同等等。这样不同种类的认同主体都是“自然人”被赋予的那种属性的人的认同。认同的客体也就是“认同什么”，客体由于主体的不同认同的内容是不相同的，从社会学的角度来理解就是角色的承担，不同社会属性的人都有其不同的文化归属，这样认同的对象也就出现不同的特点，工人认同涉及的是工人身份、职业意义感、生活状态、国家对于企业的方针政策以及对国家、民族等方面的认同。公民的本质是在一定社会中个体政治属性的表现，也就是“自然人”被赋予了政治属性而成为政治人，这样就必然产生与公民有关的文化价值和政治理念。这样，政治社会化中公民认同涉及的客体就是与公民文化、公民身份、公民权利与义务、公民与政治国家关系等的不同方面的认同问题。公民是一个法律概念，更是一个政治概念，政治社会化中公民认同必然会关涉公民对权利与义务的认同，对政治国家的认同，关系到公民对社会政治文化、主导意识形态以及国家道路选择的认同。

1. 公民自我认同

公民自我认同就是公民的自我定位和确认，是公民的自我意识和自我领悟，就是对“什么是公民”、“我是不是公民”、“公民的在政治国家中的地位和意义是什么”等问题的回答。温特(Alexander Wendt)认为，认同从根本上说是一种主体或单位层次的特征，根植于行为体的自我领悟。① 所以，也有学者指出自我认同是人对自身本真的一种真实的觉悟……用黑格尔式的语言来说，就是人的一种真实的自我意识。现代社会公民被赋予了普遍意义上的身份资格，公民自我认同就是在对公民特定政治含义理解基础上的自我反思，反思自己是不是一个真正的公民，自己的思想和行为符合不符合公民的要求，作为国家公民的意义感

---

① [美]亚历山大·温特:《国际政治的社会理论》，秦亚青译，上海人民出版社2000年版。

有没有，不仅涉及对“此刻我是否是公民？”的回答，而且还是对“我想成为什么样的公民？”的回答。当代中国的政治社会环境为政治社会化提供了良好的社会条件，同时，这一政治社会环境也规定了公民认同应该具有的时代内容，并且提供了实现的可能，但是公民自我意识的形成，和形成怎样的公民群体意识是至关重要的问题。那么，公民自我认同的时代内容应该是什么？有学者指出公民是：能够参与社会生活、践履和尊重社会的各种权利和义务的社会成员，他们具有广义的理性能力，即拥有理性判断、自由思想、推论抉择、生活学习能力，具有正义感与善恶观念的道德能力。所以，我们认为公民自我认同的内容应该表现为法律层面、道德层面和国家层面上的自我认同。这就是说，合格公民应该成为权利公民、义务公民、美德公民和国家公民。权利公民关注的是对公民本身的认知，并不是关注权利本身，公民自我认同中对于权利公民的认识，主要是反映了公民主体如何看待自己在社会中的位置。权利和义务的统一是公民特质的重要内容，义务公民的认同仍然关注的是公民本身特质的一个内容，义务是公民行为所固有的一种价值向度，也是政治生活中不可缺少的一种价值，义务公民具有较强的角色意识、责任意识和公共精神。美德公民的自我认知除了在一般人的意义上去如何做一个具有美德的人，同时认知了作为一个公民的美德。国家公民概念的提出就是要求公民理解国家与公民之间的合适关系，使公民自我定位在国家层面之上，在对国家具有归属感和认同感的基础上，形成公民的自我意识。国家公民表明了公民与国家的一种不可分离的关系。

2. 公民社会认同

认同必然涉及主客体的相互关系，公民和政治国家的关系是公民思想的核心内容，这样公民社会认同的内容也就必然是关于公民对政治制度、国家、民族、政治文化、核心价值观等的认同。公民社会认同是公民在认识、情感和实践的基础上，公民与社会之间的同一状态。阿伦森在阐述认同时就说，认同是一种对社会影响的反应，做出这种反应是由于个人希望自己成为与施加影响者一样的人。之所以要和“他者”一样就是因为认同的结果。公民总是属于特定的政治国家，公民社会认同是政治国家合法性存在的基础，取得公民社会认同的国家才能实现国家的稳定和发展。社会共识形成的支撑表现为经济层面、精神层面和组织层面，而这里的核心因素是价值层面。社会主义核心价值体系的建立是当代中国政治社会化中公民社会认同的形成，从而达成社会公共识的基础。

政治社会化中的公民社会认同形成的社会共识具有这样的两层关系，一是公民之间形成的共识，二是全体公民形成的对政治国家认同的共识。公民之间形成的共识由于其对象的不同，决定了它的性质不同，有民族共识、国家共识、政治共识等；而公民之间能否形成共识与认同的对象有关系，在某一方面能够达成共识，在另外一方面就不一定能够达成共识。认同是对差异的包容，差异来自于不同人之间的价值观和利益的差别，一个社会要形成全体公民一致的共识，就要找到这样的一个认同对象，就是可以为所有公民所接受的价值观和利益基础，认识一致是人类任何真正结合所必需的基础，这一结合又与其他两个基本条件有相应的联系：感情上的充分一致，利益上的某种相通。这样的价值观和利益基础一定是能够得到全体公民认同的。这就是说，政治国家要得到全体公民的认同，必须在其价值取向上符合全体人民的利益要求，这种价值观和利益相统一的追求目标就是公民认同的基础。对政治国家的认同包括这样两个方面，一是对国家领土、文化、民族的认同，二是对政治组织的政治文化的认同。政治社会化中公民社会认同主要是从法律政治层面来说的，是对政治文化的认同，表现为对政治统治的支持。而要确定公民对政治文化的认同，必须体现出政治文化的先进性，这就是要在价值取向和利益取向上以人民为本，获得公民支持的政治文化一定是反映公民愿望和利益的政治体系。在这种基础上形成的公民认同，就会形成支持政治国家的一致共识。

（二）中国当代大学生政治社会化

1. 大学生政治社会化的含义

大学生是具有较高知识水平的特殊青年群体，年龄一般在二十岁左右，处于青年中期，心理成熟往往落后于生理成熟，世界观正在形成，具有较强的可塑性。当代中国大学生政治社会化，就是大学生通过系统的政治学习、思想政治教育和影响，学习并接受社会主义政治文化，掌握社会主义政治规范，树立社会主义政治信念，形成良好的政治行为习惯的过程。从某种意义上讲，高校的思想政治教育的核心内容就是促使大学生完成政治社会化，培养合格的社会主义现代化事业的建设者和接班人。

当代中国大学生政治社会化可以进一步理解为：第一，掌握社会主义政治规范。所谓政治规范是指被某一社会所确认的政治原则和政治准则的总和。在我国，社会主义政治规范的基本要求就是要坚持掌握马克思主义基本理论、党的基本路线和基本方针，特别是要坚持以邓小平理论、“三个代表”重要思想、习近平总书记系列讲话精神为指导。第二，树立社会主义政治信念，要坚定对社会主义和共产主义的信仰和追求。第三，形成良好的政治行为习惯。政治心理学研究表明，一个人的政治行为最终是由他的政治理想和政治价值目标决定的，如果说确定正确的信念是大学生政治社会化的目标，那么，形成良好的政治行为习惯就是大学生政治社会化的终极目标。政治行为是一个人政治品质中积聚起来的并在选择中体现出来的政治理想、信念、决心、意志和能力的集中外化和表现。

大学生政治社会化这三方面的含义是有机统一的，掌握政治规范是政治社会化的基础，树立政治信念是政治社会化的核心，形成良好的政治行为习惯是政治社会化的目的，三者构成了对大学生政治社会化的基本要求。

2. 大学生政治社会化的内容

(1) 政治知识的社会化。具备一定的政治知识是政治素质的基础，可见政治知识是政治素质的首要元素。政治知识的有无和多少制约、影响和决定着个体的政治态度、政治方向。当代中国大学生中就有那么一些人对政治缺乏科学正确的认识，对政治学习和政治教育存在偏见和逆反心理，因此，政治知识社会化是大学生政治社会化的基础，不解决这一基础问题，其他方面的政治素质就无从谈起。政治知识社会化的内容应包括两个方面：一是通过马克思主义政治理论的宣传和学习，使学生掌握马克思主义关于政治形式、政治组织、政治过程、政治目的等基本政治常识；二是向大学生介绍和评价各种主要的非马克思主义政治理论，开阔眼界，以提高认识。

(2) 政治方向的社会化。当代中国大学生是否具有坚定正确的政治方向，关系到社会主义事业的成败和前途。因此政治方向的社会化是大学生政治社会化必不可少的一项内容，培养大学生坚定正确的政治方向就是要使大学生坚持社会主义方向，认识中国选择社会主义的历史必然性，懂得“只有社会主义才能救中国”，“只有社会主义才能发展中国”的科学道理，正确看待社会主义事业的曲折性和优越性，真正解决为谁学习，为谁服务的问题，政治方向解决了，才能有正确的政治立场，有坚定的政治信仰，成为坚定的社会主义事业的建设者和接班人。

(3) 政治情感的社会化。社会成员的政治情感状况在很大程度上影响着一个国家的政治安定和政治团结。所谓政治情感是指个体在具备一定政治知识的基础上，在参与政治生活过程中产生的内心体验。当国家和集体的政治生活能较好地满足个体的政治需要，那么个体对该制度和体制就会产生积极的、肯定的情感；反之，他就会产生疏离、冷漠甚至否定的情感体验。我国高校是政治反应敏感，政治气氛浓厚的场所，因此，大学生的政治情感状况更加关系到学校和整个社会的长治久安和健康发展。当代中国大学生政治情感社会化的主要内容应包括：一是培养对国家的情感，也就是对大学生进行爱国主义教育，培养热爱祖国、忠于祖国的情感；二是培养对政权的情感，大学生对政权情感的培养，关键是使大学生树立支持、赞同国家政权的倾向，避免产生疏离、反对的倾向。三是培养对中国共产党的情感，使大学生做到热爱党、拥护党的领导。

(4) 政治规范的社会化。政治规范是指某一社会所确认的政治原则和政治准则的总和。大学生作为一个特殊的社会群体，具有强烈的政治参与意识，在整个国家的政治生活中起着举足轻重的作用。大学生对党的路线、方针、政策拥护与否，对国际形势与国内政治生活态度如何，都会在社会上产生重要影响，因此促进大学生政治规范的社会化是当代中国大学生政治社会化一项极为重要的内容，高校应积极引导大学生学习并正确理解国家的政治制度、政党制度、政治理论、法律规范以及党和政府的路线、方针、政策等，促使他们将社会的政治规范内化，使之成为遵守社会政治规范的合格公民，在社会政治生活中发挥积极作用。

(5) 政治能力的社会化。政治能力是人们参与政治生活的能力，它会直接影响到人们参与政治生活的质量，由于大学生目前的主要内容是学习，他们参与国家政治生活的经验有限，致使当前大学生政治能力总体水平不高。因此，大学生进一步提高自身的政治能力是非常有必要的。大学生政治能力的社会化应包括以下两个方面：一是培养和提高大学生的政治辨别能力。大学生获得政治信息的渠道是多种多样的，纷繁复杂的，大学生只有具备了正确分析、评价、判断能力，才能对各种政治信息进行辨别和选择，才能确保政治方向，不偏离正确的轨道，从而避免盲听、盲从。二是丰富大学生政治实践经验，提高大学生政治参与能力。让大学生充分利用社会、校园、家庭、大众传播媒介等桥梁，把自己的政治意识，积极地投入到社会的政治实践中去，从而提高大学生的政治参与能力。

后　记

本书是针对MPA硕士研究生而编写的一本教材，其呈现出以下几个特点：第一，马克思主义基本原理和基本方法贯穿始终，坚持正确的价值导向。第二，在坚持马克思主义的基础上，汲取世界各国优秀的政治学发展成果，进一步拓展了学生的知识视野。对于硕士研究生来说，通过对各种流派的政治学知识的了解，自己再加以分析、鉴别和提炼运用，在知识的传播上会起到更好的效果。第三，坚持以中国的视角看问题。政治学知识归根到底要能够应用到中国的政治实践中才能迸发出长久的生命力，西方的理论需要了解和参考，但绝不能用西方的理论生搬硬套到中国的政治实践中。中国的政治学需要再创新出自己的政治话语体系，需要解释中国的政治现实，用中国的视角看待中国问题。

本书由许超组稿、统稿和校对。具体各章编写者如下。第一章：王林、许超；第二章：徐佳、许超；第三章：马明珠、许超；第四章：丁永剑；第五章：李昶、许超；第六章：王林；第七章：周芳；第八章：王小芳；第九章：王小芳；第十章：丁永剑。本书在编写过程中，学院领导和同事给予了大力帮助，在此一并表示感谢。由于编者水平有限，本书难免会出现错误，恳请同行批评指正。

编　者

2017年4月30日